KB215170

몰트만 신학 새롭게 읽기

일러두기

제2장 "몰트만의 신론"은 『신론』(대한기독교서회, 2012), 제4장 "몰트만의 삼위일체론"은 『삼위일체론의 역사』(대한기독교서회, 2009), 제6장 "몰트만의 성령론"은 『성령과 기독교 신학』(대한기독교서회, 2010), 제9장 "몰트만의 교회론"은 『교회론』(대한기독교서회, 2009)에 게재되었던 글을 수정·보완한 것입니다. 대한기독교서회의 허락하에 이 책에 실리게 됨을 밝힙니다.

몰트만 신학 새롭게 읽기

신옥수 지음

머리말

현존하는 가장 위대한 조직신학자 중 하나인 위르겐 몰트만(Jürgen Moltmann, 1926-)의 신학에 대한 다양한 분석과 평가들이 계속되고 있는 가운데 그의 신학을 새롭게 이해하고 정리하는 작업을 시도하는 일은 그리 쉽지 않다. 그럼에도 몰트만 신학을 체계적으로 분석하고 비판적 대화를 통해 평가하는 신학적 성찰은 오늘과 미래의 신학을 위해 필수적이다. 왜냐하면 몰트만 신학은 현금의 세계신학 논의를 위한 장(場)에서 결코 빼놓을 수 없는 중요한 신학적 위치와 의미를 지니고 있으며, 유럽뿐 아니라 제3세계 특히 한국교회와 신학에 지속적으로 광범위한 영향력을 미치고 있기 때문이다.

그동안 몰트만 신학의 구조와 성격에 관한 연구들은 매우 다양하게 이루어져왔다. 그가 제시한 획기적인 신학적 통찰과 독특한 대안적 사고는 새로운 화두가 되어 활발한 신학적 토의의 물줄기를 형성하는 역할을 감당하고 있기 때문이다. 이 책의 목표는 60여 년에 걸친 몰트만의 신학 여정에 적잖은 사상의 전이와 변화가 있음에도 불구하고, 그의 신학 전체를 꿰뚫는 일관된 주제와 핵심적인 성격이 있음을 발견하여 이를 그의 주

저서들을 중심으로 살펴보는 것이다. 무엇보다도 기독교적 만유재신론(Christian panentheism)의 비전이 몰트만 신학의 중심에 놓여 있다는 것이 필자의 판단이다. 그리하여 이 책은 몰트만 신학의 구조와 성격 및 방향을 만유재신론적 비전(panentheistic vision)으로 규정하고 이를 짜임새 있게 분석함으로써 그의 신학에 대한 새로운 읽기를 시도한다. 특히 그의 삼위일체론적, 자원하는, 종말론적(trinitarian, voluntary, eschatological) 만유재신론의 비전을 몰트만 신학을 이해하는 해석학적 열쇠로 삼는다. 이는 신론, 삼위일체론, 창조론, 그리스도론, 성령론, 종말론에 이르기까지 그의 신학의 폭넓은 지평을 꿰뚫는 예리한 시각을 제공해준다.

그뿐 아니라 현대 조직신학 논의에서 가장 뜨거운 논쟁의 중심에 놓인 주제들 즉 "하나님의 고난가능성", "하나님의 케노시스", "사회적 삼위일체론", "우주적 성령", "우주적 종말론", "만유구원론" 등에 관해 몰트만의 사상과 그에 대한 비판적 대화(critical dialogue)를 포괄적으로 다룸으로써 보다 더 균형 있는 신학적 관점과 입장을 보여주고자 노력했다. 또한 몰트만 신학에서 빼놓을 수 없는 주제인 교회론과 구원론은 한국교회와 신학의 자기성찰과 개혁을 위한 신학적 자양분과 실천적 동력을 함께 제시한다는 점에서 유용하다. 그리고 이 책에서는, 몰트만 자신이 후기에 저술한 신학 방법론을 가장 앞에 두고 이 방법론의 구조와 성격을 일목요연하게 정리함으로써 그의 신학의 틀을 쉽게 파악하도록 했다. 마지막으로 한국에서 몰트만 신학이 어떻게 수용되고 이해되었는지에 대한 역사적 고찰을 통해 한국교회와 신학에서 그의 영향력과 신학적 위치 및 의의에 대한 자리매김을 시도한다. 필자는 폭넓은 몰트만 신학 사상의 핵심과 전체적인 흐름을 파악하는 데 있어서 이런 기획이 하나의 작은 전조등 역할을 할 수 있으리라고 기대한다.

이 책의 주요 내용은 필자의 박사학위 논문인 "The Panentheistic

Vision in the Theology of Jürgen Moltmann"(Fuller Theological Seminary, 2002)에 기초하고 있지만 새로운 주제들이 포함되었으며 상당한 수정과 보완을 거쳐 독자들이 읽기 쉽도록 풀어쓴 형식을 취했다. 몰트만의 주요 저서는 약어로 표기했고 본문 안에 출처를 표기함으로써 독자의 이해와 접근이 용이하도록 애썼다. 이 책에 실린 글들은 그동안 필자가 다수의 학술지와 저서에 이미 발표한 글을 수정·보완한 것으로서 그 내용은 다음과 같다.

제1장 "몰트만 신학 방법론의 구조와 특성", 「장신논단」 43 (2012), 제2장 "위르겐 몰트만의 신론", 한국조직신학회 편, 『신론』 (대한기독교서회, 2012), 제3장 "몰트만 신학에 있어서 '하나님 고난가능성'", 「한국개혁신학」 16 (2004), 제4장 "몰트만의 삼위일체론", 『삼위일체론의 역사』 (대한기독교서회, 2009), 제5장 "몰트만의 창조 이해에 나타난 '하나님의 케노시스'", 「한국조직신학논총」 27 (2010), 제6장 "몰트만의 성령 이해", 황승룡박사은퇴기념집 편찬위원회 편, 『성령과 기독교 신학』 (대한기독교서회, 2010), 제7장 "몰트만의 '우주적 성령' 이해", 「장신논단」 26 (2006), 제8장 "몰트만의 통전적 구원론", 「한국기독교 신학논총」 95 (2015), 제9장 "위르겐 몰트만의 교회론", 한국조직신학회 편, 『교회론』 (대한기독교서회, 2009), 제10장 "몰트만의 우주적 종말론", 「교회와 신학」 79 (2015), 제11장 "몰트만 신학에 있어서의 만유재신론적인 비전", 「조직신학논총」 8 (2003), 제12장 "한국에서 몰트만의 수용과 이해", 「한국조직신학논총」 35 (2013) 등이다.

몰트만 신학을 총체적으로 파악하는 데 있어 중요 주제인 기독론과 인간론 분야가 부분적으로는 다루어졌으나 상세히 포함되지 못한 점이 이 책의 한계다. 이 주제들은 후속 연구의 과제로 남겨둔다. 그리고 몰트만 신학의 또 다른 해석학적 열쇠인 하나님나라 신학에 관한 체계적인 연구 저서의 출판도 좀 더 미루고자 한다. 필자의 삶과 신학적 체험 속에서 비판적 숙고와 대화를 통한 신학적 숙성을 위한 기다림의 시간이 필요하기 때문이다. 신학 여정의 도상에 나선 순례자로서 땀과 눈물의 열매가 영글어지기를 기대한다.

이 책을 출간하는 데는 상당한 시간이 걸렸다. 나름대로 신학교와 목회 현장에서의 신학적 성찰 작업을 거쳐야 했기 때문이다. 즉 몰트만 신학이 어떻게, 어느 정도 신앙과 신학의 형성에 도움을 주고 영향을 미치는가에 대해 필자가 직접 눈으로 확인하는 과정이 여기에 포함되어 있다. 이런 실존적 체험을 바탕으로 몰트만 신학을 한국교회와 신학계에 소개할 필요성을 느끼게 되었으며 이제 드디어 책으로 출간하게 된 것이다.

이 책을 쓰는 데 귀한 도움을 주신 여러분께 감사를 표하고 싶다. 필자를 위해 평생 눈물로 기도하셨으며 지금은 천국에 계신 부모님과, 오랜 유학 기간 동안 정성껏 장학금을 지원해주신 여러 후원자와 후원 기관, 따스한 배려와 함께 학문적 지평을 열어주신 박사학위 논문 지도 교수 볼프 박사님(Dr. Miroslav Volf), 신학적 사유의 틀을 잡아주시고 한국에 돌아와 모교에서 가르칠 수 있도록 도와주신 스승 김명용 총장님, 광나루에서 땀 흘리며 함께 동역하는 선후배 동료 교수님들, 그리고 나의 부족한 강의에 귀 기울이며 열심히 따라준 학생들 모두에게 가슴으로부터 깊은 감사를 드린다.

특히 어려운 여건에도 기꺼이 출판을 허락하신 새물결플러스 출판사 김요한 대표님의 배려와 왕희광 편집장님을 비롯한 여러 직원의 정성이 담긴 편집에 빚진 바 크다. 이 책의 교정에 힘을 쏟은 강아람 박사의 도움에도 감사의 뜻을 표한다. 또한 네 편의 글을 실을 수 있도록 허락해주신 대한기독교서회 사장님을 비롯한 관계자분들의 배려에도 진심으로 감사드린다.

이 책은 여전히 형성 중에 있는 몰트만 신학에 대한 잠정적인 분석과 평가로서 제한적 가치를 지니고 있음을 부인할 수 없다. 혹시 부족함이 있다면 이는 전적으로 필자의 책임임을 밝힌다.

무엇보다도 연약하고 미련한 필자를 지금까지 변함없는 사랑과 인내로 이끄시며 붙잡아주신 삼위일체 하나님께 감사하며 영광을 돌린다.

차례

제12장

한국에서 몰트만의 수용과 이해 317

약어

BP	*A Broad Place*
CG	*The Crucified God*
CoG	*The Coming of God*
CPS	*The Church in the Power of the Spirit*
EH	*The Experiment Hope*
ET	*Experience in Theology*
FC	*The Future of Creation*
GC	*God in Creation*
GSS	*God for a Secular Society*
JCTW	*Jesus Christ for Today's World*
HIC	*How I Have Changed*
HTG	*History and the Triune God*
IEB	*In the End-the Beginning*
SL	*The Spirit of Life*
SoL	*The Source of Life*
TH	*Theology of Hope*
TK	*The Trinity and the Kingdom*
WJC	*The Way of Jesus Christ*
SW	*Science and Wisdom*

제1장

몰트만 신학 방법론의 구조와 특성

Jürgen Moltmann

독일의 조직신학자 위르겐 몰트만은 독특하고 창의적인 신학 사상과 신학 방법론으로 세계교회와 신학계에 지대한 영향을 미치고 있다. 몰트만 신학에 대한 분석과 평가는 그의 방대한 저술 못지않게 매우 다양하고 복합적이다. 또한 몰트만이 제시한 몇몇 핵심적인 신학적 주제는 뜨거운 신학 논쟁의 한복판에 여전히 놓여 있다. 평생에 걸친 몰트만의 신학 작업 과정에서 적잖은 사상의 변화와 사고의 전이가 있었음에도 불구하고 그의 신학을 꿰뚫고 있는 일관된 주제와 핵심적인 신학 방법론은 과연 존재하는 것인가? 여기에 대해 여러 논란이 있지만 필자는 "그렇다"라고 답변할 수 있다.[1] 실제로 몰트만 자신은 신학 방법이나 체계보다는 내용을 탐구하는 일에 주력했던 탓에, 그의 신학 방법론에 대한 심층적인 분석과 평가는 그리 많지 않음을 발견하게 된다. 이런 맥락에서 이 연구는 다음과 같은 질문을 제기하고 그 답변을 모색함으로써 몰트만 신학 방법론의 구조와 핵심적 성격을 탐구하고자 한다. 몰트만 신학의 형성 과정 및 배경은 무엇인가? 그의 신학 방법론의 구조와 특성을 어떻게 규정할 수 있

1_ 스탠리 그렌츠와 로저 올슨은 전통적인 입장에서 볼 때 몰트만이 일관적인 신학적 방법을 지니고 있는지에 대해 의문의 여지가 있다고 본다. Stanley J. Grenz and Roger E. Olson, *20th-Century Theology: God and the World in a Transitional Age* (Downers Grove, IL: InterVarsity Press, 1992), 175. 반면에 몰트만 신학의 연속성과 일관성을 주장하는 학자들도 있다. R. Bauckham, *Theology of Jürgen Moltmann*, (Edinburgh: T&T Clark, 1995), 3-27; D. Schweitzer, "The Consistency of Jürgen Moltmann's Theology," *Religious Studies Review* vol. 22 no. 2 (April 1996), 205-207; Robert T. Cornelison, "The Reality of Hope: Moltmann's Vision for Theology," *The Asbury Theological Journal* vol. 48 no. 1 (Spring 1993), 109; 신옥수, "몰트만 신학에 있어서의 만유재신론적인 비전", 「조직신학논총」 8 (2003), 99-129.

는가? 그의 신학 방법론에 대한 평가와 신학적 의의는 어디서 찾을 수 있는가?

I. 몰트만 신학 방법론의 배경

몰트만은 60여 년에 걸친 신학 작업의 후반기에 이르러서야 비로소 신학 방법론에 관해 저술했다. 그는 『신학의 방법과 형식』(2000)에서 자신의 신학 여정의 특성상 신학의 방법보다는 내용에 더 관심을 갖게 되었을 뿐 아니라 내용을 우선시했다고 밝히고 있다.[2] 이런 사실은 그의 신학 형성 과정과 밀접하게 연관된다. 즉 어린 시절부터 신학 수업을 받아온 다른 신학자들과 달리 몰트만은 세속적인 가정에서 자라났고, 젊은 시절 포로 수용소에서 처음 신학을 접했으며 그 후에야 신학을 체계적으로 공부했기 때문이다. 그리하여 몰트만은 신학 교과서를 저술하거나 특정한 신학 학파를 만들거나 신학적 체계를 세우는 대가가 되려고 시도하지 않는다. 오히려 그의 주된 관심은 다른 사람들을 자극하고 신학 그 자체를 발견하며 자신의 신학적 사유를 발전시키면서 자기 길을 걸어가는 데 있었다고 회고한다(ET, xv).

몰트만은 여러 차례에 걸쳐 그의 신학 사상의 형성 과정과 특징을 밝히고 있다.[3]

2_J. Moltmann, *Experience in Theology: The Ways and Forms of Christian Theology*, trans. Margaret Kohl (Minneapolis: Fortress Press, 2000; 이하 ET), xiv-xv.

3_J. Moltmann, *History and the Triune God: Contributions to Trinitarian Theology*, trans. John Bowden (New York: Crossroad, 1992; 이하 HTG); *The Spirit of Life: A Universal Affirmation*, trans. Margaret Kohl (Minneapolis: Fortress Press, 1992; 이하 SL); *The Coming of God: Christian Eschatology*, trans. Margaret Kohl (Minneapolis: Fortress Press, 1996; 이하 CoG); *How I Have Changed: Reflections on Thirty Years of*

신학의 전기적(biographic) 특성을 이해하고 있는 몰트만은 출간된 저서들의 서문에서 자기 사상의 변천 과정에 대해 비교적 상세하게 기술하고 있다. 최근 그의 자서전 『드넓은 장소』(2008)[4]에서는 자기 삶의 여정과 사상의 이행 과정에 대해 폭넓고 깊이 있는 정보를 제공해준다.

초기의 몰트만은 "하나의 초점에 맞춘 신학"으로 출발하고 있다. 그의 3부작으로 일컬어지는 『희망의 신학』(1967), 『십자가에 달리신 하나님』(1974), 『성령의 능력 안에 있는 교회』(1977)에서 이런 입장이 두드러지게 표명된다.[5] 그러나 곧 몰트만은 이런 일방성을 지양한 채 다양한 신학 전통과의 대화 및 새롭게 등장한 신학 운동에 활발하게 참여함으로써 자신의 신학의 지평을 확대하고 심화하는 계기를 가진다. 더 나아가 그는 1980년대에 이르러 비로소 자신의 작업을 "전체 신학에 기여하는 부분으로서의 신학"(systematic contributions to Theology)으로 규정하고 고유한 신학적 기획을 시도한다. 최근까지 출간된 몰트만의 저서는 『삼위일체와 하나님의 나라』(1981), 『창조 안에 계신 하나님』(1985), 『예수 그리스도의 길』(1990), 『생명의 영』(1992), 『오시는 하나님』(1996), 『신학의 방법과 형식』(2000) 등이다.[6]

Theology, ed. Jürgen Moltmann and trans. John Bowden (Harrisburg, PA: Trinity Press International, 1997; 이하 HIC).

4_J. Moltmann, *A Broad Place: An Autobiography*, trans. Margaret Kohl (Minneapolis: Fortress Press, 2008; 이하 BP).

5_J. Moltmann, *Theology of Hope: On the Ground and the Implications of a Christian Eschatology*, trans. J. W. Leitch (London: SCM Press, 1967; 이하 TH); *The Crucified God: The Cross of Christ as the Foundation and Criticism of Christian Theology*, trans. R. A. Wilson and J. Bowden (Minneapolis: Fortress Press, 1974, 1993; 이하 CG); *The Church in the Power of the Spirit: A Contribution to Messianic Ecclesiology*, trans. Margaret Kohl (New York: Harper & Row, 1977; 이하 CPS).

6_J. Moltmann, *The Trinity and the Kingdom: The Doctrine of God*, trans. Margaret Kohl (San Francisco: Harper Collins, 1981; 이하 TK); *God in Creation: A New Theology of Creation and the Spirit of God*, trans. Margaret Kohl (London: SCM Press, 1985; 이하

몰트만은 방법론적 질문에 사로잡혀 있던 다른 동료 신학자들과는 달리, 신학의 내용과 성서의 빛에 비추어 그 내용을 개정하고 현금의 주어진 도전들 속에서 그것을 혁신하는 것에 관심을 가졌다고 한다. 따라서 그는 신학의 체계화를 시도하지 않는다. 이와 달리 "나는 결코 고대의 비인격적 교리와 교회적 교의를 방어하는 신학을 추구하지 않았으며 오히려 발견의 여행(a voyage of discovery)으로서의 신학을 추구해왔다"[7]라고 진술한다. 그는 자신의 신학을 전개하는 데 전통적인 교의학적 방법이나 조직신학 대계와 같은 방법을 거부한다. 대신에 그는 신학적 논의를 위한 일련의 신학적 기여로서의 방법을 채택한다.

> "신학에 대한 조직적 기여들"이라는 표현은…신학적 체계의 유혹과 교의학적 주제의 구속을 피하고자 의도되었다.…"기여들"이라는 단어를 사용함으로써 저자는 자기 입장의 조건과 한계, 그리고 자신의 특정한 상황의 상대성을 인정하는 것이다. 그는 모든 것을 말해야 한다거나 신학의 전부를 말해야 한다고 주장하지 않는다. 오히려 그는 훨씬 더 큰 "전체"의 한 부분으로서 자신의 "전체"를 이해한다.…이 모든 것의 배후에는, 개인적 견지에서 진리는 막힘 없는 대화 안에서 발견된다는 확신이 놓여 있다(TK, xii-xiii).

몰트만은 자신의 신학 방법이 미리 확정된 것이 아니라 도리어 그것을 적용하는 가운데 형성되었다고 주장한다. 즉 신학 방법이 이미 완성된 닫힌 체계가 아니라 신학의 대상들을 인식하면서 형성된 개방적이고 도

GC); *The Way of Jesus Christ: Christology in Messianic Dimensions*, trans. Margaret Kohl (New York: Harper Collins, 1990; 이하 WJC).

7_J. Moltmann, "The Adventure of Theological Ideas," *Religious Studies Review* vol. 22 no. 2 (April 1996), 103.

상적(途上的)인 성격을 지니고 있다는 것이다(ET, xv). 또한 오직 신학의 내용과 그 생생한 주제로부터 출발하는 신학 방법만이 근대와 탈근대의 상황으로부터 오는 공격과 새로운 가능성에 대해 응답할 수 있다고 강조한다.

몰트만은 자신의 신학 방법의 특성을 세 가지로 규정한 바 있다. 첫째는 성서적 토대요, 둘째는 종말론적 방향성이며, 셋째는 정치적 책임성이다(HTG, 182). 그는 신학의 출발점을 언제나 예수 그리스도를 중심으로 하는 성서적 내러티브(biblical narrative)에 두었고, 처음부터 끝까지 종말론적인 성격을 지향했으며, 세계역사의 변혁에 참여하는 정치적·사회적 책임을 수행하는 신학의 과제와 기능을 강조했다. 또한 후기에 이르러 그는 자신의 신학이 다음과 같은 세 가지 중심점을 지니고 있다고 말했다.

> 나는 특별한 순서들을 따랐다. 내게 있어 이 순서들은 다음과 같은 것을 향하고 있다. 첫째는 하나님에 관한 삼위일체론적 사고이고, 둘째는 창조의 공동체에 대한 생태학적 사고이며, 마지막으로는 하나님이 자기 백성 및 그리스도와 생명을 주시는 성령을 통해 우리 마음 안에 내재하심에 관한 종말론적 사고를 가리킨다(CoG, xii).

몰트만의 이런 핵심적인 신학적 주제와 방향성은 그의 신학 전체에 광범위하게 영향을 미치고 있다. 요약하면, 몰트만 신학 방법론의 틀은 성서적 토대와 삼위일체론적 구조 및 종말론적 방향과 정치적 책임성으로 이루어진다.

II. 몰트만 신학 방법론의 구조와 특성

1. 성서적 내러티브

몰트만 신학은 신학을 형성하는 가장 중요한 자료요 신학의 근거 및 규범인 성서에 토대를 두고 있다. 몰트만은 자신의 신학을 어떤 철학적 형이상학이나 해석학적 원리가 아니라 철저히 성서적 내러티브 위에 세우고자 한다. 그는 초기에 "희망의 해석학", "약속의 역사의 해석학", "정치적 해석학"을 제안했으나 『삼위일체와 하나님의 나라』 출간 이후로는 줄곧 성서적 내러티브에 근거한 신학을 전개하고 있다(ET, 87-150). 몰트만은 근본주의나 성서주의(biblicism)에 대해서는 부정적 입장을 갖는다. 그에 의하면, 성서 자체가 곧 계시는 아니며 하나님의 약속의 역사에 대한 증언으로서 성서의 권위는 도구적이다. 또한 근본주의의 축자영감설에 대해서는 그것이 성령의 작용의 위축을 가져온다는 점에서 비판적이다. 다른 한편으로, 몰트만은 역사비평이 성서해석에 있어서 제한적 유익을 끼친다고 주장한다. 오히려 그는 성서에 대한 신학적 석의와 인간학적 석의 사이의 갈등을 "삼위일체적 해석학"의 도움을 힘입어 극복하고자 시도했다고 한다. 몰트만은 독일에서 역사적 석의와 신학적 석의 사이의 간격이 너무 넓어지고 있으며 어떤 점에서는 해석학적 논의의 공통점을 찾을 수 없어서 점차로 성서 본문 자체로부터 직접 듣고자 하는 노력을 감행하게 되었다고 진술한다.[8] 그는 북미신학에서 제안된 내러티브 신학(narrative theology)에 관심을 가졌으며, 실제로 사실적 내러티브(realistic narrative)를 종종 활용하고 있다.[9]

8_ 위의 논문, 105.

9_ 사실적 내러티브란 역사 같은(history-like) 내러티브를 말하는데 역사(history)와 의미(meaning)를 함께 추구하는 것이다. 한스 프라이(Hans Frei)를 비롯한 탈자유주의(post-

몰트만에게 삼위일체적 해석학이란 무엇인가? 이는 성서의 모든 내용이 삼위일체적 기원을 지닌다는 것이다. 즉 성부·성자·성령의 구체적인 구원의 역사가 곧 성서적 내러티브다. 몰트만의 관점으로는 성부와 성자와 성령은 구별되면서도 사랑의 일치 가운데 계시며 함께 동역하시므로 우리는 삼위일체적 창조, 삼위일체적 성육신, 삼위일체적 종말 또는 새 창조를 말하지 않을 수 없다. 그에 의하면 신약성서는 세계를 향해 열려 있는 성부·성자·성령의 사귐의 관계를 이야기하고 그것을 선포함으로써 하나님에 관해 진술한다(TK, 64). 따라서 성서적 내러티브는 철저히 삼위일체적으로 이해되고 해석되어야 한다.

이런 몰트만의 성서적 내러티브에 근거한 신학 방법은 그의 신학 전반에 걸쳐 일관되게 전개된다. 그에게 삼위일체론은 추상적이고 사변적인 도식이 아닌 예수 그리스도의 십자가 사건에 대한 신약성서의 가장 간결한 진술이다. 그리하여 고대의 실체(substance) 형이상학과 근대의 절대적 주체(absolute subject) 형이상학에 근거한 삼위일체론이 아닌, 성서에 함축된 "사회적 삼위일체론"(social doctrine of the Trinity)을 제시한다. 또한 하나님의 고난불가능성(impassibility)이라는 형이상학적 원리에서 출발하는 고전적 신론과는 달리 몰트만은 하나님의 고난가능성을 긍정함으로써 불변성, 전능, 전지, 영원 등 고전적 신론의 하나님의 속성들을 성서적 내러티브에 비추어 개정하고 있다. 예수의 인격 및 지상 사역에 대해서도 전통적인 교리적 설명이나 형이상학적 접근이 아니라, 성서 전통 안에서 역사적이며 사실적으로 기술함으로써 "내러티브 기독론"(narrative

liberal) 신학자들의 성서해석 방법으로 본문내적(intratextual) 해석학이라고 일컬어진다. Oksu Shin, "A Critical Study of Hans Frei's Narrative Approach to Theology-Focused on Its Postliberal Intratextuality," *Korea Journal of Systematic Theology* vol. 5 (2005), 75-76.

Christology)을 구상한다(WJC, 33). 그뿐 아니라 몰트만은 창조론과 인간론 및 성령론과 종말론을 전개함에 있어서 신구약성서의 다양성과 통일성을 바탕으로 충실한 본문 이해와 석의를 보여준다.

그런데 리처드 보컴(R. Bauckham)은 몰트만의 후기 저서들이 "숙련되지 않은 숙고"와 "해석학적 무책임성"을 보여주고 있다고 비판한다. 보컴에 따르면 "몰트만은 성서의 구절이나 은유로부터 임의적으로 인용구들을 사용하고 있는데, 이는 자신도 스스로 인정하듯이 역사비평적 석의에 의해 정당화되지 못하는 것들이다. 후기 저서에서 몰트만은 종종 역사비평 이전의 방식으로 단지 본문을 인용하는 것에 의지하면서 뒷걸음치고 있다."[10] 몰트만은 자신의 석의에 대한 비판자들의 지적이 어떤 점에서는 옳음을 인정한다. 그러나 유의할 점은 그가 점차적으로 성서 본문에 대한 새롭고도 단순한(naive) 관계성에 편안함을 느끼고 있으며, 이런 성서에 대한 입장은 그의 후기 신학 전체에 현저하게 반영되어 있다는 것이다.[11] 요약하면, 몰트만은 삼위일체적 해석학을 중심으로 하며 성서적 내러티브에 바탕을 둔 성서적 신학을 전개하고자 노력한다.

2. 삼위일체론적 구조

몰트만 신학 방법의 결정적인 특성은 삼위일체론적 구조를 지닌다는 점이다. 스스로 밝히듯이 삼위일체론은 1980년대 이후 몰트만 신학의 해석

10_ R. Bauckham, *Theology of Jürgen Moltmann*, 25-26.

11_ 몰트만은 "만일 내가 모든 것을 다시 시작할 수 있다면, 내 동료들인 미하엘 벨커와 미로슬라브 볼프가 현재 수행하고 있는 '성서적 신학'(biblical theology)이라는 새로운 접근 방식을 시도해보고 싶다. 왜냐하면 나는 전통들이 자신의 장구한 역사 속에서 만들어내었던 것보다도 그것의 원천(성서)이 더 많은 잠재력을 지니고 있다고 믿기 때문이다"(J. Moltmann, "The Adventure of Theological Ideas," 105).

학적 원리가 되었으며, 그의 신학은 철저히 삼위일체론적으로 구성되어 전개되고 있다(BP, 285-294). 즉 삼위일체적 창조론, 삼위일체적 그리스도론, 삼위일체적 성령론, 삼위일체적 교회론, 삼위일체적 종말론 등이다. 그의 삼위일체론은 소위 "사회적 삼위일체론"으로 명명되는데 이는 『십자가에 달리신 하나님』에서 발아되어 『삼위일체와 하나님의 나라』에서 심화 발전되었으며, 이후 그의 모든 저서를 관통하고 있다.

몰트만의 사회적 삼위일체론은 삼위의 인격성과 관계성 및 공동체성을 강조한다. 하나님은 상호교대하는 관계들 가운데 있는 세 신적 인격의 공동체로서 상호순환적 사랑의 통일성(*perichoresis*) 안에 있다. 몰트만은 삼위일체 하나님의 형상으로 지음 받은 인간들이 신적 페리코레시스에 드러난 사귐과 교제를 실현하도록 부름 받는다고 주장한다. 즉 페리코레시스에 기초한 자유와 평등 및 상호적 섬김으로 이루어지는 삼위일체론적 실천과 윤리가 가능하다는 것이다. 또한 몰트만은 삼위일체의 상호순환적 통일성이 하나님과 세계의 상호내주, 즉 우주적 쉐키나(*Shekinah*)를 종말론적으로 지향한다고 주장함으로써 삼위일체론적·종말론적 만유재신론(trinitarian, eschatological panentheism)으로 나아가게 된다.[12]

이런 몰트만 신학의 삼위일체론적 구조는 고전적 유신론(classical theism)과 과정신학의 만유재신론을 비판적으로 극복하며 제3의 길을 모색하는 새로운 신론의 유형, 즉 기독교적 만유재신론(Christian panentheism)을 낳는다. 또한 몰트만은 교회가 삼위일체 하나님나라를 향한 운동 또는 하나님의 선교(*missio Dei*)에 참여한다고 주장함으로써 교회론을 삼위일체론적으로 구성하고 있다. 이런 몰트만 신학의 삼위일체론적 구조는 하나님의 자기제한(*kenosis*)을 통한 창조로부터 시작하여, 삼위

12_ 신옥수, "몰트만 신학에 있어서의 만유재신론적인 비전", 106-129.

일체 하나님나라의 운동 가운데 있는 그리스도의 사역과 함께 역동적인 성령의 사역을 강조하는 데서 명백히 드러난다. 그뿐 아니라 몰트만의 종말론은 삼위일체론적 구조로 형성된다. 즉 새 창조에서 성령의 내주를 통해 세계는 "삼위일체의 집"으로 변형되고 변화될 것이며(TK, 104-105), 마침내 그의 백성과 삼위일체 하나님과의 영원한 기쁨의 축제가 새 하늘과 새 땅에서 완성될 것이다. 이렇게 몰트만 신학은 삼위일체론적 사고 안에서 이루어지고 삼위일체론적으로 정립되어 있음을 확인할 수 있다.

3. 대화적 방법

몰트만은 신학 방법이 본질상 대화적이라고 믿는다. 그는 자신의 신학 작업이 "신학 공동체 안에서 지속되는 신학적 대화를 위한 기여"로서 의도되었다고 밝힌다. 몰트만은 다음과 같이 역설한다.

> 신학은 서로 영향을 주고받으며 서로 요구하는 하천과 같다. 신학은 각자가 자신과, 그리고 자신의 하나님과 홀로 있는 광야가 아니다. 삼위일체 하나님의 진리에 대한 신학적 접근은 나에게는 대화적이고 상호교통적이며 동지적이다. 순례자의 신학(*theologia viatorum*)은 우리 다음에 오는 사람들의 기다림 속에서 우리 이전의 세대와 우리와 함께하는 동시대인들의 지속되는 비판적 대화다(ET, xvii).

몰트만 신학의 이런 대화적 성격은 매우 실험적인 그의 사고방식에 기인한다. 그의 신학 작업은 늘 지칠 줄 모르는 상상력 속에서 새로운 질문과 답변을 추구하는 가운데 독백이 아닌 대화의 스타일로 전개되며, 특히 공동체 안에서 형성된 하나의 제안(proposal)의 형식을 지닌다. 그리하여 몰트만의 신학적 진술은 사람들로 하여금 스스로 사고하도록 하며 그의 견해에 대한 단순한 반복이 아닌 동의와 반대를 얻기 위해 도전하도록 의도된 것이다. 물론 그는 모든 신학적 입장들과 주도면밀한 토론에 뛰어들지는 않는다. 그러나 그의 신학적 대화의 다양성과 역동성은 그의 신학을 매우 다채롭고 풍성하게 만들어준다.

실제로 몰트만은 자신의 여정 속에서 다양한 종교와 신학 전통 및 사상과 줄기차게 대화를 계속하고 있으며, 이런 대화의 열매들은 그의 신학 안에 녹아들어 있다(HTG, 176). 그는 1960년대에 활발하게 이루어진 기독교와 사회주의의 대화에 참여했으며, 세계교회협의회(WCC)의 "신앙과 직제"(Faith and Order) 위원회 회원으로서 교회 일치를 위한 대화에 적극적으로 참여했다. 또한 서방교회와 동방정교회 간의 진지한 대화를 통해 사회적 삼위일체론을 제안함으로써 소위 삼위일체론의 르네상스의 문을 활짝 열기도 했다. 무엇보다도 몰트만은 기독교와 유대교의 대화에 특별한 관심을 가지고 있었다. 유대교 신학자인 프란츠 로젠츠바이크(Franz Rosenzweig)와 아브라함 헤셸(Abraham Heschel) 및 후기 유대교 카발라신학과 유용한 대화를 나누었으며 이는 그의 신론과 기독론, 창조론과 종말론의 형성에 상당한 영향을 끼치고 있다. 그런데 여기서 유의할 점은 몰트만이 유대교의 침춤(zimzum)과 하나님의 열정(passion of God) 및 안식일(Sabbath)과 쉐키나 개념 등 주요 통찰을 자신의 신학에 적용하고 있지만 이를 철저히 삼위일체론적으로 재해석하고 있다는 것이다.

그뿐 아니라 유럽 상황에서 백인 남성으로서 신학 작업을 해오던 몰트만은 아내 엘리자베트 몰트만-벤델(Elisabeth Moltmann-Wendel)의 영향을 받아 여성신학을 통해 하나님에 관한 전통적인 기독교적 상징과 언어의 부적합성에 대해 새로운 시각을 가지게 된다. 정치신학과 흑인신학뿐만 아니라 남미와 아시아와 아프리카의 해방 운동은 유럽 중심적 관점을 넘어서도록 요청하면서 몰트만의 신학 작업을 형성해오고 있다. 그는 해방신학과 한국의 민중신학을 포함해서 제3세계 신학자들과의 대화에 나섰으며 이를 통해 제3세계 신학의 형성에 지대한 영향을 미치고 있다.

또한 몰트만은 자신의 성령론을 구상함에 있어서 오순절 운동과도 깊이 대화하고 있으며, 이외에도 개신교회와 로마가톨릭교회의 대화, 종교간 대화, 미국신학의 새로운 경향과의 대화에 활발히 참여하고 있다. 최근에 몰트만은 현대과학과의 대화도 시도하고 있다. 그의 초기 신학이 주로 사회과학과의 대화에 치중했다면, 후기 신학은 자연과학과의 대화에 집중하는 경향을 띤다.[13] 몰트만이 현대의 다양한 과학적 지식과 정보를 자기 신학 안에 용해시켜 다루고 있음을 볼 때, 우리는 그가 시대정신(Zeitgeist)에 늘 열려 있으며 대화적 자세를 일관되게 견지하고 있음을 확인할 수 있다.

또한 몰트만 신학 방법의 대화적 성격에서 빼놓을 수 없는 점은, 자신과의 대화 즉 끊임없는 자기성찰과 분석을 통해 신학적 사고의 형성과 발전을 추구하고 있다는 것이다. 현금의 신학자 중 몰트만처럼 자기 신학의 목적과 의도 및 변천 과정을 지속적으로 밝히고 있는 신학자도 드물다. 이런 의미에서 몰트만은 자신과의 대화에 매우 충실한 신학자라고 할 수 있다. 그뿐 아니라 그의 신학은 자신의 주장을 향해 제기되는 갖가지 비판과의 대화 속에서 이루어진다. 특히 저서가 출간될 때마다 쏟아지는 수많은 신학적 비판의 목소리에 귀 기울이는 몰트만의 태도에서 신학자로서의 겸손을 엿볼 수 있다. 그는 어떤 측면에서 보면 자신의 신학적 개념과 사고에서 보다 더 정교하고 심화된 발전은 바로 이들과의 비판적 대화의 결과였다고 밝히고 있다. 이런 대화적 접근은 몰트만 신학을 잠정적인

13_J. Moltmann, *Science and Wisdom*, trans. Margaret Kohl (London: SCM Press, 2003; 이하 SW).

성격으로 만든다. 그에게 신학은 영구적인 것이 아니라 미래를 향해 활짝 열려진 것이며 과정적이고 도상적인(auf dem Wege) 것이다. 따라서 몰트만은 자신의 신학을 "순례자의 신학"(*theologia viatorum*)으로 부르기를 주저하지 않는다(ET, 61).

4. 변증법적 방법

더글러스 믹스(M. Douglas Meeks)는 몰트만 신학의 결정적인 특성이 "화해의 변증법"(dialectic of reconciliation)이라고 주장한다. 이것이 몰트만 신학의 방법론적 동력이요 신학의 자료 선택을 위한 표준이라는 것이다. 몰트만 신학에서 반복적으로 등장하는 "희망, 약속, 종말론, 미래, 부활, 십자가"와 같은 개념에서 변증법적 방법이 발견된다고 한다.[14] 몰트만의 화해의 변증법은 스승인 한스 요아킴 이반트(Hans Joachim Iwand)를 통해 헤겔(G. W. Hegel)의 영향을 받아 예수 그리스도의 십자가와 부활을 변증법적으로 해석한 것이다. 그러나 몰트만은 헤겔의 변증법의 형식만을 취했지 그 내용을 전적으로 따르지는 않는다(CoG, 326-330).[15] 헤겔에서는 세계가 이미 객관적으로 화해되었기 때문에 새로운 종말론적 미래가 부인되고 있기 때문이다. 오히려 몰트만에게 변증법은 열려진 변증법으로서 종말론적 성격을 지닌다. 십자가는 고난을, 부활은 궁극적인 영광의 나라를 보여주기 때문에 십자가와 부활은 변증법적 사건인 동시에 종말론적 사

14_ M. Douglas Meeks, *Origins of the Theology of Hope* (Philadelphia: Fortress Press, 1974), 2.

15_ R. Bauckham, *Moltmann: Messianic Theology in the Making* (Basingstoke: Marshall Pickering, 1987), 36; *The Theology of Jürgen Moltmann*, 154-155. 몰트만의 관점에서 헤겔의 문제점은 십자가와 부활의 역사성을 거부하고 십자가에서의 하나님의 부정을 절대정신의 내재적·필연적 요소로 간주하며, 삼위일체 하나님의 운동을 단일한 절대정신의 변증법적 운동으로 보는 것이다. M. Douglas Meeks, *Origins of the Theology of Hope*, 36-38.

건이다. 즉 몰트만의 변증법은 변증법적 종말론이다.

몰트만은 초기에는 날카로운 대립으로 구성된 과격한 역사적 변증법을 사용한다. 즉 십자가와 부활, 경험과 희망 등 대립되는 두 개념 안에서 모순과 갈등 및 불연속성이 더 강조된다. 그러나 후기에 이르러 몰트만의 변증법적 방법은 모순과 불일치, 대립과 분리 및 차이 속에서 통일성과 연속성 및 일치를 얻게 되는 역동적인 것으로 바뀌었다. 그의 변증법적 신학 방법에서 핵심 개념은 약속과 희망, 십자가와 부활, 역사와 하나님나라, 하나님으로부터 버림받음과 하나님의 현존(God's forsakenness/God's presence), 삶과 죽음, 하나님의 사랑과 하나님의 자유, 고난과 승리의 기쁨 또는 영광, 하나님의 초월성과 내재성, 경험과 계시, 자연과 은총 등이다.

몰트만은 신학 개념에서 변증법적 특성을 강조할 뿐만 아니라 신학의 전개에서도 변증법적 방법을 채택한다. 그는 "십자가에 달리신 그리스도의 부활"에서 기독교의 정체성(Identity)을 찾으며, 1960년대와 1970년대의 상황에서 그것의 현실관련성(Relevance)을 찾음으로써 "정체성-현실관련성"의 변증법을 추구한다. 또한 『희망의 신학』에서는 부활이 강조되고 『십자가에 달리신 하나님』에서는 십자가가 중심이 된 반면에, 『예수 그리스도의 길』에서는 삼위일체적 상호관계 안에서 십자가와 부활의 대립을 극복하고자 한다. 몰트만은 본질이 사랑이신(요일 4:8, 16) 하나님의 고난가능성을 긍정했을 뿐 아니라, 십자가와 부활의 변증법 안에 있는 삼위일체적 관계성들을 발견했기 때문이다. 그래서 그는 기독론적 변증법을 "사회적 삼위일체론"이라는 좀 더 폭넓은 틀 안에서 종합한다.

그런데 이런 기독론적 변증법으로부터 삼위일체론적 사고로의 길은 역사적 변증법으로부터 자연에 대한 통전적인 숙고의 방식에 상응한다.[16]

16_J. Moltmann, "The Adventure of Theological Ideas," 104.

즉 역사가 강조되던 초기 신학에서 『창조 안에 계신 하나님』에서는 "자연에 있는 역사"(history in the nature)를 말함으로써 역사와 자연 사이의 변증법적 긴장을 보여준다. 그리고 종말이 강조되던 초기 신학을 넘어서서 『창조 안에 계신 하나님』에서는 창조가 종말론적 관점에서 해석되며, 『오시는 하나님』에서는 창조와 종말이 영원한 안식과 우주적 쉐키나에서 완성되는 변증법적 과정을 보여준다.

또한 몰트만은 『희망의 신학』에서 역사의 미래로부터 다가오시는 전적인 새로움(das Novum)으로서 희망의 하나님을 강조함으로써 그분의 초월성을 강조했으나, 『창조 안에 계신 하나님』에서는 세계 내의 성령의 내주를 말함으로써 하나님의 내재성과 현존을 강조하게 된다. 더 나아가 『생명의 영』에서는 성령을 통한 삼위일체 하나님의 세계와의 상호순환적 연합(perichoretic union)에서 하나님의 초월적 내재성과 내재적 초월성이 역동적으로 결합된다. 이렇게 몰트만 신학은 역사와 종말론, 십자가와 부활의 해석, 죽음과 생명, 하나님의 부재와 현존에 관한 변증법으로 특징지어진다. 몰트만의 변증법은 언제나 종말론적 성격을 지니고 있는데, 하나님은 하나님과 대립적인 것처럼 보이는 역사 안에 현존하시는 동시에 자기 백성의 종말론적 선취의 삶의 방식 속에서 역사 변혁의 능력으로 현존하신다는 것이다.

5. 유비적 방법

몰트만의 초기 신학은 주로 변증법적 방법에 집중되었으며, 유비적 방법이 중심에 놓인 것은 후기에 이르러서다. 몰트만은 하나님 인식의 불가능한 가능성(the impossible possibility)을 주장하는 전통적 입장에 동의한다. 인간의 죄된 상태로 말미암은 하나님 인식의 한계를 긍정함으로써, 종교적·신학적 언어 및 논리의 유한성과 부적절성과 불충분성을 자각하면서 자신의 신학을 출발하고 있다. "인식의 유비적 원리가 인식의 변증법적 원리에 의해 보충되지 않는다면 일방적이다"(CG, 27).

그런데 몰트만은 예수 그리스도 안에서 우리를 의롭다 하시는 하나님에 대한 상응점과 유비들을 우리 삶과 세계의 역사와 자연 안에서 찾을 수 있다고 한다. 몰트만에 의하면 유비의 인식은 "언제나 더 큰 비유사성(difference) 가운데 있는 하나님과 인간 사이의 언제나 더 큰 유사성(similarity)"의 인식이다. 그는 자신의 사회적 삼위일체론을 전개하는 가운데 하나님과 인간 사이의 인식의 필요성에 직면하여 유비의 방법을 활용한다. 삼위일체론을 구상함에 있어서 서방교회의 심리적 유비가 아닌 동방교회의 사회적 유비를 선호하는 그는 "인간 공동체는 전체적으로 모든 국면에서 삼위일체 하나님의 신적 삶에 상응(correspond)해야 하고 또 상응할 수 있다"(HTG, 99-100)라고 주장한다.

몰트만은 자연신학에서 사용되는 존재의 유비(*analogia entis*)가 아닌 장 칼뱅(J. Calvin)의 신앙의 유비(*analogia fidei*) 및 칼 바르트(K. Barth)의 관계의 유비(*analogia relationis*)를 선호한다. 실제로 그는 창조론에서 인간을 하나님의 형상으로 규정함에 있어 바르트가 사용한 관계의 유비를 확대 적용하여 삼위일체 하나님의 사랑의 관계(*koinonia*)를 닮은 남녀 관계뿐 아니라 부모와 자녀의 공동체 및 자연과의 관계성을 규명하는 데까지 나아간다(GC, 223, 235-243). 이런 관계의 유비에 대한 근거는 페리코레시스다. 즉 신적 페리코레시스는 하나님의 형상으로서의 모든 인간 공동체의 원형이다. 몰트만은 "하나님에게 유비되는 모든 관계는 삼위일체적 페리코레시스의 원초적인 상호순환적 내주와 상호침투를 반영한다. 하나님은 세계 안에 계시며 세계는 하나님 안에 있다"(God is in the world and the world in God)라고 역설한다(GC, 17).

몰트만은 처음에는 하나님과 인간 및 하나님과 세계 사이의 본질적인 유사성을 주장하는 듯한 태도를 보였으나 점차 양자 사이의 구별을 강조하며, 심지어 상호순환적 관계에서도 하나님은 신적 방식으로(in divine way), 세계는 세계적 방식으로(in worldly way) 상호참여한다고 주장한다(GC, 150). 즉 신적 페리코레시스와 우주적 페리코레시스 사이의 직접적인 상응으로부터 유비적 관계성을 강조하는 방향으로 나아가는 것이다.[17]

이렇게 몰트만은 유비의 방법을 활용하면서도 더 나아가 추상적 개념 대신에 은유적 표현과 시적 판타지(fantasy) 및 비유를 신학 작업에 활용할 것을 제안한다. 이런 활용은 창조적 가능성과 개방성을 띠고 유동적 형태의 신학화를 가능하게 하기 때문이다. 실제로 몰트만은 의도적으로 자신의 신학적 스타일을 이런 방식으로 대치하고자 한다. 그러나 그의 방식은 전통적 신학 방법에 의존해온 기존 신학자들에 의해 종종 비판된다.

6. 경험적 성격

신학자와 그의 삶의 경험은 분리될 수 없다. 몰트만이 3년 동안의 포로수용소 생활에서 하나님을 희망의 능력으로 체험하고 고난 속에서 하나님의 현존을 경험함으로써 자신의 신학을 출발했듯이, 그의 신학에서 경험적 요소는 언제나 주변적인 것이 아닌 중심적인 것이다. 몰트만은 순수하게 학문적이기만 한 신학을 황야와 같은 것으로 간주한다. 우선 그는 젊은 시절 5년간의 목회 경험에서 얻은, 교회 공동체에서 이루어지는 다양

17_ 몰트만에 따르면 삼위일체 하나님의 페리코레시스와 하나님과 세계 사이의 페리코레시스는 서로 상응하지만 그 내주 방식에 있어서 차이를 지니고 있다. 비록 몰트만에게 그 구체적인 설명이 결여되어 있다 할지라도, 분명한 점은 신적 방식과 피조물적 방식 사이에는 구별이 엄연히 존재한다는 것이다.

한 신앙 체험을 소중한 신학적 자원으로 삼는다. 그리하여 그는 신학을 모든 신자들의 공동의 신학으로 확신하면서 교회 안팎의 세대와 성(性)과 지역과 계층을 아우르는 다차원적 경험을 다룬다(ET, 11-12). 그에게 신학은 탁상담화에 그치지 않고 교회의 삶과 세계의 구체적 경험으로부터 출발하는 공동체의 이야기가 되어야 한다. 물론 그렇다고 몰트만이 단순히 경험주의적 덫에 갇혀 있다는 의미는 아니다. 오히려 그는 성서적 증언에 충실하면서도 이런 진술들을 심화시키고 숙고하는 데 경험을 적절히 사용하고 있다고 할 수 있다.[18]

특히 "희망"과 "고난"이라는 경험의 주제는 초기 저서뿐 아니라 후기 신학에 이르기까지 일관된 주제로 남아 있다. 그는 『하나님 체험』(1980)[19]과 『창조 안에 계신 하나님』에서 인간 경험의 다차원적 성격을 강조한다. 특히 『생명의 영』에서는 전통적인 서구신학이 계시로부터 출발함으로써 성령의 경험적이며 주관적인 차원을 간과했다고 비판하면서, 신자의 구체적 삶의 경험의 현실로부터 하나님의 영을 이해하는 길을 택한다. 그래서 몰트만은 삶의 힘이요 생명의 원천으로서의 성령을 말한다. 성령 안에서 유한이 무한을 경험하고 무한이 유한을 경험하는 일이 가능하며, 하나님을 세계 안에서 경험하고 하나님 안에서 세계를 경험하게 된다는 것이다. "하나님 경험은 모든 일상의 세계 경험 '안에서', 그것과 '함께', 그것 '아래에서' 가능하다. 하나님은 모든 것 안에 계시고 모든 것은 하나님 안에 있으며, 하나님 자신이 모든 것을 '자신의 방식으로'(in His own way) 경험하기 때문이다"(SL, 35). 그런데 몰트만은 하나님 경험이 세계 경험과

18_ 신옥수, "몰트만의 성령 이해", 『성령과 기독교 신학』, 황승룡박사은퇴기념집 편찬위원회 편 (대한기독교서회, 2010), 238.

19_ J. Moltmann, *Experiences of God*, trans. Margaret Kohl (Philadelphia: Fortress Press, 1980; 이하 EG)

삶의 경험과 관련될 때, 반드시 모든 경험이 범신론적으로 될 필요는 없다고 말한다. 즉 하나님이 모든 것 안에 계시며 모든 것이 하나님 안에 있지만, 그렇다고 해서 하나님과 모든 것이 동일시되지는 않는다. 이는 몰트만이 줄곧 주장해온 기독교적 만유재신론의 특성을 분명히 보여준다.

이런 몰트만의 경험 이해는 근대 자유주의 신학에서 흔히 보이듯이 인간 주체의 자아의 경험에 제한되지 않는다. 그것은 타자와 사회성에 대한 경험 및 자연에 대한 경험을 포괄한다. 몰트만은 특히 자연의 경험을 강조한다. "자연 안에서 신체적 경험, 감각 경험, 우리 동료 피조물들에 대한 경험이 자아의 경험이나 사랑의 사회적 경험으로서의 하나님 경험 속에서 동등한 위치를 향유한다"(SL, 221). 이런 맥락에서 몰트만은 삶의 다양한 경험, 즉 해방과 자유와 구원과 치유의 경험 및 카리스마적 경험 등을 강조하고 있다. 이렇게 몰트만은 경험의 지평을 강조하며 이를 그의 신학적 사고의 핵심 자료로 삼는다.

7. 실천적 성격

몰트만 신학에서는 이론과 실천이 분리되지 않는다. 그는 바른 교리(orthodoxy)를 설명하는 데 머무르지 않고 바른 실천(orthopraxis)에 더 큰 관심을 갖는다. "나는 정확한 교리보다는 구체적 교리에 더 관심을 갖고 있다. 즉 순수한 이론보다는 실천적 이론에 관심을 가진다."[20] 따라서 몰트만에게 신학의 과제는 단지 세계를 해석하는 것이 아니라 세계를 변혁하는 것이다. 계속해서 몰트만 신학은 사회정치적 책임성을 추구하며 신

20_J. Moltmann, "Autobiographical Note," in A. J. Conyers, *God, Hope, and History: Jürgen Moltmann and the Christian Concept of History* (Macon, GA: Mercer University Press, 1988), 204.

학의 실천적이며 역사 변혁적 성격을 지향하고 있다. 그는 1970년대 이후 새롭게 등장하여 세계신학계에 영향을 미친 소위 상황신학들 즉 정치신학, 해방신학, 여성신학, 생태신학 등의 의의와 가치에 대해 긍정적인 입장을 보인다. 물론 몰트만이 이 신학적 입장들에 전적으로 동의하거나 전폭적인 지지를 보낸 것은 아니다. 하지만 그는 이것들이 기존 신학에 새롭게 제안한 통찰에 주목하면서 그들의 지속적 논의를 수렴하여 자신의 신학에 창의적으로 적용하는 접근 방식을 보여준다.

몰트만은 그가 다룬 모든 신학적 주제를 실천과 의미 있게 연관시키고 있다. 『희망의 신학』에서는 현금의 사회적·정치적·교회적 상황을 비판하고 대안적 미래를 위한 희망을 제공하고자 한다. 또한 『십자가에 달리신 하나님』에서는 예수의 십자가의 정치적 해석을 통해 사회적 불의로 억압당하는 자들과 연대하시는 그리스도의 모습을 제시하며 자유와 해방을 위한 교회의 투쟁을 고무한다. 그래서 십자가 신학은 그에게 실천적인 투쟁의 이론인 것이다. 『성령의 능력 안에 있는 교회』에서 몰트만은 교회가 세계 속에서 정치적·경제적 해방과 진정한 인간화를 위한 사회적·정치적 운동에 동참해야 한다고 역설한다. 그뿐 아니라 사회적 삼위일체론을 통해 기독교적 일신론에 근거한 가부장제와 교권제 및 정치적 군주제 등을 비판하고 모든 종류의 정치적·성적·인종적·교회적 차별과 억압에 반대하면서 자유와 평등, 상호적 섬김의 사회적 프로그램을 제시하고 있다.

또한 몰트만은 전 지구적 생태계의 위기와 환경파괴의 현실에 직면하여 생태학적 창조론을 통해 생태 운동의 근거를 마련할 뿐만 아니라 활발한 참여를 촉구하고 있다. 그는 통전적 성령론을 통해 사회와 역사 및 세계에서 활동하는 영, 피조 세계를 새롭게 살리는 생명의 영에 대한 이해를 제시함으로써 정의와 해방 및 평화의 실천과 하나님나라 운동을 추구한다. 이런 신학 작업에서 몰트만은 사회적 약자와 소외된 자, 장애인, 어린아이, 가난한 자, 차별받는 자들에 대한 연민과 배려를 지속적으로 표명하며 그들을 돕고 일으켜 세우기 위한 실천적 대안을 제공하고자 한다. 실제로 몰트만의 사상은 제3세계의 정치와 사회 민주화와 해방 운동과 함께 인권 운동과 환경 운동 및 반전반핵 운동 등에 영향을 미치고 있다.

최근에 몰트만은 공적 신학(public theology)을 추구하고 있다. 그에게 신학의 지평은 세계 안에 있는 하나님나라와 하나님나라 안에 있는 세계다. 그에 따르면 하나님나라 신학은 필수적으로 공적 신학이며, 비판적으로 또한 예언자적으로 공적 일들에 관여한다. 즉 몰트만은 "교회는 세계 역사 안에서 하나님나라와 그 의의 보편적 관심사들을 공적으로 대변해야"[21] 한다고 역설한다. 그리하여 공적 신학을 탐구하는 가운데 정치적 민주화, 경제적 불평등과 사회적 정의의 문제, 글로벌 경제위기 앞에서 대안을 찾기 위해 부단히 노력해야 한다. 이런 의미에서 몰트만 신학은 바르트에게서 보이듯이 "교회교의학"이 아니라 "하나님나라 신학", "선교신학" 또는 "종말론적·선교적 교의학"이라고 할 수 있다(ET, xx).

III. 몰트만의 신학 방법론에 대한 평가

몰트만은 전통적인 기독교 교리의 주제에 구속되거나 기존 개념과 설명방식에 만족하지 않고, 그것을 새롭게 표현하고 다시 고쳐쓰고자 한다. 또한 그는 새로운 문화적 경험과 지식에 비추어 기독교 교리를 지속적으

21_J. Moltamnn, *God for a Secular Society: The Public Relevance of Theology*, trans. Margaret Kohl (Minneapolis: Fortress Press, 1999; 이하 GSS), 220.

로 재구성하고 재개념화하는 작업을 통해 하나님과 세계의 이해를 향한 시도를 멈추지 않는다.[22] 이는 신학의 자기혁신과 과정적 작업의 성격을 보여주는데, 이런 점에서 현대신학은 몰트만의 노고에 빚진 바 크다.

또한 몰트만은 전통과 현대사상, 복음과 상황과의 대화를 바탕으로 한 통전적 이해와 신학적 접근을 보여준다. 이는 몰트만 신학의 대화적 방법에서 비롯된 결과다. 그러나 몰트만이 다양한 사상과의 대화 과정 속에서 주도면밀한 성찰을 거치지 않은 채 그 개념과 사상들을 수용함으로써 오히려 독창성이 약화되었다는 부정적 평가가 제기되기도 한다.

현금의 신학자들 중에서 몰트만은 신학 작업을 전개함에 있어 이론과 실천을 종합하고자 끊임없이 씨름하는 인물이다. 리처드 보컴은 몰트만 신학이 일관되게 실천을 지향하고 있다고 지적한다.[23] 뮐러-파렌홀즈(G. Müller-Fahrenholz)도 몰트만의 신학 방법이 해방의 실천과 운동에 견고한 토대를 두고 있다고 평가한다.[24] 항상 몰트만은 이론이 실천을 형성하고 실천이 이론을 형성하는 변증법적 관계에 위치해야 한다고 주장한다.

또한 몰트만 신학은 신자의 삶과 교회의 현실 그리고 세계의 구체적 상황으로부터 출발하는 매우 경험적인 차원을 가지고 있다. 물론 몰트만이 경험을 자신의 신학의 배타적이고 결정적인 자료로 삼지 않은 것은 분명하다. 오히려 그는 성서적 내러티브에 충실하면서도 경험을 적절하게 활용한다고 할 수 있다. 그뿐 아니라 몰트만의 신학 방법은 변증법적이다. 그런데 상당수 신학자들은 몰트만이 지나치게 헤겔주의 구조에 기반하고 있다고 비판한다. 그러나 앞에서 살펴보았듯이 몰트만의 변증법은

22_ D. Schweitzer, "The Consistency of Jürgen Moltmann's Theology," 205-207.

23_ R. Bauckham, *The Theology of Jürgen Moltmann*, 6-7.

24_ Geiko Müller-Fahrenholz, *The Kingdom and the Power: The Theology of Jürgen Moltmann* (Minneapolis: Fortress Press, 2001), 221-229.

종말론적 성격을 지닌다는 점에서 헤겔의 변증법과는 명백한 차이를 드러낸다. 후기에 이르러 유비적 방법을 활용하는 몰트만에 대해, 그가 하나님에 관한 진술의 유비적 성격을 충분히 인식하지 못하고 있으며 유비적이 아니라 거의 동의적으로(univocal) 표현하고 있다는 지적도 있다.[25] 그러나 몰트만은 초기에는 직접적 상응이라는 용어를 사용하지만, 점차로 유비의 사용에서 피조적이며 역사적인(creaturely and historical) 성격을 인지하고 있다.

그렇지만 몰트만 신학의 방법론적 한계도 적지 않다. 그의 신학적 진술 스타일은 때로 에세이나 이야기식으로 전개된다. 즉 몰트만 신학은 방법론적 철학의 스타일이 아니라 종종 치밀한 소설처럼 읽힌다. 그래서 "개념적인 부정확성과 느슨함"이 나타나며 "논리적 엄격성"이 결여된 경우도 있다.[26] 몰트만은 에버하르트 융엘(Eberhard Jüngel)이나 볼프하르트 판넨베르크(Wolfhart Pannenberg) 같은 다른 동료 독일신학자와는 달리 철학적·분석적 방법에 의존하지 않음으로써 때로는 논리적 비약이나 개념의 모호성을 보여주며, 신학적 주제를 다루는 가운데서도 내적 갈등과 긴장의 요소를 드러내기도 한다.

그러나 더글러스 믹스는 "탁월하게 자유의 신학자인 몰트만은 '열린' 신학을 시도하기를 선호한다. 이는 모호성, 우연성, 경험, 하나님의 모순, 그리고 무엇보다도 근대를 통해 신학에 전달되고 상정된 의제를 질문하는 자발성을 포함할 수 있는 신학을 의미한다"[27]라고 주장한다. 이런 몰트만 신학 방법의 특성은 그가 단순히 근대의 성격에 머물지 않고 어떤 특

25_J. Gresham, "The Social Model of the Trinity and Its Critics," *Scottish Journal of Theology* vol. 6 no. 3 (1993), 331.

26_R. Bauckham, *The Theology of Jürgen Moltmann*, 25.

27_M. Douglas Meeks, "Jürgen Moltmann's Systematic Contributions to Theology," 95.

성과도 과감히 교류하며 또한 이것을 자신의 신학 안에 용해시키고 있음을 보여준다.

이렇게 볼 때 우리는 몰트만의 신학 방법론으로부터 얻게 되는 유익이 적지 않음을 발견한다. 우선 신학자로서의 겸손과 개방성 그리고 대화적 자세가 그런 유익이다. 몰트만은 끊임없는 자기성찰과 함께 자신의 신학에 대해 제기된 비판에 능동적으로 응답함으로써, 때로는 부정확했던 개념을 보완하거나 내적 충돌의 요소를 지닌 주제를 수정하고 명료화하려고 시도하는 신학자로서의 유연성을 보여준다. 그뿐 아니라 늘 새롭게 변화하는 사회문화적 상황에 관심을 갖고 세계시민으로서 문제를 해결하는(problem-solving) 책임적 신학을 전개하고자 한다. 그는 새롭게 대두되는 신학적 이슈에 민감하며 그것들을 한 걸음 앞서 다루고자 했으며, 결과적으로 미래를 예견하고 비전을 제시하는 대안적 신학 작업을 수행하려 했다. 그의 신학은 점점 성서에 의존하는 경향을 띠고 좀 더 복음의 본질에 대한 바른 해석에 접근해가는 통전적 신학의 형태를 갖추어갔으며, 자신의 신학 작업을 인도하시는 성령에 이끌린 영감 넘치는 신학 내용을 드러낸다.

몰트만의 다양하고 창의적이며 건설적 특성을 지닌 신학 방법은 현대 신학 논의에 지대한 공헌을 할 뿐 아니라 한국교회와 신학에 현저한 영향을 미치고 있으며, 특히 미래신학의 형성을 위해 유용한 통찰과 방향을 제시해준다. 비록 개념적 불명료성, 논리적 정합성의 결여, 논리적 집중성의 약화 등이 적잖게 발견된다는 비판도 있지만, 몰트만이 끊임없이 추구한 수용적·비판적 대화를 통한 독창적 대안의 제시라는 신학함의 자세는 높이 평가받을 만하다. 또한 시대와 사상과의 지속적 대화 못지않게 하나님과의 실존적 만남을 통한 영감 있는 통찰력과 직관 속에서 우러나온 다양한 제안도 눈여겨볼 만하다. 이런 그의 신학적 특성이 흠뻑 녹아들어 있는 신학 방법론은 오늘과 미래의 교회와 신학을 위해 활기찬 비전과 전망을 제공한다고 할 수 있다.

Jürgen Moltmann

제2장

몰트만의 신론

Jürgen Moltmann

1960년대 이후 최근에 이르기까지 가장 논쟁적인 조직신학 주제 중 하나는 바로 신론이라 할 수 있다. 전후(戰後) 무신론의 등장과 함께 고전적 유신론에 대한 비판으로부터 시작된 하나님 이해의 패러다임 전환은 무엇보다도 과정신학에 의해 주도되었으며, 이런 맥락에서 현대신학자들의 다양한 신학적 응답이 지속적으로 이루어졌다. 이들 중에서도 몰트만은 자신의 신학 사상의 근거요 토대를 신론에 두고 있을 뿐만 아니라 신학적 사유의 발전 과정 속에서 이를 심화·확대시킴으로써 오늘날 우리에게 매우 의미 있는 하나님 담화(God-talk)와 중요한 통찰들을 제공하고 있다. 무엇보다도 그가 제안한 사회적 삼위일체론과 기독교적 만유재신론, 하나님 속성의 재해석 등은 성서로부터 출발하여 다양한 신학 전통과의 진지한 대화 속에서 이루어졌으며 창의적이면서도 영감이 넘치는 특성을 보여준다. 물론 몰트만의 주장에 대한 뜨거운 찬사 못지않게 날카로운 비판 또한 폭넓게 전개되어왔다. 몰트만은 자신의 신학에 대한 성찰과 함께 이런 비판들과의 대화를 통해 그의 신학적 사고를 가다듬었으며 새로운 하나님 이해의 모델을 끊임없이 보여주고자 노력하고 있다. 이에 본 연구는 다음과 같은 질문을 제기하고 여기에 대한 답변을 모색함으로써 몰트만 신론의 구조와 성격을 살펴보고자 한다. 몰트만 신론의 신학적 배경은 무엇인가? 몰트만 신론의 구조와 핵심적 특성은 무엇인가? 몰트만 신론을 어떻게 평가하고 전망할 수 있는가?

I. 몰트만 신론의 신학적 배경

몰트만 신론의 형성은 그의 신학 입문 과정, 즉 젊은 시절 영국 노튼캠프(Norton Camp)에서 3년 동안 전쟁포로로 지내던 경험으로부터 시작되었다고 할 수 있다. 시편 22편의 "나의 하나님, 나의 하나님, 어찌하여 나를 버리시나이까?"라는 기자의 절규에서 하나님과 고난의 주제에 대한 질문을 공유하게 된 몰트만은 여기에 대한 탐구의 길로 들어서게 된다. 인간의 고난과 하나님에 관한 주제가 그에게 신학의 입구(gate)가 된 것이다.

본격적으로 신학 작업에 들어선 몰트만은 종말론적 사유를 통해 "희망의 하나님"(God of Hope)을 제시함으로써 세계신학계의 주목을 받게 되며, 이후 루터교의 십자가신학에 깊이 영향을 받아 십자가에 달리신 하나님(Crucified God) 이해를 재해석함으로써 신론의 혁명적 전환을 가져왔다. 그러나 이런 하나님의 고난가능성(vulnerability of God)의 주장으로 인해 몰트만은 불붙는 신학적 논쟁의 중심에 놓이게 되었다.

1980년대에 이르러 몰트만은 십수 년에 걸친 서방교회와 동방교회의 삼위일체론에 관한 대화를 통해 자신의 독특한 삼위일체론을 제안했다. 『삼위일체와 하나님의 나라』(1981)를 통해 소위 사회적 삼위일체론이 전 세계적으로 유행하는 계기를 제공한 몰트만은 이후 자신의 모든 신학적 구조와 내용을 삼위일체론적으로 재구성했다. 즉 삼위일체론적 창조론, 삼위일체론적 그리스도론, 삼위일체론적 성령론, 삼위일체론적 종말론 등이 그것이다.

몰트만 신론의 특성은 기본적으로 고전적 유신론에 대한 비판적 극복 및 개정(revision)에 있다. 물론 몰트만은 고전적 유신론의 몇몇 주장이 성서적 내러티브에 부합되는 한에서 그것들을 보존하고자 한다. 그러나 그는 고전적 유신론에 충분히 만족할 수 없었으며 따라서 전통적인 하나님 개념들을 수정한다. 특히 칼 바르트와의 대화를 통해 자신의 고유한 신학적 틀잡기를 시도하는 동시에 과정신학에 대한 비판적 관점을 표명한다. 그리하여 그는 기독교적 만유재신론을 주창한다. 그의 견해로는, 삼위일체론적이며 종말론적인 만유재신론이야말로 성서에 나타난 하나님 이해를 표현하는 데 가장 적합하다는 것이다.[1] 이런 몰트만의 만유재신론적 비전은 그의 신학 사상 전체를 꿰뚫고 있는 핵심적 기초이며, 그의 하나님 이해의 관점과 전망을 지속적으로 제공하고 있다.

몰트만은 자신의 신학의 구조와 성격을 "성서에 기초하며 삼위일체론적일 뿐만 아니라 종말론적 방향성을 지니며 정치적 책임을 추구하는 것"이라고 기술한다(HTG, 182; GC, 183). 이런 신학적 입장은 몰트만 신론의 구성에 두드러지게 반영되어 있다. 그의 종말론적·메시아적 신학, 십자가 신학, 삼위일체 신학은 몰트만 신론의 구조와 특성을 결정짓는 핵심적 틀이자 배경이다.

무엇보다도 몰트만 신론은 철학적·형이상학적·추상적·사변적 접근이 아닌 성서적 내러티브로부터 출발한다. 몰트만은 『희망의 신학』에서는 부분적으로 역사비평에 의존하고 있지만, 『십자가에 달리신 하나님』 이래 최근에 이르기까지 대부분의 저서에서는 삼위일체 하나님의 구원 역사인 성서적 내러티브에 근거한 신학을 전개해오고 있다. 그리하여 형이상학적 접근에 치우친 고전적 유신론의 한계를 비판적으로 성찰할 뿐만 아니라 그것을 재진술하려는 노력도 보여준다. 이런 시도는 특히 하나님의 고난가능성 이해와 삼위일체론 재해석에서 풍성한 열매를 맺고 있다.

몰트만은 신론의 구성에서 다양한 신학 전통과의 상호비판적 대화를 통해 광대한 스펙트럼을 보여준다. 우선 그는 유대교와의 대화를 통해 상

1_ Stanley J. Grenz and Roger E. Olson, *20th-Century Theology*, 179; Richard Bauckham, *The Theology of Jürgen Moltmann*, 185-186, 244-247; 신옥수, "몰트만 신학에 있어서의 만유재신론적인 비전", 99-129.

당히 유용한 통찰력을 수렴해서 그것을 창의적으로 재해석했다. 몰트만은 지대한 영향을 받은 아브라함 헤셸로부터 "하나님의 열정"이라는 중심 개념을 적극적으로 수용했다. 또한 후기 유대교 카발라신학자인 프란츠 로젠츠바이크로부터는 자기 백성의 고난을 함께 나누시는 하나님과 자기 백성과의 동행 및 거주를 뜻하는 하나님의 쉐키나 개념을 차용했다. 그런데 몰트만에 따르면 이런 유대교적인 양극적 신학은 그리스도의 십자가에서 계시된 하나님의 고난에 관한 기독교적 사고를 충분하고 적절하게 파악할 수 없다고 한다. 그리하여 몰트만은 유대교의 하나님의 열정과 쉐키나 개념 등 주요 통찰들을 삼위일체론적으로 재해석한다는 점에서 유대교 신학과는 명백한 차이를 드러낸다.

몰트만 신론과 과정신학의 공통점은 하나님의 고난가능성 개념이다. 몰트만에 따르면 화이트헤드(A. N. Whitehead)의 "위대한 동료-함께 고난당하는 자"[2]로서의 하나님에 대한 진술은 매우 흥미롭고도 영향력 있다. "십자가의 삼위일체론적 신학을 위한 출발점은 과정신학의 고난당하는 하나님 개념들을 취해 그것을 기독교적 우주론을 위해 사용할 수 있다."[3] 그러나 몰트만은 과정신학이 신의 양극적 본성 이해를 강조함으로써 삼위일체론적 사고를 결여하고 있으며 창조와 종말의 전망을 갖고 있지 않다는 점에 유의해야 한다고 주장한다. 이렇게 몰트만은 과정신학의 특정 개념과 사상에 대해 상당히 예리한 비판적 입장을 취한다.

몰트만은 바르트로 대표되는 서방교회 삼위일체론의 모델을 비판적으로 극복하고 삼위일체론의 패러다임을 새롭게 제안한다. 즉 동방교회

2_ A. N. Whitehead, *Process and Reality: An Essay in Cosmology*, corrected ed., ed. David Ray Griffin and Donald W. Sherburne (New York: Free Press, 1978), 532.

3_ J. Moltmann, *Experiment Hope*, ed. and trans. M. Douglas Meeks (Philadelphia: Fortress Press, 1975; 이하 EH), 84, n. 5.

와의 대화를 통해 서방교회 삼위일체론의 한계를 지적하면서 이를 종합적으로 재구성한다. 이런 몰트만의 시도는 동방교회 갑바도기아 신학자들의 삼위일체론의 주요 개념 즉 "휘포스타시스"(*hypostasis*, 실체), "페리코레시스"(상호순환) 등의 의미를 다시 회복할 뿐만 아니라 이를 과감히 자신의 삼위일체론에 응용하는 모습을 보여준다. 또한 중세의 요아킴(Joachim von Fiore)의 삼위일체론을 자신의 신학에 적용하여 삼위일체론적 하나님나라에 관한 사고로 발전시킨다.

몰트만 신론은 『창조 안에 계신 하나님』에서 피조 세계 안에 영으로 내재하시는 하나님에 대한 강조로 말미암아 기독교적 만유재신론으로 나아간다. 몰트만은 자신의 신학적 관심이 세계의 역사로부터 자연과 생태환경으로 옮겨갔음을 밝히면서 현대과학의 이론들과 활발한 대화를 시도하고 있다. 또한 유대교 카발라신학의 침춤 이론에 근거하여 "하나님의 자기제한"(케노시스)의 사고를 기독교적으로 발전시킨 몰트만은 창조와 구속 및 성령의 내주를 삼위일체적·종말론적으로 재해석한다. 그는 유대교의 침춤과 안식일 및 쉐키나의 개념과 더불어 현대과학의 생태학적 공간 개념을 적극적으로 활용하는데, 이는 후기의 모든 저서에서 점차 심화·확장되어 광범위하게 전개된 몰트만 고유한 만유재신론의 성격을 분명하게 드러낸다.

몰트만 신론은 추상적 사변에만 머물지 않는다. 그의 신학이 일관되게 사회적·정치적 책임성을 추구하며 신학의 실천적이며 역사 변혁적 성격을 지향하고 있다는 사실은 신론의 구성에도 의미 있게 반영되어 있다. 몰트만은 1970년대 이후 새롭게 등장해서 세계신학계에 영향을 미친 소위 상황신학들 즉 정치신학, 해방신학, 여성신학, 생태신학 등과의 상호비판적 대화를 통해 하나님 이해의 현실관련성과 역사 변혁적 실천을 역설하고 있다. 이런 몰트만의 신학적 입장은 그의 십자가 이해와 삼위일체론

구성 및 창조론 등에 현저하게 드러나 있다.

II. 몰트만 신론의 구조와 특성

1. 희망의 하나님

몰트만은 초기 저서 『희망의 신학』에서 하나님의 미래성에 기초한 그분의 초월성과 내재성을 강조함으로써 신론의 새로운 지평을 열었다. 그는 당시 활발한 활동을 펼친 무신론자와 마르크스주의자들, 특히 『희망의 원리』(*Principle of Hope*)의 저자인 에른스트 블로흐(Ernst Bloch)의 주장에 맞서 예수 그리스도의 십자가와 부활이라는 역사적 토대에 근거한 기독교적 희망을 주창했다. 즉 철학자들의 하나님 이해와는 달리, 성서에 근거한 기독교의 하나님은 약속과 성취의 하나님이라는 것이다. 십자가에서 고난당하고 죽으신 예수님을 무덤에서 다시 일으키신 하나님은 자신의 약속을 확증하셨으며 죽어가는 세계에 새로운 생명과 희망을 가져오셨다. 여기서 죽은 자를 살리신 하나님 곧 예수의 부활은 몰트만의 하나님 이해의 핵심적 열쇠다. 이런 미래의 하나님은 죽음을 극복한 능력 있는 분이며, 이 세계와 우리 존재를 근본적으로 변혁시킬 다가오는 영광의 나라의 하나님이다.

따라서 "하나님은 '우리 너머에 계시'거나 '우리 안에 계신' 것이 아니라, 그의 약속들 가운데 우리에게 열려진 미래의 지평 안에 우리 앞서 계시므로 이 '미래'를 하나님의 존재 양식으로 간주해야 한다."[4] 그런데 여기서 하나님의 미래성은 하나님나라의 빛에서 현 세계의 역사적 현실을

4_J. Moltmann, "Theology as Eschatology," in *The Future of Hope*, eds. Frederick Herzog (New York: Herder & Herder, 1970), 10.

변혁시키는 능력으로 초월적이면서도 동시에 내재적이라는 데 몰트만의 사고의 독특성이 있다. 즉 하나님은 자기 백성이 종말론적 미래를 선취(anticipation)함으로써 현재와 과거를 꿰뚫고 들어와 악과 고난을 극복할 수 있도록 이 세계 안에 내재하신다. 몰트만은 종말론적·메시아적 신학을 통해 하나님을 미래의 힘으로 보는 독창적 사고를 전개함으로써 무신론과 고전적 유신론 사이의 갈등, 하나님의 초월성과 내재성 사이의 갈등을 극복하고자 한다.

2. 십자가에 달리신 하나님: 고난당하시는 하나님

몰트만의 『희망의 신학』이 예수의 부활 사건에 초점을 맞추었다면, 『십자가에 달리신 하나님』은 십자가 사건에 집중한다. 그런데 몰트만의 주장에 따르면 십자가 사건이 인간에게 어떤 의미를 지니는가에 대한 구원론적 질문은, 하나님 자신에게 이 사건이 무엇을 의미하는가 하는 신학적 질문으로 대치되어야 한다. 그래서 "예수의 십자가가 신적 사건 즉 예수와 아버지 하나님 사이의 사건으로 이해된다면, 그것은 필연적으로 성부·성자·성령의 삼위일체론적 용어로 표현되어야 한다"(CG, 246). 따라서 예수 그리스도의 십자가는 삼위일체 하나님의 심장을 계시하고 있으며 삼위일체론의 중심이다(ET, 306). 이렇게 몰트만의 하나님 이해의 특성은 철저히 삼위일체적 사건으로서의 십자가 해석에 자리한다.

몰트만은 고전적 유신론이 십자가에서 단지 예수의 인성이 고난당했다고 이해하는 점에 주목한다. 이와는 달리 그는 삼위일체 하나님의 고난을 강조해서 "성부의 고통, 성자의 죽음, 그리고 성령의 탄식"(HTG, xvi)이라고 표현한다. 그는 그리스철학의 "무감동성의 원리"(apathy axiom)에 지대한 영향을 받은 고전적 유신론의 하나님 개념들이 성서의 살아계신 하나님의 본질을 훼손하고 있다고 역설한다. 그리하여 몰트만은 성서적 내러티브에 나타난 십자가 사건과 하나님의 고난가능성을 결합한다. "하나님에 의해 버림받은, 십자가에 달리신 예수 안에서 하나님을 이해하는 것은 '하나님 개념에서의 혁명'을 요청한다"(CG, 152, 204; TK, 201). 따라서 몰트만은 고전적 유신론에 대한 종합적 수정을 시도한다.

하나님의 고난불가능성이라고 하는 형이상학적 원리로부터 출발하는 전통적 신론과는 달리, 몰트만은 하나님의 영원한 사랑의 고난가능성으로부터 시작한다. 그에 의하면 만일 하나님이 사랑이라면, 그분은 고난을 당할 수 있고 자신의 피조물의 고난을 함께 나눌 수 있다. 그런데 몰트만은 하나님의 무감동성과 고난가능성 사이를 중재하고자 한다. "하나님은 피조물처럼 존재의 결핍에서 비롯된 고난을 당하지 않는다. 이런 정도에 있어서 그분은 '무감동하다.' 그러나 하나님은 자기존재의 지고하게 부요하며 흘러넘치는 사랑으로부터 고난을 겪는다. 이런 정도에 있어서 그분은 '열정적이다'"(TK, 23). 즉 십자가는 우리를 위한 하나님의 열정적 사랑의 고난의 계시다.

여기서 하나님의 고난은 피조물이 겪는 숙명적이고 수동적인 고난과는 다르다. 몰트만은 새로운 종류의 고난을 제안한다. "세 번째 형태의 고난, 능동적 고난이 존재한다. 이 고난은 자발적으로 자신을 타자에게 개방하며 그에 의해 친밀하게 영향을 받도록 자신을 허용한다. 즉 이는 열정적인 사랑의 고난이다"(TK, 23). 다시 말해, 이 고난은 하나님의 사랑의 열정으로 말미암은 고난이요 능동적 고난이며 제3의 고난인 것이다. 여기서 주목해야 할 점은, 몰트만에 따르면 하나님은 과정신학의 주장처럼 존재론적 결핍(ontological deficiency)이나 형이상학적 필연성(metaphysical necessity)이 아니라 오로지 그분의 자원하는 사랑(voluntary love)으로 인해 고난을 당하신다는 것이다. 결과적으로 몰트만의 사고는 고전적 유신론 및 과정신학적 신론의 중요 요소들을 보존하려고 시도함에도 불구하고 양자와는 명확히 구별된다.

몰트만은 십자가에서 계시된 사건 속에서 성부의 고난과 성자의 고난 사이를 구분한다. "성부에 의해 버림받은 성자의 고난과 죽음은 성자의 죽음 안에서 고난을 겪으시는 성부의 고난과는 다른 종류다. 성자는 죽음을 겪으시고 성부는 성자의 죽음의 고난을 겪으신다"(CG, 243). 이는 단순히 예수 그리스도의 고난만이 아니라 삼위일체 하나님의 고난인 것이다. 또한 몰트만은 "예수의 죽음은 '하나님의 죽음'으로 이해될 수 없으며 단지 하나님 '안에서의' 죽음으로 이해될 수 있다"(TK, 207)라고 역설한다. 따라서 몰트만은 성부수난설적(patripassian) 표현이 아니라 하나님 수난설적(theopaschite) 표현을 선호한다.

이렇듯 몰트만 신론의 핵심적 특성은 하나님의 사랑과 고난 사이의 관계성에 있다. 그에 의하면 십자가 사건에는 "하나님은 사랑이시다"(요일 4:8)라는 그분의 본성이 계시되어 있다. 즉 "성부는 십자가에 못 박는 사랑이요, 성자는 십자가에 못 박히신 사랑이며, 성령은 정복당할 수 없는 십자가의 능력이다"(TK, 83). 더 나아가 몰트만은 하나님의 창조적 사랑(creative love)이 언제나 자발적으로 고난당하는 사랑(suffering love)이라고 주장한다. "그리스도의 역사적 고난은 영원한 하나님의 고난을 계시하며 그래서 자기희생적 사랑은 하나님의 영원한 본성이다"(TK, 32). 그렇다면 몰트만에게 하나님은 세계의 고난 속에 함몰되어 계신 것이 아닌가? 그에 의하면 그렇지 않다. 하나님은 모든 인간과 세계 및 역사의 고난과 함께하는 동시에, 부활에서 보여주신 것처럼 그리고 성령 안에서 고난을 넘어서는 분이며 우리에게 고난을 극복할 능력을 제공하는 분이기 때문이다.

3. 사회적 삼위일체론: 삼위일체 하나님의 구원 역사

몰트만의 사회적 삼위일체론은 최근 삼위일체론 부흥(renaissance)의 중심에 위치하고 있다. 몰트만은 형이상학적 하나님 이해에 근거한 전통적인 기독교적 일신론에 대한 비판을 제기한다. 오히려 그의 견해로는 기독교적 삼위일체론을 위한 출발점은 성서에 증언된 구원사다. 특히 몰트만은 삼위일체를 추상적이고 사변적인 도식이 아닌 십자가 사건에 대한 성서적 내러티브의 간결한 요약으로 이해한다. 기본적으로 몰트만은 삼위일체론의 구원사적 접근을 선호한다. "신약성서의 역사적이며 종말론적인 증언에서 우리는 삼위일체의 단 하나의 형식만을 발견하는 것이 아니다. 우리는 상호교대하는 양식을 지닌 성부·성자·성령의 삼위일체적 공동 사역을 발견한다"(TK, 99). 따라서 몰트만은 서방교회가 "성부-성자-성령"의 삼위일체라는 단 하나의 형식만을 다루어왔음을 비판하며 이것 대신에 세 가지 다양한 삼위일체론의 양식을 제안한다. 성부-성령-성자(그리스도의 파송, 내어줌과 부활), 성부-성자-성령(그리스도의 주권과 성령의 파송), 성령-성자-성부(종말론적인 완성과 영화)가 바로 그것이다(TK, 94-96).

몰트만은 서방교회와 동방교회의 활발한 에큐메니컬 대화 속에서 우선 필리오케(*filioque*) 논쟁에 대한 자신의 재해석을 밝히고 있다. 서방교회가 첨부했던 필리오케가 불필요하다고 여기는 몰트만은 서방교회의 기존 정식을 넘어서 그것을 자신의 고유한 용어로 재구성한다. 성령은 "성자의 성부로부터" 나오신다(The Spirit proceeds from the Father of the Son; TK, 187). 이런 몰트만의 입장은 현금 삼위일체론의 필리오케 논의를 위해 긍정적 교두보를 마련한다.

몰트만은 삼위일체론에서 구원의 계시 안에 있는 하나님(경세적 삼위일체)과 자신 안에 있는 하나님(내재적 삼위일체)에 관한 전통적 구분에 대해 비판적 입장을 취한다. 그의 견해에 따르면 이것들은 상이한 두 개의 삼위일체가 아니다. 몰트만은 "경세적 삼위일체는 내재적 삼위일체이며 그 반대 경우도 사실이다"(CG, 240)라는 칼 라너(K. Rahner)의 원리를 따르는 반면에, 이것이 곧 내재적 삼위일체가 경세적 삼위일체로 와해되는 것을 의미해서는 안 된다고 주장한다. 몰트만에 의하면 하나님이 역사의 과정과 전적으로 동일시되지 않도록 하기 위해서는, 경세적 삼위일체와 내재적 삼위일체 사이에 기본적인 구별이 여전히 존재한다는 사실을 긍정해야 한다(SL, 291). 오히려 그는 내재적 삼위일체와 경세적 삼위일체 사이의 상호관계성을 강조하면서도 이를 종말론적으로 이해한다. 즉 경세적 삼위일체는 종말에 이르러 내재적 삼위일체로 완성되고 성취된다. 따라서 경세적 삼위일체는 종말론적 영화 속에 있는 삼위일체를 지향한다.

더 나아가 몰트만은 삼위일체론을 구원론과 연관된 송영에 관련시킨다. 우리의 송영 속에서 삼위일체 하나님은 자신의 사역 때문이 아니라 오로지 자기 존재로 인해 예배를 받으시고 영화롭게 될 것이다. 또한 피조물들은 경배와 찬양을 통해 하나님의 영원한 삶과 기쁨에 참여한다. "경세적 삼위일체는 역사와 구원의 경험이 완성되고 온전하게 될 때 내재적 삼위일체로 완성되고 온전하게 될 것이다. 모든 것이 '하나님 안에' 있고 '하나님이 모든 것 안에서 모든 것'이 될 때, 경세적 삼위일체는 내재적 삼위일체로 이끌려지고 초월된다. 남는 것은 영광 가운데 있는 삼위일체 하나님의 영원한 찬양이다"(TK, 161). 이런 몰트만의 삼위일체적 송영 개념은 내재적 삼위일체와 경세적 삼위일체의 관계성에 대한 이해를 적절하게 제공해준다.

전통적으로 서방신학은 아우구스티누스(Augustine) 이래 삼위일체 하나님에 관한 심리학적 유비(psychological analogy)를 선호해왔다. 이는 인간 존재의 정신적 구조의 특성에 근거하고 있으며 심리적인 활동의 역동적 통일성을 강조한다. 반면에 동방교회는 니사의 그레고리우스(Gregory of Nyssa) 등 갑바도기아 교부들의 견해를 따라 삼위일체의 사회적 유비(social analogy)를 사용해왔는데 이는 "관계성 안에 있는 인격들"(persons in relationship)의 실재를 가리킨다. 여기서 몰트만은 삼위일체의 사회적 모델을 선택한다. 그의 견해로는 삼위일체 하나님은 성부·성자·성령의 교제 안에 있는 관계적 공동체이며 이는 인간 공동체의 원형이다.

우선 몰트만은 성서적 내러티브에 나타난 구원의 역사 속에 있는 삼위일체의 세 인격의 구별성을 강조한다. "삼위일체론의 발전을 위한 성서의 출발점은 성부·성자·성령의 하나님의 역사에서 상이한 세 행위자가 존재한다는 사실이다. 그 다음에 그것의 통일성에 대한 질문이 뒤따른다"(ET, 322). 따라서 몰트만은 하나님의 통일성으로부터 시작하여 그 다음에 삼위성을 설명하는 서방신학의 전통에 반대해, 인격들의 삼위성으로부터 출발하여 그 다음에 하나님의 통일성에 대해 진술한다.

몰트만의 견해에 따르면 하나님은 상호교대하는 관계성 안에 있는 세 신적 인격의 공동체다. 그는 공동체를 구성하는 인격과 관계 및 페리코레시스의 세 가지 상호보충적 개념을 제시한다. 몰트만에게 삼위일체 하나님은 인격적인 동시에 관계적이다. 삼위일체의 세 인격은 상호간의 관계 안에서 규정되며 관계는 인격들을 형성한다.

몰트만의 관점에서 기독교적 하나님 이해는 양태론이나 일신론 또는 삼신론과 연관되어 생각될 수 없다. 삼위일체의 통일성을 단일적 통일성으로 이해하는 서방신학의 삼위일체론과 달리, 몰트만은 상호순환적 통일성 개념을 제안한다. 그의 사회적 삼위일체론에서 핵심은 세 신적 인격들 사이의 교제의 통일성을 설명하는 페리코레시스 개념이다. 즉 하나님의 통일성은 형이상학적 실체나 절대적 주체의 단일적 통일성이 아니라, 삼위일체 하나님의 공동체다.

몰트만에 따르면 삼위일체적 페리코레시스는 "상호순환"(mutual reciprocity), "상호내주"(mutual indwelling), "상호침투"(mutual inter-penetration)를 의미한다. 상호순환적 사랑을 통해 삼위일체 하나님의 세 인격은 서로와 함께 서로를 위해 서로 안에서 친밀하게 실존함으로써 그들 자신의 고유하고 통합적인 통일성 속에서 스스로를 형성한다(HTG, 86). 이런 이해를 토대로 몰트만은 상호순환적 통일성이 하나님의 인격성과 관계성을 훼손하지 않고 이 둘을 함께 보존할 수 있다고 말한다. "삼위일체적 통일성의 페리코레시스 개념은 삼신론과 양태론의 위험을 동등하게 넘어서도록 한다. 페리코레시스에서는 삼위성이 통일성으로, 통일성이 삼위성으로 축소됨 없이 삼위성과 통일성을 결합한다"(ET, 32). 그러므로 하나님의 인격성과 관계성, 사회성과 공동체성을 동시에 확보할 수 있는 것은 오직 페리코레시스 개념을 통해서다.

이런 하나님의 상호순환적 통일성 개념을 기초로 몰트만은 삼위일체 하나님의 형상으로 지음 받은 인간이 신적 페리코레시스 안에 드러난 사귐과 교제를 실현하도록 부름 받는다고 주장한다. 삼위일체 하나님의 삶이 일신론적 방식 속에서 하나의 군주적 존재가 아니라 오히려 평등한 공동체로 이해되기 때문에, 몰트만은 삼위일체의 사회적 이해를 평등한 공동체와 사회를 위한 적절한 모형으로 간주한다. 그에게 세 신적 인격들의 상호순환적 통일성은 사랑과 자유의 비위계질서적이며(non-hierarchical) 비지배적인(non-dominating) 교제다. 정치적 일신론과 교권적 일신론에 강력히 반대하는 몰트만에게 삼위일체론은 "사회적 프로그램"(social program)이다(ET, 333).[5] 상호적 사랑 또는 교제를 통해 특히 억압당하는

5_ 몰트만의 주장과 달리, 미로슬라브 볼프는 삼위일체를 "사회적 프로그램"이 아닌 "사회적 비전"(social vision)으로 이해하는 것이 더 적절하다고 주장한다. M. Volf, "'The Trinity Is Our Social Program': The Doctrine of the Trinity and the Shape of Social Engage-

자들과의 연대 속에서 우리는 은총에 의해 삼위일체의 삶 안에 그리고 우리 교회와 사회 안에 참여한다(TK, 157-158). 다시 말해, 몰트만의 삼위일체론은 그의 사회윤리를 위한 토대가 되며 실천적 의미를 지닌다.[6] 결과적으로 이 삼위일체론은 인격들의 우열성이 아닌 평등과 상호성으로서의 하나님의 삶에 대한 새로운 비전으로 우리를 인도한다.

4. 기독교적 만유재신론: 삼위일체론적 만유재신론

몰트만은 하나님과 세계의 관계성 이해에서 이신론이나 범신론에 동의하지 않으며, 고전적 유신론이나 과정신학의 만유재신론의 접근 방식에 만족하지 않는다. 이것들은 모두 하나님의 초월성과 내재성을 설명하는 방식에 문제점을 갖고 있기 때문이다. 오히려 몰트만에 의하면, 성서적 내러티브에 나타난 하나님과 세계의 관계성은 초월적 내재성 또는 내재적 초월성을 함께 표현할 수 있는 기독교적 만유재신론으로 설명하는 것이 적절하다.

실제로 몰트만은 자신의 신론 유형을 "기독교적 만유재신론"(TK, 19, 106) 또는 "삼위일체론적 만유재신론"(GC, 86, 98-103; CoG, 281-282, 297)으로 규정한다. 그런데 그의 만유재신론적 비전은 『십자가에 달리신 하나님』에서 발아되었으며 후기 저서들에서 현저하게 발전해서 만개했다. 몰트만에 의하면 과정신학의 만유재신론에서 하나님과 세계는 필수적으로

---

ment," *Modern Theology* 14 (1998), 405.

6_ 몰트만의 사회적 삼위일체론은 해방신학과 여성신학 등에 지대한 영향을 미치고 있다. L. Boff, *Trinity and Society*, trans. Paul Burns (Maryknoll: Orbis Books, 1988); Catherine LaCugna, "God in Communion with us," in *Freeing Theology: The Essentials of Theology in Feminist Perspective*, ed. C. LaCugna (San Francisco: Harper/San Francisco, 1993).

상호적이며 존재론적으로 서로 의존한다. 또한 유비적으로 세계는 하나님의 몸(body)이며 하나님은 세계의 영혼(soul)이라고 일컬어진다.[7] 물론 몰트만은 하나님과 세계의 관계성을 이해하는 데 있어 과정신학의 가치를 어느 정도 인정한다. 그러나 이것이 하나님과 세계 사이의 구별을 약화시키는 "종합을 향한 거리낌 없는 의지"라고 비판한다(GC, 78-79). 그는 자신의 만유재신론을 과정신학의 만유재신론으로부터 명확하게 구별하고 있다.

과정신학의 만유재신론과 달리 몰트만은 자신의 만유재신론의 기초를 삼위일체론에 둔다. 그의 만유재신론적 비전에서 내재적 삼위일체와 경세적 삼위일체 사이의 관계성은 핵심적이다. 그는 신중하게 양자 사이의 통일성과 구분을 동시에 강조한다. 즉 몰트만은 내재적 삼위일체와 경세적 삼위일체의 동일성을 주장하는 라너의 원리를 긍정하면서도, 하나님과 세계 사이의 관계가 비대칭적인 성격을 지닌 상호성이라고 주장한다. 그는 송영의 삼위일체와 관련해 종말론적 차원에서 내재적 삼위일체와 경세적 삼위일체 사이의 통일성을 말한다. 그는 "모든 것이 '하나님 안에' 있고 '하나님이 모든 것의 모든 것'이 되실 때 경세적 삼위일체는 내재적 삼위일체로 나아가며 그 안에서 초월된다"(TK, 161)라고 주장함으로써 "삼위일체론적" 만유재신론을 제안한다.

그뿐 아니라 몰트만은 사회적 삼위일체론의 페리코레시스 개념을 통해 삼위일체적 만유재신론을 더욱 창의적으로 발전시킨다. 성부·성자·성령의 삼위일체의 상호교대적 관계성 안에서 하나님은 자신의 피조물들에 의해 영향 받으시며 또한 그들에게 영향을 끼치신다. 내적인 삼위일체의 페리코레시스는 하나님과 세계 사이의 관계성의 양식(pattern)이다. 더

7_ C. Hartshorne, *Omnipotence and Other Theological Mistakes* (Albany, N. Y.: State University of New York Press, 1984), 122-123.

나아가 생태학적 창조론에서 몰트만은 "여기서 우리의 출발점은 하나님에게 유비적인 모든 관계성들이 삼위일체적 페리코레시스의 원초적 상호내주와 상호침투를 반영한다는 것이다. 세계 안에 계신 하나님과 하나님 안에 있는 세계"(GC, 17)라고 진술한다. 그는 하나님과 그분의 피조물의 관계성 사이에 놓인 구별을 다음과 같이 역설한다.

> 하나님과 세계는 상호내주와 참여의 관계성을 통해 서로 관계되어 있다. 하나님의 세계 안에서의 내주는 그 종류에서 "신적인" 것이다. 하나님 안에서의 세계의 내주는 그 종류에서 "세계적인" 것이다. 하나님과 세계 사이의 지속적인 의사소통을 지각하는 다른 방식은 존재하지 않는다(GC, 150).

몰트만에 따르면 삼위일체 하나님의 페리코레시스와 하나님과 세계 사이의 페리코레시스는 서로 상응하지만 그 내주 방식에서 차이를 가진다. 비록 몰트만에게 그 구체적인 설명은 결여되어 있지만, 분명한 것은 신적 방식과 피조물적 방식 사이에 구별이 엄연히 존재한다는 점이다. 바로 이것이 몰트만의 만유재신론이 과정신학의 만유재신론과 다른 지점이다. 몰트만은 고전적 유신론이 강조하는 하나님의 초월성을 보존하면서도 하나님의 상호순환적 사랑에 근거한, 그분과 세계 사이의 친밀하고도 상호적인 관계성을 강조한다.

몰트만의 만유재신론의 핵심적 특징은 자원하는(voluntary) 성격에 있다. 과정신학의 만유재신론이 하나님과 세계의 관계성을 형이상학적·존재론적 필연성으로 설명하는 데 반해, 몰트만은 하나님과 세계의 관계성이 그분의 자원하는 자기비움의 행동(voluntary kenotic action)에 의해 이루어진다고 본다. 창조는 하나님의 필수적 본질(necessary essence)이나 내적 필연성(inner necessity)이 아닌 하나님의 의지의 자발적 자기결정(self-determination)에 의한 것이다. 이는 하나님 자신의 본성에 부합된다. 즉 창조는 하나님의 자유와 사랑으로 말미암은 은총의 행동인 것이다.

몰트만에 따르면, 하나님은 자기결단으로 말미암아 창조 이전에 세계를 위한 공간을 만들기 위해 자신을 제한하신다. 이런 자기제한 속에서 하나님은 자신 밖으로 나오시며 세계 안으로 들어오신다. 동시에 세계는 하나님 안에 있게 된다. 이런 하나님의 자기비움의 행동 즉 창조, 성육신, 성령의 내주 방식을 통해 하나님은 세계를 초월하면서도 세계 안에 내재하신다.

그뿐 아니라 몰트만의 만유재신론은 "종말론적"이다. 몰트만은 영광의 나라에서의 만물의 종말적 완성을 강조한다는 점에서 과정신학의 만유재신론과 본인의 입장을 분명히 구분한다. 그에 의하면 새 창조는 하나님이 "모든 것 안에 모든 것"이 되시는 창조일 것이다(고전 15:28). 즉 새 창조에서 성령의 내주를 통해 "하나님이 세계 안에 있고 세계가 하나님 안에 있다"(TK, 105). 그러므로 세계는 "하나님의 집"이 될 것이며 "삼위일체의 집"으로 변형되고 변화될 것이다(TK, 104-105). 여기서 몰트만의 만유재신론의 핵심 개념은 "하나님의 우주적 쉐키나" 즉 하나님과 세계 사이의 상호내주와 상호침투다. 그리고 마침내 자신과 자신의 창조에 의한 영화와 하나님의 충만 및 영원한 기쁨의 축제는 새 하늘과 새 땅에서 완성될 것이다.

그런데 몰트만의 종말론에서 하나님과 세계 사이의 존재론적 구분은 용해되지 않는다. 몰트만은 반복적으로 하나님과 세계 사이의 구별을 지적한다. "심지어 영광의 나라에서도 세계는 하나님의 창조로 남아 있으며 결코 하나님 자신이 되지 못한다"(GC, 184). 따라서 몰트만의 만유재신론에서는 하나님과 세계 사이에 존재론적 차이가 있다. 결과적으로 하나님은 세계 안에 내재하지만 세계로부터 구별되신다. 이런 의미에서 하나님과 세계의 관계는 상호적임에도 불구하고, 그 상호성 안에서조차 비대칭적이다. 이렇게 몰트만의 주요 관심은 하나님의 초월성과 내재성을 함께 결합한다. 요약하면, 몰트만의 만유재신론적 비전은 "삼위일체론적"이고 "자발적"이며 "종말론적"이다.

5. 하나님의 속성들의 재해석

몰트만은 철학적·형이상학적 신 이해에 근거한 하나님의 속성 이해를 거부하고 오히려 성서적 내러티브에 나타난 삼위일체 하나님의 속성을 제시하고 있다. 그는 고전적 유신론에서 하나님의 대표적 속성인 자존성(aseity)과 고통불가능성(impassibility), 불변성(immutability)과 전능성(omnipotence) 등에 대한 비판을 제기하는 동시에 이런 신적 속성들을 재정의하려고 시도한다.

고전적 유신론은 하나님을 고난당할 수 없는 분으로 이해한다. 다른 피조물처럼 고난당할 수 있는 하나님은 결코 "하나님"이 될 수 없다는 것이다. 왜냐하면 고난을 겪을 수 있는 하나님은 신적 본질에 어떤 변화를 내포하기 때문이다. 그러므로 고전적 유신론은 하나님이 무감동적이고 불멸적이며 불변적이어야 한다고 주장한다(CG, 4). 이렇게 전통적인 무감동성 원리와 하나님의 불변성은 상호연관된다.

그러나 몰트만에 따르면 "하나님의 본성의 본질적인 고난불가능성에 대한 교리는 이제 기독교 신론에서 사라져가는 듯이 보인다"(HTG, xvi). 하나님의 속성들은 기본적으로 하나님의 고난가능성에 근거한다. 그러므로 하나님의 불변성과 전능성 등은 그분의 사랑 즉 자발적인 고난당하는 사랑의 우위성의 사고 안에서 재정의된다. 그리하여 하나님의 고난가능성에 대한 긍정으로부터 출발하는 몰트만은 하나님의 불변성이라는 전통적 사고를 거부한다. 오히려 불변성의 개념 대신에 하나님의 신실하심(faithfulness) 또는 항구성(constancy)을 선호한다. 그에 의하면 하나님의 본질과 활동을 이해하는 핵심적 열쇠 중 하나가 바로 자신과 자신의 창조에 대한 하나님의 신실하심이다.

몰트만은 성서적 내러티브에 비추어 특히 십자가 사건에서 하나님의 전능성을 새롭게 규정한다. "하나님이 소유한 유일한 전능성은 고난당하는 사랑의 전능한 능력이다. 이것은 하나님의 주권의 본질이다"(TK, 31). 이렇게 몰트만 신론에서 하나님의 주권은 그분의 사랑에 비추어 재해석된다. 십자가에서 하나님의 전능성이 자기희생적인 사랑의 전능성으로 계시된다는 것이다.

더 나아가 몰트만은 하나님의 자기제한의 사고를 통해 그분의 전통적 속성을 재정의한다. 그는 창조의 케노시스 안에서 피조물에게 시간과 공간과 자유를 허락하기 위해 자신의 영원과 편재와 전능을 제한하신 하나님을 전제하고 있다. 따라서 하나님의 전지성에 관해 몰트만은 이렇게 서술한다. "하나님은 모든 것을 앞서 알기를 원하지 않기 때문에 모든 것을 미리 앞서 알지 않으신다. 자신이 창조한 자들의 응답을 기다리며 그들의 미래가 이루어지도록 허락하신다."[8] 또한 몰트만은 하나님의 전능한 능력이 곧 그분의 전능한 고난의 인내라고 주장한다. "전능한 것은 하나님의 능력이 아니다. 전능한 것은 그분의 사랑이다."[9] 그러므로 몰트만의 관점에서 하나님의 전능성과 편재의 자기제한은 그분의 전능의 행동 그 자체다. 이는 곧 하나님의 자발적 은총의 행동이다.

8_J. Moltmann, "God's Kenosis in Creation and Consummation of the World," in *The Work of Love: Creation as Kenosis*, ed. John Polkinghorne (Grand Rapids, MI/Cambridge, U.K.: Wm. B. Eerdmans, 2001), 148.

9_ 위의 책.

그뿐 아니라 고전적 유신론과 달리, 몰트만은 창조론에서 하나님의 시간성과 공간성을 긍정한다. 몰트만에 의하면 하나님의 영원은 그분의 자발적 자기비움의 행동을 통해 시간을 포함하며 시간적 실재에 참여한다. 즉 하나님은 시간 안에 내재하는 동시에 시간을 초월하고 시간을 충만하게 한다. 그래서 하나님의 시간적 영원성(God's temporal eternity)을 말할 수 있다. 또한 몰트만은 성서와 유대교 전통 및 여러 과학적 지식에 근거한 하나님의 공간적 현존을 강조한다. 다시 말해, 하나님이 유한한 피조물을 위한 공간을 만들기 위해 자신의 무한성을 자발적으로 제한하심으로써, 세계는 하나님 안에 있으며 하나님은 성령을 통해 세계 안에 거하신다. 여기서 몰트만은 하나님이 공간을 갖고 계시며 따라서 세계는 하나님의 집이라고 하는 "생태학적 공간 개념"을 강조한다. 이런 방식으로 몰트만은 하나님의 시간성과 공간성에 관한 신학적 논의를 현금의 신학계에 제안하고 있다.

III. 몰트만 신론에 대한 평가 및 전망

몰트만 신론에 대한 현대신학자들의 반응은 상당히 흥미롭다. 몰트만은 성서적 복음 이해를 폭넓고 독창적이며 심오하게 해석하고 있다는 찬사와 더불어 현대 신론의 하나의 신학적 물줄기를 형성하고 있다고 평가받는다. 반면에 몰트만의 하나님에 관한 사고는 개념적 명료성과 논리적 일관성을 결여하며 그 전개 및 구성에서 짜임새가 튼튼하지 못하다는 비판을 받기도 한다. 또한 몰트만이 다양한 사상과의 대화 과정에서 주도면밀한 성찰을 거치지 않은 채 그 개념과 사상들을 수용함으로써 오히려 그의 독창성이 약화되었다는 비난도 있다.

이런 맥락에서 몰트만 신론의 특성에 대한 긍정적 평가들을 살펴보자. 무엇보다 몰트만의 고난당하는 하나님 이해는 신론에서 가히 혁명적 사고로 평가된다. 오늘날 하나님의 고난가능성에 대한 사고가 기독교의 정통 교리가 되고 있다는 주장을 고려할 때,[10] 몰트만의 삼위일체론적 십자가 해석에 근거한 하나님의 고난가능성에 대한 긍정은 하나님 속성의 개정과 재구성의 분위기를 주도한다고 할 수 있다. 이런 시도는 하나님의 전통적 속성들에 대해 성서적 입장을 반영하며 하나님의 무감동성, 불변성, 전능성 및 완전성의 의미에 대한 재검토를 요청한다는 점에서 현대 신론의 방향 전환을 위한 촉진제 역할을 했다.

몰트만의 삼위일체론은 서방교회의 양태론적 경향을 비판적으로 극복하면서 동방정교회의 삼위일체론을 반영한다는 점에서 에큐메니컬 하다고 할 수 있다. 이것은 성서적 내러티브에 충실히 근거하는 동시에 인격, 관계, 공동체 등의 개념을 통해 삼위일체 하나님의 점유와 순환의 관계성을 적절하게 표현하고 있다는 강점을 갖는다. 또한 삼위일체론의 송영적 성격과 종말론적 전망 및 실천적 특성이 강조됨으로써 현금의 삼위일체론 접근 방식의 변화에 기여한 바 크다.

몰트만의 기독교적 만유재신론은 삼위일체론적이고 자발적이며 종말론적인 성격을 가진다는 점에서 고전적 유신론과 과정신학의 만유재신론과 분명한 차이를 드러낸다. 이는 성서에 담긴 하나님의 초월성과 내재성을 적절하고도 충분하게 표현하고 있다는 긍정적 평가를 받고 있다. 즉 하나님의 내재적 초월성과 초월적 내재성을 동시에 강조함으로써 균형을

10_ 현대신학자 대부분은 하나님의 무감동성 개념이 성서에 비추어볼 때 적절하지 않다고 주장한다. 윌리엄 플래처에 따르면 하나님의 고난가능성의 주장은 새로운 신학적 정통 교리가 되었다. W. Placher, *Narratives of a Vulnerable God* (Louisville, KY: Westminster/John Knox Press, 1994), 15-21.

잃지 않고자 노력했다는 것이다.

그러나 우리는 몰트만 신론에 대한 반론과 비판도 적지 않다는 사실에 유의해야 한다. 우선 몰트만의 희망의 하나님 이해에 대해서는 "종말론적 존재론"(eschatological ontology)이라는 지적이 뒤따른다.[11] 여기서 몰트만은 하나님의 미래가 어떻게 초월적인 동시에 현재에서도 내재적이면서 영향을 줄 수 있는지에 대해 설명하지 못한다고 비판받는다. 즉 하나님의 초월성과 내재성 사이의 갈등을 극복하려 했으나 그 관계성을 충분히 진술하지 못한다는 것이다.[12]

무엇보다 몰트만의 사회적 삼위일체론이 삼신론에 가깝지 않느냐는 비판이 줄기차게 제기되고 있다.[13] 가부장제, 군주제, 교권제 등 인간 사회에 대한 비판 장치로서 지나치게 삼위일체론의 역할을 규정하는 것이 아니냐는 날카로운 비판도 유념할 만하다. 또한 내재적 삼위일체와 경세적 삼위일체 사이의 긴장을 제대로 유지하지 못한다는 지적도 있다.[14]

몰트만이 새롭게 재해석한 하나님의 속성도 적잖은 부정적 평가에 직면해 있다. 특히 몰트만 신론에서 하나님의 전능성이 약화되어 있다는 비판은 주로 복음주의자들에 의해 광범위하게 지적된다. 즉 몰트만은 하나님의 불변성과 완전성을 일방적으로 재해석함으로써 오히려 성서에 더 광범위하게 담긴 하나님의 전능성, 완전성, 영원성 등과 같은 전체적 모

11_ Stanley Grenz and Roger Olson, *20th-Century Theology*, 174.

12_ 위의 책, 176.

13_ 위의 책, 184-185; Veli-Matti Kärkkäinen, *The Trinity: Global Perspectives* (Louisville/London: Westminster John Knox Press, 2007), 115-122. 그러나 판넨베르크는 몰트만이 삼신론이라는 비판에 대해 몰트만의 입장을 옹호한다. 판넨베르크에 따르면, 몰트만이 실제로 거부하려고 했던 것은 삼위일체적 일신론이 아니라 절대적 일신론이라는 것이다. W. Pannenberg, *Systematic Theology*, vol. I, trans. Geoffrey Bromiley (Grand Rapids, MI: Wm B. Eerdmans, 1991), 335-336, n. 217.

14_ S. Grenz and R. Olson, *20th-Century Theology*, 182-183.

습을 설명하는 데서 균형을 잃고 있다는 것이다. 이런 몰트만의 사고는 그의 하나님의 사랑의 우위성 즉 하나님의 창조적 사랑과 고난당하는 사랑에 기반을 두고 있기에 지나친 일방주의 또는 환원주의가 아니냐는 비판이 일고 있다.

또한 하나님의 고난가능성에 대한 몰트만의 사고가 과정신학의 관점과 유사하다는 비판도 있다. 그러나 우리는 몰트만이 과정신학의 몇 가지 통찰에 관심을 표명하고 있지만, 이 양극적 신학이 이위일체론(binitarianism)으로 흐를 수밖에 없다는 비판을 제기하고 있으며(CG, 255-256), 과정신학이 성서의 창조와 종말 사고를 부정한다는 점에서 여기에 대해 부정적 입장을 취한다는 것에 주목할 필요가 있다.

무엇보다 몰트만 신론이 고전적 유신론을 개정하려는 순전한 시도에서 벗어나 고전적 유신론의 틀을 지나치게 깨버림으로써, 오히려 성서의 온전한 하나님의 모습을 파악하는 데 좋지 않은 영향을 끼치고 있다는 지적도 있다. 그러나 오늘날의 신학자 중 누구보다도 무신론과 고전적 유신론 및 과정신학에 대한 응답 및 제3의 길을 제공하고자 했던 몰트만의 시도는 기독교의 정체성과 현실관련성 사이의 창조적 긴장과 갈등을 통해 빚어진 열매들 속에서 그 신학적 의의를 찾을 수 있다.

몰트만의 하나님 이해는 현대신학의 신론에서 매우 중요한 비중을 차지한다. 그의 하나님에 관한 사고는 자기 삶의 실존적 경험으로부터 출발하여 성서적 내러티브에 기초하고 있다. 또한 다양한 신학 전통 및 사상과의 대화와 함께 현대사회에서 제기되는 복합적 질문들에 대한 응답으로서 신학적 대안을 모색하는 과정 속에서 형성되었다. 몰트만은 고전적 유신론의 한계를 지적할 뿐만 아니라 그것을 넘어서고자 했으며, 우리 시대에 적합한 하나님 이해의 모델을 제시하고자 했다. 특히 하나님의 고난가능성을 긍정함으로써 고전적 유신론과 과정신학의 주장 사이에 있는 제3의 길을 제안하여 신론의 재구성을 위한 분위기를 형성하고 있다.

몰트만은 서방교회 개혁신학의 전통에 기반을 두고 있지만 유대교와 동방정교회 및 현금의 상황신학들의 통찰력을 폭넓게 수용하면서도 그것을 비판적으로 재해석했으며, 자신의 신학적 틀 속에 창의적으로 용해시켜 새롭게 구성하는 신학적 작업을 해오고 있다. 이런 그의 노력은 현재의 신론 패러다임 전환을 가져오는 계기를 제공했으며 새로운 방향 설정의 촉진제가 되었다. 이런 의미에서 몰트만 신론이 독창성과 더불어 미래의 신학적 사유를 위한 활력 넘치는 자양분을 마련해준다는 점에서 신학적 의의와 영향력을 찾을 수 있다.

Jürgen Moltmann

제3장

몰트만의 "하나님의 고난가능성" 이해

Jürgen Moltmann

현대 신론의 핵심적 논쟁 중 하나는 "하나님의 고난가능성"(vulnerability of God)이란 주제다. 고전적 유신론이 주장한 하나님의 고난불가능성과, 과정신학이 제기한 하나님의 고난가능성의 주제에 대해 현대신학자들은 어떻게 응답하고 있는가? 제3장은 여기에 대한 몰트만의 신학적 응답을 다룬다. 그의 신학에 나타난 하나님의 고난가능성에 대한 긍정과 함께, 이로 말미암은 고전적 유신론과 과정신학의 주장 사이에서 중도의 길을 걷는 몰트만의 하나님에 관한 사고를 중점적으로 살펴볼 것이다. 또한 몰트만의 사상에 대해 제기된 여러 비판 및 옹호들과 몰트만 자신의 비판적 대화를 구체적으로 다룸으로써 그의 사상이 현대 신론에 끼친 공헌 및 한계를 조망하고자 한다.

I. 몰트만의 "하나님의 고난가능성" 이해

몰트만 신학의 현저한 특성은 세계에 대한 하나님의 열정적인 참여를 강조하는 것이다. 이런 사고의 토대는 하나님의 고난가능성에 놓여 있다. 몰트만은 하나님의 고난불가능성, 불변성, 전능성과 같은 고전적 유신론의 속성들에 대해 질문을 제기한다. 왜냐하면 이런 종류의 하나님의 속성들은 주로 철학적 형이상학에서 비롯되었기 때문이다. 그는 그리스철학의 "무감동성 원리"(apathy axiom)와 관련된 고전적인 하나님 개념들이 성서의 살아계신 하나님의 본질을 훼손한다고 믿는다. 그러므로 "하나님에 의해 버림받은 십자가에 달리신 예수 안에서 하나님을 이해하는 것은 '하나님 개념에서의 혁명'을 요청한다"(CG, 152, 204; TK, 201)라고 역설한다. 그리하여 몰트만은 하나님의 고난가능성과 성서적 내러티브에 나타난 십자가 사건을 결합한다. 결과적으로 이는 고전적 유신론에 대한 종합적 수정을 요청하는 것이다.

1. 고전적 유신론을 수정하는 몰트만의 시도

몰트만에 따르면 초기교회 이래로 고전적 유신론은 주로 그리스적 사고로부터 영감을 받았다. "오늘날에 이르기까지 '무감동성' 원리는 그리스도의 고난의 역사보다도 더 깊은 영향을 신론의 기본적 개념에 끼쳐왔다"(TK, 22).[1] 고전적 유신론에서 하나님은 고난당할 수 없는 분으로 생각되었다. 달리 표현해서, 다른 모든 피조물처럼 고난당할 수 있는 하나님은 "하나님"이 될 수 없다는 것이다. 전통적 견해에 따르면 고난을 겪을 수 있는 하나님은 신적 본질 속에 어떤 변화를 내포하기 때문이다. 그래서 하나님은 무감동적이고 일시적이지 않으며 불멸적이고 불변적이어야 한다(CG, 4). 이런 방식으로 무감동성 원리와 하나님의 불변성은 상호연관되어 있다.[2] 실제로 이런 종류의 하나님의 속성들을 긍정하는 것은 고전적 유신론에서 하나님의 자기충족성(self-sufficiency)과 완전성(perfection)을 보장하려는 의도에서 비롯되었다.

그러나 몰트만은 그리스철학의 무감동성 원리를 받아들인 것이 기독교

1_ J. Moltmann, *Jesus Christ for Today's World*, trans. Margaret Kohl (Minneapolis, MN: Fortress Press, 1994; 이하 JCTW), 43을 참고하라.

2_ "물리적인 의미에서 *apatheia*는 불변성을 의미한다. 심리학적 의미에서는 무감각성(insensitivity)을, 윤리적인 의미에서는 자유를 뜻한다"(CG, 267).

신앙에는 재난을 가져오는 결과를 낳았다고 주장한다. 이런 그리스적 원리는 그리스도의 고난에 관한 성서적 내러티브 즉 십자가에서 계시된 하나님의 고난의 경험과 부합하지 않는다. 몰트만은 다음과 같이 진술한다.

> 만일 하나님이 고난당할 수 없다면 그렇다면—우리는 일관성을 가져야 하는데—그리스도의 고난은 인간적 비극으로 간주될 수 있을 뿐이다. 그리스도의 고난을 단지 나사렛의 선한 인간의 고난으로만 간주할 수 있는 사람에게는, 하나님은 불가피하게 냉혹하고 침묵하며 사랑받지 못하는 천상적 능력이 될 수밖에 없다. 그렇게 된다면 이런 결과는 기독교 신앙의 최후가 될 것이다(TK, 22; JCTW, 43).

따라서 그리스도의 십자가가 인간에게 어떤 의미를 지니는가에 대한 구원론적 질문 대신에, 몰트만은 그리스도의 고난과 죽음이 하나님 자신에게 무엇을 의미하는지에 대한 신학적 질문을 탐구한다(CG, 201; HTG, xvi; WJC, 173; ET, 304-305). 그의 답변은 "성부의 고통, 성자의 죽음, 성령의 탄식"(HTG, xvi)이라고 하는 삼위일체 하나님의 고난이다. 즉 십자가는 삼위일체 하나님의 신비의 계시다.

이런 맥락에서 몰트만은 하나님의 본질에 필수적인 무감동성이라는 형이상학적 원리를, 하나님의 영원한 사랑의 고난가능성으로 대치할 것을 제안한다.

> 우리는 하나님의 본질에 관한 철학적 원리들을 내려놓아야 한다. 만일 하나님이 불변적이라는 것이 사랑의 자유 안에서 자신의 피조물의 변화하는 역사에 대해 자신을 개방할 수 없다는 의미라면, 그분은 불변적이지 않다. 만일 하나님이 고난당할 수 없다는 것이 사랑의 자유 안에서 인간의 모순과 피조물

의 자기파괴성의 고난에 대해 수용적이지 않다는 의미라면, 그분은 고난당할 수 없지 않다. 하나님이 상처받으실 수 없다는 것이 십자가의 고통에 대해 자신을 개방할 수 없다는 의미라면, 그분은 상처받지 않을 수 없다. 하나님이 완전하다는 것이 사랑의 갈망 속에서 자신의 피조물이 그분 자신의 완전성에 필수적이기를 원치 않는다는 의미라면, 그분은 완전하지 않다(CPS, 62).[3]

따라서 몰트만은 하나님의 전통적 속성 중 특히 무감동성, 불변성, 전능성 및 완전성에 대해 고쳐 쓰기를 시도한다.

2. 하나님의 열정

몰트만은 하나님의 무감동성을 수정하고자 하지만 이 개념을 전적으로 제거하려고 하지는 않는다. "무감동성은…하나님의 본성의 본질이며 그분과의 교제 안에 있는 인간 구원의 가장 순수한 계시다"(TK, 23; JCTW, 44). 그러나 이 무감동성 원리는 하나님의 본성을 해명하는 데 있어 하나의 상대적 진술이다. 기독교 신학에서 무감동성 원리는 단지 "하나님은 일시적 존재들과 같은 방식으로 고난에 종속되지 않는다"(TK, 23)라는 사실을 긍정하는 것이다. 몰트만에 따르면 무감동성 원리는 절대적이 아니라 상대적인 진술이기 때문에, 이것은 하나님의 고난가능성을 표현하는 다른 방식을 배제하는 것처럼 보이지는 않는다. "하나님은 피조물처럼 존재의 결핍에서 비롯된 고난을 당하지 않는다. 이런 정도에 있어서 그는 '무감동하다.' 그러나 그분은 자기존재의 지고하게 부요하며 흘러넘치는 사랑으로부터 고난을 겪는다. 이런 정도에 있어서 그분은 '열정적이

3_J. Moltmann, *Future of Creation: Collected Essays*, trans. Margaret Kohl (London: SCM Press, 1979; 이하 FC), 93.

다'"(TK, 23).

교부들과 달리 몰트만은 하나님의 무감정보다는 하나님의 열정을 출발점으로 삼는다.[4] 그는 하나님의 "열정" 개념으로 유대교 예언자들의 가르침을 해석했던 아브라함 헤셸로부터 지대한 영향을 받았다. 또한 자기 백성의 고난을 함께 나누시는 하나님과, 백성과의 동행을 의미하는 하나님의 쉐키나 사고를 프란츠 로젠츠바이크로부터 빌려왔다. 더 나아가 일본 신학자인 기타모리(K. Kitamori)도 『하나님의 아픔의 신학』(*The Pain of God*, 1966)을 통해 몰트만의 사고에 영향을 미쳤다.[5] 무엇보다 몰트만은 "오직 고난당하는 하나님만이 도우실 수 있다"[6]라는 디트리히 본회퍼(D. Bonhoeffer)의 표현에 고무되었다.

몰트만에 따르면 "하나님의 열정의 신학"을 발전시킨 사람은 바로 아브라함 헤셸이다(CG, 270).[7] 헤셸은 "양극적"(diapolar) 하나님 개념으로 이스라엘을 위한 하나님의 열정과 이스라엘과 함께하는 그분의 고난을 해석하고 있다. "하나님은 자기 자신 안에서 자유로운 동시에 자신의 언약 관계에 관심을 갖고 인간 역사에 의해 영향 받으신다"(CG, 272). 헤셸은 하나님의 열정을 "창조와 백성 및 역사에 대한 그분의 자유로운 관계의 열정"(CG, 270)이라고 정의한다. 자유로운 열정으로 인해 하나님은 자신 밖으로 나오시며 자신의 창조 안으로 들어오시어 창조로부터 구별됨을 유지하면서 그

4_ 몰트만은 하나님이 열정도 변화도 없이 절대적으로 무감동적이며 고난당할 수 없다는 어떤 주장도 거절한다. "만일 그리스도의 고난을 열정적인 하나님의 고난으로 이해한다면, 우리는 하나님의 무감동성 원리를 출발점으로 삼는 것을 중단하고, 대신에 하나님의 열정의 원리로부터 출발함으로써 좀 더 일관성 있게 보이게 될 것이다"(TK, 22).

5_ K. Kitamori, *The Pain of God* (London: SCM Press, 1966).

6_ D. Bonhoeffer, *Letters and Papers from Prison*, enlarged ed. (London: SCM Press, 1967), 360-361, CG, 47에서 재인용. 본회퍼는 "성서는 인간을 하나님의 무능력과 고난으로 인도한다. 오로지 고난당하는 하나님만이 도우실 수 있다.…인간은 무신적(無神的) 세계에 의해 하나님의 고난에 참여하도록 부름 받았다"(위의 책, 361)라고 주장한다.

7_ A. Heschel, *The Prophets* (New York: Harper & Row, 1962).

고난에 참여하신다. 이스라엘의 하나님을 "양극적 하나님"으로 표현하면서 헤셸은 하나님이 세계를 초월하지만 그분의 영(루아흐) 안에서 자신의 창조에 참여하고 "모든 것 안에 있다"(지혜서 12:1)라고 주장한다.[8]

더 나아가 몰트만은 후기 카발라신학의 개념 즉 "하나님의 거주하심"(indwelling of God)이라는 쉐키나 개념을 선호한다. 로젠츠바이크에 따르면 쉐키나 개념은 하나님 안에 있는 구별을 의미한다. "사람들 가운데 정착하고 내주하시는 하나님의 쉐키나는 하나님 자신 안에서 일어나는 구분(division)으로 생각될 수 있다. 하나님이 자신으로부터 자신을 구분하고, 자기 백성에게 자신을 내어주며, 그들의 고난을 함께 나누고, 포로의 비참함 속으로 자기 백성과 함께 걸어가며, 그들의 유리방황을 함께 나눈다"(EH, 77-78; TK, 29; GC, 15; HTG, 23; SL, 48-49; CoG, 333; ET, 315).[9] 로젠츠바이크의 해석에 의하면 자기구별(self-differentiation)을 통해 하나님은 자신을 자기 백성과 동일시하고 그들의 고난을 체험하며 거기에 참여하신다. 이런 의미에서 그들의 고난은 하나님 안에(in) 있다(EH, 77-78).[10]

몰트만은 신의 양극적 본성에 관한 유대교의 통찰에 관심을 갖고 하나님 안에서의 자기구별을 강조하는 쉐키나 개념을 차용한다.[11] 그러나

8_ J. Moltmann, "The Inviting Unity of the Triune God," in *Faith and Future: Essays on Theology, Solidarity, and Modernity*, Johanne-Baptist Metz and Jürgen Moltmann, with an Introduction by Francis Schüssler Fiorenza (Maryknoll, N. Y.: Orbis Books, 1995), 140.

9_ F. Rosenzweig, *Der Stern der Erlösung*, 3rd ed. (Heidelberg, 1954), 192-194, J. Moltmann, "The Inviting Unity of the Triune God," 139에서 재인용.

10_ 다른 곳에서 몰트만은 "하나님은 박해 속에서 단지 외적으로만 백성과 함께 고난당하신다. 고난은 자신의 주권 안에서 지구의 종말을 갖는 하나님 안에, 그리고 고난당하는 이스라엘과 함께 거하는 성령 안에 존재한다. 하나님은 고난이 있는 그곳에 계실 뿐 아니라, 고난 또한 하나님 자신 안에 있다. 그것은 하나님과 하나님 사이에 존재한다. 하나님은 역사에 관여하실 뿐 아니라, 역사 또한 하나님 자신 안에 있다"(EH, 77-78)라고 주장한다.

11_ 몰트만은 이런 사고가 "하나님 안에 있는 자기구분"이라는 헤겔의 변증법에서 차용되었다고 인식한다. SL, 48; J. Moltmann, "God's Kenosis in the Creation and Consummation

이런 양극적인 하나님 사고가 기독교적 하나님 이해를 위해 충분히 적절하지는 않다고 믿는다. 오히려 그는 하나님의 열정을 삼위일체론적 범주들 안에서 해석한다.[12] 몰트만의 견해에 따르면, 유대교의 양극적 신학과 기독교 신학은 쉐키나를 통한 하나님의 자기를 구분하는 사랑 안에서 그분의 고난 경험을 주장한다는 점에서 공통점을 가진다. 그러나 유대교의 양극적 신학은 그리스도의 십자가 고난에 계시된 하나님의 고난에 관한 기독교적 사고를 파악할 수 없다. 그래서 몰트만은 유대교의 쉐키나 개념을 차용하되 자신의 삼위일체론적 해석학의 범주에서 재구성하고 있다.

몰트만은 하나님의 본질적 고난불가능성에 대한 주장이 기독교적 하나님 이해에서 점차 사라져가는 것처럼 보인다는 사실을 인정한다(HTG, xvi). 더욱이 그는 하나님의 고난가능성에 관련해 과정신학의 만유재신론으로부터 얻을 수 있는 몇 가지 통찰을 중시한다. 몰트만은 화이트헤드의 "위대한 동료—함께 고난당하는 자"[13]로서의 하나님에 대한 표현을 흥미롭고 영향력 있는 것으로 본다. "십자가의 삼위일체론적 신학을 위한 출발점은 과정신학의 고난당하는 하나님 개념을 취해 그것을 기독교적 우주론을 위해 사용할 수 있다"(EH, 84, n. 5).[14]

그럼에도 과정신학의 만유재신론과는 달리 몰트만은 하나님의 고난이 인간의 고난과는 다르다는 점을 바르게 인식하고 있다. 과정신학에서 하나님의 고난은 그분의 존재 안에 있는 자연적이고 존재론적인 것으로

---

of the World," 143.

12_ 몰트만은 "기독교 신학은 부르시는 하나님과 대답하는 인간의 상호적 관계성에 근거한 어떤 양극적 신학을 발전시킬 수 없다. 오직 그리스도 안에서, 그리스도를 통해 하나님과의 대화적 관계가 열리기 때문에 삼위일체적 신학을 발전시켜야 한다"(CG, 275)라고 말한다.

13_ A. N. Whitehead, *Process and Reality*, 532.

14_ 그러나 몰트만은 "기독교 신학은(종종 과정신학에서 행해지듯이) 하나님과 인간 안에 있는 성령 사이의 상호작용의 양극적 신학을 발전시킬 수 없다. 이것은 가장 핵심적인 것을 위해 의도적으로 삼위일체론적 신학이 되어야 한다"(EH, 78)라고 말한다.

간주될 수 있다. 그러나 몰트만에 따르면 하나님은 내적 결핍이나 형이상학적 필연성이 아니라 그분의 자원하는 사랑으로 말미암아 고난당하신다(TK, 56). 이런 맥락에서 그는 하나님의 본질적 고난불가능성과 숙명적 고난에의 종속, 이 둘 사이에서 한 가지 대안만을 제시하지 않는다. "하나님이 모든 면에서 고난을 겪을 수 없다면, 또한 그는 사랑할 수 없을 것이다"(TK, 23; CG, 230; JCTW, 44).

몰트만은 고전적 유신론과의 연속성 안에서 하나님의 고난과 인간의 고난을 분명히 구별한다. 그의 견해에 따르면 "하나님은 질병과 고통 및 죽음에 노출되어 있는 피조물과 같은 방식으로 고난당할 수 없다"(CG, 229-230). 하나님의 고난이 사랑으로 말미암은 "자유롭고" "능동적인" 고난인 데 반해, 피조물의 고난은 결핍에서 비롯된 "숙명적이고" "수동적인" 고난이다(CG, 229-230; TK, 21-25; HTG, 46-52).[15]

몰트만은 하나님의 무감동성과 고난가능성 사이를 중재하고자 새로운 종류의 고난을 제안한다. "세 번째 형태의 고난이 존재한다. 이는 능동적인 고난으로, 자발적으로 자신을 타자에게 개방하는 것이며 그에 의해 친밀하게 영향을 받도록 자신을 허용하는 것이다. 즉 열정적인 사랑의 고난이다"(CG, 229; CG, 230; TK, 23; JCTW, 44; WJC, 178). 요약하면, 몰트만은 원리적인 것으로서의 하나님의 무감동성을 거절하고, 오히려 그분의 고난 경험을 주장한다. 이런 방식으로 몰트만은 하나님의 본질적 고난불가능성을 부정하고 하나님의 자원하는 고난을 긍정한다.[16] 그러므로 몰트만의

15_ "그러나 외적 원인의 결과로서의 원치 않는(unwilling) 고난과, 본질적으로 고난당할 수 없는 것 사이에 고난의 다른 형태가 존재한다. 즉 이는 능동적 고난이요 사랑의 고난인데, 그 안에서 인간은 타자에 의해 영향 받을 수 있는 가능성을 가지고 자신을 자발적으로 개방한다. 원치 않는 고난, 수용된 고난, 사랑의 고난이 존재하는 것이다"(CG, 230).

16_ 여기서 우리는 하나님의 고난에 대한 몰트만 사고의 자발적 성격을 발견한다. 창조, 화해, 구속 등 세계를 향한 하나님의 활동의 자발적 양태는 몰트만 신학을 꿰뚫는 주제 중 하나다.

하나님 속성에 대한 수정은 비록 고전적 유신론과 과정신학의 만유재신론 양자의 중요한 요소들을 보전하고자 시도한다 할지라도, 이 둘과는 명확히 구별된다.

이렇게 몰트만은 자신의 신론에서 하나님과 고난을 결합하고 있다. 그의 견해로는 이 둘은 모순되거나 양립 불가능한 것이 아니다. 즉 고난 때문에 하나님의 존재를 부인하는 무신론과 하나님의 고난 경험을 부정하는 고전적 유신론, 이 양자는 성서적 내러티브와 조화되지 않는다. "하나님과 고난은 고전적 유신론과 무신론의 경우에서처럼 더 이상 대립적인 것이 아니다. 하나님의 존재가 고난 안에 있으며 하나님이 사랑이기 때문에 오히려 고난은 그분의 존재 자체 안에 있다"(CG, 227).

이외에도 몰트만은 고전적 유신론과 같은 하나님의 무감동성을 강조하는 신학을 기독교적 일신론의 범주 안에 넣는다. "삼위일체론의 접근에 관한 신학 논의들이 오늘날 하나님의 고난가능성 또는 고난불가능성에 대한 질문의 맥락으로 이동하고 있다"(TK, 4). 그래서 몰트만은 하나님의 고난을 삼위일체론적 용어로 진술하고자 한다.

3. 삼위일체 하나님의 고난

몰트만에게 그리스도의 십자가는 기독교 신학의 토대이며 비판이다(HIC, 18). "하나님과 창조와 죄와 죽음에 관한 모든 기독교적 진술들은 십자가에 달리신 그리스도에 초점이 맞추어져 있다"(CG, 204). 그래서 십자가는 모든 기독교 신학의 비판적 규범이 된다. 하나님의 고난불가능성이라는 형이상학적인 원리로부터 출발하는 전통적 신론과는 달리 몰트만은 하나님의 본질적 고난으로부터 시작한다. 그에 따르면 만일 하나님이 사랑이라면, 그분은 고난당할 수 있으며 자신의 피조물의 고난을 함께 나눌 수 있다. 이런 의미에서 십자가는 우리를 위한 하나님의 열정적 사랑의 고난의 계시다.

몰트만은 하나님이 절대적으로 무감정하고 고난을 겪을 수 없다는 어떤 주장도 거부하면서 십자가와 하나님의 고난을 결합한다. 그에게 삼위일체는 "예수의 고난과 죽음 안에 있는 사랑의 사건"(CG, 249)이다. "십자가는 하나님과 하나님 사이에 일어난 사건이었다. 그것은 하나님이 하나님을 버리고 그 자신과 대립되셨을 정도로 하나님 자신 안에 있는 깊은 분리였다. 동시에 하나님이 하나님과 하나가 되어 자신에게 상응하셨을 정도로 하나님 안에 있는 통일성이었다"(CG, 244). 따라서 몰트만은 십자가에서 삼위일체의 단지 한 인격만이 고난당했다고 이해되어서는 안 되며, 오히려 십자가 사건은 성자와 성부와 성령의 삼위일체론적 용어로 표현되고 해석되어야 한다(CG, 245-246)고 역설한다.

이렇게 그리스도의 십자가는 삼위일체 하나님의 심장을 계시하기 때문에(TK, 83; WJC, 173; HTG, xvi; ET, 304) 삼위일체론의 중심이다(WJC, 173; ET, 306).

> 만일 누군가가 여기서 발견한 표현으로서 하나님의 사랑의 무한한 열정을 느낀다면, 그렇다면 그는 삼위일체 하나님의 신비를 이해하게 된다. 하나님은 우리와 함께 고난당하시며—우리로부터 고난당하시고—우리를 위해 고난당하신다. 삼위일체 하나님을 계시하는 것은 바로 하나님의 고난이다. 이것은 삼위일체론적 표현으로 이해되어야 하며 오로지 그렇게 이해될 수 있을 뿐이다(TK, 4).

여기서 주목할 것은 몰트만이 성부의 고난과 성자의 고난을 명확하게 구분한다는 사실이다. 십자가에서 성부는 성자를 죽음으로 내어던지시며 성자는 성부로부터 버림받아 죽으신다. 따라서 "성부에 의해 버림받은 성자의 고난과 죽음은 성자의 죽음 안에서 고난을 겪는 성부의 고난과는 다른 종류다.…성자는 죽음을 겪으시고, 성부는 성자의 죽음의 고난을 겪으신다"(CG, 243; CG, 192, 242; TK, 207, 243; HTG, 24, 47, 51, 172; WJC, 173, 177). 이런 맥락에서 몰트만은 "하나님의 고난"이 아닌 "하나님 안에 있는 고난"을 강조한다. 실제로 "예수의 죽음은 '하나님의 죽음'으로 이해될 수 없으며 단지 하나님 안에서의 죽음으로 이해될 수 있다"(TK, 207).

또한 몰트만의 견해로는 십자가 사건은 구원의 경륜에서만 발생한 것이 아니라 하나님의 내적 존재 안에서 일어난 것이다. "골고다에서 일어난 것은 하나님 존재의 가장 깊은 곳까지 미치며 따라서 영원 안에 계신 하나님의 삼위일체적 삶에 영향을 미친다"(WJC, 173). 그래서 몰트만은 십자가의 고난이 삼위일체 하나님 안에 있다고 믿는다. 또한 그리스도의 십자가는 하나님의 존재에 영향을 끼치는 유일한 사건이 아니다. 성령의 역사는 하나님의 가장 내적인 본질까지 깊이 도달한다. "성자의 십자가가 삼위일체 하나님의 내적 삶에 영향을 미치듯이, 성령의 역사는 하나님과 연합될 해방된 창조의 기쁨을 통해 삼위일체 하나님의 내적 삶을 형성한다"(TK, 161). 이렇게 몰트만은 하나님 수난설적(theopaschite)인 표현을 받아들임으로써 십자가에서의 그리스도의 죽음을 삼위일체 하나님 안에 있는 사건으로 해석한다.

4. 하나님의 고난당하시는 사랑

몰트만의 신론에서 핵심은 하나님의 사랑과 고난 사이의 관계성이다. 그에 따르면 성서적 내러티브의 십자가 사건에는 "하나님은 사랑"(요일 4:8)이시라는 그분의 본질이 계시되어 있다.

십자가에서 예수의 버림받으심, 성부에 의한 성자의 내어줌과 모든 것을 내어주시며 모든 고난을 당하시는 사랑은 잃어버린 남녀 인간을 위한 것이다. 하나님은 사랑이다. 이는 하나님이 자신을 내어주신다는 뜻이다. 이는 그분이 십자가에서 우리를 위해 존재한다는 것을 의미한다. 삼위일체론적 표현으로는, 성부가 성자를 성령을 통해 스스로 희생하도록 하신다는 것이다. 성부는 십자가에 못 박는 사랑이요, 성자는 십자가에 못 박히신 사랑이며, 성령은 정복당할 수 없는 십자가의 능력이다(TK, 83; WJC, 175).

몰트만의 신론에서 하나님의 고난은 기본적으로 하나님의 사랑에 근거한다. 몰트만은 "사랑은 선의 자기전달이다"(Love is self-communication of the good; TK, 57)라고 정의한다. 즉 사랑은 비이기적 자기희생으로 말미암은 열정적인 선의 자기표현이다. 이는 삼위일체 하나님의 인격들 사이의 구별을 전제한다. 그리하여 "사랑은 자기구별(self-differentiation)과 자기동일화(self-identification)의 능력이며 이런 과정에서 그 근거를 가진다"(TK, 57).

이런 이해를 바탕으로 몰트만은 하나님의 자기구별이 삼위일체 하나님으로 이해되어야 한다고 주장한다. "하나님은 사랑하실 뿐 아니라 자신이 사랑이기 때문에 그분은 삼위일체 하나님으로 이해되어야 한다.…만일 하나님이 사랑이라면 동시에 그분은 사랑하는 자요 사랑받는 자이며 사랑 그 자체다(the lover, the loved, the love itself)"(TK, 57). 이런 맥락에서 몰트만은 "동종을 향한(like for like) 사랑"인 내적 삼위일체 하나님의 사랑과, "타자"(the Other)를 향한 외적 삼위일체 하나님의 사랑을 구분한다(TK, 58-59, 106). 몰트만은 이것을 발생시키는 사랑(engendering love)과 창조적 사랑(creative love)이라고 부른다. 그에 따르면 발생시키는 사랑이 "동종을 향한 사랑"으로서 자연적이고 필연적인 사랑인 반면에, 창조적 사랑은 동종을 향한 사랑을 넘어서서 타자를 향한 사랑에 이른다. 전자는 하나님의 본질적 본성으로 말미암으며 후자는 하나님의 자유로운 의지에서 나온다. "하나님이 창조적으로 고난당하심으로써 세계를 사랑하는 사랑은, 영원 안에 계신 그 자신인 사랑과 다르지 않다. 또한 역으로 창조적이며 고난당하는 사랑은 언제나 그분의 사랑이 가진 영원한 본질의 한 부분이다"(TK, 59).[17]

더 나아가 몰트만은 창조적 사랑이 언제나 고난당하는 사랑이라고 주장한다. 창조는 하나님의 자기제한, 자기제약 및 자기겸비를 의미하기 때문에, 창조적 사랑은 바로 하나님의 자발적인 사랑이요 고난당하는 사랑(suffering love)이다. 창조를 향한 하나님의 사랑은 그분이 의지적으로 창조의 고난과 교제에 참여하심을 의미한다. 자기를 동일시하는 사랑 안에서 하나님이 교제를 위해 창조와 연합하는 반면에, 자기를 구별하는 사랑 안에서 하나님은 창조의 고난을 함께 나누신다.

이를 토대로 몰트만은 "그리스도의 역사적 고난은 영원한 하나님의 고난을 계시하며, 따라서 자기희생적 사랑은 하나님의 영원한 본성이다"(TK, 32)라고 주장한다. 몰트만에게 그리스도의 고난과 죽음은 그의 자유와 사랑으로부터 나오는 능동적 고난(*passio activa*)이다. 이는 곧 "능동적 고난으로서 사랑의 고난이며 바깥의 영향력에 의해 영향 받을 수 있는 가능성에 대한 자발적인 개방성"[18]을 뜻한다. 이런 의미에서 몰트만은 "하나님의 존재는 고난 안에 있고 하나님은 사랑이기 때문에 고난은 하나님의 존재 자체 안에 있다"(CG, 227)라고 과감하게 주장한다. 이렇게 몰트만

17_ 다른 곳에서 몰트만은 "성부가 세계의 창조자가 되기로 결정하는 것은 성자를 위한 그의 사랑 안에서다. 그분이 창조자가 되신 것은 성자를 사랑하기 때문이다. 자신과 같은 자를 위해 자기를 전달하는(self-communicating) 사랑은 타자에게 자신을 개방하며 창조적이 되는데, 이는 곧 모든 가능한 반응을 기다리는 것을 뜻한다. 그분은 성자를 위한 자신의 영원한 사랑의 힘으로 세계를 창조하기 때문에, 세계는 그분의 영원한 의지를 통해 선을 향하도록 고안되었으며, 그분의 사랑의 표현 외에 다른 것이 아니다"(TK, 111-112)라고 말한다.

18_ J. Moltmann, "The 'Crucified God'," *Theology Today* 31 (1974), 93.

의 입장은 고전적 유신론과 과정신학의 만유재신론 양자로부터 분명하게 구별된다. 그는 사랑과 관련해 하나님의 존재를 재정의하고 있다.

> 사랑할 수 있는 자는 누구나 또한 고난당할 수 있다. 왜냐하면 비록 그가 언제나 사랑 때문에 고난을 극복할 수 있다 할지라도, 사랑이 그것과 함께 가져오는 고난에 대해 자신을 개방하기 때문이다. 하나님은 자기 존재가 불완전한 피조물과 같은 방식으로 고난을 겪지는 않으신다. 그분은 자기 존재의 온전함으로 사랑하고 자신의 완전하고 자유로운 사랑으로 인해 고난당하신다.[19]

더 나아가 몰트만에 의하면 하나님은 사랑이기 때문에 십자가에서뿐 아니라 온 인류의 "무죄한 고난"(innocent suffering) 안에서도 고난당하신다(TK, 51-52). 그래서 이런 하나님의 고난은 그분의 존재 자체 안에 포함된다. "십자가에 달리신 그리스도 안에서 하나님을 인식하는 것은 하나님의 삼위일체적 역사를 파악하는 것이며 자신과 이 세계를 아우슈비츠와 베트남, 인종 증오와 기아와 함께 하나님의 역사 안에 존재하는 것으로 이해함을 의미한다"(EH, 83). 이런 방식으로 몰트만은 인간의 고난이 하나님의 존재 안에 취해진 것으로 파악한다. 요약하면, 몰트만에게 하나님이 고난당하는 것은 사랑 안에서다. 또한 하나님은 사랑이기 때문에 고난이 하나님 안에 있다고 말할 수 있다.

5. 하나님의 속성들의 개정

신론에서 하나님의 고난가능성 이해로부터 출발하는 몰트만은 하나님

19_ 위의 논문, 93.

의 전통적 속성들을 재정의하고자 노력한다. 우선 몰트만은 하나님의 불변성에 관한 전통적 사고를 거부한다. 그에 따르면 하나님은 고난당하실 수 있으나 다른 피조물과 같은 방식은 아니다. "하나님은 자신의 피조물과 똑같은 방식으로 변화하지 않는다. 이는 하나님에 관한 절대적 진술이 아니라 상대적 진술이다.…우리는 하나님이 불변하다는 니케아회의의 상대적 진술로부터 하나님이 절대적으로 불변하다는 사실을 연역해 낼 수 없다."[20]

그럼에도 하나님은 자유롭게 변화하실 수 있으며 심지어 자유로운 의지로부터 타자에 의해 변화될 수 있도록 자신을 자유롭게 허용하신다. 이런 의미에서 "그분의 불변성에 대한 상대적 정의는 그분의 절대적이며 내재적인 불변성의 주장으로 인도하지 않는다"(CG, 229). 하나님의 불변성 개념 대신에 몰트만은 하나님의 신실하심 또는 항구성의 개념을 선호한다.[21] 다시 말해 "약속의 하나님의 본질과 정체성은 역사를 초월하거나 넘어서는 그분의 절대성에 놓여 있지 않고, 자신의 피조물에 대해 자유롭게 선택하는 관계의 항구성과 그분의 선택하시는 자비와 신실하심의 항구성 안에 근거한다"(TH, 116; CG, 229). 이렇게 몰트만에게 하나님의 본질과 활동을 이해하는 핵심 개념 중 하나가 바로 자신과 자신의 창조에 대한 하나님의 신실하심이다. 『신학의 방법과 형식』에서 그는 이렇게 주장한다. "하나님은 불변적이지 않다. 그분은 신실하다. 하나님은 부동적

20_ 위의 논문, 93.

21_ 하나님의 불변성 대신에 몰트만은 자신의 창조에 대한 하나님의 신실하심, 인내, 기다리심, 관용의 사고를 제안한다. ET, 168; J. Moltmann, "God's Kenosis in the Creation and Consummation of the World," 142, 149; J. Moltmann, "Reflections of Chaos and God's Interaction with the World from a Trinitarian Perspective," in *Chaos and Complexity: Scientific Perspectives on Divine Action*, 2nd ed. ed. Robert J. Russel, Nancey Murphy and Arthur R. Peacocke (Vatican City State/Berkeley: Vatican Observatory Publications; The Center for Theology and the Natural Sciences, 2000), 208-209.

(immovable)이지 않다. 그분은 자기 왕국을 향한 자신의 움직임 가운데 있다. 하나님은 고난당할 수 없지 않다. 그분은 자신이 창조한 사람들을 위한 사랑의 열정으로 가득 차 있다"(ET, 168).

몰트만의 신론에서는 하나님의 전능성에 대한 전통적 이해가 거부된다. 몰트만에게 하나님의 고난은 곧 하나님의 전능성이다. 고전적 유신론의 전능한 하나님은 고난당할 수도 사랑할 수도 없다. 왜냐하면 전능한 존재는 경배받지, 사랑받지는 않기 때문이다. 오히려 사랑한다는 것은 쉽게 상처를 입고 고난을 겪는다는 것을 의미한다(CG, 223). 그래서 그는 성서적 내러티브에 비추어 특히 십자가 사건을 통해 하나님의 전능성을 재정의한다. "성서적 증언에 따르면 하나님은 실제로 전능하다. 그러나 그분은 능력이 아니다. 그분은 사랑이다."[22] 몰트만에 의하면 하나님은 자신의 피조물을 위한 자신의 고난당하는 사랑 안에서 전능하다. 이런 자기겸비의 신적 행동 속에서 하나님의 전능성의 본질이 계시된다. "하나님은 그분의 자기제한의 행동 안에서보다 결코 더 강하지 않으시며 자기겸비의 행동 안에서보다 더 위대하지 않다."[23]

몰트만의 신론에서 하나님의 완전성의 전통적 개념은 다르게 해석된다. "하나님이 완전하다는 것이 사랑의 갈망 속에서 자신의 피조물이 그분 자신의 완전성에 필수적이기를 원하지 않는다는 것을 의미한다면, 그분은 완전하지 않다(CPS, 62).[24] 그는 하나님의 본질 안에 있는 불완전과

22_J. Moltmann, "Antwort auf die Kritik an 'Der gekreuzigte Gott'," in *Diskussion über Jürgen Moltmanns Buch 'Der gekreuzigte Gott'*," ed. Michael Welker (München: Chr. Kaiser, 1979), 171. 다른 곳에서 몰트만은 "하나님이 사랑이라는 것은 무슨 의미인가? 하나님은 연대성의 능력이고 대리적이며 중생케 하는 능력이다"(WJC, 181)라고 말한다.

23_J. Moltmann, "God's Kenosis," 148. 다른 곳에서 몰트만은 "하나님의 아들은 자신의 신성을 스스로 비우고 십자가의 죽음에 이르는 가난한 종의 길을 택하셨다. 만일 우리가 신적 능력과 주권을 바라본다면, 이것은 자기를 비우는 길이다"(WJC, 178)라고 진술한다.

24_J. Moltmann, "The 'Crucified God'," 93을 참고하라.

결핍에 대한 어떤 사고도 거절한다. 오히려 하나님의 완전성을 부요함과 영광으로 개방하는 풍성한 사랑으로 재정의하고자 한다. 자신의 창조와 교제를 원하는 하나님의 열망은 역사를 향해 자신을 개방할 수 있도록 한다. 그러나 몰트만은 사랑의 풍성함에서 비롯된 하나님의 개방성과 결핍에 근거한 창조의 개방성 사이를 구별한다. 이는 사랑의 자유 안에서의 하나님의 고난 경험과 자신의 결핍으로 말미암은 창조의 고난 경험 사이에 놓인 몰트만의 구별에도 부합된다.

몰트만의 신론에서 세계와 그 고난에 대한 하나님의 참여는 고전적 유신론의 가정과는 분명히 구별된다. 그는 하나님이 세계에 관여하고 참여할 때 변화할 수 없다는 식의 하나님의 본질적 무감동성과 불변성의 주장을 거부한다. 오히려 반복적으로 삼위일체 하나님의 인격들 사이의 관계성과 하나님과 세계의 관계성에 관한 성서적 내러티브에 비추어 그분의 세계에 대한 개방성과 그에 대한 경험을 말하고 있다. "세계의 창조의 목적은 삼위일체 하나님을 영화롭게 하는 것이다. 이런 목적을 위해 창조된 세계는 '개방된 체계'로 이해되어야만 한다"(TK, 209). 이런 맥락에서 세계는 하나님에 대해 개방하고 발전하며 변화해야 한다. 이는 곧 하나님이 자신의 창조와 함께 역사를 가진다는 것을 의미한다.

II. 몰트만의 "하나님의 고난가능성" 이해에 대한 비판적 대화

몰트만은 그의 신론에서 하나님의 무감동성, 불변성, 전능성 및 완전성의 주제에 대해 논한다. 대부분의 현대신학자들은 명시적으로 하나님의 무감동성 개념이 성서적 내러티브에 부합되지 않는다고 논증한다. 윌리엄 플래처(William Placher)에 따르면 하나님의 고난가능성의 주장은 새로운 신학적 정통 교리가 되었다.[25] 몰트만 자신도 "하나님의 본성의 본질적 고난불가능성에 대한 교리가 마침내 기독교 신론에서 사라져가는 듯이 보인다"(HTG, xvi)라고 말한다.

그러나 주목할 점은 몰트만이 하나님이 어떤 결핍이나 불완전으로부터도 자유롭다는 전통적 무감동성 원리에 대해 상대적 가치를 인식하고 있다는 것이다. 그는 성서적 내러티브에 비추어 신론을 재구성하고, 결과적으로 하나님 본성의 본질적 고난불가능성의 형이상학적 원리를 그분의 영원한 사랑의 자발적 고난의 개념으로 대치하기 원한다. "그리스도의 십자가의 죽음에서 그분 자신을 내어주심의 신적 신비가 계시되는데, 이는 곧 하나님 자신의 신비다. 이것은 세계와 시간과 인간에 대해 개방하시는 삼위일체의 신비다. 하나님의 연민으로 가득한 갈구하는 사랑의 신비다."[26] 몰트만은 삼위일체 하나님의 심장 속에서 골고다의 십자가를 바라보고 십자가에 못 박히신 그리스도 안에서 하나님의 계시를 파악한다. 그에게 하나님의 고난가능성 사고는 고전적 유신론과 저항적 무신론(protestant atheism) 사이에 놓인 곤경을 넘어설 수 있는 계기다. 에버하르트 융엘은 십자가가 "기독교적 하나님 개념에 어울리지 않는 모든 공리들인 절대성 원리와 무감동성 원리, 불변성 원리를 분쇄했다"[27]라고 주장한다. 이런 상황에서 여성신학자들은 하나님의 고난불가능성과 전능성을

25_ W. Placher, *Narratives of a Vulnerable God*, 15-21. 로널드 괴츠도 "신적 무감동성이라는 고대 교리에 대한 거부는 공동의 신학적 기반이 되었다"라고 올바르게 지적한다. R. Goetz, "The Suffering God," *The Christian Century* 103 (1986), 385. 그럼에도 사롯에게는 이 주제에 대한 현금의 논쟁이 아직 종결되지 않았다. M. Sarot, *God, Passibility and Corporeality* (Kampen: Pharos, 1992), 2.

26_ J. Moltmann, "The Ecumenical Church Under the Cross," *Theological Digest* 24 (1976), 383.

27_ E. Jüngel, *God as the Mystery of the World: On the Foundation of the Theology of the Crucified One in the Dispute between Theism and Atheism*, trans. Darrell L. Guder (Edinburgh: T& T Clark, 1983), 373.

강조하는 전통들을 분석함으로써 그것들의 가부장적 문화와 재앙적 결과의 관계를 보여준다.[28]

하나님이 세계의 고난에 참여하고 세계 안의 사건들에 의해 영향 받는다는 사고는 과정신학의 만유재신론에 의해 지지된다. 몰트만과 과정신학자들은 하나님의 고난가능성 개념을 공통적으로 가지고 있다. 또한 그들은 신론의 수정에 헌신함으로써 하나님을 연민과 사랑으로 세계와 세계의 고난에 밀접하게 관계하는 존재로 이해한다.[29] 그러나 몰트만은 과정신학 사상의 어떤 측면에 대해서는 날카로울 정도로 비판적이다.[30] 과정신학의 만유재신론이 형이상학적·철학적 방법에 의존하는 데 반해, 몰트만은 그 출발점에 있어 현저하게 성서적이다. 그는 과정신학적 만유재신론의 양극적 신적 본성에 동의하지 않으며, 따라서 "하나님에 대한 우주적 개념(하나님의 원초적 본성과 결과적 본성)이 고난의 문제를 충분하게 파악하고 있다고 믿지 않는다"(EH, 84).

28_ E. Johnson, *She Who Is: The Mystery of God in Feminist Theological Discourse* (New York: Crossroad, 1992), 246-272; Anna Case-Winters, *God's Power: Traditional Understanding and Contemporary Challenges* (Louisville, KY: Westminster/John Knox Press, 1990).

29_ 과정신학자 다니엘 윌리엄스는 "사랑한다는 것은 상처를 입는다는 것이다"라고 주장한다. 그러나 그는 어떤 측면에서 하나님은 상처를 입을 수 없다고 주장한다. "하나님의 사랑은 통전성에 있어 영원히 절대적이다. 이런 의미에서 하나님의 사랑은 상처를 입을 수 없다." D. Williams, *The Spirit and Forms of Love* (New York: Harper and Row, 1968), 185. "The Vulnerable and Invulnerable God," *Christianity and Crisis* 22 (March 1962), 27-30도 보라.

30_ 몰트만은 이렇게 주장한다. "비록 '위대한 동료, 이해하며 함께 고난당하는 동료'로서의 하나님에 대한 그의 표현을 좋아함에도 불구하고, 나는 화이트헤드의 과정사상 및 원초적 본성과 결과적 본성을 지닌 '되어가는 하나님'(becoming God)과 관련해서는 깊은 흥미를 느끼지 못한다. 내가 어려움을 겪는 이유는 버림받고 굶주리며 자기 이름과 명예를 빼앗긴 자들과의 관계성 속에 있는 하나님의 신성 안에 무엇이 진행되고 있는지, 그리고 철학자와 신학자를 위해 어떤 실천적 결과가 뒤따르는지를 알고 싶은 것이다." J. Moltmann, "Response to the Opening Presentations," 58; CoG, 332을 참고하라.

몰트만은 하나님이 세계와 함께 고난당하는 분이라는 화이트헤드의 견해를 인정한다. 그러나 과정신학의 만유재신론과는 달리, 그에게서 하나님은 어떤 결핍이나 필요에서가 아니라 오직 사랑의 자유 안에서 고난당한다는 것이다(TK, 56).[31] 몰트만의 신론에서 고난은 신적 본질의 필수적 속성이 아니다. 하나님은 인간과의 교제와 인간 구원을 위한 사랑의 갈망으로부터 고난에 대해 자신을 자유롭게 개방하신다. "사랑할 수 있는 자는 또한 고난당할 수 있다. 왜냐하면 그는 또한 자신을 사랑 안에 관여된 고난에 대해 개방하며, 그럼에도 여전히 그의 사랑의 힘으로 그 고난을 능가하면서 남아 있기 때문이다"(CG, 230). 따라서 하나님의 고난은 능동적이고 자발적인 고난이다. 이는 하나님의 신실하심을 긍정하는 하나의 방식이다.

과학 신학자인 아서 피콕(Arthur Peacocke)은 하나님 안에 있는 고난을 유비적으로 이야기한다. 피콕에 따르면 이런 고난은 "세계의 고난과의 동일시이며 참여다."[32] 하나님의 본질을 사랑으로 이해함으로써 그는 하나님의 고난이 수동적일 뿐만 아니라 능동적인 것으로 이해되어야 한다고 주장한다. 따라서 이런 활동은 우선 세계의 창조 과정에서 자신을 드러낸다. 또한 하나님은 예수 그리스도의 고난에 비추어볼 때 고난을 통해 새 창조를 가져오신다. 여기서 몰트만과 유사하게 피콕은 신적 고난과 인간

31_ 몰트만처럼 카스퍼도 "만일 하나님이 고난당한다면 그분은 신적 방식으로 고난당하는 것이다. 즉 그분의 고난은 자신의 자유의 표현이다. 고난이 하나님에게 일어나는 것이 아니라, 오히려 그분이 자유롭게 고난이 자신에게 일어나도록 허용하신다. 하나님은 피조물처럼 존재의 결핍으로부터 고난을 겪지 않으신다. 그분은 사랑으로부터 그리고 자기 존재의 넘쳐흐름인 사랑을 이유로 고난당하신다"라고 주장한다. W. Kasper, *The God of Jesus Christ*, trans. M. J. O'Connell (London: SCM Press, 1984), 195.

32_ A. Peacocke, *Creation and the World of Science* (Oxford: Clarendon, 1979), 141, 201-202, 207; *Theology for a Scientific Age: Being and Becoming-Natural, Divine, and Human*, enlarged ed. (Minneapolis: Fortress Press, 1993), 158-159, 370-372.

적 고난을 구별한다. 하나님은 특별히 구별된 방식으로 고난을 당하신다는 것이다.[33] 또 다른 과학 신학자인 존 폴킹혼(John Polkinghorne)도 십자가 사건에 나타난 삼위일체 하나님의 고난에 관한 몰트만의 사고에 힘입은 바 크다고 언급한다.[34]

블뢰쉬(D. G. Bloesch)의 견해에 따르면, 몰트만은 하나님이 죽으신 것이 아니라 그리스도의 십자가에서 죽음을 경험하셨다는 자신의 주장으로 인해 헤겔의 만유재신론에 상당히 기울어져 있다. 즉 몰트만이 십자가에서 본 것이 하나님의 죽음(death of God)이 아니라 하나님 안에 있는 죽음(death in God)이라는 것이다.[35] 여기에 대해 몰트만은 이렇게 기술하고 있다.

> 그리스도의 고난과 그의 십자가에서의 죽음 및 지옥에 내려가심에 비추어볼 때 우리는 하나님의 고난가능성, 고난과 고통에 관해 말하지 않을 수 없다. 하나님은 그리스도의 고난과 십자가에서의 죽음 및 지옥에 내려가심에 비추어볼 때 고난과 고통을 경험하신다. 하나님은 고난과 죽음과 지옥을 경험하신다(CPS, 64).[36]

이런 주장에 대해 몇몇 비판자들은 헤겔의 뉘앙스를 지닌 몰트만의

33_ A. Peacocke, "The Cost of New Life," in *The Work of Love*, 39.

34_ J. Polkinghorne, *Science and Theology: An Introduction* (London: SPCK/Fortress Press, 1998), 112; J. Polkinghorne and Michael Welker, *Faith in the Living God: A Dialogue* (Minneapolis: Fortress Press, 2001), 49-52.

35_ D. Bloesch, *Jesus Christ: Savior and Lord* (Downers Grove, IL: InterVarsity Press, 1997), 171.

36_ 다른 곳에서 몰트만은 이렇게 기술하고 있다. "성자의 고난 안에서, 성부 자신이 버림받음의 고통을 겪으신다. 성자의 죽음 안에서, 죽음이 하나님 자신에게 일어나며, 성부는 버림받은 인간을 위한 그의 사랑 안에서 그의 아들의 죽음의 고난을 겪으신다"(CG, 192). HTG, 47, 51, 172도 보라.

"하나님 안에 있는 고난" 개념이 "사변적 신정론"으로 빠져들고 있으며, 하나님과 세계 사이의 합법적인 존재론적 차이를 불분명하게 할 경향이 있다고 비난한다.[37] 그러나 몰트만은 다음과 같이 역설한다.

> 하나님은 죽으신 것이 아니라 죽음이 하나님 안에 있다. 하나님은 우리에 의해 고난당하신다. 그분은 우리와 함께 고난을 겪으신다. 고난은 하나님 안에 있다.…하나님은 궁극적으로 거절하거나 궁극적으로 거절당하지 않으며, 거절이 하나님 안에 있다.…그분이 자신의 역사를 완성하실 때 그분의 고난을 기쁨으로 변화시킬 것이며, 그 결과 우리의 고난도 그렇게 될 것이다.[38]

아드리오 쾨니히(Adrio König)의 견해에 의하면 "하나님은 고난 안에 계시거나 고난 속으로 들어가신다. 그러나 몰트만이 말하는 것처럼, 고난이 하나님 안에 있는 것은 아니다"[39]라고 주장하는 것이 더 정확한 표현이다. 여기서 "하나님 안에 있는 고난"이라는 몰트만의 견해가 하나님 자신 안에 있는 고난을 정당화하거나 존재론적으로 규정하는 것인지 아닌지에 대해서는 의문의 여지가 있다.[40] 이런 비판들에 대해 몰트만은 자신이 주장하는 바가 고난의 정당화나 영속화가 아니라, 오히려 고난에 대한 종말론적 승리와 기쁨으로의 변화라고 대답한다.[41]

37_ D. Migliore, *Der gekreuzigte Gott*, in *Diskussion*, 39-42; C. Braaten, "A Trinitarian Theology of the Cross," *Journal of Religion* 56 (1976), 113-121.

38_ J. Moltmann, "The 'Crucified God'," 18.

39_ A. König, *Here I am! A Believer's Reflection on God* (Grand Rapids, MI: Eerdmans/London: Marshall Morgan & Scott, 1982), 101; CG, 216을 참고하라.

40_ K. Surin, *Theology and the Problem of Evil* (New York: Blackwell, 1986), 130.

41_ J. Moltmann, "Geschichte der Kreuzestheologie heute," *Evangelische Theologie* 33 (1973), 361.

하나님은 역사에 영향을 미치기 위해 역사를 경험하신다. 하나님은 자신 안으로 이끌어 들이기 위해 자신 밖으로 나오신다. 하나님은 상처입기 쉬운 분이며, 치유하고 해방시키고 새 생명을 수여하기 위해 고난과 죽음을 자신에게 취한다. 아들의 수난과 성령의 탄식 안에 있는 하나님의 고난의 역사는 성령 안에서의 그분의 기쁨과 종말에 있을 완성된 행복의 역사를 섬기고 있다(CPS, 64).

과정신학의 만유재신론과는 달리, 몰트만이 하나님의 고난이 인간적 고난과 다르다는 것을 바르게 인식하고 있다는 점은 명백하다. "하나님은 우리 고난의 역사에 신적 방식으로 들어오신다. 그분은 자신의 의지에 대항하여 그것에 종속된 것이 아니다"(HTG, 123). 하나님의 고난이 사랑으로 말미암은 자유롭고 능동적인 고난이라면, 피조물의 고난은 결핍에서 우러나온 숙명적이고 수동적인 것이다. 그러나 마크 스텐(Marc Steen)은 이런 주장이 설득력이 없다고 생각한다. 스텐은 다음과 같이 질문한다. "만일 하나님이 고난을 극복할 수 있다면, 어째서 그분은 필수적으로 고난을 취하고 그것을 경험해야 하는가?…만일 하나님의 '고난'이 몰트만이 말하듯이 특수하고 '능동적'이라면 '고난'이라는 용어가 과연 적절한가?…부정성, 거절 및 고난이 하나님 자신에게 영향을 끼친다는 사고는 고난당하는 인간에게 참으로 위로가 되는가?"[42]

몰트만에 따르면 만일 하나님이 자신의 사랑으로 말미암아 고난을 겪는다면, 그분은 자신의 역사의 감옥이 되는 것이 아니라, 자기 자신에 대해 변함없이 신실하게 남는 것이다.[43] 이것은 하나님의 열정적인 자기

42_ M. Steen, "Moltmann's Critical Reception of Barth's Theopaschitism," *Ephemerides Theologiae Lovanienses* 67 (1991), 307-308.

43_ "만일 [하나님]이 사랑이라면, 세계를 사랑하심 안에서 결코 '자기 자신의 감옥'이 아니다.

전달이다. 몰트만에게 고난당하는 하나님은 고난의 본질적이며 존재론적 필연성에 얽매이지 않으신다. "하나님은 피조된 일시적 존재들과 동일한 방식으로 고난에 종속되는 것이 아니다"(TK, 23). 그러나 몰트만은 "만일 하나님이 자신과 다른 어떤 것을 사랑할 수 있다면, 자신의 사랑의 결과인 고통에 대한 지배자로 여전히 머물러 있으면서도, 타자를 위한 사랑이 자신에게 가져오는 고난을 위해 자신을 개방한다"(JCTW, 44)라고 덧붙인다.[44]

이런 방식으로 몰트만은 세계의 고난의 역사가 삼위일체 하나님의 역사와 밀접하게 관련되어 있다고 간주한다. 삼위일체 하나님의 고난당하는 사랑의 개념에 기초하여 몰트만은 "십자가의 그리스도의 죽음에 계시된 세계의 '보편적인 성금요일'은 하나님의 삼위일체적 역사로 이끌려지며 고난을 기쁨으로 전환시키는 하나님의 역동성으로 '통합된다'"라고 역설한다.[45] 또한 "고난당하는 하나님은 자유로우신 분인가? 아니면 자신의 역사의 감옥의 죄수인가?"라고도 질문한다. 여기에 대한 대답으로 몰트만은 하나님의 고난이 그분의 사랑으로부터 나오며 자유의 진리가 본질적으로 사랑 안에 있기 때문에, 고난당하는 하나님은 자유로운 분이라고 주장한다(WJC, 200). 요약하면, 하나님은 선택이나 임의적 독단 또는 강압이나 필연성으로부터가 아니라 자신의 자유로운 사랑으로부터 고난당한다.

발터 카스퍼(Walter Kasper)에 의하면, 몰트만은 필연성의 사고를 말함으로써 헤겔의 변증법적 사고에 상당한 빚을 지고 있다.[46] 헤겔의 관

반대로 세계를 사랑하심 안에서 전적으로 자신이기 때문에 전적으로 자유롭다"(TK, 55).

44_ 폴 피데스(Paul Fiddes)는 "고난당하는 사랑에도 '불구하고'가 아니라 오히려 그것을 '통해' 자기 목적을 성취하시는 하나님의 사랑의 본질"을 주장한다. P. Fiddes, "Creation out of Love," in *The Work of Love*, 191.

45_ M. Steen, "Moltmann's Critical Reception," 306-307.

46_ W. Kasper, "Revolution im Gottesverständnis," in *Diskussion*, 140-148.

점에서 비동일성(not-identity)이나 부정성(negativity)은 새로운 정체성에 도달하기 위해 필수적이다. 몰트만은 헤겔의 사고인 "부정한 것의 부정"(negation of the negative)과 관련해, 하나님의 고난이 완전한 화해에 이르는 데 필수적이라고 본다. 그러나 메이슨(G. Mason)에 따르면, 몰트만의 자유 개념은 하나님의 삶 안에서의 고난과 역사에의 의존에 대한 헤겔의 필연성으로부터 자신을 구별하고자 하는 그의 노력을 선명히 보여준다.[47]

그렇지만 윌리엄 힐(William Hill)은 하나님의 사랑과 고난이 영원한 파트너가 되지 않는다고 지적한다.[48] 힐에 따르면 하나님의 사랑은 고난 이상의 것이다. "하나님은 고난 없이도 사랑할 수 있다."[49] 여기에 대해 몰트만은 "하나님은 사랑할 수 있기 때문에 고난당할 수 있다"(HTG, 123)[50]라고 올바르게 주장한다. 부활에서 드러나듯이 고난을 극복하면서도 하나님의 사랑은 고난을 당할 수 있다(CG, 31). 몰트만은 고난당하는 사랑을 "자신으로부터 나오는 것"(going out of oneself)으로 이해한다(TK, 25-30). 그런데 자기를 구분하는 사랑 안에서 하나님은 자신을 고난 안에서 구분한다. 성령은 고난을 기쁨으로 변화시킨다. 따라서 피조물과 함께 고난당

47_ G. A. Jr. Mason, "God's Freedom as Faithfulness: A Critique of Jürgen Moltmann's Social Trinitarianism," Ph. D. diss. (Southwestern Baptist Theological Seminary, 1987), 225.

48_ W. Hill, "Does Divine Love Entail Suffering?" in *God and Temporality*, ed. Bowman L. Clark and Eugene T. Long (New York: Paragon House), 65.

49_ 위의 책. 힐은 "만일 하나님이 실제로 고난을 선택하신다면, 이는 사랑 자체의 속성의 어떤 논리 때문이 아니라, 자기 자신과의 고유한 화해에 있어 인류를 위한 하나의 역할을 하고자 하는 그분의 전적 자유 때문이다. 그 이유는 인간 편에 있지 않고 하나님 편에 있다"(위의 책)라고도 말하고 있다.

50_ 다른 곳에서 몰트만은 이렇게 진술한다. "고난당할 수 없는 하나님은 어떤 인간보다도 열등하다. 고난당할 수 없는 하나님은 관여할 수 없는 존재다. 고난과 부정의는 그분에게 영향을 미치지 못한다. 그리고 이렇게 완전히 무감각하기 때문에, 그분은 어떤 것으로도 영향받을 수 없으며 흔들리지 않는다. 그분은 눈물이 없기 때문에 울 수 없다. 그러나 고난당할 수 없는 자는 사랑할 수도 없다. 따라서 그분은 또한 사랑 없는 존재다"(CG, 222).

하는 하나님의 사랑은 그 목적에 있어 잠정적이다. 여기서 몰트만은 "… 세계 안에 있는 모든 재해와 범죄와 고난은 참으로 하나님의 결과적 본성 안에서 '영속화되는'(eternalized) 것인가?"(CoG, 332)라고 지적함으로써 화이트헤드의 고난 개념을 날카롭게 비판한다. 달리 표현하면, 몰트만에게 종말론적 완성은 삼위일체 하나님의 구별을 멈추는 것도 아니며, 고난을 하나님의 영원한 미래로 가져가는 것도 아니다.

몰트만의 고난에 대한 견해는, 고난이 하나님 안에서 영속적이기 때문에 역사 속에서 인간이 가지는 고난의 인내를 위한 약속이 되지 못한다고 종종 비판받는다. 그러나 몰트만은 하나님의 고난이 그리스도의 고난에 근거하며 종말론적으로 완성될 것이라고 주장한다. "하나님의 고난이 내게 명백해지는 것은 [그리스도]의 고난과 그의 고난이며, 내가 죽음에 저항할 수 있는 능력은 하나님의 고난으로부터 온다."[51] 또한 그리스도의 고난은 자신만의 것이 아니며 "가난한 자와 약자들의 고난이다. 그들과의 연대 속에서 예수는 자신의 육신과 영혼 안에서 그것을 공유한다"(SL, 130).[52] 그리스도 안에 계신 고난당하는 하나님의 함께 고난당하심(compassionship)은 현재 고난당하는 사람들에게 힘을 주고 그들을 후원하며, 결과적으로 역사의 완성은 최종적 승리와 기쁨을 가져온다. 몰트만은 "자신의 고난을 통해 그리스도는 이 세계의 고난의 역사 속으로 영원

51_J. Moltmann, *The Passion for Life: A Messianic Lifestyle*, trans. and with an Introduction by M. Douglas Meeks (Philadelphia, Fortress Press, 1978), 22.

52_터너(Cole-Turner)는 몰트만의 십자가 이해에서 인간 죄책의 속죄 대신에 억압당하는 자들과의 연대에 너무 많은 강조점이 주어져 있다고 비판한다. 그러나 미로슬라브 볼프는 몰트만의 초기 저서에서 지배적이었던 희생자들과의 연대성이라는 주제가, 후기에 이르러 죄인을 위한 속죄의 주제로 대치되었다고 지적한다. 몰트만은 십자가가 "지상의 죄와 불의 및 폭력을 위한 신적 속죄"(SL, 136)라고 주장한다. M. Volf, *Exclusion and Embrace: A Theological Exploration of Identity, Otherness, and Reconciliation* (Nashville: Abingdon, 1996), 23.

한 교제와 생명을 창조하는 하나님의 공의와 정의를 가져온다"(SL, 131)라고 선언한다.

그러나 몰트만의 신론에서는 어떻게 그리고 어느 정도 하나님 자신이 고난당하는 세계의 역사를 경험하고 그 안에 실제적으로 참여할 수 있는지 하는 질문이 여전히 남아 있다.[53] 어떤 종류의 고난이 하나님의 경험 안에 포함되는가? 십자가에서의 하나님의 특수한 경험과 세계 안에서의 하나님의 일반적 고난 사이의 차이는 무엇인가? 만일 몰트만이 모든 인간적 고난이 하나님 안에 있다고 말하고자 한다면, 이것은 하나님과 세계 사이의 구별을 제거하는 것이 아닌가? 더 나아가 상호적 참여로서의 하나님과 세계 사이의 "안에 있는"(in) 존재라는 몰트만의 진술 방식은 여전히 불분명하게 남아 있다.[54] 스텐은 몰트만이 이런 주장들을 좀 더 명시적이고도 구체적인 내용으로 표현할 필요가 있다고 본다. 따라서 몰트만의 신론 안에는 아직 해결되지 않은 긴장이 남아 있다.

몰트만은 하나님의 고난가능성 주제와 밀접히 관련시켜서 그분의 불변성 개념을 말한다. 그에 따르면 "하나님은 다른 피조물처럼 타자에 의해 수동적으로 변화될 수 없다." 그러나 "이것은 하나님이 자신을 변화시키는 데 자유롭지 않다거나, 심지어 자신의 자유로운 의지로부터 타자에 의해 변화될 수 있도록 자신을 허용하는 데 자유롭지 않다는 것을 의미하지는 않는다"(CG, 229). 즉 하나님은 자신의 목적과 창조에 대한 의도에서 불변적이지만, 그 창조를 위한 자신의 자발적 사랑 안에서는 변화될 수 있다.

그런가 하면 바르트가 말하듯이 "하나님은 확실히 부동적이다. 그러나 그분은 살아계신 하나님이며, 그분의 인내하심에서 바로 신적 운동성

53_ M. Steen, "Moltmann's Critical Reception," 309-310.

54_ 위의 논문.

과 신축성을 소유하고 계시며 부동적 존재다."[55] 이런 바르트의 견해를 따라 몰트만은 "하나님은 움직이지 않는 분이 아니다. 그분은 자기 나라를 향한 자신의 운동 가운데 있다"(ET, 168)라고 말한다. 더 나아가 몰트만은 하나님의 불변성의 사고 대신에 그분의 신실하심이란 개념을 제안한다.[56] 하나님이 언제나 자신 안에 동일하게 남아 있다는 주장은 그분이 자신의 창조에 대한 약속과 자신에 대해 신실하다는 것을 의미한다. 이런 의미에서 하나님은 불변적이지 않으며 오히려 신실하시다. 한스 큉(Hans Küng)도 하나님의 불변성이 "그분의 모든 능동적 활동성 안에 있는 자신에 대한 본질적 성실성으로 이해되어야 한다"[57]라고 주장한다.

월터스토프(N. Wolterstorff)의 관점으로는 하나님의 존재론적 불변성에 대한 신학 전통은 명시적인 성서적 근거를 가지고 있지 못하다. 그는 "만일 하나님이 실제로 반응하신다면 그분은 형이상학적으로 불변적이지 않으며, 만일 형이상학적으로 불변적이지 않다면 하나님은 영원하시지 않다"[58]라고 주장한다. 클락 피녹(C. Pinnock)에 따르면 "불변성은 관계적이며 인격적 존재로서의 하나님의 신실하심에 초점이 맞추어져야 한다."[59] 그의 견해에 따르면 전통적 신론은 불변성을 부동성(immobility)과

55_ K. Barth, *Church Dogmatics* vol. I/1, trans. G. W. Bromiley and T. F. Torrance (Edinburgh: T&T Clark, 1957; 이하 CD), 496; 뮐러(R. A. Müller)는 "윤리적·의도적 항구성은…존재론적 기초를 가져야 한다. 하나님의 목적의 항구성과, 그분이 무엇인 바와 그분이 무엇이 될 것인지에 관한 하나님의 일관성은 또한 하나님의 존재가 가진 하나의 일관성, 불변성을 가리켜야 한다.…논쟁의 주제는 성서가 존재론적 불변성을 선언하는 것인지 아닌지가 아니라, 이 개념이 강력하게 포함되어 있다는 것이다"라고 진술한다. R. Müller, "Incarnation, Immutability, and the Case for Classical Theism," *Westminster Theological Journal* 45 (1983), 32.

56_ 쾨니히도 "신의 불변성"에 대한 대안으로서 "하나님의 신실하심" 개념을 사용하자고 제안한다. A. König, *Here Am I!*, 89-90.

57_ H. Küng, *Does God Exist?*, trans. Edward Quinne (New York: Doubleday, 1980), 666.

58_ N. Wolterstorff, "Does God Suffer?", *Modern Reformation* vol. 8 no. 5 (1999), 47.

59_ C. Pinnock, "Systematic Theology," in *The Openness of God: A Biblical Challenge to*

비활동성(inertness)의 방향으로 지나치게 이끌고 갔다. 피녹에게 성서의 하나님은 "참으로 세계와 관계를 맺는 분이요, 그 본질이 사랑의 능력이며, 세계와의 관계는 부동(不動)의 동자(動者)가 아니라 가장 역동적으로 움직이는 동자(a most moved Mover)의 관계다."[60]

판넨베르크도 하나님의 불변성 개념에 대해 질문한다. 그에 의하면 하나님은 근원을 갖지 않으며 파괴될 수 없는 분이지만 결코 움직이지 않는 분은 아니다. 하나님은 자신의 내적 충만함 가운데 살아계신 존재다. 창조적 활동 속에서 하나님은 역사를 통해 자신의 약속에 대해 신실하시다. 이런 하나님의 불변성은 그분의 신실하심과 동일하다.[61] 요약하면, 몰트만에게 비록 하나님이 형이상학적 원리의 의미에서는 불변적이지 않다 할지라도, 그분은 오직 자신의 창조를 사랑하기 때문에 변화하실 수 있다. 하나님은 자발적으로 시간과 역사에 들어오신다. 따라서 그분은 인간적 차원에서의 역사 과정으로부터 구별되는 동시에 변화할 수 있게 된다. 하나님의 불변성과 변화가능성은 둘인 동시에 하나로, 이는 기독교적 하나님 이해의 독특한 특성이라고 할 수 있다.[62]

---

the Traditional Understanding of God, C. Pinnock, et. al. (Downers Grove, IL: InterVarsity, 1994), 117.

60_ C. Pinnock, *The Most Moved Mover: A Theology of God's Openness* (Grand Rapids, MI: Baker Academic/Carlisle, U. K.: Paternoster Press, 2001), 3.

61_ W. Pannenberg, "The Appropriation of the Philosophical Concept of God as a Dogmatic Problem of Early Christian Theology," in *Basic Questions in Theology*, vol. II, trans. George H. Kehm (London: SCM Press, 1971), 161-162.

62_ Shin Kitagawa, "Unchangeableness and Changeableness of God," in *Gottes Zukunft-Zukunft der Welt: Festschrift für Jürgen Moltmann zum 60 Geburstag*, herausgeben von H. Deuser, G. Martin, K. Stock und M. Welker (München: Chr. Kaiser Verlag, 1986), 229. 더 나아가 하나님이 어떤 측면에서는 변화하시며 다른 측면에서는 불변하시다는 이런 입장은 다음과 같은 학자들에 의해 옹호된다. G. Jantzen, *God's World, God's Body* (Philadelphia: Westminster, 1984), 36-66; F. Meessen, *Unveränderlichkeit und Menschwerdung Gottes: Eine theologiegeschichtlich-systematische Untersuchung*

그런데 여기서 하나님의 전능성 주제에 관해 몰트만의 논의는 신적 능력을 제한하고 있지 않은가? 미하일 벨커(M. Welker)에 따르면, 신적 초월성과 전능성을 강조하는 고전적 유신론의 주장들은 몰트만과 융엘 같은 몇몇 현대신학자들의 주장처럼 와해되었다. 오늘날 하나님의 전능성에 대한 절대적 주장은 더 이상 지지될 수 없기 때문에 신학적으로 갱신되어야 한다는 것이다.[63] 윌리엄 플래처도 성서 이야기에서 하나님이 결코 무감동하거나 전능하신 분이 아니라고 역설한다. 그는 "'능력에서는 약하지만 사랑에서는 강한' 하나님만이 십자가에서 세계의 모든 고통과 죽음을 감당하기에 충분할 정도로 강할 수 있다"[64]라고 주장한다.

몰트만은 성서적 내러티브에 비추어 특히 십자가 사건에서 하나님의 전능성을 재정의한다. "하나님이 소유하신 유일한 전능성은 고난당하는 사랑의 전능한 능력이다.…이것은 하나님의 주권의 본질이다"(TK, 31). 몰트만의 견해와 일치하여 카스퍼는 "성서에서 하나님의 전능성의 계시와 하나님의 사랑의 계시는 모순적이지 않다"[65]라고 주장한다. 오히려 하나님의 전능성은 사랑할 수 있는 능력이다. 이런 맥락에서 몰트만은 하나님의 주권에 대한 교리를 다음과 같이 고쳐 쓴다. "하나님은 이런 겸비 안에서보다 더 위대하지 않다. 하나님은 이런 내어줌 속에서보다 더 영광스럽지 않다. 하나님은 이런 무력함 속에서보다 더 능력이 크지 않다. 하나님

(Freiburg/Basel/Wien: Herder, 1989), 419-440; R. Swinburn, *The Coherence of Theism*, revised ed. (Oxford: Clarendon, 1993), 210-215.

63_ M. Welker, "Christian Theology at the End of the Second Millenium," in *The Future of Theology: Essays in Honor of Jürgen Moltmann*, eds. M. Volf, C. Krieg and T. Kucharz (Grand Rapids, MI/ Cambridge, U. K.: Wm. B. Eerdmans, 1996), 75.

64_ W. Placher, *Narratives of a Vulnerable God*, 21.

65_ W. Kasper, *The God of Jesus Christ*, 194. 카스퍼는 "이것은 자신을 포기하고 내어줄 수 있는 전능을 요구한다. 또한 이것은 내어줌 속에서 자신을 철회하며 수혜자의 독립과 자유를 보전할 수 있는 전능을 요구한다"(위의 책, 195)라고 말한다.

은 이런 인간성에서보다 더 신적이지 않다"(CG, 205). 이렇게 몰트만의 신론에서 하나님의 주권의 전능성은 그분의 사랑에 비추어 새롭게 해석된다. 그에 따르면 십자가에서 하나님의 전능성은 자기희생적 사랑의 전능성 안에서 계시된다(HTG, 23).

앞에서 살펴보았듯이 몰트만 신론에서 하나님의 속성들은 기본적으로 하나님의 고난가능성에 근거하고 있다. 하나님의 불변성과 전능성이 그분의 사랑 즉 자발적으로 고난당하는 사랑의 우위성의 사고 안에서 재정의된 것이다. 이는 고전적 유신론의 하나님의 고난불가능성에 근거한 그분의 속성들에 대한 몰트만의 수정 작업을 포함하고 있다. 또한 그는 과정신학의 만유재신론의 주장들에 부분적으로 동의하면서도, 그것들이 성서에 부합되지 않을 경우에 과감히 교정하고 배척하는 모습도 보여준다. 실제로 현대신학의 신론의 다양한 논의 중 하나인 "하나님의 고난가능성" 주제는 여전히 불붙는 논쟁 가운데 있지만, 몰트만은 그 한가운데 뛰어들어 적극적으로 응답한 신학자다. 물론 그의 사고에 대한 비판과 옹호가 아직도 열려진 채 계속되고 있음을 볼 때, 고전적 유신론과 과정신학의 만유재신론을 넘어서는 제3의 길을 걷고자 했던 몰트만의 신학적 의도가 모든 입장을 만족시킬 수 없는 것은 사실이다. 그러나 몰트만이 현대 개혁신학자 중 누구보다도 이 주제에 관해 진지하게 응답하려 했음은 틀림없으며, 여러 한계에도 불구하고 그의 신학적 공헌은 결코 간과될 수 없다.

Jürgen Moltmann

제4장

몰트만의 삼위일체론

Jürgen Moltmann

20세기 후반에 대두된 조직신학의 현저한 특징 중 하나는 소위 "삼위일체론의 부흥" 또는 "삼위일체론의 르네상스"라고 할 수 있다. 몰트만은 19세기 자유주의 신학에 의해 간과되고 배척되었던 삼위일체론 논쟁의 물꼬를 튼 바르트의 뒤를 이으면서도, 바르트로 대변되는 서방교회 삼위일체론의 유형을 비판적으로 극복하고 새로운 패러다임을 제안한다. 동방교회와의 진지한 대화를 통해 서방교회 삼위일체론의 한계를 지적하면서 이를 종합적으로 재구성하고자 시도했기 때문이다. 몰트만의 삼위일체론은 최근의 삼위일체론 논의의 중심에 놓여 있으며 지대한 영향력을 미치고 있다. 제4장은 몰트만 삼위일체론의 구조 및 성격을 살펴봄으로써 그 신학적 의의와 적합성을 찾아보고자 한다.

I. 십자가와 삼위일체 하나님의 고난

몰트만의 초기 삼위일체론 사상은 『십자가에 달리신 하나님』(1974)에서 드러나며, 성숙하게 발전한 그의 삼위일체론은 『삼위일체와 하나님의 나라』(1981)에 표현되어 있다. 또한 몰트만의 삼위일체적 사고는 『성령의 능력 안에 있는 교회』(1977), 『창조 안에 계신 하나님』(1985), 『예수 그리스도의 길』(1990), 『생명의 영』(1992), 『오시는 하나님』(1995)과 『신학의 방법과 형식』(2000)을 관통하고 있다.

위의 저서들 중 『삼위일체와 하나님의 나라』는 삼위일체론에 대한 중

대한 공헌을 하고 있으며 그 주제의 범위가 다양하고 복합적이다. 여기서 몰트만은 전통적인 기독교적 일신론에 반대해 "사회적 삼위일체론"을 제시한다. 이는 충분히 발전된 독특한 삼위일체 이해로 오늘날 널리 인정받고 있다.

몰트만은 초기 저서인 『십자가에 달리신 하나님』에서 삼위일체 하나님과 십자가의 관계성을 탐구하고 있다. 삼위일체는 "예수의 고난과 죽음 안에 있는 사랑의 사건"이다. 몰트만은 "예수의 십자가가 신적 사건, 즉 예수와 아버지 하나님 사이의 사건으로 이해된다면, 이는 필연적으로 성자와 성부와 성령의 삼위일체론적 용어로 표현되어야 한다"(CG, 246)라고 역설한다.[1] 따라서 우리는 삼위일체론적 표현으로 십자가 사건을 해석해야 한다.

몰트만의 삼위일체론에서 주목할 만한 특징은 그 구조가 하나님에 관한 철학적 고찰이 아닌 성서적 내러티브로부터 출발하고 있다는 점이다. 그에 의하면 삼위일체론은 철저히 성서에 근거하고 있으며 그 내용은 성서에 함축되어 있다. 즉 삼위일체론은 "성서 이야기 자체의 삼위일체적 기원"(TK, 64)이다. 따라서 삼위일체론은 우리를 초월해 있는 어떤 신비가 아니라 예수 그리스도의 십자가에 관한 신약성서의 가장 간결한 진술이다.[2]

몰트만에게 그리스도의 십자가는 기독교 신학의 "토대이며 비판"이다 (HIC, 18). "하나님, 창조, 죄와 죽음에 관한 모든 기독교적 진술들은 십자

1_ 다른 곳에서 몰트만은 "성부를 통한 내어주심과 성자의 희생은 '성령을 통해' 일어났다. 따라서 성령은 분리 속에서의 결합이다. 성령은 성부와 성자의 분리와 함께, 그들 사이의 결속을 연결하는 결합이다"(TK, 82)라고 주장한다.

2_ "삼위일체를 참으로 말하는 자는 누구나 예수의 십자가를 말하는 것이지 천상의 수수께끼를 명상하는 것이 아니다"(CG, 207).

가에 달리신 그리스도에게 초점을 맞추고 있다"(CG, 204).[3] 이런 의미에서 그리스도의 십자가는 삼위일체 하나님의 심장을 계시하기 때문에 삼위일체론의 중심이다(TK, 83; WJC, 173; HTG, xvi; cf. ET, 304). 달리 표현하면, "삼위일체론의 내용적 원리는 그리스도의 십자가다. 십자가 지식의 형식적 원리는 삼위일체론이다"(CG, 240-241; CG, 247; WJC, 173; ET, 306).

이런 이해를 기초로 몰트만은 삼위일체 하나님과 하나님의 고난의 관계성을 설명한다. "하나님은 우리와 함께 고난당하시며—우리로부터 고난당하시고—우리를 위해 고난당하신다. 삼위일체 하나님을 계시하는 것은 바로 하나님의 고난이다. 이것은 삼위일체론적 표현으로 이해되어야 하며 오직 이렇게 이해될 수 있을 뿐이다"(TK, 4). 이렇게 몰트만은 그리스도의 십자가를 단순히 하나님과 인간 사이의 사건으로 보지 않고 하나님과 하나님 사이의 사건으로, 즉 삼위일체 하나님 안에 있는 사건으로 간주한다.[4]

> 성자는 자신이 죽을 때 그의 사랑 안에서 성부로부터 버림받음의 고난을 당하신다. 성부는 그의 사랑 안에서 성자의 죽음이라는 슬픔의 고난을 당하신

3_ 계속해서 몰트만은 이렇게 역설한다. "신약성서의 다양성은 모두 예수의 십자가와 부활 사건으로 합류하고, 다시 그것으로부터 넘쳐흐른다.…따라서 중심은 '십자가와 부활'이 아니라 십자가에 달리신 그리스도의 부활이다." 또 다른 곳에서는 "기독교 신앙은 십자가에 달리신 그리스도에 관한 지식 즉 십자가에 달리신 그리스도 안에 계신 하나님 지식과 함께 서고 넘어진다"(CG, 65)라고 강조한다.

4_ 몰트만은 "예수는 '나의 하나님, 어찌하여 나를 버리시나이까?'라고 하나님께 외치면서 죽었다. 근본적으로 모든 기독교 신학과 기독교적 실존은 예수가 죽음 직전에 했던 이 질문에 대해 답변하고 있다"(CG, 4)라고 주장한다. 여기서 중요한 질문은 바로 십자가가 하나님 자신에게는 무엇을 의미하는가다. 전통적 신론에서 이 질문은 대답될 수도 해결될 수도 없다고 몰트만은 믿는다. "부드러운 가현설이 고대교회의 기독론을 관통하고 있다"(CG, 89). 이는 전통적 기독론이 예수의 고난을 단지 그의 인성에 속한 것으로 간주했기 때문이다. "하나님인 동시에 인간이신 그리스도는 단지 '육체를 따라' 그리고 '육체 안에서', 즉 자신의 인성 안에서만 고난당할 수 있을 뿐이다"(CG, 228).

다. 이 경우에, 성부와 성자 사이에 일어난 사건으로부터 생성되는 것은 성부와 성자의 희생의 성령이라고 이해될 수밖에 없다. 즉 버림받은 인간에게 사랑을 창조하시는 성령, 죽은 자를 다시 살리시는 성령으로 이해될 수밖에 없다(CG, 245).

여기서 중요한 것은, 몰트만에 따르면 성부와 성자가 십자가를 다르게 체험한다는 사실이다. "성부에 의해 버림받은 성자의 고난과 죽음은 성자의 죽음 안에서 고난을 겪는 성부의 고난과는 다른 종류다.…성자는 죽음을 겪으시고 성부는 성자의 죽음의 고난을 겪으신다"(CG, 243; CG, 192, 242; TK, 207, 243; HTG, 24, 47, 51, 172; WJC, 173, 177). 이렇게 몰트만은 그리스도의 고난 속에서 성부의 고난과 성자의 고난을 구분한다. 그에 따르면, 성자는 성부로부터 버림받음 속에서 죽으시고 성부는 성자를 죽음으로 내어던지신다. 다시 말해 "성자는 이런 버림받음 속에서 죽음의 고난을 당하신다. 성부는 성자의 죽음의 고난을 겪으신다. 따라서 성부의 고통은 성자의 죽음에 상응한다.…성부의 상호교통적 사랑은 성자의 희생에 대한 무한한 고통으로 변한다"(TK, 81).

이런 사고를 토대로 몰트만은 하나님의 고난(suffering of God)이 아니라 하나님 안에 있는 고난(suffering in God)을 말한다. "예수의 죽음은 '하나님의 죽음'으로 이해될 수 없으며, 단지 하나님 안에서의 죽음으로 이해될 수 있다"(TK, 207). 그리하여 하나님 수난설적(theopaschite) 표현을 받아들임으로써 몰트만은 그리스도의 십자가 사건을 삼위일체적인 하나님의 고난 사건으로 해석한다.

II. 삼위일체 하나님의 역사성

몰트만에게 하나님의 역사는 세계역사를 통한 하나님나라의 발전 가운데 있는 성부·성자·성령의 삼위일체적 역사다. 이런 의미에서 십자가와 부활 및 성령의 보내심 같은 삼위일체적 구원의 역사는 본질적으로 하나님의 내적 삼위일체를 형성한다. 몰트만의 견해로는 기독교 삼위일체론을 위한 출발점은 곧 성서에 증언된 구원사다. 이는 성부·성자·성령의 구체적이며 특수한 역사인 것이다.

1. 하나님의 구원의 역사

몰트만에 따르면 하나님의 역사는 세계의 역사와 분리되어 생각될 수 없다. 즉 세계와 관계된 하나님의 역사는 삼위일체적 역사다. 몰트만은 역사의 고난으로부터 초연한 무감정하며 불변적인 하나님 개념을 거부한다. 그리하여 그리스도의 십자가의 죽음 속에 나타난 삼위일체 하나님의 고난을 말함으로써 고전적 유신론을 넘어선다. "삼위일체를 예수의 고난과 죽음 안에 있는 사랑의 사건…으로 이해한다면, 삼위일체는 결코 하늘에 있는 자기폐쇄적 공동체가 아니라, 그리스도의 십자가에서 비롯된 지상의 인간들을 위해 개방된(open) 종말론적 과정이다"(CG, 249). 즉 삼위일체 하나님의 삶은 개방된 역사적 실재다.

몰트만에게 세계와 관계를 맺는 하나님의 역사는 그분이 영원 안에서 이미 자신 안에 있는 바의 계시 그 이상이다. 실제적으로 하나님은 자신을 경험할 수 있도록 역사 속으로 스스로를 개방하신다. 이런 의미에서 우리는 인간과 관계를 맺으며 자신의 역사 속에 있는 하나님 안에서의 역사적인 "되어감"(becoming)의 사고를 말할 수 있다. 몰트만에 따르면, 삼위일체적 구원의 역사는 "최종적으로 창조 전체가 영광의 왕국에서 영원한 생명을 발견할 때까지 그 안에서 신적 삶을 찾을 수 있도록 성자와 성령과 성부의 역사 속으로 취해진다"(HTG, 83). 즉 삼위일체적 구원의 역사는 철저히 종말론적으로 이해되어야 한다.

따라서 "모든 인간의 역사는…'하나님의 역사', 즉 삼위일체로 이끌려지며 '하나님의 역사'의 미래로 통합된다"(CG, 246). 그러나 몰트만은 하나님의 역사와 세계의 역사를 동일시하는 위험을 철저히 의식하고 있다. "하나님 안에 있는 인류의 역사를 이해하기 위해서는 세계의 과정과 삼위일체 하나님의 내적 과정 사이의 구별이 유지되고 강조되어야 한다"(TK, 107).

몰트만은 삼위일체론의 구원사적 접근을 선호하며 이렇게 진술한다. "신약성서의 역사적·종말론적 증언에서 삼위일체의 단 하나의 형식만이 발견되는 것은 아니다. 우리는 상호교대하는 양식을 지닌 성부와 성자와 성령의 삼위일체적 공동 사역을 발견한다"(TK, 99; SL, 34-35). 이렇게 몰트만은 삼위일체의 구원사를 구별된 세 인격의 상호적이고 변화하며 살아있는 관계성의 역사로 이해한다(HTG, 83). 성부·성자·성령의 삼위일체적 역사는 세 인격의 공동체 안에 있는 관계성의 역사다.

> 신적 인격들은 각각의 경우에 상이한 방식으로 세계의 역사에 관여한다. 그들의 상호역할은 변화하는데, 이는 행동의 주체가 성부로부터 성자와 성령으로 변화하기 때문이다. 그러나 이것은 언제나 상호순환적인 신적 인격들의 공동작용이며, 이 작용을 통해 그들의 영원한 사귐이 창조의 시간에 대해 자신을 개방하고, 창조 전체에 대해 자유로운 전개와 최종적 영화를 위해 "드넓은 공간"을 열어준다(ET, 310).

따라서 하나님의 역사는 정태적 표현으로 고정되지 않는다. 오히려 성서에 증언된 삼위일체 하나님의 구원의 역사는 다양한 삼위일체적 구조를 갖는다. 이런 맥락에서 몰트만은 서방교회가 "성부-성자-성령"라는 삼위일체의 단 하나의 형식만을 다루어왔음을 비판한다.[5] 대신에 몰트만은 성부-성령-성자(그리스도의 파송, 내어줌과 부활), 성부-성자-성령(그리스도의 주권과 성령의 파송), 성령-성자-성부(종말론적 완성과 영화; TK, 94-96)와 같은 세 가지의 다양한 삼위일체론 양식을 제안하고 있다.

2. 내재적 삼위일체와 경세적 삼위일체의 관계성

전통적으로 구원의 경세 가운데 있는(Gott für uns) 삼위일체 하나님은 경세적 삼위일체 즉 계시의 삼위일체로, 자신 안에 계신(Gott an sich) 삼위일체 하나님은 내재적 삼위일체 즉 본질의 삼위일체로 구분되었다. 그런데 몰트만의 관점에 따르면 이것들은 두 개의 상이한 삼위일체가 아니다. 오히려 구원의 계시 안에 있는 하나님과 자신 안에 있는 하나님은 동일한 삼위일체 하나님으로 이해될 수 있다. 그는 하나님의 사랑의 속성에 근거해서 전통적 구분에 동의하지 않는다. 즉 내재적 삼위일체와 경세적 삼위일체의 구분은 하나님의 속성인 사랑과 자유를 분리할 때 일어난다고 본다.

> 하나님의 사랑은 그분의 자유이며 그분의 자유는 그분의 사랑이다. 하나님은 어떤 외적 혹은 내적 필연성에 의해 사랑하도록 강요받지 않는다. 사랑은 하나님에게는 자명한 것이다. 그래서 우리는 삼위일체 하나님이 바로 자기 자

5_ 몰트만은 "성자는 성부에 의해 태어나고(begotten) 성령은 성부와 성자로부터 나오신다(proceeds)"라는 서방교회의 기존 정식을 넘어서고자 한다. 필리오케 논쟁에서 그는 이것을 다음과 같은 자신의 고유한 용어로 재구성한다. "성령은 성자의 성부로부터 나오신다"(The Spirit proceeds from the Father of the Son). TK, 187을 참고하라.

신인 바 동일한 사랑으로 세상을 사랑하신다고 말해야 한다(TK, 151).

몰트만에게 삼위일체 하나님의 내적 삶은 전적으로 삼위일체 안에서만 구성되지 않는다. 오히려 이 삶은 십자가와 구원사의 다른 사건들에 의해 영향 받는다. "골고다에서 일어난 일은 하나님 존재의 가장 깊은 곳에 영향을 미치며, 따라서 영원 안에 계신 하나님의 삼위일체적 삶에 영향을 미친다"(WJC, 173; ET, 305). 즉 그리스도의 십자가는 하나님의 내적 존재의 핵심에 영향을 미친다.

> 십자가는 삼위일체의 중심이다.…세계가 있기 전에 이미 희생이 하나님 안에 있었다. 삼위일체는 어린양과 사랑의 희생, 십자가에 못 박히신 아들 없이는 생각될 수 없다. 왜냐하면 그분은 영원 속에서 영화롭게 된 죽임 당하신 어린 양이기 때문이다(TK, 83).

이런 맥락에서 그리스도의 십자가는 삼위일체 하나님의 영원한 경세 안에 있었다. 그뿐 아니라 몰트만은 성령의 사역 역시 하나님의 내적 본질에 도달한다고 강조한다. "성자의 십자가가 삼위일체 하나님의 내적 삶에 영향을 미치듯이, 성령의 역사는 하나님과 연합될 해방된 창조의 기쁨을 통해 삼위일체적 하나님의 내적 삶을 형성한다"(TK, 161). 즉 삼위일체 하나님이 자신의 역사를 갖는 것뿐만이 아니라, 그분의 역사는 세계와 그의 백성의 역사를 포함한다.

따라서 몰트만은 "경세적 삼위일체는 내재적 삼위일체이며 그 반대 경우도 사실이다"(CG, 240)[6]라는 라너의 원리를 긍정한다. 더 나아가 그는

6_ K. Rahner, *The Trinity*, trans. J. Donceel (New York: Herder & Herder, 1970), 22.

라너의 원리를 약간 변경시켜 이렇게 선언하고 있다. "내재적 삼위일체에 관한 진술은 경세적 삼위일체에 관한 진술과 모순되지 않는다. 경세적 삼위일체에 관한 진술은 내재적 삼위일체에 관한 송영적 진술에 상응해야 한다"(TK, 154).

그러나 여기서 주목할 점은 몰트만의 삼위일체 이해의 발전 중에는 몇 가지 핵심적 변화가 있다는 사실이다. 초기 저서인 『십자가에 달리신 하나님』에서 그는 경세적 삼위일체와 내재적 삼위일체의 동일성을 긍정한다. 그러나 후에 『삼위일체와 하나님의 나라』에서는 경세적 삼위일체와 내재적 삼위일체 사이의 구별에 관한 몇 가지 타당성을 유지함으로써 자기 입장을 수정한다(TK, 183). 몰트만에 따르면, 내재적 삼위일체와 경세적 삼위일체 사이에는 "상호적 관계성"(mutual relationality)이 존재한다. 그는 전자가 후자보다 앞선다고 역설하면서 다음과 같이 주장한다. "'상호적 관계성' 개념은 세계에 대한 하나님의 관계성을 하나님의 자기 자신과의 관계성과 동일시하지 않는다. 그러나 세계와 하나님의 관계성은 자기 자신에 대한 하나님의 관계성과 상호적 영향을 가진다고 주장된다. 비록 세계 안에 있는 하나님의 관계성이 주로 하나님 자신의 내적 관계성에 의해 결정된다 할지라도 말이다"(TK, 161).

몰트만은 라너의 원리를 긍정하면서도, 내재적 삼위일체가 경세적 삼위일체로 와해된다는 의미로 받아들여지는 것은 원하지 않는다. 오히려 그는 내재적 삼위일체와 경세적 삼위일체 사이의 상호적 관계성을 파악한다. 여기서 특징적인 것은 몰트만이 라너의 원리를 종말론적으로 이해하고 있다는 것이다. 그의 삼위일체론에서 경세적 삼위일체는 종말에 이르러 내재적 삼위일체로 완성되고 성취된다. 몰트만은 하나님이 역사의 과정과 전적으로 동일시되지 않도록 하기 위해 경세적 삼위일체와 내재적 삼위일체 사이의 본질적 구별을 긍정하는 것이다. 또한 그는 경세적 삼위일체가 내재적 삼위일체 즉 종말론적 영화 속에 있는 삼위일체를 지향한다고 주장한다. 따라서 "경세적 삼위일체가 내재적 삼위일체를 앞서기도 하고 뒤서기도 하는 등 열려진 것으로 이해될 수 있다."[7] 또한『생명의 영』(1992)에서도 몰트만은 내재적 삼위일체와 경세적 삼위일체 사이에 기본적 구별이 여전히 존재한다는 사실을 올바르게 확증하고 있다(SL, 291).[8]

더 나아가 몰트만은 삼위일체론을 구원론과 연관된 송영과 관련시킨다. 송영 속에서 인간은 하나님의 구원 사역을 향해서가 아니라 구원하시며 오직 예배받기에 합당하신 하나님 자신의 존재를 위해 그분께 영광을 돌린다. 따라서 구원은 경세적 송영으로부터 내재적 삼위일체를 향한다. 만일 내재적 삼위일체가 찬양과 경배의 내용이라면, 경세적 삼위일체는 내재적 삼위일체의 인식에 선행한다(TK, 53-55). 즉 내재적 삼위일체가 존재론적으로 경세적 삼위일체에 앞서듯이, 경세적 삼위일체는 인식론적으로 내재적 삼위일체에 앞선다.

3. 삼위일체적 송영

본질과 계시, 존재와 행동, 내재적 삼위일체와 경세적 삼위일체라는 전통적 구분을 사용하는 대신에, 몰트만은『생명의 영』에서 삼위일체의 네 가지 모형을 제안하고 있다. 군주론적(monarchical) 삼위일체, 역

7_ R. Bauckham, *Moltmann*, 108.

8_ 몰트만은 "콩가르는 여기에 대해 적절하게 진술하고 있다. 따라서 경세적 삼위일체 안에서 내재적 삼위일체가 드러난다. 그러나 이것은 자신을 완전히 드러내는가? 여기에는 언제나 한계가 있다.…우리가 진술하는 완전성들이 실현되는 무한한 신적 방식은 우리를 벗어난다.…'그리고 그 반대이기도 하다'라고 말할 때 우리는 이것을 상기해야 한다"라고 진술한다. Y. Congar, *I Believe in the Holy Spirit*, vol. III, trans. D. Smith (London and New York: Seabury, 1983), 16. SL, 343-344, n. 42을 참고하라.

사적(historical) 삼위일체, 성만찬적(eucharistic) 삼위일체, 송영론적(doxological) 삼위일체가 바로 그것이다(SL, 290-309).

몰트만에 따르면 삼위일체의 군주론적 형식은 서방교회에 의해 주로 주장되었는데, 이것은 창조와 화해 및 성화에서 성부로부터 나오는 행동의 단일한 형식을 가정한다. 즉 성부는 성자를 통해 성령의 능력 안에서 행하신다(SL, 291; HTG, 68을 참고하라). 이것은 특히 삼위성보다 통일성에 우위를 두며 내재적 삼위일체를 경세적 삼위일체와 동일시하는 경향을 지닌 바르트와 라너의 경우에서 발견된다. 몰트만은 이를 "기원의 삼위일체"(primordial Trinity) 또는 "파송의 삼위일체"(Trinity in sending)라고 부른다.

역사적 삼위일체의 형식은 하나님의 삼위일체적 구원사에 근거한다. 창조와 화해 및 구원에 이르는 모든 구원 역사는 미래 즉 삼위일체 하나님의 영원한 영광의 나라를 지향한다. 그리고 성만찬적 삼위일체의 형식에서는 활동이 성령으로부터 나온다. 즉 성령-성자-성부의 방식인 것이다. 성자를 통해 그리고 성부와 함께 창조 전체가 삼위일체 하나님의 삶에 연합하고 하나님의 영원한 행복에 참여하는 창조의 목적에 이르기까지 성령은 성자를 영화롭게 한다. 따라서 "성령의 교제" 안에서 우리는 하나님의 사역을 경험하고 찬양과 감사를 통해 그 사역의 목표를 실현하기 시작한다(HTG, 68-69).

그런데 몰트만에게 송영론적 삼위일체는 군주론적 삼위일체와 역사적 삼위일체 및 성만찬적 삼위일체를 폐지하는 것이 아니라 오히려 그들의 운동을 완성한다(SL, 302, 305). 삼위일체 하나님은 자신의 사역이 아니라 오로지 자신을 위해서 예배를 받으시고 영화롭게 될 것이다. 그래서 피조물들은 경배와 찬양을 통해 하나님의 영원한 삶과 기쁨에 참여한다. 송영의 삼위일체와 함께 하나님을 얼굴과 얼굴로 바라보는 지복의 직관

(beatific vision)이 시작된다. 따라서 송영의 삼위일체는 구원사를 넘어서서 삼위일체 하나님 자체의 영원한 존재 안으로 향한다(HTG, 69). 이런 의미에서 삼위일체적 송영은 "내재적 삼위일체"다.

자신의 삼위일체론에서 몰트만은 송영에 근거하고 구원과 관련된 경세적 삼위일체와 내재적 삼위일체 사이의 구분을 강조한다. 구원은 경세적 송영으로부터 내재적 삼위일체를 향한다. 몰트만은 다음과 같이 설명하고 있다.

> 만일 이것이 송영의 정수라고 한다면, 그렇다면 내재적 삼위일체의 구조는 또한 종말론의 부분이다. 경세적 삼위일체는 역사와 구원의 경험이 완성되고 온전하게 될 때 내재적 삼위일체로 완성되고 온전하게 될 것이다. 모든 것이 "하나님 안에" 있고 "하나님이 모든 것 안에서 모든 것"이 될 때, 경세적 삼위일체는 내재적 삼위일체로 이끌려지고 초월된다. 남은 것은 자신의 영광 가운데 있는 삼위일체 하나님의 영원한 찬양이다(TK, 161).

이런 삼위일체적 송영 개념은 내재적 삼위일체와 경세적 삼위일체의 관계성 이해를 적절하게 제공한다. "자신 안에서 안식하고 순환하며, 그 통일성이 신적 인격들의 영원한 공동체에 놓여 있는 내재적 삼위일체를 우리가 지각하는 것은 삼위일체적 송영을 통해서다. 삼위일체 하나님의 근본적 본성은 이런 공동체다"(SL, 309). 그런데 여기서 몰트만은 하나님과 하나님의 창조 사이의 구별을 반복해서 지적한다. "심지어 영광의 나라에서도 세계는 하나님의 창조로 남아 있으며 결코 하나님 자신이 되지 못한다"(GC, 184). 이런 의미에서 하나님과 세계의 관계는 상호적이지만 그 상호성 안에서도 비대칭적이다(TK, 98). 요약하면, 송영의 삼위일체에 대한 몰트만의 강조는 "삼위일체적·종말론적 만유재신론"으로의 자신의 사고의 이동을 반영한다(TK, 129-132; GC, 89-103; SL, 211-213; CoG, 335; ET, 50, 310).[9]

III. 삼위일체 하나님의 공동체성

삼위일체 하나님의 구원 역사에 대한 이해를 바탕으로 몰트만은 서방교회와 동방정교회의 대화 속에서 자신의 사회적 삼위일체론을 구상한다. 신학의 역사에서 신적 삶에 대한 유비를 서술할 때 서방교회는 주로 심리학적 유비를 채택해온 반면에,[10] 동방교회는 사회적 유비의 사용을 선호해왔다.[11] 전자는 인간 의식의 통일성과 구별성의 개념에 근거하며, 후자는 인간 공동체의 개념으로 이루어진다. 몰트만은 삼위일체의 심리학적 모델 대신에 삼위일체의 사회적 모델을 선택한다. 그에 의하면, 하나님의 삶은 관계적이며 공동체적이다. 즉 삼위일체 하나님은 성부·성자·성령의 교제 안에 있는 관계적 공동체이며, 이는 인간 공동체의 원형인 것이다.

9_ W. McWilliams, "Trinitarian Doxology: Jürgen Moltmann on the Relation of the Economic and Immanent Trinity," *Perspectives in Religious Studies* vol. 3 no. 1 (Spring 1996), 37; S. J. Grenz and R. E. Olson, *20th Century Theology*, 179-186.

10_ 삼위일체의 심리학적 유비는 인간의 정신적 구조의 특성에 근거하고 있으며 심리적 활동의 역동적 통일성을 강조한다. 아우구스티누스의 견해에 따르면, 하나님의 형상(image)은 개별적인 인간 영혼 속에 있는 기억(remembering), 이해(knowing), 의지(willing) 같은 세 가지 활동의 통일성 안에서 발견된다. J. Gresham, Jr., "The Social Model of the Trinity and its Critics," 325.

11_ 삼위일체의 사회적 유비는 신적 삶의 신비를 표현하는 "관계성 가운데 있는 인격들"의 실재를 묘사한다. 니사의 그레고리우스 같은 갑바도기아 교부들은 이런 유비를 사용했다. 그에 따르면, 신적 실체들은 "한 하나님의 구별된 세 형이상학적 실재들일 뿐 아니라, 또한 신적으로 이해하고 사랑하며 활동하는 신적 삶의 실제로 구별된 세 주체들이었다." E. Fortmann, *The Triune God: A Historical Study of the Doctrine of the Triunity* (Philadelphia: Westminster, 1972), 81.

몰트만의 삼위일체론에서 기독교적 하나님 이해는 양태론이나 일신론과 연관되어 생각될 수 없다. 오히려 이것은 성부·성자·성령의 삼위일체 하나님으로 이해되어야 한다. 몰트만에게 삼위일체는 추상적·사변적 도식이 아니라 십자가 사건에 대한 성서적 내러티브의 간결한 요약이다. 이것은 삼위일체 하나님의 역동적 삶에 대해 유일하게 가능한 해석학적 원리다.

몰트만의 삼위일체론에서 페리코레시스 개념은 세 신적 인격 사이의 교제의 통일성을 설명하는 데 핵심이다. 하나님의 통일성은 형이상학적 실체나 절대적 주체의 단일적인 통일성이 아니라 삼위일체 하나님의 공동체다. 이는 인격들의 우열성이 아닌 평등과 상호성으로서의 신적 삶에 대한 새로운 비전으로 우리를 인도한다. 즉 페리코레시스 개념으로 이루어진 몰트만의 사회적 삼위일체론은 우리로 하여금 신적 삶의 역동적 관계성과 공동체적 상호성을 파악하도록 해준다.

1. 하나님의 공동체로서 삼위일체

몰트만에 의하면 삼위일체론의 전개를 위한 두 가지 출발점이 있는데, 형이상학적인 것과 성서적인 것이 바로 그것이다(ET, 321; TK, 129-150; HTG, 96을 참고하라). 형이상학적 접근법 중 하나는 하나님의 통일성을 선호하고 심리학적 유비를 강조하는 아우구스티누스의 전통에서 발견된다. 이는 하나님이 존재하며 한 분이라는 사실을 전제하고 있다. 여기서 하나님은 최고 실체로 이해된다. 일찍이 고대의 실체 형이상학의 틀 속에서 테르툴리아누스(Tertullian)는 *una substantia-tres personae*(한 실체-세 인격들)라는 삼위일체론의 정식(*formula*)을 작성했다. 이런 맥락에서 삼위일체의 통일성은 세 신적 인격의 공통적이고 동질적인 실체 안에서 이루어진다.

달리 표현해서 그들은 하나의 실체(*hypostasis*)이지만 하나의 인격(person)은 아니다. 그러나 몰트만은 이 사고가 삼위일체의 통일성을 지나치게 강조함으로써 세 인격의 구별성을 제거한다고 믿는다.

삼위일체론에 대한 또 다른 형이상학적 접근은 헤겔의 철학에 근거하고 있다. 몰트만에 따르면, 근대 주체성의 철학적 틀 속에서 바르트와 라너는 하나의 동일한 신적 주체로서의 삼위일체의 통일성을 규정했다. "세 가지 존재 양식 안에 있는 하나의 신적 인격"(one divine Person in three modes of being)과 "세 가지 구분된 존립 양식 안에 있는 하나의 신적 주체"(one divine subject in three distinctive modes of subsistence)가 바로 그것이다.[12] 여기서 삼위일체의 통일성은 한 하나님의 주권(Lordship) 속에 놓여 있다. 따라서 신적 존재 양식은 한 실체가 아니라 한 인격이다. 결과적으로 하나님의 존재 양식은 삼중적 자기반복(self-repetition) 또는 삼중적 자기전달(self-communication)에 머무르게 된다. 몰트만의 견해에 의하면, 이런 사고 속에서 삼위일체는 불가피하게 양태론적 경향을 지니게 된다.

그러나 몰트만은 이런 형이상학적 접근이 아닌 성서의 내러티브로부터 출발한다. 즉 성서에 명백히 증언되어 있는 구원의 역사에 근거한 삼위일체의 세 인격의 구별성을 강조하는 것이다. "삼위일체론의 발전을 위한 성서적 출발점은 성부·성자·성령 하나님의 역사에서 상이한 세 행위자들이 존재한다는 사실이다. 그 다음에 그것의 통일성에 대한 질문이 뒤따른다"(ET, 322). 그러므로 하나님의 통일성으로부터 시작해서 그 다음에 삼위성을 설명하는 서방신학의 전통에 반대하여, 몰트만은 인격들의 삼위성으로부터 출발해서 그 다음에 하나님의 통일성에 대해 서술한다.

12_ Cf. K. Barth, *CD* I/1, 383-385; K. Rahner, *The Trinity*, 103-115.

몰트만의 관점으로는 삼위일체 하나님은 성부·성자·성령의 교제 안에 있는 관계적 공동체다. 따라서 하나님은 단일한 실체나 초월적 주체가 아니라 역동적 공동체(dynamic community)로 이해되어야 한다. 이런 맥락에서 몰트만은 자기 의도를 다음과 같이 명시적으로 표현하고 있다. "이는 고대의 실체 형이상학의 경계와 근대의 초월적 주체성의 형이상학으로부터 기독교적 하나님을 자유롭게 하기 위함이다. 결과적으로 공동체, 과정, 관계의 형이상학의 상이한 맥락 속에 있는 사회적 삼위일체론을 발전시키기 위함이다"(WJC, xv). 따라서 몰트만에 의하면, 성서적 내러티브에 근거한 "삼위일체론적 해석학"은 우리로 하여금 "관계성과 공동체성"(relationality and communality)과 관련해서 사고하도록 해준다(TK, 19).

2. 인격과 관계

자신의 사회적 삼위일체론에서 몰트만은 하나님을 상호교대적 관계들(changing relationships) 안에 있는 세 신적 인격의 공동체로 이해한다. 그는 공동체를 구성하는 세 가지 상호보충적 개념—인격, 관계, 페리코레시스—을 제시한다. 몰트만은 우선 인격성과 관계성 사이의 관계를 분석한다. 그에 따르면 하나님의 본질은 인격적인 동시에 관계적이다. "인격과 관계는 상호보완적인 것으로 생각되어야 한다. 왜냐하면 인격성과 관계성은 동시적으로 생성되기 때문이다"(HTG, 85). 몰트만에 따르면, 삼위일체의 세 인격은 상호간의 관계 안에서 규정되며 관계는 인격들을 형성한다. 즉 신적 인격들은 자기폐쇄적 주체들이 아니라 그들의 인격적 정체성을 관계성 안에서 갖는다는 것이다. 또한 세 신적 인격은 그들이 맺는 관계에 의해 각자의 독특성과 구별성을 지닌다. 실체적 관계들(subsistent relations)에 대한 아우구스티누스의 주장을 따라, 몰트만은 "세 신적 인격은 상호간의 관계 속에서 성부·성자·성령으로서 특수하고도 고유한 본질 속에 존재하며 이런 관계를 통해 규정된다"(TK, 172)라고 함으로써 인격의 관계적 이해에 관한 자기 견해를 밝히고 있다.

그러나 몰트만에게 인격들은 단순히 관계들로 축소되는 "그들"(those)이 아니라 관계 안에 실존하는 존재(existing-in-relationship)다. 즉 인격은 관계 안에 실존한다. "인격들의 내적 존재는 관계적 상이성을 통일시키는 이런 관계성들에 의해 형성되어 있다. 세 인격은 신적인 것으로서 독립되어 있다. 그러나 인격으로서 그들은 서로 밀접히 결합되어 있으며 서로에게 의존한다"(TK, 172). 따라서 몰트만의 삼위일체론에서 인격성을 확립하는 것은 바로 사회적 관계성이다.

몰트만은 이런 서방교회의 전통적 이해를 받아들이면서도 한 걸음 더 나아간다. "인격"의 개념을 단지 "관계"로만 규정하게 되면, 세 신적 인격의 온전한 인격성을 확보할 수 없기 때문이다. 이렇게 인격을 단순히 관계로 환원시키는 것은 불가피하게 세 인격이 하나님의 삼중적 자기반복이라고 주장하는 양태론적 경향으로 기울어지게 된다. 따라서 몰트만은 동방교회 전통 안에 있는 보에티우스(Boetius)의 개별 실체(individual substance)로서의 인격 이해를 긍정한다. 인격에 대한 실체적 이해는 세 신적 인격의 인격적 정체성을 제시한다. 그래서 몰트만은 "[삼위일체의 세 인격들]은 의식과 의지를 지닌 하나의 공통적인 신적 실체의 개별적이고 고유하며 상호교체될 수 없는 주체들이다. 각각의 인격은 상호교체될 수 없는 방식으로 신적 본질을 소유하며 그것을 나타낸다"(TK, 171)라고 확정적으로 진술한다.

성서의 증언처럼, 세 인격의 독특한 존재론적 정체성을 강조하고 있는 실체적 인격 이해는 관계적 인격 이해의 근거다. 즉 관계적이기에 앞서 실체로서의 인격이 존재하는 것이다. 그러나 여기서 몰트만은 관계적 이해 없이는 세 실체적 인격들이 세 실체들이 되며, 그 결과 삼신론으로 기울어진다는 점에 유의해야 한다고 강조한다.[13] "따라서 인격과 관계는 상호관계성 안에서 이해되어야 한다. 여기서 관계가 없는 인격들은 존재하지 않는다. 그러나 동시에 인격들이 없는 관계도 존재하지 않는다"(TK, 172; HTG, 85). 결과적으로 몰트만은 아우구스티누스의 관계적 인격 이해와 보에티우스의 실체적 인격 이해가 함께 확보될 때 성서적인 삼위의 인격성과 관계성을 온전하게 표현할 수 있다고 본다.

위와 같은 실체적·관계적 인격 이해 외에도, 몰트만은 헤겔의 영향을 받아들여 인격에 대한 역사적 이해로 자기 사고를 확대시킨다.[14] "관계들 안에 있는 변화들"(changes in relations)이란 개념과 관련해, 그는 삼위일체 하나님 역사의 신적 활동을 묘사한다. 즉 몰트만에 의하면 인격들은 그들의 관계 속에서 "실존할" 뿐 아니라 상호순환적 사랑의 힘으로 서로 안에서 자기를 실현한다(TK, 174). 몰트만의 견해로는 삼위일체 하나님에 대한 역동적 활동성의 사고는 "인격들, 관계들, 그리고 관계들의 변화"를 함께 이해하는 것으로부터 온다.

3. 하나님의 상호순환적 사랑

자신의 사회적 삼위일체론에서 몰트만은 상호순환적 통일성(perichoretic unity) 개념을 통해 하나님의 자기구별과 통일성을 둘 다 보전하고 싶어

13_ 여기서 몰트만은 동방정교회 신학의 약점을 발견하는데, 이 신학이 마치 관계들이 세 인격들의 구별되는 본성의 필수적 측면들이 아닌 것처럼 세 인격들을 "계시하고" 있는 것처럼 보이기 때문이라고 한다. TK, 172-173을 참고하라.

14_ 헤겔의 실재에 대한 역사적 이해는 영원하며 불변하는 실재에 대한 고전적인 실체적 인격 이해에 대한 하나의 대안을 제공한다. L. Wood, "From Barth's Trinitarian Christology to Moltmann's Trinitarian Pneumatology: A Methodist Perspective," *The Asbury Theological Journal* vol. 48 no. 1 (Spring 1993), 55.

한다. 즉 하나님의 인격성과 관계성, 사회성과 공동체성을 동시에 확보할 수 있는 것은 오직 페리코레시스 개념을 통해서다. 페리코레시스는 라틴어로 *circuminsessio*인데, 이는 다마스커스의 요한(John of Damascus)이 사용했던 개념이다. 이 개념은 세 인격의 통일성을 파악하기 위한 것이다. 이 페리코레시스 개념을 몰트만은 다음과 같이 설명한다.

> 신적 인격들은 서로에 대한 관계성 안에서만이 아니라, 요한의 진술이 보여주듯이 서로가 서로 안에 있다. 성자가 성부 안에, 성부가 성자 안에, 성령이 성부와 성자 안에, 성부와 성자가 성령 안에 존재한다. 서로 안에 있는 인격들의 이런 친밀한 내주와 완전한 침투는 삼위일체적 페리코레시스에 의해 표현될 수 있다(HTG, 85-86).

이런 의미에서 삼위일체적 페리코레시스는 "상호순환", "상호내주", "상호침투"를 의미한다(SL, 59; ET, 316-320).[15] 그렇다면 무엇이 상호순환적 통일성을 형성하는가? 몰트만에 의하면 그것은 사랑에 의해 특징지어진 신적 삶이다. "그들의 영원한 사랑 덕분에 신적 인격들은 서로와 함께, 서로를 위해, 서로 안에서 참으로 친밀하게 존재함으로써 그들의 고유하고 비교할 수 없는 완전한 통일성 안에서 자신들을 형성한다"(HTG, 86). 즉 페

15_ 몰트만에 따르면, 페리코레시스는 두 가지 의미로 번역될 수 있다. 라틴어의 *circuminsessio*는 상호순환적 내주를 뜻하며 *circumincessio*는 상호침투를 가리킨다. 특히 『오시는 하나님』과 『신학의 방법과 형식』에서 몰트만은 역동적 의미인 라틴어 *circumincessio*와 상호내거주(*inhabitatio*)를 사용하여 페리코레시스 개념의 공간적 의미를 확대하고 있다. 이런 공간의 경험은 "서로 안에 있는 존재"(being within another)로서 상호침투적 공간 개념(perichoretic concept of space)이라고 할 수 있다. 즉 세 신적 인격은 상호간에 다른 인격들이 거주할 수 있도록 삶의 공간(Lebensräume)을 내어주며 그 안에 상호거주함으로써 사랑의 사귐과 연합 및 일치를 형성한다. 따라서 몰트만은 삼위일체의 세 신적 인격과 함께 삼위일체의 세 공간에 대해서도 말해야 한다고 주장한다. CoG, 298, 301; ET, 317-319을 참고하라.

리코레시스 안에서 세 신적 인격은 그들이 하나가 되는(einig) 정도만큼 서로 안에서, 서로를 위해, 서로를 통해 존재한다. 이런 세 인격의 페리코레시스에서 그들을 서로로부터 구분하는 인격적 특징들은 동시에 그들을 서로 결합시킨다.

이런 이해를 바탕으로 몰트만은 성자와 성부의 통일성에 대한 요한의 표현을 상호순환적 통일성으로 이해한다. "나는 아버지 안에 있고 아버지는 내 안에 있다"(요 14:11); "나를 본 자는 아버지를 본다"(요 14:9); "나와 아버지는 하나다"(요 10:30). 따라서 예수와 성부는 동일한 한 분(Einer)이 아니라 하나의 상태로 있다(eins). 즉 이것은 그들의 상호내주 안에 있는 통일성이다(ET, 316; HTG, 131-132). 몰트만에게 삼위일체론은 구원 역사의 구별된 세 주체들로부터 시작되어야 한다. 그들은 "한 분"(Einer)이 아니라 "하나로 된"(at one, Einigkeit) 분이고 "우리"와 "우리들"의 복수로 표현될 수 있으며 연합됨을 뜻한다(HTG, 85, 131).[16]

이런 이해를 기초로 몰트만은 상호순환적 통일성이 하나님의 인격성과 관계성을 훼손하지 않고 이 둘을 함께 보존할 수 있다고 확정적으로 말한다. 더욱이 그는 "삼위일체적 통일성의 페리코레시스 개념은 삼신론과 양태론의 위험을 동일하게 넘어서게 한다. 페리코레시스에서는 삼위성이 통일성으로, 통일성이 삼위성으로 축소됨 없이 삼위성과 통일성을 결합한다"(HTG, 86; TK, 175; HTG, 212; ET, 322)라고 선언함으로써 삼위일체의 페리코레시스 개념의 장점을 지속적으로 강조한다.

16_ 몰트만은 존재론적 통일성을 규정하는 Einheit라는 용어를 기피하려고 한다. 오히려 그는 하나 됨 또는 연합의 과정을 묘사하는 Einigkeit 또는 Vereinigung을 선호한다. 초기 사상에서 몰트만은 삼위일체 하나님의 통일성을 상호관계성 안에 있는 세 인격들의 연합(Vereinigung)과 교제(Gemeinschaft) 안에 위치시킨다. 그러나 유의할 점은 그가 『생명의 영』 이후에는 교제 또는 공동체로서의 페리코레시스 개념에 훨씬 더 큰 비중을 두게 되었다는 것이다(TK, 150; ET, 317).

이런 맥락에서 상호순환적 사랑의 본질은 무엇인가? 몰트만은 "만일 '성부와 성자와 성령'이 영원한 사랑에 의해 함께 연결된다면, 그렇다면 그들의 하나 됨은 서로에게 일치됨 속에 있다. 그들은 서로에게 자신을 내어줌으로써 그들의 고유한 신적 공동체를 형성한다"(ET, 310)라고 주장한다. 몰트만에게 삼위일체 하나님의 영원한 사랑은 세 인격들 사이의 "동종을 위한 사랑"(homologous love, love of like for like) 즉 발생시키는 사랑(engendering love)이다. 그러나 이것은 또한 "동종을 향한 사랑"을 넘어서 "타자를 위한 사랑"(heterologous love, love of like for other)인 창조적 사랑이다(TK, 58-59).

> 그들의 흘러넘치는 사랑 덕분에 [성부·성자·성령]은 자신을 넘어서 창조와 화해와 구속 안에서 유한하고 모순된 도덕적 피조물들인 타자를 위해 자신을 개방하신다. 그 결과 자신의 영원한 삶 안에서 피조물들을 위해 자신의 공간을 제한하는데, 이는 그들로 하여금 자신의 기쁨에 참여하도록 하기 위함이다(ET, 310).

그러므로 몰트만의 관점에 따르면 삼위일체의 상호순환적 통일성은 자기폐쇄적이고 배타적인 통일성으로 생각될 수 없다. "그들도 또한 우리 안에 있도록"(요 17: 21)이라는 예수님의 기도에서 나타나듯이, 이 통일성은 세계와 인간에 대해 개방되어 있다. 즉 이는 개방적이고 초대하는 통합적 통일성이다(ET, 322; HTG, 86, 133을 참고하라). 몰트만에 따르면 세 신적 인격들이 동종의 사랑을 통해 그들의 페리코레시스를 형성하는 데 반해, 하나님과 피조 세계 또는 인간들은 타자를 향한 사랑으로 연결되어 있다. 이런 맥락에서 몰트만은 신적 페리코레시스와 우주적 페리코레시스를 함께 말한다. "삼위일체 하나님 안에 있는 인간들의 내주는 전적으로 인간들 안에 계신 삼위일체 하나님의 내주에 상응한다"(ET, 323; ET, 317 도 참고하라).[17] 즉 사랑 안에서 하나님과 인간 사이의 상호내주가 존재한다. "사랑 안에 거하는 자는 하나님 안에 거하고 하나님이 그 안에 거하신다"(요일 4:16).

몰트만에게 삼위일체의 이런 상호순환적 통일성은 하나님과 세계의 상호내주라는 종말론적 상태를 기대한다. 구속되어 새롭게 된 창조는 성부·성자·성령의 신적 관계들과 상호내주의 순환 속으로 받아들여질 것이다. 우주적 쉐키나와 관련해 "하나님이 '모든 것 안에서 모든 것'이 될(고전 15:28) 때", 그때에 "모든 피조물은 하나님의 개방된 영원한 삶 안에서 '더 이상 방해 없는 그들의 드넓은 장소'(욥 36:16)를 발견하게 될 것이다"(ET, 323). 이런 방식으로 하나님과 창조의 상호내주는 새 창조의 신비인 것이다.

몰트만은 하나님의 상호순환적 통일성을 설명하는 데 있어 삼위일체의 두 가지 차원을 긍정한다. 삼위일체의 "구성"(constitution)에서는 신성의 "기원 없는 기원"(origin-without-origin)으로서의 성부가 성자와 성령의 기원이며 근거다. 이는 삼위일체의 "군주론적" 통일성을 형성한다.[18] 그

17_ 몰트만에 의하면, 이런 상호침투적 공간 개념은 인간 상호간의 내주와 상호공동체를 가능하게 한다. "모든 인간은 다른 사람들과의 공동체 안에서 실존한다. 그리고 모든 인간은 다른 사람들을 위한 삶의 공간이다.…우리는 거주자인 동시에 거주되는 자다"(CoG, 301). 더 나아가 몰트만은 다음과 같이 주장한다. "하나님의 세 인격이 상호내주를 통해 하나의 공동 공간을 형성하는 것처럼, 피조물 차원의 공동체도 상호적 자기발전을 위한 사회적 공간을 형성한다. 피조물들은 나란히 그리고 더불어 실존하지 않으면 안 된다.…공유된 삶의 공간은 인간관계와 역사를 위한 매개체다"(CoG, 301-302).

18_ 이렇게 몰트만이 삼위일체 하나님의 구성과 삼위일체 하나님의 삶의 구분을 주장하는 것에 대해 적잖은 신학자들이 문제를 제기한다. 이것은 두 가지 수준의 삼위일체를 주장하는 것이 아닌가? 결과적으로 이런 몰트만의 사고는 그가 그토록 페리코레시스 개념을 통해 거부하고자 했던 종속론의 범주에 들지 않겠느냐는 것이다. 카르카넨은 실제로 몰트만이 이런 질문에 대해 만족할 만한 충분한 답변을 내놓고 있지 않다고 주장한다. Veli-Matti Kärkkäinen, *The Trinity: Global Perspectives*, 121-122. 이런 맥락에서 몰트만은 삼위일

러나 삼위일체의 "삶"(life)과 관련해서, 세 신적 인격은 상호관계와 그들의 영원한 사랑의 페리코레시스 안에서 상호순환적 통일성을 형성한다(TK, 177; ET, 317을 참고하라). 그런데 몰트만에 의하면 삼위일체의 페리코레시스 차원에서는 신적 인격들 사이에 완전한 평등이 존재한다. 그는 이것을 "신적 삶의 상호순환"(circulation of divine life)이라고 부른다. "페리코레시스를 통해 삼위일체론 안에 있는 모든 종속론을 피할 수 있다"(TK, 175).[19]

이런 하나님의 상호순환적 통일성의 개념을 기초로 몰트만은 인간들이 신적 페리코레시스 안에서 드러난 사귐과 교제를 실현하도록 부름 받는다고 주장한다. "이것[페리코레시스]은 오로지 특권과 종속이 없는 사람들 사이의 인간적 교제에 상응한다"(TK, 157). 몰트만의 견해에 따르면 인간 공동체는 "삼위일체 하나님의 형상"(*imago trinitatis*)으로 지음 받았다. 따라서 "인간 공동체는 전체적으로 모든 국면에서 삼위일체 하나님의 신적 삶에 상응해야 하며 상응할 수 있다."[20] 이는 몰트만의 사회윤리를 위한 토대가 된다.[21]

체의 구성 안에서 존재론적 군주론을 긍정하는 것처럼 보인다. 판넨베르크는 몰트만의 삼위일체의 구성에서 성부의 군주성에 대한 주장을 비판한다. W. Pannenberg, *Systematic Theology* vol. I, 335-336, n. 217.

19_ 몰트만에 따르면 삼위일체의 인격들 사이에는 어떤 우월성과 열등성도 존재하지 않는다. 다른 곳에서 그는 "그들 중 누구도 영원 안에서 타자들에 선행하지 않으며, 또는 위대함에서 뛰어나지도 않고 능력에서 부차적이지도 않다"(ET, 317)라고 말한다.

20_ J. Moltmann and E. Moltmann-Wendel, *Humanity in God* (New York: Pilgrim Press, 1983), 99-100.

21_ 몰트만에게 삼위일체론은 "사회적 프로그램"(a social program)이다(TK, 103; ET 333). 그는 기독교적 사회윤리가 삼위일체적 사고 안에 근거될 수 있으며, 근거되어야 한다고 믿는다. 따라서 그의 사회적 삼위일체론은 실천적 의미를 지닌다. 몰트만과 유사하게 레오나르도 보프(Leonardo Boff)는 삼위일체론이 참여와 평등을 추구하는 통합적 사회를 위한 모델로 봉사한다고 진술한다. L. Boff, *Trinity and Society*, 118-200을 보라. 또한 여성신학자 캐서린 라쿠나(Catherine LaCugna)는 삼위일체적 상호관계성 안에 있는 인격들의

자신의 사회적 삼위일체론에서 페리코레시스 개념을 통해 몰트만은 삼위일체적 만유재신론을 창조적으로 발전시킨다. 더 나아가 생태학적 창조론에서 그는 "여기서 우리의 출발점은 하나님에 유비적인 모든 관계성이 삼위일체적 페리코레시스의 원초적 상호내주와 상호침투를 반영한다는 것이다. 이는 세계 안에 계신 하나님과 하나님 안에 있는 세계"(GC, 17)라고 주장한다. 그럼에도 몰트만은 피조물과 하나님의 관계성 사이에 놓인 구별을 다음과 같이 명백히 지적한다.

> 하나님과 세계는 상호내주와 참여의 관계성을 통해 서로 관계한다. 하나님의 세계 안에서의 내주는 그 종류에서 "신적인" 것이다. 하나님 안에서의 세계의 내주는 그 종류에서 "세계적인" 것이다. 하나님과 세계 사이의 지속적 의사소통을 지각하는 다른 방식은 존재하지 않는다(GC, 150).

몰트만의 삼위일체론의 특징은 하나님 안에 있는 관계성 및 하나님과 세계의 관계성 사이에 유비가 있다는 것이다. 즉 삼위일체 하나님의 내적 페리코레시스는 하나님과 세계 사이의 관계를 위한 양식이다. 이런 삼위일체적 만유재신론은 이후의 몰트만의 생태학적·성령론적 창조론 및 종말론과 밀접히 연관되어 있다.

앞에서 살펴보았듯이, 몰트만의 삼위일체론은 그의 신학의 본질적 토대다. 몰트만은 십자가를 삼위일체 하나님의 고난의 사건으로 해석하고, 삼위일체 하나님이 역사적이라고 주장한다. 하나님은 세계를 위해 자신

신적 공동체가 상호동등성, 상호의존성, 상호성을 특징으로 한다고 주장한다. 성차별적이며 가부장적인 삼위일체 모델들에 반대하면서, 그녀는 오로지 사랑과 자유, 상호성과 자기희생 및 자기를 수용하는 교제에 근거한 관계성 안에 있는, 계급이나 불평등성이 존재하지 않는 삼위일체 하나님 모델을 말할 것을 제안한다. Catherine LaCugna, "God in Communion with us," 106.

을 개방하신다. 몰트만의 삼위일체론에서 하나님과 세계의 관계성은 비대칭적인 상호성으로 이해된다. 구원 역사에서 하나님은 세계에 영향을 미칠 뿐 아니라 세계에 의해서 영향도 받는다.

몰트만 신학에서 삼위일체 하나님은 인격적이며 관계적이다. 몰트만은 삼위일체 하나님 안에 있는 인격적 구별과 관계들을 보전함으로써 자신의 삼위일체론을 발전시킨다. 또한 "관계성과 공동체"와 관련지어 삼위일체론을 재구성하고자 시도한다. 따라서 그는 세 신적 인격들로부터 시작해서 그들의 통일성에 관한 질문을 던지는 방식을 취함으로써 사회적 삼위일체를 구성한다. 신적 인격들의 공동체로서 삼위일체 하나님의 내적 관계들의 구조는 상호순환적 관계성으로 규정될 수 있다. 이런 신적 페리코레시스는 하나님과 세계의 관계성 양식에 적용될 수 있다. 즉 하나님과 세계는 독특한 구별 속에서 상호내주하는 것이다.

최근 삼위일체론의 동향 속에서 몰트만의 삼위일체론은 여러 가지 중요한 신학적 질문에 대한 지속적 논의의 문을 열어놓았다. 그의 삼위일체론에 대해 적잖은 신학자들이 질문을 던지고 비판적 대화가 진행되고 있음을 보면, 이 이론이 현저한 긍정적 공헌과 함께 몇몇 문제점을 내포하고 있음을 부인할 수 없다. 몰트만의 삼위일체론에 대한 질문은 매우 다양하고 복합적이다. 무엇보다도 내재적 삼위일체와 경세적 삼위일체의 관계성, 삼신론 논쟁, 삼위일체의 구성과 삶의 구분의 적절성, 페리코레시스의 유비적 성격에 관한 질문 등이 바로 그것이다.[22] 그럼에도 몰트만의

22_ Stanley Grenz, *Rediscovering The Triune God: The Trinity in Contemporary Theology* (Minneapolis: Augsburg Press, 2004); Paul Fiddes, *Participating in God: A Pastoral Doctrine of the Trinity* (Louisville, Kentucky: Westminster John Knox Press, 2000); Colin E. Gunton, *The One, the Three, and the Many: God, Creation, and the Culture of Modernity* (Cambridge, N. Y.: Cambridge University Press, 1993); Paul Molnar, *Divine Freedom and the Doctrine of the Immanent Trinity: In Dialogue with Karl Barth and Contemporary Theology* (Edinburgh: T&T Clark, 2002); Ted

시도가 현금의 삼위일체론 논의에서 중대한 의미를 가지는 것은, 이것이 전통적 삼위일체론에 대한 비판적 성찰을 가능하게 하며 여러 획기적 통찰력을 제공할 뿐만 아니라 성서적 접근에 매우 가까운 노력을 보여주기 때문이다.

Peters, *God as Trinity: Relationality and Temporality in Divine Life* (Louisville, KY: Westminster/John Knox Press, 1993); Veli-Martti, Kärkkäinen, *The Trinity*; Miroslav Volf, "'Trinity Is Our Social Program'"을 보라.

제5장

몰트만의 창조 이해에 나타난 "하나님의 케노시스"

Jürgen Moltmann

최근 신학의 주된 특징 중 하나는 삼위일체 하나님의 자기낮추심의 행동(kenotic action)을 강조한다는 점이다. 전통적으로 케노시스는 예수 그리스도의 성육신에서 강조되었으며, 19세기 루터교 신학에 두드러지게 나타난 케노시스 기독론에서 절정을 이룬다. 그러나 현대신학자들은 창조의 사건뿐만 아니라 성령의 활동 속에서도 하나님의 케노시스를 발견하고 이를 주장하는 경향을 띤다. 특히 몰트만은 "신학에 대한 조직적 기여들"이라는 시리즈 기획으로 출간된 여러 저서에서 자신의 신학적 착상을 전개하는 바, 『삼위일체와 하나님의 나라』『창조 안에 계신 하나님』『생명의 영』『예수 그리스도의 길』『오시는 하나님』 등에서 케노시스 사상을 일관되게 펼치고 있다.[1] 제5장은 몰트만 사상에 나타난 "하나님의 케노시스"를 분석하되 특히 창조와 관련해 다루며, 여기에 대한 현금의 신학자들의 논의를 중심으로 비판적 대화를 수행하고자 한다. 이를 토대로 몰트만의 "하나님의 케노시스" 사상의 신학적 의미와 영향 및 한계를 성찰해봄으로써 하나님의 창조 이해에 대한 전망을 제시하려 한다.

1_ 이외에도 최근에 SW에서 특히 케노시스 사상을 강조한다.

I. 몰트만의 창조 이해에 나타난 "하나님의 케노시스"

1. 하나님의 자기비움의 창조

몰트만 신학을 이해하는 중요한 열쇠 중 하나는 하나님의 자기제한(self-limitation)에 관한 사고다. 유대교 카발라신학의 침춤 개념을 차용함으로써[2] 몰트만은 창조의 행동에서 하나님의 자기축소(self-withdrawal) 또는 자기제약(self-restriction)을 주장한다. 아이삭 루리아(Isaac Luria)의 표현에 따르면, 침춤은 "집중과 수축(contraction)을 의미하며 자신 안으로 물러서는 것을 뜻한다"(GC, 87). 몰트만에 의하면 루리아는 이 개념을 하나님의 창조에 적용한다. "자신으로부터 자신에게로 물러서는 곳에서 하나님은 신적 본질이나 신적 존재가 아닌 어떤 것을 불러일으킬 수 있다."[3] 즉 창조자 하나님은 세계의 "부동의 동자"가 아니다. 오히려 안팎을 향한 하나님의 자기운동이 창조를 위한 공간을 만든다. "창조는 하나님 편에서의 이런 자기운동, 즉 피조 세계에게 자신의 존재를 위한 공간을 허락하는 운동에 의해 이루어진다. 하나님은 자신 밖으로 나가기 위해 자신 안으로 물러선다"(GC, 87; WJC, 328-329; CoG, 282, 297). 따라서 몰트만에 의하면, 하나님의 자기제한은 그분의 은혜의 첫 번째 행동이다(SW, 62). 이를 통해 유한한 세계가 하나님과 공존할 수 있게 된다.

몰트만에게 하나님의 자기제한은 그분의 창조 활동의 선행조건이다. 창조에 앞선 하나님의 자기결단의 사고를 긍정하면서 몰트만은 하나님의 본래적인 자기제한에 관한 사고를 주장한다. 그에 따르면, 하나님은 자신

2_ G. Scholem, "Schöpfung aus Nichts und Selstverschränkung Gottes," *Eranos Jahrbuch* 25 (1956), 87-119, GC, 334, n. 25에서 재인용. 카발라신학에 의하면, 그의 빛이 본래 무한한 우주를 채우고 있었던 무한한 거룩하신 분, 단 한 분은 그의 빛을 거두어들이고, 그것을 완전히 자신의 실체에 집중시킨다. 이를 통해 빈 공간이 생겨난다. SW, 62.

3_ 위의 논문, 117.

의 창조를 위한 공간을 만들기 위해 자신의 편재성(omnipresence)을 제한하신다. 하나님은 피조물에게 시간을 주기 위해 자신의 영원성(eternity)을 제약하신다. 하나님은 피조물에게 자유를 허락하기 위해 자신의 전지성(omniscience)을 제한하신다(CoG, 282; TK, 109-110; WJC, 328-329; CoG, 297).[4] 그 결과 세계는 하나님 안에 있고 하나님은 세계 안에 거하신다.

이런 맥락에서 몰트만은 제2행동 중에 있는 하나님의 "창조적 활동"이 이루어지는 공간을 만들기 위한 제1행동으로서 하나님의 자기제한의 수동적 활동을 묘사한다(TK, 110).

> 따라서 무한한 존재의 진정한 최초 행동은 "밖을 향한" 발걸음이 아니라 "안을 향한" 발걸음이다. 이는 게르숌 숄렘(Gershom Scholem)이 주장했듯이 "자신으로부터 나와 자신 안으로 들어가는 하나님의 자기제한"이다. 즉 이것은 신의 수동적 행위(*passio Dei*)이지 신의 능동적 행위(*actio Dei*)가 아니다.…하나님이 창조자인 자신으로부터 나와서 그분이 이전에 제1행동에서 양도했던 본래의 공간 안으로 나오는 것은 오직 제2행동에서다(TK, 109-110; CoG, 282).

여기서 몰트만은 세계 창조의 과정에서 하나님의 "밖을 향한" 행동과 "안을 향한" 행동 사이를 명백히 구분한다. 그럼에도 몰트만에 따르면, 창조에서 하나님의 안과 밖을 향한 측면은 서로에게서 구별되지만 서로에게 상응한다. 즉 "밖을 향한 모든 행동은 '밖을 향한' 것을 가능하게 하는 안을 향한 행동에 의해 이루어진다. 하나님은 지속적으로 안팎을 향해 동시적으로 창조한다"(TK, 100). 몰트만의 견해에 따르면 창조는 능동성이

4_J. Moltmann, "God's Kenosis in Creation and Consummation of the World," 149을 참고하라.

아니라, 수동성 즉 신적 자기제한 또는 고난이다. 이것은 본질적으로 세계를 창조하는 하나님의 안을 향한 운동으로부터 나오는데, 이는 창조를 위한 공간을 만들기 위한 자기제한의 고난인 것이다.

몰트만의 사고에서 하나님의 편재와 전능성의 본래적 자기제한은 하나님의 자유로 말미암은 창조적 결단에 근거한다(CoG, 297). "자신 밖으로부터 창조적으로 나오기 전에 하나님은 자신을 위해 결단하고 자신에게 위탁하며 자신을 결정하면서 자신에 대해 내적으로 행동한다"(GC, 86). 더 나아가 이런 하나님의 자기제한은 그분의 본질적인 본성과 부합한다. 따라서 몰트만에 따르면 "이것은 오로지 하나님의 신성과 모순 없이 조화될 수 있는 그분의 창조에 선행하는 하나님 자신에 의한 자기제한의 가설이다"(GC, 86).

타자의 실존을 위한 이런 존재론적 수축으로 말미암아 무한한 하나님은 창조에서 "자신 안에 앞서서 미리 유한을 위한 공간을 만드셔야 했다"(GC, 86)라고 몰트만은 믿는다. 여기서 무로부터의 창조를 설명하기 위해 몰트만은 무(nihil)에 대한 수정된 이해를 제공한다. 루리아의 견해를 좇아 몰트만은 다음과 같이 인용한다. "그분의 최초의 행동 안에서 밖을 향해 행동하는 대신에 안으로 향하는 신적 존재의 자기제한에서 무성(Nothingness)이 들어선다."[5] 좀 더 정확히 말해 무는 무한하고 편재하며 전능하신 하나님의 이런 자기제한을 통해 존재하게 된다(GC, 86-87; TK, 109). 태초의 창조 안에서 하나님은 비존재(nonbeing)의 본래적 요소를 허용하기 위해 특정한 공간으로부터 자신이 스스로 물러선다. 따라서 몰트만에게 이런 자기비움의 사고는 "형태도 없고 공허한" 창조 이전의 존재에 대한 창세기 1장과 2장의 성서적 묘사와 부합하는 것으로 보인다.

5_ G. Scholem, "Schöpfung aus Nichts," 118; GC, 87을 참고하라.

여기서 주목할 점은 하나님의 창조 행동에 들어 있는 내재적 요소로서의 "되어짐"(letting be)에 대한 몰트만의 묘사가 성서적 주장에 부합한다는 사실이다. 몰트만은 이것을 하나님의 창조의 여성적 행동이라고 지칭한다. "하나님이 그분의 세계가 되어지도록 하고 그 안에 있도록 세계를 창조하신다. 그대로 되어라!"(TK, 109) 더 나아가 "성부·성자·성령의 삼위일체적 관계성은 매우 광범위해서 그 안에서 세계 전체가 공간과 시간 및 자유를 발견할 수 있다"(TK, 109). 이런 의미에서 몰트만은 "이 교리[zimzum]의 기본적 사고가 범신론으로 희생당하지 않으면서도 하나님 안에 있는 세계를 사고할 수 있는 기회를 우리에게 제공한다"(TK, 110; GC, 86-88)라고 생각한다. 즉 침춤의 사고에 의해 몰트만은 하나님과 세계 사이의 존재론적 구별과 분리를 보전할 수 있도록 시도하는 것이다.

이런 이해를 토대로 몰트만은 자기비움의 사고가 전통적 창조론에서 필수적인 교정을 지향한다고 믿는다.

> 하나님은 단지 어떤 것을 생겨나게 함으로써, 또는 어떤 것을 계획함으로써 창조하지 않는다. 좀 더 심오한 의미에서 그분은 되어지게 함으로써, 공간을 만듦으로써, 그리고 자신을 제한함으로써 '창조하신다.' 창조적인 만듦(making)은 남성적 은유들로 표현된다. 그러나 창조적인 되어짐(letting-be)은 모성적 범주를 통해 좀 더 잘 드러난다(GC, 88).

몰트만의 사고에서 핵심은, 하나님의 창조가 그분의 내적 제약 속에서 이루어지는 자기겸비의 선행적인 신적 행동이라는 사실이다. "하나님은 창조를 가능하게 하기 위해 자신으로부터 나와 자신에게 이르도록 자신을 제약한다. 그분의 밖을 향한 창조적 활동은 이렇게 겸비한 신적 자기제한에 의해 선행된 것"(GC, 88)이다. 더 나아가 몰트만은 태초의 창조 속에서 빌립보서에 나타난 그리스도의 마음과 병행하는 부분을 발견한다.

> 하나님의 자기겸비는 단지 창조로부터 시작되는 것이 아니다.…이것은 그 이전에 시작되며 창조를 가능하게 하는 선제조건이다. 하나님의 창조적 사랑은 자신의 겸허한 자기겸비적 사랑에 근거하고 있다. 이런 자기제한적 사랑은 빌립보서 2장이 메시아의 신적 비밀로 이해한 하나님의 자기비움의 시작이다. 실로 하늘과 땅을 창조하기 위해 하나님은 자신의 충만한 전능을 비우시며 창조자로서 종의 모습을 취하신다(GC, 88; GC, 5; CoG, 303-304을 참고하라).

몰트만 신학에서 하나님의 선행적 자기제한은 자신의 창조를 위해 그분이 공간을 만드심, 육체를 입으심, 십자가와 부활 속에 계시된 그리스도의 자기겸비의 행동, 그리고 구속과 새 창조에서 성령의 자기낮추심의 내주를 포함하는 일련의 신적 자기제약으로 인도된다(ET, 316).

그렇다면 몰트만에게 하나님의 케노시스의 동기는 무엇인가? 이는 곧 사랑으로 말미암은 자유다. 창조를 존재론적인 신적 필연성으로 보는 과정신학의 만유재신론과는 달리, 몰트만은 창조를 자유와 사랑 가운데 있는 하나님의 자기결정의 행동으로 이해한다. 즉 이런 하나님의 자기비움의 창조 활동은 신적 자기결정과 다른 것이 아니라고 몰트만은 믿고 있다. 하나님 안에서는 "자기결정과 자기제한이 동일하다"(CoG, 282; SW, 61). 몰트만에 따르면, 두 개념은 영원 안에서 하나님 편에서의 자기변화(self-alteration)를 전제하고 있다. 창조 이전에 하나님의 자기결정은 그분의 자기제한을 지향한다. 달리 표현하면, 자기결정의 목적은 자기제한이다(TK, 111; CoG, 299을 참고하라).[6] 몰트만의 신학에서 이 두 개념은 대립되거나 모

6_ 몰트만에게 태초의 창조에 있어 자기제한을 위한 자기결정의 최종적 목적은 종말론적 창조 안에 있는 하나님의 탈자기제약(self-delimitation)이다.

순적이지 않으며 동일한 신학적 동전의 양면으로 간주될 수 있다. 요약하면, 하나님의 창조 활동은 근본적으로 자발적이며 자기겸비적이다.

2. 하나님의 시간성

몰트만에 따르면, 하나님은 시간 안에서 역사를 가진다. 자기결정과 자기제한을 통해 하나님은 자신의 영원 안에서 시간을, 자신의 무한성 안에서 유한성을, 자신의 편재성 안에서 공간을, 자신의 비이기적 사랑 안에서 자유를 세계에게 주심으로써 "자신 안에서 세계를 창조했다"(TK, 109). 이런 맥락에서 "하나님은 세계를 창조하기 전에 무엇을 하고 계셨는가?"라는 질문은 무의미하다. 몰트만은 이 질문에 대해 다음과 같이 대답한다. "세계 창조 이전에 하나님은 자신의 나라에서 영광을 받으시고자 그것의 창조자가 되기로 결단하셨다." 또한 그는 "하나님의 본질적 영원성과 창조의 시간 사이에는 창조를 위한 하나님의 시간—창조하겠다는 그분의 결단을 통해 지정된 시간—이 놓여 있다"(GC, 114)라고도 주장한다.

플라톤의 지대한 영향으로 인해 하나님 안에 있는 무시간성을 긍정하는 고전적 유신론과는 달리, 몰트만은 자기비움의 사고와 관련해 시간과 영원의 개념을 재해석한다. 그는 "세계가 시간 안에서 창조되었는가, 아니면 시간이 세계와 함께 창조되었는가?"(CoG, 282; CoG, 264)라고 묻는다. 아우구스티누스의 견해를 좇아 몰트만은 하나님 안에 있는 시간성 개념에서 시작한다.

> 따라서 시간이 가능하도록 창조하고 시간을 위해 공간을 만들었던 것은 오로지 영원의 자기변화라는 가정으로부터 착수해야 한다.…본질적 결단 속에서 하나님은 자신의 창조를 위해 시간을 취하시고 창조에게 자신의 특수한 시간

을 허용하기 위해 자신의 영원을 자신 안으로 제한하셨다(GC, 114; WJC, 328-329; CoG, 297).

몰트만은 창조를 세 가지 유형 즉 태초의 창조(*creatio originalis*), 계속적 창조(*creatio continua*), 새 창조(*creatio nova*) 혹은 종말론적 창조(eschatological creation)로 분류한다(GC, 55).[7] 무로부터의 창조 교리를 반대하는 과정신학의 만유재신론과는 달리, 몰트만은 창조에서 하나님의 주도성을 보전하기 원한다. 그에 의하면 최초의 창조는 "어떤 선제 조건"이나 "어떤 원초적 물질도 없는" 창조를 뜻한다(GC, 74, 207). 오히려 몰트만은 이 세계의 창조가 우연적(contingent)이라고 믿는다.[8] "이 세계가 하나님에 의해 창조되었다면 그것은 필연적으로 존재하는 것이 아니다. 그것은 우연적인 것이다"(GC, 38).

몰트만에게 창조는 "자신 안에 닫힌 것이 아니라" "역사를 향해 열려진 것이며" 따라서 "개방된 체계"(open system)로 이해되어야 한다(GC, 207; FC, 126).[9] 이런 의미에서 그는 계속적 창조를 진화 이론에 비추어 변

7_ 달리 표현하면, 창조는 태초의 창조, 역사적 창조, 완성된 또는 종말론적 창조의 용어로 표현될 수 있다. 몰트만은 "태초의 창조를 어떤 선행조건도 없는 신적 창조, 즉 무로부터의 창조라고 볼 수 있다. 반면에 역사적 창조는 재해를 극복하는 구원의 수고가 따르는 창조다. 영광의 왕국의 종말론적 창조는 최종적으로 죄와 죽음을 극복하는 것 즉 무를 무화하는 것으로부터 계속된다"(GC, 90)라고 진술한다.

8_ 판넨베르크도 "전체 세계가 하나님의 창조라면 이는 그 실존이 완전하고 전적으로 우연적임을 의미한다. 결코 다른 세계는 존재할 수 없었을 것이다"라고 말한다. W. Pannenberg, "Theology and Science," *Princeton Seminary Bulletin* vol. 13 no. 3 (1992), 301. 또한 "하나님의 입장에서 보면 세계의 기원은 여전히 우연적인 것으로 이해되어야 한다. 왜냐하면 이것은 삼위일체적 삶 속에 있는 하나님의 자유로부터 비롯되었기 때문이다"라고도 한다. W. Pannenberg, *Systematic Theology* vol. II, trans. G. W. Bromiley (Grand Rapids, MI: Wm. B. Eerdmans, 1994), 9.

9_ 몰트만의 "열린 체계로서의 창조" 이해는 근대 과학의 발견들과 일치하는 것처럼 보인다. 그에 따르면, 물질과 생명의 복잡하고 복합적이며 진화론적인 체계들은 시간에 대해 증대하는

화와 발전 및 불완전한 과정에 종속된 비결정적 의사소통 체계(non-deterministic communicative system)라고 말한다. 더 나아가 그는 "계속적 창조에 대한 상세한 교리는 하나님의 역사적 활동을 다음과 같은 측면에서 이해해야 한다. 하나님이 창조하신 세계에 대한 보전, 그것의 완성과 완전을 위한 준비, 그분의 역사적 활동은 최초의 창조와 새 창조 사이에 놓여 있다"(GC, 209)라고 진술한다.

몰트만에게 창조는 "미래를 향한 방향에 맞추어져 있다"(GC, 207; FC, 126). 그에 의하면 "심지어 창조는 시작에서 이미 구원의 역사를 넘어 영광의 나라에서의 완전한 완성을 지향한다"(GC, 56; FC, 216을 참고하라). 그러나 전통적인 창조 이해와 달리 몰트만은 창조의 목적이 "에덴동산의 본래적 조건으로의 회귀가 아니라" "하나님의 영광의 계시"라고 천명한다(GC, 56). 그래서 "만일 창조 과정이 하나님의 내주를 통해 완성된다면, 신적 가능성의 무제한적 충만이 새 창조에 거한다"(FC, 126).

더 나아가 몰트만은 새 창조를 모든 것의 새로운 창조의 완성으로 파악한다. 여기서 중요한 것은 "영광의 나라에서는 시간과 역사, 미래와 가능성이 존재할 것이며, 이것들이 전혀 방해받지 않는 정도로 그리고 더 이상 대립이 없는 방식으로 존재하게 될 것"(GC, 213; FC, 126을 참고하라)이라는 사실이다.

> 따라서 우리는 무시간적 영원성 대신에 영원한 시간에 대해 좀 더 잘 말하게 될 것이며, 역사의 종말 대신에 선-역사의 종말과 하나님과 인간 및 자연의 영원한 역사의 시작을 말하게 될 것이다(FC, 126; GC, 213을 참고하라).

개방성과 가능성들의 풍성함을 보여주는 이와 같은 방식으로 형성되었다. 그에게 창조는 비결정적 의사소통 체계다. J. Moltmann, "Reflections of Chaos and God's Interaction with the World from a Trinitarian Perspective," 209-210.

종말에 하나님의 시간성은 여전히 남아 있게 될 것이다. 이런 방식으로 몰트만은 영원에 대한 무시간적 개념과 종말에 이루어질 새 창조에서의 시간의 부재에 반대한다. 결국 새 창조에서는 "일시적인 것이 없는 변화, 과거가 없는 시간, 죽음이 없는 생명"(FC, 126)이 존재하게 될 것이다. 요약하면, 몰트만의 사고에서 하나님의 영원은 자신의 자발적 자기비움의 행동을 통해 시간을 포함하며 시간적 실재에 참여한다. 따라서 우리는 시간과 창조의 시간성을 만드는 "하나님의 시간적 영원성"을 말할 수 있다.[10]

3. 하나님의 공간성

자신의 창조론에서 몰트만은 하나님의 시간과 공간에 대한 몇 가지 성찰을 제안한다. "창조적 사랑 안에서 자신의 무한한 생명 안에 창조의 공간과 시간 및 자유를 주심으로써 하나님은 자신의 타자인 피조 세계와 연합하신다"(TK, 114). 『창조 안에 계신 하나님』에서 몰트만은 "카이로스적 시간 개념"에 상응해서 "생태학적 공간 개념"을 발전시킨다. 그에 따르면 "모든 것이 자신의 시간을 갖고 있듯이", "모든 것은 자신의 공간을 가지며 모든 살아 있는 것은 자신의 삶의 공간을 가진다"(CoG, 299). 여기서 특징적인 것은 시간과 공간의 개념이 동종이 아니라는 점이다. 몰트만의 관점에서 시간과 공간은 각각 그것들 안에서 일어난 것에 의해 창조되고 결정된다. 따라서 "사건이 없는 공허한 시간이나 대상이 없는 공허한 공간

10_ W. Stoeger, S. J., "God and Time: The Action and Life of the Triune God in the World," *Theology Today* vol. 55 no. 3 (October 1998), 366. 슈퇴거(W. Stoeger)에 따르면, 이런 신학적 입장을 가진 현대신학자로는 바르트, 웰취(C. Welch), 라너, 몰트만, 판넨베르크, 젠슨(R. Jenson), 라쿠나, 건튼, 페터스, 라슨(D. Larson) 등이 있다.

은 결코 존재하지 않는다"(GC, 145).

전통적으로 하나님은 공간적 용어로는 생각되지 않았다. 그러나 몰트만은 『창조 안에 계신 하나님』 이후로 그의 주된 신학적 관심이 하나님의 시간성으로부터 그분의 공간성으로 옮겨갔다고 기술하고 있다(CoG, 299).[11] 그는 성서와 유대교 전통 및 여러 과학적 지식에 근거한 하나님의 공간적 현존을 말한다. 하나님의 공간성에 대한 사고는 그분과 피조 세계의 관계에 대한 몰트만의 자발적 자기비움에 대한 이해에 상당히 의존하고 있다.

몰트만에 의하면 "하나님은 자신의 현존을 제약하심으로써 자신의 창조를 위해 공간을 만드신다"(GC, 87). 유대교 카발라신학의 침춤 개념을 받아들임으로써 그는 하나님과 창조 안에 있는 공간을 말한다. "하나님 밖에 있는 세계의 실존은 하나님의 침입에 의해 가능해진다. 이것은 자신으로부터 나오시는 하나님이 그 안으로 들어올 수 있으며, 그 안에서 그분이 자신을 계시할 수 있는 어떤 '신비한 본래적 공간'을 석방하는 것이다"(GC, 87).

즉 하나님의 본질적 편재의 자기제한을 통해 창조 안에서의 그분의 특수한 현존이 생겨난다. 카발라신학의 이해에 의하면, 자기수축을 통해 하나님은 "비우셨고"(vacated) "빈 공간"(empty space)을 창조하셨다.[12] 그러나 여기서 몰트만은 카발라신학의 견해와 자기비움의 창조라는 자신의 견해를 구별한다. "삼위일체 하나님이 자신 밖에서 창조를 '거기에' 있도록 허용하기 위해 자신의 편재를 제한할 때, 그분은 카발라신학의 침춤

11_ 다른 곳에서 몰트만은 "생태학적 창조론과 사회적 삼위일체론에 대한 저술 이후로 나는 그 방향성이 시간을 향해 일방적이었던 나의 신학 세계를 확장하고자 노력했다. 이제 나는 그것을 공간과 '집', 쉐키나와 페리코레시스, 상호내주와 상호간 안식의 도래 등의 개념을 통해 확대하려고 시도한다"(ET, 314)라고 기술한다.

12_ G. Scholem, "Schöpfung aus Nichts," 87-119.

교리가 제안하듯이 그것을 진공 상태로 두지 않는다"(CoG, 298). 따라서 몰트만은 하나님이 자신의 내적 제한을 통해 그 안에서 세계를 자유롭게 하는 "용기"(vessel) 또는 "장소"(place)로서의 공간을 말한다.

몰트만은 생태학적 범주로서의 공간에 대해 이렇게 주장한다.

> "창조의 공간"은 하나님 안에 있는 그분의 살아 있는 공간이다. 자신을 제한하고 자기의 창조에 공간을 주심으로써 하나님은 자신을 자신이 창조한 사람들의 살아 있는 공간으로 만드신다. 그 공간은 그분의 제한으로 인해 "빈 공간"이 되지 않는다. 공간은 자신의 창조를 수용하는 하나님을 통해 제한되고 구성된다. 창조자는 거주될 수 있는 하나님이 되신다. 세계의 살아 있는 공간으로서의 하나님은 플라톤이 이미 진술했듯이 여성적 은유인 것이다(CoG, 299).

몰트만은 공간의 생태학적 개념이 살아 있는 것들의 환경을 포함한다고 본다. "모든 것은 자신의 고유한 살아 있는 공간을 가지며 그 안에서 발전한다"(CoG, 300).

몰트만의 견해에 따르면 오로지 하나님만이 세계를 위한 살아 있는 공간이다. 이런 의미에서 모든 것은 신적 현존 안에 있으며 하나님은 공간 안에 현존하신다. "만일 하나님이 그분의 편재를 통해 매개 없이 직접적으로 모든 것을 파악한다면, 이것은 하나님의 영원하고 피조되지 않은 편재가 공간의 편재와 동일하다는 사실을 전제한다"(GC, 155). 만일 공간이 하나님의 공간이라면 세계는 그분의 "밖"에 있지 않고 "안에" 있는 것이다. 몰트만의 관점에서 비록 창조의 공간이 하나님의 편재의 차원으로 이해될지라도 범신론적 결론은 불가능하다. 몰트만은 하나님이 세계보다 더 크다는 사실을 강조한다. "창조의 신적 비밀은 쉐키나요 하나님의 내주다. 그리고 쉐키나의 목적은 창조 전체를 하나님의 집으로 만드는 것이다"(GC, xiv-xv).

그러나 종말에 이르러 하나님은 자발적으로 자신의 창조 안에 거하시고 그 안에서 "모든 것의 모든 것"이 되기 위해 자신을 탈제약하신다. 따라서 창조가 하나님의 영원한 쉐키나를 위한 성전이 될 때 창조의 본래적 시간과 공간은 끝나게 된다. 시간적 창조(temporal creation)는 영원한 창조(eternal creation)로 변화되고, 공간적 창조(spatial creation)는 편재적 창조(omnispatial creation)로 변화될 것이다. 그러므로 모든 피조물은 하나님의 영원과 편재에 참여하게 될 것이다(CoG, 294; CoG, 280을 참고하라). 이것은 전적으로 하나님의 자기결정에서 비롯된 탈제약의 행동에 기인한다. 이렇게 몰트만의 자발적 자기비움의 사고는 창조론과 종말론에 지속적으로 나타나는 지배적인 개념이다.

이와 같이 하나님의 공간성에 대한 몰트만의 개념은 범신론적으로가 아니라 만유재신론적으로 이해될 수 있다. 그는 유한한 세계를 하나님의 무한성과 결합시키려는 경향을 지닌 모든 종류의 범신론을 거절한다. 자신의 창조론에서 몰트만은 하나님의 시간성과 공간성을 긍정한다.

II. 몰트만의 창조 이해에 나타난 "하나님의 케노시스"에 대한 비판적 대화

케노시스 개념은 몰트만 신학을 이해하는 핵심적 열쇠다. 몰트만에게 하나님에 의한 세계 창조는 자기제약의 사고로부터 형성된다. "자신 '밖으로' 세계를 창조하기 위해 무한하신 하나님은 그 이전에 자신 안에 유한을 위한 공간을 만들었다"(GC, 86). 몰트만은 자신의 케노시스 개념을 탐구하기 위해 카발라신학의 침춤이라는 주장을 사용하지만, 사려 깊게도 이 카발라신학의 주장을 선택적으로 활용하고 있다.[13] 그는 기독교와 유대교 사상에 들어 있는 케노시스에 대한 사고를 진술한다. 17세기부터 19세기에 이르는 루터교 신학자들은 빌립보서 2:1-11을 그들의 성육신 사상에 적용했다. 20세기에 이르러 한스 우르스 폰 발타자르(Hans Urs von Baltasar)는 케노시스를 삼위일체론 안에서 해석했다. 유대교 사상은 쉐키나 즉 포로 상태의 이스라엘과 함께하시는 하나님의 내주에 집중했다.[14]

몰트만은 창조를 하나님의 자기제한 또는 자기제약의 행동으로 설명한다. "하나님은 자신의 현존을 제약함으로써 그분의 창조를 위한 공간을 만드신다"(GC, 87). 또한 "만일 밖을 향한 창조가 하나님 자신에 의해 자유롭게 된 공간 안에 생겨난다면, 이런 경우에는 하나님 바깥의 실재가 자기 자신 안에서 그 '밖을 향한' 것을 양도한 하나님 안에 여전히 남아 있다"(GC, 88-89)라고도 덧붙인다. 좀 더 정확히 표현해서, 하나님은 자신의 현존과 영원 및 능력을 제한하심으로써 창조의 시간과 공간 및 자유를 창조하신다. 이런 의미에서 몰트만은 하나님 안에 있는 시간성과 공간성을 긍정하고 있다. 더 나아가 그는 "하나님의 최초의 자기제약으로부터 그분의 종말론적 탈제약으로의 운동"(GC, 89)[15]을 말한다.

그뿐 아니라 몰트만은 하나님의 자기결단의 사고와 자기제약 개념을 결합한다. 하나님의 최초의 창조적 결단은 창조 행동과 연관된 케노

13_ C. Deane-Drummond, *Ecology in Jürgen Moltmann's Theology*, Texts and Studies in Religion, vol. 75 (Lewiston/Queenston/Lampeter: The Edwin Mellen Press, 1997), 203.

14_ J. Moltmann, "God's Kenosis," 138-144; SW, 55-60.

15_ 자기비움의 창조의 사고를 설명하면서 몰트만은 성육신과 십자가와 부활의 자기비움의 사고를 확장한다. "그가 죽으셨던 죽음의 지점에 이르기까지 성자의 자기비움과 속박의 길에서, 그리고 창조 전체에 의한 자신의 고양과 영화의 길에서, 하나님은 편재하게 되신다"(GC, 91).

시스의 내적 동기다. "창조자로서의 자신을 피조된 세계와 구분함으로써 하나님은 신적인 것도, 무도 아닌, 실재를 창조하시고 그것으로부터 자신을 구별하심으로써 그것을 보전하신다.…만일 하나님이 참된 본질에서 무한하시다면 어떤 제한이나 경계는 그분의 자기제한을 통해서만 존재한다."[16] 침춤의 사고를 통해 몰트만은 하나님과 세계 사이의 존재론적 구별이나 분리를 보전할 수 있는 것처럼 보인다. 디안-드루몽(Deane-Drummond)에 의하면, 하나님 안에 있는 자기제한과 자기구별의 사고는 몰트만으로 하여금 하나님을 전통적 주권(sovereignty) 개념이 아니라, 본질적 의미에서 여성적이며 그런 방향에서 생태학적 방식으로 설명하도록 한다.[17]

몰트만의 사고는 에밀 브루너(E. Brunner)에 의해서도 뒷받침된다. 브루너는 창조 사건에서 이미 하나님의 자기비하의 첫 번째 행동이 발견되었으며, 이는 그리스도의 십자가 사건에서 정점에 이른다고 주장한다.

> 그러나 이것은 하나님이 존재의 공간을 홀로 차지하려고 하지 않으며, 다른 존재에게 자리를 마련한다는 것을 뜻한다. 이것을 행함으로써 그분은 자기 자신을 제한한다.…그리스도의 십자가에서 그 정점에 도달하는 케노시스는 이미 세계 창조와 함께 시작된다.[18]

그러나 알랜 토랜스(Alan Torrance)는 창조론에 대한 몰트만의 독특한 만유재신론적 해석을 비판한다. 토랜스에게 창조는 무조건적인 것으

16_ J. Moltmann, "God's Kenosis," 145.

17_ C. Deane-Drummond, *Ecology in Jürgen Moltmann's Theology*, 125.

18_ E. Brunner, *Dogmatik* II (Zürich, 1950), 31. SW, 202. n. 17에서 재인용.

로 "하나님 편에서의 전적으로 자유롭고 주권적인 행동"이라는 것이다.[19] 토랜스는 몰트만의 창조에 대한 케노시스적 견해가 유출설과 범신론을 둘 다 피하기 위한 시도라는 점을 인정한다. 그러나 그는 이런 시도가 몰트만이 의도한 바를 제대로 성취하고 있는지 질문한다. 토랜스에 따르면, 몰트만의 근본적 오류는 그가 회피하고자 했던 두 가지 함정 중 하나에 빠진 것일 수도 있다. 이외에도 하나님의 공간과 시간에 대한 몰트만의 개념은 그것들을 절대적인 것으로 만드는 위험에 놓여 있으며, 그래서 창조론을 위태롭게 한다는 것이다.[20] "창조를 시간 안에 위치가 정해진 것 또는 확대된 시간으로" 해석하는 대신에, 토랜스는 "절대적 무로부터 나온 상호연결된 모체들(Matrix)과의 공간적·시간적 동일성 전체를 하나님이 창조한 것으로 생각해야 한다"[21]라고 제안한다. 또한 하나님의 편재로 말미암아 그분 편에서의 공간적인 비움이 창조를 위한 필수적 존재라는 몰트만의 주장이 불분명하게 보인다고 토랜스는 비판한다.

콜린 건톤(Colin Gunton)에 따르면, 몰트만의 신적 케노시스의 행동으로서 무로부터의 창조 개념은 하나님으로부터의 창조의 본질적 타자성 또는 구별을 상실할 위험이 있다고 간주된다.[22] 하나님의 자기전달로서의 창조를 말하는 대신에, 건톤은 그리스도 안에서 하나님이 자기를 내어주

19_ A. Torrance, "Creatio ex nihilo and the Spatio-Temporal Dimensions, with special reference to Jürgen Moltmann & D. C. Williams," in *The Doctrine of Creation: Essays in Dogmatics, History and Philosophy*, ed. Colin E. Gunton (Edinburgh: T&T Clark, 1997), 84.

20_ C. Gunton, "Introduction," in *The Doctrine of Creation*, 10.

21_ A. Torrance, "Creatio ex nihilo," 98. 토랜스에게 무로부터의 창조는 "창조의 모든 국면과 실존의 모든 측면이 궁극적으로 하나님과의 관계 안에서 또한 삼위일체 하나님과의 특수하고 구체적인 관계들과 관련해 해석되는 것을 요구한다"라는 사실을 긍정하는 것이다(위의 책, 102).

22_ C. Gunton, "The End of Causality?: The Reformers and their Predecessors," in *The Doctrine of Creation*, 81-82.

신 장소로서 창조보다는 그리스도를 우선 이해해야 한다고 제안한다. 창조에서 하나님의 자기전달의 사고는 불가피하게 유출설에 빠지게 되며, 마침내 범신론적으로 피조물이 창조자 안에 흡수되어버린다는 것이다.[23] 또한 건톤은 케노시스의 관점에서 몰트만의 하나님의 공간성에 대한 주장이 설득력이 없다고 본다. 건톤은 창조의 공간성에 대한 적절한 신학이 세계 바깥에 있는 것으로서의 창조에 대한 주장을 좀 더 강조할 필요가 있다고 믿는다.[24]

그러나 몰트만에게 창조를 가능하게 하는 것은 하나님의 자기제약이다. 왜냐하면 하나님의 자기제약은 "하나님 '바깥의' 독립적 창조를 가능하게 하도록 허용되어야 하기 때문이다"(GC, 88). 즉 하나님은 "바깥의" 창조를 위한 공간을 만드시기 위해 자신 안으로 수축하신다. 몰트만은 창조에서 "안을 향한" 행동과 "밖을 향한" 행동을 구별한다. "무로부터의 창조를 위한 무는 전능하고 편재하신 하나님이 자신의 현존을 제한하고 오직 자신의 능력을 제약하기 때문에—그리고 제약하는 한—생겨난다"(GC, 86-87). 이런 방식으로 그는 무로부터의 창조를 긍정한다. 과정신학의 만유재신론과 달리, 몰트만의 무로부터의 창조 주장은 세계가 하나님 안에 실존하지만 하나님은 세계로부터 구분된다는 것을 분명히 밝혀준다. 디안-드루몽에 따르면, 이 사고는 몰트만이 하나님과 세계 사이의 존재론적 구별이 없는 범신론적 경향으로 빠져들지 않도록 보호해준다.[25]

몰트만은 자연적 진화의 역사와 하나님의 내주 및 영화를 통해 열려진 "개방된 체계"로서 창조를 이해한다. 이런 창조는 "태초로부터 그것의 구속을 향해 정향된"(GC, 5) 과정이라고 간주된다. 그는 시간적 창조 또는

23_ 위의 책, 81.

24_ C. Gunton, *The Triune Creator*, 141.

25_ C. Deane-Drummond, *Ecology in Jürgen Moltmann's Theology*, 119.

역사적 창조뿐 아니라 영원한 창조를 포함하는 세 가지 범주로 창조를 말한다. 과정신학의 만유재신론과 달리, 몰트만은 무로부터의 창조를 긍정하고 있지만 고전적 유신론을 넘어서서 계속적 창조를 강조한다. 그는 과학적 지식에 밀접하게 관련된 개방 체계로서의 창조를 말하고 있다. 즉 물질과 생명의 카오스, 복잡성(complexity), 진화적 체계와 우주의 비결정적 의사소통 체계가 그런 것들이다. 폴킹혼은 케노시스 사고에 비추어 계속적 창조에 대한 몰트만의 해석을 긍정적으로 평가한다. 폴킹혼에 따르면, 창조에 대한 하나님의 내재성에 관한 신학적 긍정은 무로부터의 창조 개념을 계속적 창조 개념으로 보충함으로써 우주의 진화적 성격에 대한 과학적 지식을 통합할 수 있다.[26] 아서 피콕도 하나님을 자연적 질서의 과정 안에서 그리고 그것을 통해 내재적 창조자로 정의한다.[27]

창조론에 대한 케노시스적 접근은 현금의 신학 사상에서 가장 통찰력 있는 발전을 보여주는 것 같다. 과학 신학자인 이언 바버(Ian Barbour)에 따르면, 과정신학의 만유재신론은 자기제한으로서의 케노시스적 행동이 아닌 신적 본성에 내재적인 것으로서 신적 능력의 제한을 이해한다. 바버는 자신의 과정신학적 견해가 케노시스를 "자발적 자기제약"(voluntary kenosis)이 아니라 "형이상학적 필연성"으로 이해한다고 주장한다.[28] 몰트만에 의하면, 과정신학의 만유재신론에서는 하나님의 고난과 설득하는 사랑이 하나의 필연적 과정으로 이해된다. 과정신학의 만유재신론과는 달리, 몰트만은 세계가 하나님의 사랑으로부터 생겨난다고 믿는다. 즉 세계는 전적으로 하나님의 자발적 사랑에 의존하고 있는 것이다.

26_J. Polkinghorne, "Kenotic Creation and Divine Action," in *The Work of Love*, 95.

27_A. Peacocke, "Science and God the Creator," *Zygon* vol. 26 no. 4 (December, 1993), 482.

28_I. Barbour, "God's Power: A Process View," in *The Work of Love*, 12-13.

폴킹혼은 어떤 종류의 만유재신론에 대해서도 명시적으로 반대하고 있다. 왜냐하면 이 사상은 하나님과 세계를 서로 뒤얽히게 만들며, 결과적으로 하나님과 세계, 양자의 자유를 위협하기 때문이다. 그럼에도 그는 창조를 위한 하나님의 자기제약이라는 몰트만의 사고를 선호한다고 공공연히 언급한다.[29] 폴킹혼에게 케노시스는 하나님이 "자신의 능력을 케노시스의 방식으로 제한하는 창조의 '자유로운 과정'에 종속됨으로써 하나님 자신에 의해 취해진 모험(risk)"[30]을 뜻한다. 그의 관점에 따르면 이런 케노시스적 사고는 과학적 지식과 신학적 사고를 적절히 일치시키는 데 뿐만 아니라[31] 신정론의 문제를 해결하는 데도 유용하다는 점에서 중요하다.[32] 또한 폴킹혼은 이런 케노시스 사고가 결정적으로 예수 그리스도의 성육신에 계시되어 있음을 긍정한다. 케노시스 개념은 하나님의 본질과 성격을 묘사하는 데 있어 하나로 통합시키는 주제다. 또한 폴킹혼은 몰트만의 창조의 케노시스 사고가 공간적 범주들로 하나님의 내재적 현존을 설명하는 데 있어 과학자들에게 유익한 통찰력이라고 주장한다. 비록 하나님은 우주 안에 있는 모든 피조물에 현존하지만, 이런 하나님의 내재적 현존이 그분의 존재를 소진할 수는 없다는 것이다. 또한 미하엘 벨커도

29_ J. Polkinghorne, *Faith, Science & Understanding* (New Haven and London: Yale University Press, 2000), 93-94; *Science and Providence: God's Interaction with the World* (London: SPCK, 1989), 22; *The Faith of a Physicist: Reflections of a Bottom-Up Thinker* (Minneapolis: Fortress Press, 2001), 64.

30_ J. Polkinghorne, "Kenotic Creation and Divine Action," 96.

31_ 위의 책, 102-106. 폴킹혼의 관점으로는 공간과 시간 및 물질을 함께 연결하는 일반상대성이라는 근대 과학적 통찰력들은 많은 현대신학자로 하여금 하나님 안에 있는 시간성과 공간성을 긍정하는 데 동의하도록 만든다.

32_ 위의 책, 95-96. 여기서 폴킹혼은 케노시스의 사고에서 하나님이 전적이고 직접적으로 책임적이라고 주장될 수 없다고 역설한다. 따라서 그는 신적 무능성 또는 무관심에 대한 의심을 제거하기를 원하는 방식 안에서 이런 통찰을 "자유로운 과정의 변호"라고 일컫는다. J. Polkinghorne, *Science and Providence*, 66-67을 참고하라.

그리스도 안에 계시된 하나님의 자기를 비우는 사랑이 창조 전체를 포함한다고 주장한다.[33]

몰트만에게는 성육신만이 아니라 창조 자체가 자기를 비우는 신적 활동이다. 이는 하나님이 창조에 대한 자신의 절대적 능력이나 완전한 지배 및 지식을 포기함으로써 창조의 고난의 경험에 참여하심을 의미한다. 하나님의 자기비움의 행동의 목적은 창조를 그분 자신과의 관계성과 교제로 이끄는 것이다. 만유재신론적 비전에서 자기를 낮추는 신적 행동은 하나님의 자기를 낮추는 창조와 그리스도의 낮추심과 성령의 자기를 낮추는 내주를 포함한다. "창조에서의 하나님의 케노시스와 세계의 완성"(God's Kenosis and Consummation of the World)이라는 논문에서 몰트만은 유대교와 기독교 전통에서 하나님의 전능, 편재와 전지의 "자기를 내어주심", "자기제약", "자기겸비", "자기제한" 등 케노시스에 대한 다양한 정의를 제공하고 있다.[34]

이런 맥락에서 하나님의 형이상학적 속성의 개혁을 시도함으로써 몰트만은 성서적 내러티브에 비추어 하나님의 전통적 속성을 재정의한다. 하나님의 전지성 주제에 대해 몰트만은 이렇게 진술한다. "하나님은 모든 것을 앞서 알기를 원하시지 않기 때문에 모든 것을 미리 앞서 알지 않으신다. 그분은 자신이 창조한 자들의 응답을 기다리며 그들의 미래가 이루어지도록 허락하신다."[35] 이렇게 몰트만은 창조에게 실존과 그것을 전개

33_ M. Welker, "Romantic Love, Covenant Love, Kenotic Love," in *The Work of Love*, 133-136.

34_ J. Moltmann, "God's Kenosis," 145-149.

35_ 위의 책, 148. 이런 주장은 우리에게 "하나님에 관해 열린 견해"를 상기시킨다. 피녹은 다음과 같이 진술하고 있다. "하나님이 피조물에게 자유를 주셨을 때, 그분은 그들에게 모든 사소한 사항에서 이미 결정된 미래가 아니라 열린 미래, 어느 정도 그들의 결정에 의해 형성되는 미래를 주셨다.…하나님은 알려질 수 있는 모든 것을 알고 계신다. 그러나 하나님의 예지는 결정되지 않은 것을 포함하지 않는다.…하나님은 모든 미래의 선택 또는 모든 인간

할 자유를 허락함으로써 하나님의 자기제약을 포함하는 케노시스 창조신학의 대표자라 할 수 있다(CoG, 282).[36]

몰트만은 하나님의 전능한 능력이 곧 그분의 전능한 고난의 인내라고 본다.[37] "전능은 하나님의 능력이 아니다. 전능한 것은 그의 사랑이다."[38] 즉 하나님의 무한성과 전능성과 편재의 자기제약은 그분의 전능의 행동 자체다. "오로지 하나님만이 하나님을 제한할 수 있다."[39] 따라서 이런 창조의 케노시스는 하나님의 은총의 행동이다.

랭던 길키(Langdon Gilkey)는 몰트만과 같은 학자들에 의해 옹호된 창조의 케노시스 사고를 찬성하고 있다. 길키에 따르면, 자기제한은 하나님의 초월성을 양보함 없이 그분을 고난당할 수 있도록 만든다. "하나님은 자신의 자기제한으로 인해 고난당할 수 있다. 그러나 그분은 그것이 자기제약이기 때문에 초월적으로 남아 있다."[40] 더 나아가 그는 "하나님의 주권성

의 결정을 미리 알지 못하신다. 하나님은 그분이 알 수 있는 모든 것을 알고 계시다는 의미에서 전지하시며, 그리고 필요한 것은 무엇이든지 충분히 하실 수 있을 만큼 능력이 있다." C. Pinnock et. al., *The Openness of God*, 123-124.

36_ "하나님은 어떤 자유를 허용하지 않는 독재자나 명령자처럼 세계를 유지하고 다스리지 않는다. 그는 자신의 죄책과 재난을 지닌 세계를 감당하는 고난당하는 종과도 같다.…하나님은 자신이 창조한 자들에게 펼쳐나갈 수 있는 공간, 발전할 수 있는 시간 및 그들 자신의 운동을 위한 능력을 주시는 방식으로 자신의 인내와 침묵의 현존을 통해 자연과 인간들의 역사 안에서 행동하신다." J. Moltmann, "God's Kenosis," 149.

37_ 몰트만은 하나님의 인내를 통한 세계의 보전으로서 자기비움의 신적 행동을 말한다. 이런 의미에서 하나님의 전능은 하나님의 "오래 참으심" 또는 하나님의 인내를 의미한다. J. Moltmann, "Reflections of Chaos," 209.

38_ J. Moltmann, "God's Kenosis," 148. 몰트만은 훨씬 더 나아가 성경적 내러티브의 하나님이 "신실하시고" "후회하시고" "슬퍼하시며" 열정과 자비로 가득하실 수 있다고 말한다. 위의 책, 141-142. 이런 사고는 "하나님에 관해 열린 견해"의 주장과 비슷하다. R. Rice, "Biblical Support for New Perspective," in *The Openness of God*, 27.

39_ J. Moltmann, "God's Kenosis," 145.

40_ L. Gilkey, *Reaping the Whirlwind: A Christian Interpretation of History* (New York: Seabury, 1976), 307.

에 대한 제약이 자유와 자기실현에 의해 특징지어진 유한성을 창조하고 보전하는 데서 그분의 자기제한으로 이해될 수 있다"[41]라고 주장한다.

여기서 몰트만의 신적 행동의 케노시스 견해에 대해서는 다음과 같은 질문이 제기된다. 하나님의 능력의 자기제한은 그분을 악을 극복하는 데 있어 무능력한 존재로 만드는 것은 아닌가? 만일 하나님이 전능하다면 왜 악이 존재하는가? 몰트만은 하나님의 케노시스 사고로부터 출발함으로써 신정론의 문제를 해결하고 싶어한다. 자신의 만유재신론적 비전에서 몰트만은 구속적으로 악을 변화시키고 악에 저항하도록 사람들에게 힘을 부여하는 하나님의 능력을 묘사한다. 창조와 세계의 보전에서 하나님의 케노시스의 목적은 모든 피조물의 고난이 극복되고 변형되며, 세계가 종말에 이르러 하나님의 선의 내주하시는 충만에 방해받지 않고 참여하게 되는 그분의 영광의 나라다.

케노시스 사고에 관한 논의는 20세기 후반 이후 신학 사상에서 가장 중요한 진보 중 하나다. 여러 현대신학자와 과학자들이 이런 간학문적 논의에 참여하고 있는데, 이들 중 몰트만은 창조의 케노시스 신학의 위대한 주창자라 할 수 있다. 창조에 관한 몰트만의 케노시스 사고는 유대교 및 현대과학과의 대화를 가능하게 해준다. 그는 창조를 하나님의 자발적 자기제한의 사랑의 행동으로 본다. 이런 자기낮추심의 사고는 고전적 유신론과 과정신학의 만유재신론을 비판적으로 극복하는 동시에 여러 이점을 보존하고 있다고 간주된다. 고전적 유신론과는 달리, 몰트만은 시간성과 공간성을 하나님 안으로 가져온다. 이런 방식으로 그는 현대신학 논의를 위해 하나님의 시간성과 공간성을 일관되게 제안한다. 과정신학의 만유재신론과는 달리, 몰트만은 무로부터의 창조를 긍정하면서도 고전적 유

41_ 위의 책.

신론을 넘어서서 계속적 창조를 특히 강조하고 있다. 그는 창조를 과학적 지식과 밀접하게 관련시켜 개방적 체계로 말한다. 또한 자발적 자기비움의 행동으로서의 하나님의 창조 사역에 대한 주장은 고전적 유신론의 전능성이나 주권성 같은 하나님의 속성에 대한 견해에 도전한다. 또한 이것은 세계 안에서의 악과 고난이라는 당혹스런 질문에 대한 좀 더 만족스러운 응답을 제공한다.

무엇보다 몰트만에게 이런 하나님의 자기제한은 그분의 초월성과 내재성을 동시에 보전한다. 유한한 피조물을 위한 공간을 만들기 위해 하나님 자신의 무한성을 자발적으로 제한함으로써, 세계는 하나님 안에 있으며 하나님은 성령을 통해 세계 안에 거하신다. 이런 하나님의 자기제한은 과정신학의 만유재신론에서처럼 형이상학적 필연성이 아닌 그분의 자발적 결단에서 비롯된다. 몰트만의 기독교적 만유재신론은 현금의 창조에 관한 이해에 상당한 통찰력을 제공하며, 그리스도의 성육신과 십자가와 부활에서의 자기비움의 행동 및 구속과 새 창조에서 성령의 자기비움의 내주라는 일련의 신적 자기제한의 일관성을 설명하는 데 도움을 준다. 비록 몇몇 개념의 모호성과 논리적 정합성 여부에 대한 비판자들의 지적을 눈여겨볼 필요가 있음에도 불구하고, 몰트만의 창조의 케노시스 사고는 이후의 논의에서 지속적으로 대화의 문을 여는 데 기여하고 있다.

제6장

몰트만의 성령론

Jürgen Moltmann

I. 몰트만 신학에서 성령론의 위치와 역할

몰트만의 전체 신학은 철저히 삼위일체론적으로 구성되고 전개되었다. 1980년에 출간된 『삼위일체와 하나님의 나라』는 서방교회와 동방교회의 대화를 통해 이루어진 삼위일체론에 대한 종합적 연구로서 소위 "삼위일체론의 부흥"(르네상스)을 가져온 계기가 되었다. 여기서 몰트만은 "사회적 삼위일체론"을 주창했는데, 이는 전통적인 기독교적 일신론의 경향을 비판하고 성서적 토대와 함께 동방정교회 삼위일체론의 통찰력을 힘입어 새롭게 정립한 것이다. 몰트만의 삼위일체론은 이미 『십자가에 달리신 하나님』에서 발아되었고 『성령의 능력 안에 있는 교회』에서 심화되어 『삼위일체와 하나님의 나라』에서 만개했으며, 이후 그의 모든 신학과 저술 속에서 지속적으로 발전·전개되었다. 이런 맥락에서 볼 때 몰트만의 성령론은 그의 삼위일체적 하나님 이해와 분리 불가능하다. 즉 몰트만에게서 삼위일체적 사고가 점차 명료해지고 체계화될수록 성령에 관한 이해 역시 좀 더 명확하고 원숙해졌다고 할 수 있다.

몰트만의 성령 이해는 이미 초기 저서 속에 나타나 있다. 『희망의 신학』에서는 종말론적 미래의 보증이요 능력으로서의 성령이 강조되었다면, 『십자가에 달리신 하나님』에서는 세계의 고난의 현실에 참여하고 해방하는 성령의 역할에 초점이 맞추어졌다. 그런데 여기서 주목할 점은 몰트만이 십자가에 나타난 하나님의 삼위일체적 고난을 설명하면서 성부와 성자 사이의 관계는 상세히 진술했지만, 성령의 독자적 인격성과 역할은 덜 강조했다는 사실이다. 이로 인해 그의 십자가 신학이 이위일체론이라는 날카로운 비판을 받기도 했다. 그러나 그의 이런 성령에 관한 불균형한 사고는 『성령의 능력 안에 있는 교회』에서 좀 더 수정되고 보완되어 마침내 『삼위일체와 하나님의 나라』에서 보다 온전한 형태를 갖추게 된다. 즉 성령이 십자가의 삼위일체적 사건에서 성부와 성자의 사랑의 일치와 연합의 원천이며 성부와 성자와 함께 고난당하시는 인격적 주체라는 점이 부각되는 것이다.

그리하여 몰트만은 삼위일체론적 십자가 신학에 따른 성령론을 전개하기에 이르게 된다. 『성령의 능력 안에 있는 교회』에서 몰트만은 성령이 오순절 성령 강림 사건에서 태동한 교회의 실존을 형성하는 분으로서 종말론적 하나님나라의 실현을 앞당겨오신다고 주장한다. 다시 말해, 예수 그리스도의 역사와 하나님나라 사이를 중재하는 성령은 하나님나라의 예기(anticipation)요 전위대인 교회를 통해 복음 선포와 예배 및 성례전 등을 수단으로 삼위일체적 구원의 역사를 이루어가신다. 그러므로 몰트만에게 성령론은 그의 삼위일체론, 기독론, 교회론, 종말론과 상호긴밀하게 연결되어 있다.

또한 몰트만 신학에서 성령론은 창조에 관한 그의 이해를 심화시키고 있다. 『창조 안에 계신 하나님』에서 전 지구적 생태계 위기와 환경파괴의 현실에 직면해서 생명의 원천(*fons vitae*)으로서의 성령과 우주적 성령 이해를 새롭게 하고 있기 때문이다. 몰트만은 창조 안에 계신 하나님의 영의 활동과 사역을 강조함으로써 만유 안에 거하시는 하나님의 실존을 긍정하는 기독교적 만유재신론적 비전을 분명하게 보여준다(GC, 98).

몰트만은 『예수 그리스도의 길』에서 영 기독론(Spirit Christology)에 주목함으로써 성령과 그리스도와의 관계를 새롭게 조명하고, 덧붙여 우주적 그리스도에 대한 이해를 통해 우주적 성령 이해의 길을 열어주고 있다. 또한 『생명의 영』에서는 성령에 대한 통전적·조직적 이해를 시도함으로써 비로소 자신의 독자적 성령론을 전개하고 있다. 『오시는 하나님』에서는 우주적 쉐키나 개념을 통해 성령의 공간 개념의 차원을 드러내며, 우주적 종말론의 영역에서 새 창조의 영으로서의 성령 이해를 강조한다. 그리고 『신학의 방법과 형식』에서는 성령의 인격성을 삼위일체적 사고 안에서 다시 명확하게 규정하고 있다.

이런 맥락에서 볼 때 몰트만 신학에서 성령론은 그의 신학의 타 주제들과 상호밀접하게 관련되며 전체 주제를 아우르는 통합적 성격을 가지고 있다. 성령에 관한 내용은 전체 주제들에 스며들어 녹아 있으며 그 핵심을 꿰뚫고 있는 바, 후기로 갈수록 점차 심화되고 확대되며 포괄적인 지평을 가진다고 할 수 있다. 전통적 서구신학에서 "잊혀진 얼굴"이요 "미지의 삼위"(unknown Third)로서 존재하던 성령의 인격성을 다시 회복하고(SL, 12),[1] 성령의 다양하고 복합적인 사역을 성서적 근거와 더불어 체험적 차원에서 종합적으로 서술하는 몰트만의 성령론은 그의 신학의 토대와 뼈대를 형성할 뿐 아니라, 신학적 방향성에 생기와 활력을 불어넣는 역할을 감당하고 있다.

II. 몰트만 성령론의 특성

1. 통전적 성령 이해

성령론에 관한 몰트만의 주저 『생명의 영』에는 "통전적 성령론" (einganzliche Pneumatologie; holistic pneumatology)이라는 부제가 붙어 있다

1_ Vladimir Lossky, *In the Image and Likeness of God* (Crestwood, N.Y.: St. Vladimir Seminary Press, 1985), 92; Yves Congar, *Der Heilige Geist* (Freiburg: 1982), 328.

(SL, xiii). 이는 그의 저술 의도를 함축하고 있는 바, 우선 성서로부터 출발해서 성령론에 관한 로마가톨릭과 개신교 신학의 전통적 접근과 입장을 넘어서고자 한다. 즉 개인과 교회 공동체의 종교적 경건과 영혼의 구원을 위한 영으로서의 성령 이해를 극복하고, 영혼과 육체를 포함한 전인으로서의 인간의 삶과 관계하는 영, 사회와 역사 및 세계에서 활동하는 영, 피조 세계를 새롭게 살리는 생명의 영에 대한 이해를 제시하려는 것이다. 따라서 몰트만은 성령 이해를 개인과 교회의 울타리를 벗어나 총체적 삶으로 확대하고 있다. 그는 기존의 성령에 관한 환원주의적 이해를 비판하고 통전적 접근을 통해 구체적 삶의 현실을 반영하는 성령 이해를 제안한다. 이런 몰트만의 입장은 서구신학 전통에 나타난 성령론에 대한 무관심과, 기독론 및 구원론 등 타 주제들에 대해 종속적 위치에 머물렀던 성령 이해를 갱신하고 있다. 그리하여 몰트만은 자신의 성령 탐구를 "미지의 세계로의 발견의 여행"(SL, x)이라고 부른다.

몰트만은 계시와 성서를 중시하는 개신교 정통주의 신학의 객관주의적 접근과, 경험을 강조하는 자유주의 신학의 주관주의적 경향을 비판적으로 극복하고자 한다(SL, 5-8). 그는 성령과 말씀의 상호관계성을 강조한다. 즉 하나님의 영에 대한 인간적 경험을 배제한 하나님의 말씀은 존재할 수 없다는 것이다. 그리하여 인간의 경험 안에 있는 하나님의 내재와 계시의 초월적 성격을 설명하는 방식으로 성령의 내재적 초월성을 강조함으로써 통전적 접근을 보여주고 있다. 그뿐 아니라 성령의 역사는 말씀 선포에서 이루어지는 이성적·언어적 차원만이 아닌 비언어적 차원과 인간의 의식 및 신체에까지 작용한다고 역설한다.

그리하여 몰트만에 따르면 통전적 성령론은 의식적·무의식적 경험을 포함해서 종교적 경험의 모든 측면과 삶의 모든 영역에서의 성령의 경험을 다룬다(SL, 37). 따라서 이런 성령론은 교회 안에서 이루어지는 예배와 죄에 대한 참회만이 아니라, 사회적 현상 즉 환경파괴에 대한 분노와 함께 문제 해결에 뛰어드는 행동 등을 포함해야 한다. 몰트만은 인간 중심주의적 사고를 넘어서서 모든 피조물에 내재하는 성령의 현존과 영향력을 강조함으로써, 성령이 인간만이 아니라 피조물 전체를 변화시키는 우주적 성령이라고 역설한다(SL, 8-10). 이런 보편적 성령에 대한 이해는 몰트만의 통전적 성령론의 폭과 깊이를 보여준다.

2. 경험적 성령 이해

몰트만의 성령론의 가장 중요한 특징은 그의 성령 이해가 신자의 삶과 교회의 현실 및 세계의 구체적 삶의 정황으로부터 출발하는 경험적 차원을 가진다는 것이다. 그는 전 세계적으로 증대되는 오순절 운동과 은사주의 운동의 흐름을 숙지하고 있으며 실제로 그들과의 대화에 대해 개방적 자세를 보여준다(SL, 180-197). 그뿐 아니라 세계 곳곳에서 일어나는 해방의 다중적 차원과 여성 해방의 경험 및 전 지구적 생태 위기에 대한 현실참여 등을 아우르는 포괄적 지평도 드러낸다. 이런 그의 태도는 전통적 서구신학의 성령론과 현저한 차이를 나타낸다. 즉 생명의 원천이요 삶의 에너지로서 우주 만물 안에서 활동하는 성령의 임재와 충만이 어떻게 삶의 다양한 영역과 역사 속에서 경험될 수 있는지에 대해 상세히 기술하고 있기 때문이다. 그리하여 몰트만은 성령에 대한 성서적 증언의 경험적 해석으로부터 출발하여 구원의 서정(*ordo salutis*)뿐 아니라 성령의 친교와 인격성에 관한 자신의 성령 이해의 핵심 자료로서 기독교적 성령 체험을 지속적으로 활용하고 있다. 물론 그렇다고 몰트만이 경험주의적 덫에 갇혀 있다는 의미는 아니다. 오히려 그는 성서적 증언에 충실하면서도 이런 진술을 심화시키고 숙고하는 데 경험을 적절히 사용한다고 할 수 있다.

3. 삼위일체론적 성령 이해

몰트만의 성령론의 토대는 그의 삼위일체론적 사고다. 그에게 성령은 단순히 비인격적 실체나 에너지 또는 힘으로 이해되지 않는다. 오히려 성령은 세 인격으로 이루어진 신적 공동체 안에서 한 주체다. 몰트만에 의하면, 성령은 하나님 자신의 능력과 현존일 뿐 아니라 삼위일체 하나님의 세 인격 중 하나다. 『생명의 영』에서 몰트만은 창조의 영과 구속의 영 및 생명을 주시는 영의 통일성과, 창조하고 화해시키고 구속하시는 하나님의 영의 현존 사이를 구분해서 이 양자를 올바르게 확증하고 있다(SL, 9-10).

몰트만은 서방교회의 전통에서 성령의 인격성이 약화되고 종속적 위치가 심화된 이유를 필리오케 논쟁에서 찾고 있다. 즉 그 원인이 아우구스티누스 이후 서방교회에서 성령의 역할을 성부와 성자 사이의 사랑의 끈(*vinculum amoris*)으로 간주하는 역사적 흐름에 있다는 것이다. 궁극적으로 몰트만은 필리오케의 사용이 불필요하다고 주장한다. 그리하여 서구신학의 전통을 거부하고 동방교회의 착상을 넘어서서 "성자의 아버지로부터"(from the Father of the Son) 나오는 성령 개념을 주창했다(SL, 306-308).

몰트만의 사회적 삼위일체론은 성부와 성자와 성령 사이의 친교를 강조하는데, 여기서 페리코레시스는 각 인격의 자기전달과 상호나눔, 상호성과 협력 및 평등의 성격을 가진다. 몰트만은 동방교회의 페리코레시스 개념으로 필리오케 논쟁을 해결하고자 한다. 즉 성령의 위격(*hypostasis*)은 존재론적으로 성부로부터 오고, 성령의 얼굴(*prosopon*)은 미학적으로 성자로부터 출원하는 도식으로 설명될 수 있다는 것이다. 다시 말해, 성령은 성부로부터 나와서 성자의 얼굴에서 빛나는 하나님의 영광의 광채다. 더 나아가 성령은 성부로부터 나와서 성자 안에서 쉬며 성자를 통해 빛난다(SL, 307-309). 이런 몰트만의 제안은 서방교회와 동방교회 사이의 오랜 갈등과 분열을 치유하고 중재적 역할을 하고자 하는 이후의 에큐메니컬 접근에 유용한 계기를 만들어주었다.

특히 몰트만에 의하면, 십자가에 나타난 하나님의 삼위일체적 사건 속에 삼위일체 하나님의 인격의 구별과 통일성이 함께 드러난다는 것이다. 즉 성부를 통한 내어주심과 성자의 희생은 "성령을 통해" 일어났다. 그러므로 하나님 안에 있는 고난(suffering in God)은 "성부의 고통, 성자의 죽음, 성령의 탄식"(HTG, xvi)으로 설명될 수 있다. 이런 사고는 몰트만에게 삼위일체 하나님 안에서의 성령의 인격의 독특성과 함께 기능적·경세적 동등성(functional, economic equivalence)을 설명할 수 있는 근거를 제공한다.

몰트만은 본질과 계시, 존재와 행동, 내재적 삼위일체와 경세적 삼위일체의 전통적 구분 양식을 사용하는 대신에, 『생명의 영』에서는 삼위일체의 네 가지 모형을 다음과 같이 제안하고 있다. 군주론적(monarchical) 삼위일체, 역사적(historical) 삼위일체, 성만찬적(eucharistic) 삼위일체, 송영론적(doxological) 삼위일체(SL, 289-306)가 바로 그것이다. 여기서 삼위일체 하나님의 관계성은 하나의 형태로 고정되지 않으며 상호교대적이고 상호순환적이다. 삼위일체 하나님의 구원 역사에서 성령은 성부로부터 파송되어 성자의 십자가의 희생과 부활을 가능하게 하며, 승천하신 성자를 통해 세상에 파송된 "그리스도의 영"으로서 종말론적 새 창조를 이루어가신다. 또한 성령은 모든 피조물이 삼위일체 하나님의 삶에 연합하여 그분의 영원한 복에 참여하는 창조의 목적에 이르기까지 성자를 주님으로 영화롭게 하시고, 성자를 통해 그리고 성자와 함께 성부를 영화롭게 하신다. 그뿐 아니라 송영 가운데 성령은 성부와 성자와 더불어 예배와 영광을 받으신다. 이런 맥락에서 몰트만은 창조와 구속과 성화에서의 하나님의 영의 통일성을 긍정한다. 그에게 창조의 영과 그리스도의 구속하는 영 및 생명을 주시는 하나님의 영은 구별되는 동시에 동일하다. 이런 방식으로 몰트만의 성령 이해는 그의 사회적 삼위일체론에 근거하고 있으며, 페리코레시스 개념을 강조함으로써 성령의 인격성을 긍정하고 성령의 종속적 위치를 극복하는 통전적 모습을 보여준다.

4. 공동체적 성령 이해

몰트만의 삼위일체론에 근거한 성령 이해는 삼위일체 하나님의 구원 역사에 참여하는 신자 및 교회 공동체의 삶과 밀접하게 연결되어 있다. 몰트만은 전통적인 성령 이해가 신자 개인의 삶과 교회의 사역과 관계해서 구원론과 교회론의 영역에 제한되어 있다는 입장을 가진다(SL, 8-10). 물론 그는 중생·칭의·성화·영화 등 구원 과정의 주역이 곧 성령이라는 사실을 부인하지 않는다. 『생명의 영』과 『생명의 샘』[2]에서 몰트만은 성령 안에서 살아가는 신자들의 구체적 삶의 내용을 기술하고 있다. 그러나 성령을 신자의 삶에서 중생과 성화의 삶을 이루어가시는 분으로만 보지 않는다. 성령은 교회 공동체의 삶 속에 현존한다. 몰트만은 이미 『성령의 능력 안에 있는 교회』에서 오순절 성령 강림에서 시작된 성령의 현존과 능력 안에 있는 교회의 모습을 상세하게 밝히고 있다. 여기서 성령의 사역은 성령의 공동체로서의 교회의 본성과 사역을 결정한다. 그리하여 이런 성령의 현존 안에 있는 교회의 삶의 방식은 주로 복음 선포와 예배 및 세례와 주의 만찬으로 이루어진다. 하나님나라의 예기로서 교회는 성령의 능력 안에서 복음 선포와 예배 및 성례들을 축하하며 메시아적 삶의 양식을 구현하는 공동체다(CPS, 197-288).

2_J. Moltmann, *The Source of Life: The Holy Spirit and the Theology of Life*, trans. Margaret Kohl (Minneapolis, MN: Fortress Press, 1997; 이하 SoL).

몰트만에 의하면, 교회는 오순절 성령 강림의 날에 태어났으며 방언은 교회 탄생의 표징이다(SL, 185). 성령의 피조물로서 그리스도의 교회는 성령의 넘치는 능력과 은사들에 의존하고 있다. 이런 의미에서 교회는 성령의 은사의 다양성과 통일성을 지닌 카리스마적 공동체다. 특히 몰트만은 방언과 병자의 치유와 같은 성령의 은사에도 관심을 기울인다(SL, 188-192). 몰트만에 따르면 성령의 은사는 단지 개인적 경건과 교회 안에서만 활동하는 것이 아니다. 성령은 세상에 대한 봉사를 위해 교회 공동체에게 해방과 생태 운동에서의 예언자적 선포 등과 같은 성령의 은사를 주신다.

그뿐 아니라 몰트만은 성령이 공동체의 모든 구성원에게 자신의 은사를 나누어주기 때문에, 교회의 모든 구성원은 한결같이 "직무 담당자"이며, 여기서 구성원들 간의 차이는 기능의 차이일 뿐 신분의 차이를 의미하지 않는다고 주장한다. 결국 교회 공동체를 특징짓는 것은 제도나 위계질서가 아니라 성령 안에서의 "자유와 다양성과 형제자매 됨"인 것이다(SL, 234-236). 그래서 몰트만은 교회가 헌신된 제자들의 메시아적 친교 공동체로서 평등한 자들의 자유로운 사회라고 주장한다.

또한 몰트만은 "성령의 친교"로서의 교회에 대한 전통적 개념을 과감하게 확장시켜 "모든 피조물의 친교"라는 개념으로 사용하고 있다(SL, 225-228). 성령은 우선 성부와 성자를 연합하는 동시에 모든 피조물을 생명의 사귐과 친교의 형태로 만들어가는 영이다. 즉 인간 상호간과 인간과 공동체 및 인간과 자연 사이의 사귐의 공동체를 이루어가시는 분이 곧 성령이다. 이런 의미에서 성령은 일치와 연합의 영으로, 우주의 모든 생명체에 공통적인 생명의 원리요 공동체의 원리로서 활동하신다. 삼위일체 하나님의 페리코레시스는 모든 인간적 친교의 모델이 되는데, 상호성과 평등과 열린 대화의 관계를 낳는다. 즉 성령은 진정한 친교를 가능하게 하고 회복시키는 능력이며, 모든 피조물의 공동체는 성령과 생명의 교제를 갖는다.

몰트만은 칭의와 성화에 대한 전통적 개념을 포함하면서도 한 걸음 더 나아간다. 몰트만에게 칭의와 자유는 구원론에서 죄로부터의 개인적 속죄와 해방에만 적용되는 것이 아니다. 오히려 사회의 구조 악으로부터의 해방과 더불어 하나님의 공의를 실현하는 것으로 확장된다. 즉 성령은 개인뿐 아니라 사회를 의롭게 하고 거듭나게 하는 정의와 평화 및 해방과 자유의 영이다. 전통적으로 성령은 신자 개인의 영적 삶의 성숙과 발전을 가리키는 성화의 영으로 이해되어왔지만, 몰트만은 성화의 다양하고 포괄적인 측면을 역설한다. 즉 성령은 교회 안에서만 활동하지 않으시며 신자 개인의 영혼 구원 사역에 제한되지 않으신다는 것이다. 오히려 성령은 세상 속에서 죽음에 대항하는 생명, 억압에 맞선 해방, 불의에 대항하는 정의의 형태로 활동하신다(SL, 128). 또한 성화의 영으로서의 성령의 사역은 생명의 신성과 창조 세계의 신적 신비를 재발견하는 일과, 생명의 조작, 자연의 세속화 및 인간의 폭력에 의한 세계의 파괴로부터 그들을 보호하는 일을 포함한다(SL, 171-174). 이런 "생명에의 경외"를 통해 다가오는 평화와 조화의 왕국의 예기로서의 교회는 성령 안에서 삶의 조화와 일치를 추구하는 것을 포함해서, 삶의 성화에 참여하고 옹호하도록 부름 받았다.

이런 맥락에서 몰트만의 공동체적 성령 이해는 공동체의 일치와 연합을 가져오는 성령 이해에 기초하고 있으며, 세상을 섬기는 공동체로서 교회로 하여금 남성과 여성의 공동체, 세대들의 공동체, 자발적 행동 단체들과의 연대를 통해 종말론적 하나님나라 구현을 위한 실천적 참여를 역설하는 특징을 보여준다(SL, 236-248). 몰트만은 성령 안에서의 "열린 우정"(open friendship)이라는 개념을 통해 하나님 사랑과 이웃 사랑을 행동으로 실천하는 공동체의 모습을 강조한다(SL, 248-267).

5. 우주적·종말론적 성령 이해

몰트만의 성령 이해는 우주적이고 종말론적 성격을 지닌다. 그에 의하면, 성령은 태초의 창조와 계속적 창조 및 종말론적 창조의 전 과정에 걸쳐 활동하신다. 또한 우주적 성령은 우주 만물 즉 가장 근본적 분자로부터 시작해서 원자와 미분자와 세포 및 생명 유기체와 동물과 인간 및 인류 공동체에 이르는 피조 세계와 관계를 맺고 역사하신다(SL, 225-228).

기본적으로 몰트만은 생명의 영으로서의 성령에 대한 성서적 관점을 회복하기를 원한다. 구약성서에서 루아흐, 곧 생명의 영은 만물에 내재하고 만물에 침투하는 영이다. 몰트만에 의하면, 생명을 주시는 영 또는 생명을 긍정하시는 하나님의 영은 보편적 성격을 지닌다. 성령은 "생명의 원천"이며 모든 창조 세계의 유지와 구원을 통해 이 세상 속으로 건강한 생명, 온전한 생명, 충만한 생명, 상처받지 않고 파괴되지 않는 영원한 생명을 가져오신다. 즉 성령은 "창조의 영"이요, "재창조의 영"일 뿐 아니라 "새 창조의 영"이다.

몰트만에게 성령은 예수의 역사와 하나님나라의 도래 사이에서 종말론적 미래를 중재한다. 그리하여 메시아적 왕국의 선취인 교회로 하여금 성령의 사역에 참여하도록 하신다. 교회는 성령 안에서 하나님나라의 선취의 형태로서 복음을 선포하고 성례전을 시행하며 은사와 직무를 감당한다. 이런 성령의 매개와 능력은 교회로 하여금 자신을 넘어서서 세상의 고난에 참여하고 하나님나라의 미래를 향해 나아가도록 인도한다(SL, 247-248). 또한 성령은 종말론적 의미에서 하나님의 궁극적 주권과 영광을 지향하는 새 창조의 영이다. 이런 맥락에서 성령은 우주 만물을 하나님의 미래를 위해 열린 체계로 만들어가며 종말론적 완성을 성취하는 분이다.

몰트만에 따르면 창조 안에 거하시는 영은 우주적 성령이다. 그는 우주적 성령을 통한 피조물 안에서의 하나님의 내재성을 강조한다. 창조주 하나님이 세계를 초월해 계실 뿐 아니라 하나님의 영을 통해 자신의 피조물 속에 내재하신다는 것이다. 이런 영을 통한 하나님과 피조물의 관계성은 초월적 내재성 또는 내재적 초월성이다. 이것은 하나님의 초월성을 희생하지 않고 범신론에 빠지지 않으면서 피조물 안에 존재하는 하나님을 가리킨다(SL, 31-38). 몰트만은 이를 기독교적 만유재신론이라고 부른다(TK, 19, 106). 이렇게 몰트만은 상호내주, 즉 성령을 통한 세계 안에서의 하나님의 내주와 하나님 안에서의 세계의 내주를 강조한다.

몰트만은 성령의 내주 활동을 성령의 케노시스 개념으로 설명한다. 창조 안에서의 하나님의 자기제한과 십자가에 못 박히신 예수의 자기비움과 마찬가지로, 성령은 케노시스의 방식으로 피조물 안에 내주하신다. 몰트만의 견해에 따르면 하나님의 임재와 동행을 뜻하는 쉐키나의 사고는 "성령의 케노시스"를 가리킨다(SL, 51). 이는 하나님의 능력에 대한 우리의 경험 속에 나타나며, 성령의 자기낮추심과 자기비움은 세계의 고난에 대한 참여의 형태 안에 드러난다고 할 수 있다.

우주적 성령에 대한 몰트만의 이런 관심은 오늘날의 생태 위기 속에서 전 지구인의 공동 책임을 부각시킨다. 따라서 성령의 선교는 곧 생명의 선교를 의미한다. 이런 선교는 단순히 교회를 확장하는 것만이 아니라, 하나님의 미래를 위해 생명을 위협하고 파괴하는 세력에 저항하는 생명 운동을 포함한다. 즉 생명의 영으로서의 우주적 성령은 종말론적 부활의 담보이며, 피조 세계의 건강과 온전함을 위해 생명 사랑과 구원 운동을 통해 생명의 선교를 가능하도록 만드신다는 것이다. 그리하여 마침내 성령은 우주의 생명을 완성시키고 새 하늘과 새 땅을 가져오신다.

여기서 새 하늘과 새 땅에 대한 기독교적 희망의 근거는 하나님의 종말론적 내주, 즉 우주적 쉐키나와 관련된다. "하나님이 모든 것 안에 모든 것"(고전 15:28)이 되는 종말의 완성의 때에 성령의 공간적 차원으로서의 우주적 쉐키나는 하나님의 거주 공간으로서 그분이 자기 백성과 함께 상호내주하는 상태를 가리킨다(CoG, 317-319). 우주적 성령은 모든 피조 세계를 새롭게 함으로써 안식과 축제와 기쁨의 세계를 만드는 새 창조의 영인 것이다. 그리하여 그분은 궁극적으로 만물이 삼위일체 하나님의 영광과 영원한 생명에 참여하도록 하신다. 여기서 몰트만은 삼위일체 하나님의 상호내주와, 하나님과 피조물의 상호내주 사이의 관계를 유비적으로 표현한다. 그리하여 하나님과 세계 사이의 존재론적 구별이 적절하게 강조되고 있다. 요약하면, 몰트만은 페리코레시스를 강조하는 사회적 삼위일체론을 기초로 우주적 성령을 통한 하나님과 세계 사이의 상호침투와 상호공동체를 강조한다. 즉 몰트만은 우주적 성령과 세계의 상호적 페리코레시스를 주장함으로써 하나님의 초월성과 내재성을 보전하려는 노력을 지속적으로 보여주고 있다.

III. 몰트만 성령론에 대한 평가

후기로 갈수록 몰트만 신학은 성령론 중심의 구조와 성격을 띤다. 이런 경향은 "제3조항으로의 전환"(Turn to the third article)이라고 평가되기도 한다.[3] 몰트만의 성령 이해는 성서를 토대로 추상적 사변이 아닌 구체적 경험으로부터 출발하며, 사회적 삼위일체론에 근거한 성령의 인격성에 대한 강조를 부각하고 있다. 특히 페리코레시스 개념을 활용해서 성령의 종속적 위치를 극복하려는 시도는 긍정적으로 평가될 수 있다. 몰트만

3_ Veli-Matti Kärkkäinen, *Pneumatology: The Holy Spirit in Ecumencial, International, and Contextual Perspective* (Grand Rapids, Michigan: Baker Academic, 2002), 16-19.

은 성령의 인격과 사역에 대한 전통적 이해를 포함하면서도 동시에 그것을 비판적으로 극복하면서 독창적 대안을 제시했다. 무엇보다도 서방교회의 필리오케 삽입을 반대하고 동방교회와의 대화를 거쳐 새로운 절충안을 제안한다는 점에서 에큐메니컬한 전망을 가진다.

몰트만은 성령을 구원의 영으로 간주하고 성령의 사역의 자리를 교회로 제한하며, 개인 영혼의 구원에만 치중하는 전통적인 로마가톨릭과 개신교 신학의 한계를 넘어서고자 했다. 따라서 구원 과정에서 개인의 성화에 초점을 맞추던 성령 이해를 벗어나 창조와 구원 및 새 창조에 이르기까지 포괄적 지평을 보여준다. 즉 중생·칭의·성화 등의 영역에서 전통적 구원론이 가진 협소한 차원을 넘어서서, 구원의 사회적·경제적 차원에까지 확대함으로써 통전적 시각을 제공한다고 할 수 있다. 또한 성령의 사역에서 개인적 차원뿐 아니라 공동체적·사회적 차원 및 생태계와 우주적 차원을 다루는 통전적 성령론을 전개한다. 이런 성령의 사역의 공동체적·사회적 차원에 대한 강조는 근대 개인주의적 경향에 대한 비판적 극복이요 대안으로, 성령의 사역의 포괄적 모습을 보여주고 있다. 이런 방식으로 몰트만은 성령론에 관한 새로운 패러다임 전환을 가져오고자 했다.

몰트만의 성령론의 가장 현저한 특징은 성령에 대한 실제적·경험적 차원을 강조한다는 점이다. 전통적인 가톨릭교회와 개신교회가 각각 성례전과 말씀 선포에 집중된 성령 사역의 이해에 치우쳤다면, 오늘날 전개되고 있는 성령 운동은 다양한 카리스마적 경험의 차원을 반영하고 있다는 것이다. 또한 몰트만의 성령론의 가장 결정적이고 창의적인 모습 중 하나는 지속적인 생태적 관심이다. 이런 생태학적 방향은 후기로 갈수록 성숙한 모습으로 나타나는데, 이는 그의 우주적 성령 이해에 근거하고 있다. 특히 기독교적 만유재신론의 근거로서 성령의 내재적 초월성 또는 초월적 내재성을 강조하는 몰트만의 우주적 성령 이해는 주목할 만하다.

그러나 몰트만의 성령론에 대한 여러 비판에도 주의를 기울여야 할 것이다. 그의 필리오케 논쟁에 대한 접근 방식, 성령의 개념에서 쉐키나 차용의 적절성 여부, 성령의 케노시스 차원에 대한 좀 더 상세한 언급의 필요성, 우주적 쉐키나의 성격 등에 대해 다양한 질문이 제기되었다.[4] 그럼에도 기본적으로 몰트만의 성령론은 전통적 성령론의 약점을 교정하고 그 한계를 극복하며 대안을 제시하고자 했던 창의적 성격을 보여준다. 또한 현금의 신학에서 성령론의 다양한 주제에 관한 활발한 논의의 단초와 더불어 깊은 영감과 통찰력을 제공해준다. 그리하여 신자의 삶의 전 영역과 교회 공동체 및 사회와 우주 안에서 활동하는 복합적이고 역동적인 성령의 현존과 사역을 이해하는 데 유용한 근거가 될 수 있다는 점에서 그 신학적 의의를 찾을 수 있다.

4_ 현요한, "몰트만의 성령론", 한국조직신학회 편, 『몰트만과 그의 신학: 희망과 희망 사이』, 「조직신학논총」 12 (2005), 215.

Jürgen Moltmann

제7장

몰트만의 "우주적 성령"

Jürgen Moltmann

현금의 신학의 주요 특징 중 하나는 성령에 대한 주목할 만한 관심과 새로운 접근이 다양하게 나타나고 있다는 점이다. 특히 몰트만의 성령 이해는 성서를 토대로 추상적 사변이 아닌 구체적 경험으로부터 출발하며, 사회적 삼위일체론에 근거한 성령의 인격성을 강조한다. 또한 구원의 과정에서 개인의 성화에 초점을 맞춘 전통적 성령 이해를 넘어서서 창조와 구원 및 새 창조에 이르기까지 포괄적 지평을 갖는다. 즉 성령의 사역에서 개인적 차원뿐 아니라 공동체적·사회적 차원 및 생태계와 우주적 차원을 다루는 통전적 성령론(einganzheitliche Pneumatologie)을 전개한다.

이런 맥락에서 몰트만의 "우주적 성령"(Cosmic Spirit) 이해는 우선 생태학적 창조론과 연결되어 있다. 즉 그의 주된 초점은 창조 안에 내주하는 성령의 현존 및 활동에 놓여 있으면서도, 동시에 구원 및 종말론적 창조 속에 나타난 우주적 성령의 현존 및 활동이 함께 강조된다. 그리고 자신의 사회적 삼위일체론에서 주장된 하나님의 내재성과 초월성의 관계를 토대로 하여, 몰트만은 우주적 성령 이해를 통해 하나님과 세계 사이의 역동적 관계성과 상호공동체에 관한 사고를 발전시킨다. 따라서 그의 만유재신론적 비전에서 흥미로운 것은 우주적 성령을 통한 하나님과 세계의 페리코레시스가 지속적으로 반복되어 나타난다는 점이다.

제7장에서는 몰트만의 성령론 중 특히 우주적 성령 이해에 초점을 맞추어 그 구조와 성격을 살펴본 뒤, 여기에 대한 현대신학자들과의 논의 및 몰트만 자신의 응답을 다룸으로써 그의 우주적 성령 이해의 신학적 타당성과 적합성 및 그 한계를 고찰할 것이다. 특히 몰트만의 신학적 사고

전체를 관통하는 만유재신론의 맥락에서 우주적 성령 이해의 특징을 살펴봄으로써 오늘날 활발하게 전개되고 있는 제 논의와의 관련성을 탐구하고자 한다.

I. 몰트만의 "우주적 성령" 이해

1. 창조 안에 계신 성령의 내주

몰트만에게 창조는 삼위일체적 과정이다. 그에 따르면 "성부는 피조 세계를 창조하는 원인이고, 성자는 창조를 형성하는 원인이며, 성령은 창조의 삶을 수여하는 원인이다. 피조 세계는 성령 안에 존재하고 성자에 의해 형성되며 성부에 의해 창조된다"(GC, 98).[1] 이런 방식으로 하나님은 단지 세계를 초월하실 뿐 아니라 세계 안에 내재한다.

> 하나님은 세계를 창조하는 동시에 세계 안으로 들어가신다. 그분은 세계를 생겨나게 하는 동시에 그 존재를 통해 자신을 계시한다. 세계는 하나님의 창조적 힘으로 말미암아 살아가며, 그럼에도 그분은 세계 안에서 산다.…세계를 초월하는 하나님과 세계 안에 내재하는 하나님은 동일한 하나님이다.…하나님은 자신 안에 있는 동시에 자신 바깥에 있다. 그분은 피조물 안에서 자신 바깥에 있는 동시에 자신 안에 즉 자신의 안식(Sabbath) 안에 계신다(GC, 15).

1_ 몰트만은 다음과 같이 진술하고 있다. "성자와 성령을 보내는 분은 창조자이신 성부다. 자신의 해방하는 주권 안에서 세계를 총괄하고 구원하는 분은 창조의 말씀이신 성자다. 세계에 생명을 주고 그것이 하나님의 영원한 생명에 참여하도록 허락하는 분은 창조자의 능력인 성령이다"(GC, 97-98).

『창조 안에 계신 하나님』이라는 제목에서 볼 수 있듯이 몰트만에게 하나님은 성령 하나님을 의미한다. 하나님과 세계의 대립에서 출발하는 대신에, 몰트만은 창조 안에 계신 하나님의 내재적 현존을 말한다. "자신의 영을 통해 하나님 스스로 자신의 창조 안에 현존하신다. 모든 창조는 성령의 효력들에 의해 이루어진다"(GC, 212). 몰트만의 의하면 기독교 신학은 창조 안에 내주하시는 하나님의 영으로부터 출발해야 한다.

『창조 안에 계신 하나님』에서 몰트만은 성령을 신적 생명의 힘(*ruach*)으로 묘사한다. "이런 창조의 신적 생명은 남성적 은유가 아니라 여성적 은유들을 통해 파악되어야 한다"(GC, 10). 『생명의 영』에서 몰트만은 좀 더 확대되고 정교한 형식으로 성령에 대한 자신의 이해를 발전시킨다. 그에게 남성적 단어인 "말씀"(*dabar*)과 여성적 단어인 "생명의 힘"(*ruach*)은 성령을 표현하기 위해 필수적으로 상호보충적인 언어다(SL, 42). 또한 주목할 점은 유대교와 기독교의 메시아적 전통의 영향을 받아 몰트만이 다음과 같이 삼위일체론적 창조를 묘사하고 있다는 것이다. 즉 성부는 만물을 로고스/지혜(Logos/Wisdom)를 통해 성령의 능력 안에서 창조한다(HTG, 133; WJC, 288-289; SL, 65-66, 72; ET, 311).[2]

몰트만의 주장에 의하면 하나님은 "생명을 사랑하시는 자"이며 성령은 모든 피조물 안에 있다. 그는 창조에서 성령의 내주에 관한 교리를 제안한다. "자신의 영을 통해 창조자는 그의 창조 전체와 모든 개별적 피조물 안에 거한다. 이는 그의 영이 그들을 한데 묶어주며 그들을 생명 안에서 유지해주기 때문이다. 창조의 내적 비밀은 이런 하나님의 내주다"(GC,

2_ 다른 곳에서 몰트만은 "성부는 이 세계를 성령의 능력 안에서 그의 딸(Daughter)-지혜(Wisdom)/아들(Son)-로고스(Logos)를 통해 창조하셨다"라고 말한다. J. Moltmann, "Reflections on Chaos and God's Interaction with the World from a Trinitarian Perspective," 208.

xiv). 이런 맥락에서 몰트만은 창조 안에 있는 하나님의 내주를 위한 성서적 토대를 지적하고 있다. "주의 영이 세계를 가득 채우고 있다"(지혜서 1:70). 그러므로 창조 안에 거하는 창조자 영은 우주적 성령이다. 이는 몰트만의 창조론의 생태학적·성령론적 성격을 보여준다.

더 나아가 몰트만에 따르면, 성령이 창조자와 피조물 사이를 연결하기 때문에 피조물이 이런 특수한 하나님의 내주를 경험하는 것은 바로 성령에 의해서다. "창조자와 피조물의 차이…어떤 관계에 의해서도 연결될 수 없는 것처럼 보이는 차이를 연결하는 것이 바로 능력과 에너지다"(TK, 57, 113). 따라서 자신의 삼위일체론적 창조론에서 몰트만은 내주하시는 창조자 영과 관련해 "하나님의 내재성과 초월성"을 둘 다 강조한다. 그에 따르면 우리는 "세계 안에 계신 하나님의 현존과 하나님 안에 있는 세계의 현존"을 인식해야 한다(GC, 13). 따라서 몰트만은 삼위일체론적 만유재신론에 대한 자신의 지지를 명시적으로 밝히고 있다. "만유재신론적 견해로 볼 때 세계를 창조하셨던 하나님은 또한 그 안에 거하시며, 역으로 그분이 창조하셨던 세계도 그분 안에 존재한다. 이는 오직 삼위일체론적 표현으로만 생각되고 묘사될 수 있는 개념이다"(GC, 98). 오직 이런 만유재신론적 견해 안에서만 이 개념은 "하나님을 세계의 모든 매일의 경험 안에서(in), 함께(with), 그 아래에서(and beneath) 경험할 수 있도록 해준다"(SL, 34).

2. 성령의 케노시스

성령이 "창조 안에서, 창조와 함께, 창조 아래에" 거한다고 하는 루터의 성례론적 언어를 차용해서 몰트만은 성령의 내주하시는 활동을 설명한다. 이런 맥락에서 그는 성령의 케노시스를 말한다. 창조 안에서의 하나님의 자기제한과 십자가에 못 박히신 예수의 자기비움과 마찬가지로, 성령은 케노시스의 방식으로 피조물 안에 내주하신다.

> 신약성서는 성령이 "내려와서" "거한다"라고 말한다. 이것을 우리는 이렇게 해석할 수 있다. 즉 내려오심과 "겸허"를 통해 성령은 자신의 방식으로 성부의 자기제한과 성자의 자기비움에 참여한다(TK, 211; GC, 86; SL, 212을 참고하라).

더욱이 몰트만의 견해에 의하면 쉐키나의 사고는 "성령의 케노시스"를 가리킨다(SL, 51; GC, 102을 참고하라). 쉐키나 안에서 하나님은 자발적으로 자신의 고난불가능성을 포기하고 자신의 사랑으로 말미암아 상처받게 되며, 영원한 성령은 예수의 인격과 삶의 역사와 고난에 자기비움의 방식으로 자신을 위탁하며 동행하신다. 이런 의미에서 몰트만은 예수의 내재적 고난의 방식과 함께 동반하시는 성령의 점진적 케노시스를 말할 수 있다고 역설한다(SL, 62).[3]

하나님의 능력에 대한 경험을 통해 우리는 성령의 케노시스의 형식들, 즉 그분의 낮추심과 자기비움과 세계의 고난들에 대한 참여를 말할 수 있다(SL, 12). 여기서 주목할 점은 비록 자기비움의 형태 속에서도 성령은 여전히 삼위일체의 한 인격으로 남아 있다는 것이다. 하나님의 쉐키나는 단지 그분의 "현존의 방식"일 뿐 아니라 "하나님 안에 있는 하나님의 상대

3_ 몰트만은 "이런 방식으로 하나님의 영은 그리스도의 영이 된다"(SL, 62)라고 한다. 더 나아가 그는 "성부와 성자의 내어주심은 '성령을 통해' 일어난다. 성령은 본래적으로 생동적 통일성과 십자가에서 경험했던 성부와 성자 사이의 분리를 결속하는, 분리 안에 있는 결합이다. 예수가 권위를 가지고 선포하시고 표적과 기사로 행하셨던 것은 바로 성령을 통해서였다. 예수의 활동적 능력이셨던 성령이 이제는 그의 고난당하는 능력이 되신다.…그리스도의 내어주심은 또한 성령의 자기비움을 계시했기 때문에 그리스도의 고난은 또한 성령의 고난이다. 성령은 예수의 삶-역사의 신적 주체다. 그리고 성령은 예수의 고난 역사의 신적 주체다"(WJC, 174)라고 덧붙인다.

자(counterpart)"이기 때문에, 성령의 인격적 정체성은 여전히 긍정되어야 한다. 곧 성령은 그 안에서 그것이 경험될 수 있는 형태에서뿐만 아니라 성부와 성자와의 관계성 안에서도 고유한 인격성을 가진다(SL, 12).

성령에 대한 케노시스적 이해를 바탕으로 몰트만은 성령을 "드넓은 장소"(broad place)로 언급한다. *makom* 즉 넓은 공간으로서의 하나님에 대한 유대교 카발라신학의 이해를 따라, 몰트만은 하나님의 영을 만유재신론적으로 공간적 범주로 묘사한다.[4] "만일 하나님의 영이 피조물에 수여된 삶을 위해 이런 드넓고 개방된 공간으로 경험된다면, 사람들이 하나님의 영 '안에' 살며 그분이 공간적인 '넓음'(breadth)으로 경험되는 장소의 규정들을 우리는 이해할 수 있다"(SL, 43).[5]

이런 방식으로 몰트만은 쉐키나의 사고와 밀접하게 연결된 성령을 하나님의 지상적이고 시간적이며 공간적인 현존으로 이해한다(SL, 47). 그에 따르면 이런 쉐키나는 하나님과 동일할 뿐 아니라 그분으로부터 구별되기 때문에(SL, 48), 하나님 안에 있는 공간성은 만유재신론적 방식으로 유지될 수 있다.

몰트만의 견해에 따르면, 자기를 구분하고 자기를 내어주는 사랑 안에서 하나님은 모든 피조물 속에 공감적으로(emphatically) 거하신다. 고난당하는 피조물 안으로 내려오며 내주하심을 통해 성령은 세계의 고난과 함께 고난당하시며 종말에 있게 될 창조의 하나님과의 연합을 추구한다(SL, 51). 그러나 몰트만의 관점에서 주목할 만한 점은 창조에 내주하시는

4_ 몰트만의 견해에 따르면 "루아흐"라는 단어는 넓이를 뜻하기 때문에 루아흐는 공간을 창조한다. 따라서 "루아흐를 경험한다는 것은 하나의 인격이나 힘만이 아니라 공간으로서 신적인 것을 경험하는 것이다"(SL, 43).

5_ 다른 곳에서 몰트만은 "그러므로 새로운 삶 속에서 우리는 성령을 '드넓은 장소'로—우리의 자유를 위한 자유로운 공간으로, 우리의 삶을 위한 살아 있는 공간으로, 삶을 발견할 수 있도록 우리를 초대하는 지평으로 경험한다. '드넓은 장소'는 우리 안에 그리고 우리를 둘러싸고 있는 하나님의 가장 은폐된 무언의 현존이다"(SL, 178)라고 진술한다.

성령이 창조의 고난의 역사를 희망의 역사로 전환시킨다는 점이다. "창조의 성령의 현존은 생명과 고난의 차이 속에서 피조물의 희망을 가져온다."[6]

3. 종말론적 창조에서 성령

몰트만은 하나님의 영이 우주적 성령과 동일하다고 주장한다. "만일 우주적 성령이 하나님의 영이라면, 우주는 닫힌 체계로 간주될 수 없을 것이다. 이는—하나님과 그분의 미래를 향해—하나의 개방된 체계로 이해되어야 한다"(GC, 102). 성부가 영광 받고 자신의 세계와 연합하며 세계가 삼위일체 하나님과 하나가 되는 것은 바로 성령에 의해서라고 몰트만은 역설한다. 만물은 종말에 하나님의 내재적 삼위일체의 삶에 연합된다. 몰트만에게 성령의 현존은 종말론과 역사의 중개다.

> 기독교 신학은 성령론 안에서 "하나님의 내주하심"에 관해 이야기한다. "우리의 마음속에"(롬 5:3) 그리고 "모든 육체에"(욜 2:28-32; 행 2:17) 성령의 부어짐은 새로운 종말론적 창조의 시작이다. 그것은 하나님이 "모든 것 안에 모든 것"(고전 15:28)이 되실 때 완성될 것이다. 한편으로 하나님은 이런 완성된 창조 안에 거하실 것이며, 다른 한편으로 창조 자체는 하나님으로부터 살게 될 것이다(TK, 110-111; SL, 212; ET, 316).[7]

이런 방식으로 성령의 역사는 "하나님이 모든 것 안에서 모든 것이 되

6_ K. Stock, "Creatio nova-creatio ex nihilo," *Evangelische Theologie* 36 (1976), 202-204; GC, 102에서 재인용.

7_ 몰트만은 "성령의 내주(*inhabitatio spiritus sancti in corde*)가 하나님의 영광의 종말론적 내주의 예기다. 성령의 경험을 통해 신체적 본성 안에 있는 남녀 인간은 삼위일체 하나님의 성전이 된다"(계 21:3; TK, 212)라고 진술한다.

실 것이다"(고전 15:28)라는 표현에서처럼 종말론적 완성을 지향한다. 이는 몰트만의 "종말론적 만유재신론"을 명백히 보여준다.

몰트만에 따르면 "만일 하나님이 만물 안에 계시다면, 또한 만물이 하나님 안에 있다면, 하나님 자신은 자기 방식으로 만물을 '경험한다'"(SL, 34). 그러나 이런 종말론적 만유재신론적 비전에서 몰트만은 자기 입장을 범신론의 입장과 분명히 구분하고 있다.

> 만일 하나님의 경험이 모든 세계 경험과 전체의 삶과 관계되어 있다면, 이것은 결코 모든 가능한 경험들이 동일한 것으로 전환되고 범신론적으로 획일화되어야 함을 의미하지 않는다. 기독교적 이해에서 이런 하나님의 경험은 그분의 창조의 화려한 다양성 안에 있는 창조자 하나님의 현존의 경험이기 때문이다(SL, 35).

즉 "만물 안에서 하나님을 인식하며 그분 안에서 만물을 인식할 수 있는 가능성은 신학적으로 하나님의 영을 창조의 능력과 생명의 원천으로 이해하는 데 있다"(SL, 35).[8]

성령을 통해 인간 안에 계신 하나님의 내재성은 하나님 안에서의 인간의 자기초월성의 근거다.[9] 삼위일체론적·종말론적 만유재신론의 비전에서 몰트만은 만물 안에 계신 하나님의 경험과 하나님 안에 있는 만물의 경험을 성령론적 범주로 신중하게 설명한다. 첫 번째 운동은 성령을

8_ 여기서 몰트만은 생명의 원천(*fons vitae*)으로서의 성령에 대한 칼뱅의 사고를 따른다.

9_ 몰트만은 "계시와 경험 사이의 이런 대립을 수립함으로써, 바르트는 자신이 비판한 신학적 내재주의를 신학적 초월주의로 대치했을 뿐이다. 그러나 실제적 현상은…인간의 경험 안에서 하나님의 내재성이 발견되고 하나님 안에서 인간의 초월성이 발견된다는 것이다. 하나님의 영이 인간 안에 현존하기 때문에 인간의 영은 하나님을 향해 자기를 초월하게 되었다"라고 주장한다. SL, 7; HTG, 72을 참고하라.

통한 하나님의 내재적 초월성을 드러낸다. 창조 안에 계신 성령의 행동은 "유한 안에서 무한한 것, 시간적인 것 안에서 영원한 것, 일시적인 것 안에서 영구성"(SL, 35)을 가리킨다. 인간 안에서 성령의 내주하시는 활동의 두 번째 운동은 "무한한 것 안에서 유한한 것, 영원한 것 안에서 시간적인 것, 인내하는 것 안에서 일시성"(SL, 36)을 말할 수 있도록 한다. 그러나 여기서 몰트만은 하나님의 영의 경험을 피조물의 경험으로부터 구별하고 있다. 그에 따르면 이것은 범신론에서처럼 "구별 없음"(Indifference)의 문제가 아니다. 오히려 세계의 경험 안에 계신 하나님의 경험은 그것을 속되거나 세속적이라고 표명하지 않으면서 그분의 특수한 경험인 것이다.

4. 우주적 성령

몰트만에게 하나님의 영은 우주적 성령과 동일하다. 그러나 그는 이런 우주적 성령을 세계의 영의 내주와 동일시하지는 않는다. 하나의 우주적 몸 안에 있는 세계의 영에 관한 스토아철학의 주장으로부터 우주적 영을 구별하는 칼뱅과 일치해서, 몰트만은 자기 견해를 다음과 같이 소개한다. "하나님의 영은 자신을 세계 안에 합병시키지 않고 세계와의 관련성을 유효하게 형성하면서 세계 안으로 행동하고 침투한다. 우주적 성령은 하나님의 영으로 존속하며, 그분이 삶의 힘으로서 우리 안에서 행동하시기 때문에 우리의 성령이 된다"(GC, 12).

몰트만에게 그리스도의 구속하는 영과 창조의 영과 생명을 주시는 하나님의 영은 동일하신 분이다(SL, 8-9). 즉 "성령을 통해 창조자는 각각의 피조물 안에 현존한다. 성령의 힘으로 창조의 공동체가 형성된다.…그분의 영원하신 성령은 만물 안에서 동기를 제공하는 힘이다"(HTG, 72). 동시에 몰트만은 우주적이고 화해시키며 구원하는 하나님의 내주와, 창조 안에 계신 하나님의 영의 현존을 올바르게 구분한다. 또한 성령의 효력은 하나님의 창조하고 보존하고 갱신하고 완성하시는 활동과 구별된다(GC, 12). 그러나 몰트만은 만물의 창조와 구속 및 성화에서 하나님의 사역의 통일성을 긍정한다. 신구약성서에서 하나님의 창조의 행동을 표현하는 단어들이 그분의 해방하고 구속하시는 행동도 표현한다는 사실은 의미심장하다(사 43:19, SL, 9).

주목할 점은 몰트만이 유출을 통한 창조를 강조함으로써 성령을 파악하고 있다는 사실이다. 몰트만의 견해에 따르면 창조는 하나님의 존재로부터 흘러나온다.

> 성부와 성자의 활동을 완성하는 분은 언제나 성령이다. 그러므로 삼위일체 하나님은 창조물에게 쉼 없이 영을 불어넣어주신다. 존재하는 모든 것은 우주적 성령의 에너지와 가능성들을 계속해서 받음으로써 존재하며 살아 있다(GC, 9).

몰트만에 의하면 창조는 하나님의 자유로운 의지의 행위일 뿐 아니라 그분의 존재가 흘러넘치는 사랑의 행위다. 따라서 성령은 모든 만물을 자신의 생명과 에너지로 가득 채우는 신적 생명의 숨이다. 능력 안에서 그리고 에너지를 통해 성령은 창조자와 피조물의 차이를 연결한다.

『창조 안에 계신 하나님』에서처럼 신플라톤주의의 유출 개념에 반대하는 초기 입장과는 대조적으로, 『생명의 영』에서 몰트만은 유출설의 장점을 구체화하기 원한다. "성령론에서 신플라톤적이라고 잘못 폄하되어온 유출 개념을 취해야 한다. 왜냐하면 유출을 통해 피조물들은 '신성하게' 되며 하나님은 자신이 창조하신 것 안에서 영화롭게 되신다"(SL,

283).[10]

더 나아가 몰트만은 많은 신비주의 신학자들의 글 속에서 "하나님 안에 있는 세계와 세계 안에 계신 하나님에 대한 만유재신론적 비전"을 발견했다. 하나님으로부터 나오는 세계에 대한 비전을 묘사하기 위해 신비주의자들은 "부어짐"(pouring), "넘쳐흐르는 빛"(flowing light), "원천"(source), "샘"(fountain) 등의 단어를 사용하는 데 반해, 하나님 안에 있는 세계에 대한 비전을 표현하기 위해서는 "귀향"(homecoming), "들어감"(entering in), "침잠"(sinking into), "용해"(dissolving) 등을 활용한다. "정신사적으로 볼 때 이 표현들은 만유의 일자(All-One)로부터 만물이 유출하며 만물이 만유의 일자 속으로 되돌아간다는 신플라톤주의 철학의 언어다"(SL, 212). 그러나 몰트만은 하나님의 영과 인간의 영의 아무 구분 없는 존재론적 연합의 경향에 대해 경고하며, 이런 신비주의 신학자들로부터 자기 입장을 단호히 구별하고 있다. "하나님 안에 있는 세계와 세계 안에 계신 하나님"에 대한 신비주의자들의 비전은 그리스도의 십자가 없이는 헛된 것이 된다(SL, 212-213).[11]

오히려 몰트만은 신플라톤주의적 유출의 언어 중 몇몇 적절한 표현을 보면서 신비주의 전통에서 사용된 신비적 은유로 돌아갈 것을 제안한다. 그는 "흘러넘치는 빛"(flowing light; Mechthild of Magdeburg), "생명수"(living water; Meister Eckhart), "비옥함"(fertility)으로서의 성령의 이미지를 선호한다(SL, 281-285; SL, 212, 275을 참고하라). 그러나 몰트만은 비록 신비주의자들이 신적 생명과 신적 생명에 근거해 살고 있는 인간적 생명

10_ 여기서 몰트만은 자신이 동방정교회 신학의 의미에서 "신성화"(deification)를 이해하고 있다고 지적한다. D. Staniloae, *Orthodoxe Dogmatik*, vol. I (Gütersloh, 1985), 291-293: "세계는 신성화로 나아간다."

11_ 몰트만에게 하나님 안에 있는 세계의 만유재신론적 비전을 위한 토대요 정당화는 오직 그리스도의 십자가에 있다.

사이의 친밀한 연합을 표현하기 원할지라도, 세계가 하나님 안에 거하고 하나님이 세계 안에 거하시는 방식을 서로 구분하는 것이 그들에게 필요하다고 본다.

> 신비적 은유 속에서, 초월적 주체와 그것의 내재적 사역 사이의 거리는 사라진다. 원인과 결과 사이의 구별도 사라진다. 빛과 물과 비옥함의 은유들 속에서 신적인 것과 인간적인 것은 유기적 결합으로 하나가 된다. 결과는 상호순환적 해석―네가 내 안에, 내가 네 안에―이다. 신적인 것은 그 안에서 인간적인 것이 풍성하게 펼쳐질 수 있는, 모든 것을 포함하는 현존이 된다. 이것은 유출 개념에 의해 제안된 것보다 훨씬 더 밀접한 관계성을 의미한다(SL, 285).

이런 맥락에서 몰트만은 신플라톤주의자들의 기독교적 유출설을 전적으로 받아들이지는 않지만, 창조자와 피조물의 연합을 묘사하기 위해 그들이 사용하는 몇 가지 매력적인 개념과 언어를 선호하는 것 같다. 그는 성령론적 범주 안에서 케노시스주의(kenoticism)와 유출설을 결합하고자 한다. 몰트만은 성령의 인격을 "삼위일체 하나님의 영원한 신적 생명의 사랑이며, 자기를 나누어주고 자기를 전개하며 자기를 부어주는 현존"으로 묘사한다(SL, 289; CoG, 73).

여기서 몰트만은 자기 입장을 범신론과 비삼위일체론적 만유재신론과 명백히 구분하고 있다. "범신론이 모든 것을 구별 없음의 문제로 만드는 반면에, 만유재신론은 구별을 가능하게 한다. 단순한 범신론이 다만 영원한 신적 현존을 이해한다면, 만유재신론은 미래의 초월과 진화 및 의도성을 식별할 수 있다"(GC, 103). 그러나 몰트만에게 비삼위일체적 만유재신론은 세계 안에 있는 하나님의 내재를 세계와 관련된 그분의 초월성과 연결하는 데서는 충분하지 못하다.

따라서 몰트만은 성령과 내주하시는 창조자 영 안에서의 삼위일체론적 창조론과 관련해 삼위일체론적·종말론적 만유재신론을 제안한다. 몰트만에게 하나님의 창조의 영은 "우주의 역동성이요 살아 움직이는 것의 세분화된 관계들 안에서 사귐을 형성하는 힘"(SL, 227)이다. 그의 견해에 따르면, 범신론의 함정에 빠져들지 않기 위해서는 "하나님이 만물 안에서 동일한 정도로 자신을 계시하지 않는다"(GC, 103)라는 사실을 주장할 필요가 있다. 그러나 성령은 창조자와 피조물 사이의 연결이기 때문에 이것은 "살아 있는 것과 그들의 창조의 공동체를 보전하고 인도한다"(GC, 103).

몰트만의 만유재신론적 비전에서 하나님의 영의 초월성과 내재성은 서로 모순적이지 않으며 오히려 역동적으로 보완적이다. 그가 보기에 범신론자나 초월주의자나 심지어 과정신학의 만유재신론자들은 하나님 영의 초월성과 내재성 사이의 역동성을 파악할 수 없다(SL, 227). 이런 방식으로 그는 구별 없는(undifferentiated) 범신론을 피하면서 기독교적 만유재신론을 지지한다. "하나님의 영은 자신을 세계에 몰입시키지 않고 세계의 결합을 유효하게 형성함으로써 세계 안으로 행동하고 침투한다"(GC, 12). 즉 성령의 힘으로 하나님은 창조의 공동체를 형성하며, 그분의 영원한 성령은 만물 안에서 동기를 부여하는 힘이기 때문에 하나님의 초월성과 내재성은 바르게 보전될 수 있다.

이런 맥락에서 몰트만은 성령을 통한 세계 안에서의 하나님과 하나님 안에서의 세계의 상호내주를 강조한다. 이것은 "세계 안에 계신 하나님의 행동"과 "하나님의 세계와의 상호작용"이 만물과 그것들의 관계성에 대한 하나님의 종합적 페리코레시스의 부분임을 반영하고 있다.[12] 페리코레시스를 강조하는 사회적 삼위일체론의 이해를 기초로 몰트만은 우주적

12_J. Moltmann, "Reflections on Chaos," 208.

성령과 세계의 상호적 페리코레시스를 더 발전시킨다. 세계와 하나님의 관계성에 관한 이해에서 그는 그것들의 상호적 공존(coexistence)과 공거(cohabitation)와 상호적 영향을 강조한다. 몰트만의 관점에 따르면, 창조자는 피조물과의 교제 안에서 공간을 찾으며 피조물은 하나님 안에서 공간을 찾는다. 그 결과 창조는 우리가 하나님 안에 있고 하나님이 우리 안에 있다는 사실도 의미하게 된다. "그 안에 우리가 살고 움직이며 우리의 존재를 갖는다"(행 17:28; HTG, 133).

오직 창조의 영 안에서만 "창조 안에 계신 하나님"과 "하나님 안에 있는 창조"의 우주적 페리코레시스가 생각될 수 있다. 따라서 몰트만에 따르면 창조는 하나님과 세계 사이의 교제다. "당신은 생명을 사랑하는 자이며 당신의 하나님은 만물 가운데 계신다"(지혜서 12:1). 이런 방식으로 창조는 "세계 안에 계신 하나님의 내재"이며 "하나님과 함께하는 세계의 내재"다. 결과적으로 몰트만은 다음과 같이 만유재신론을 지지한다. "창조의 신비는 철학적으로 만유재신론에 의해 가장 잘 파악될 수 있다"(HTG, 133). 그러나 여기서 성령은 성부와 성자와 함께하는 영원한 상호순환적 연합 안에 살기 때문에, 하나님이 세계 안으로 용해되는 일은 있을 수 없다고 몰트만은 역설한다.

> 창조자와 피조물의 차이는 창조를 전제하면서도 보다 더 큰 진리, 즉 창조의 역사가 그것으로부터 오기 때문에 그것으로 창조의 역사가 귀결되는 보다 더 큰 진리, 곧 "하나님이 모든 것 안에서 모든 것"이라는 진리에 의해 포괄된다. 이 진리는 창조가 범신론적으로 하나님으로 폐기되는 것을 뜻하지 않는다. 이 진리는 창조가 하나님 안에서 발견해야 할 최종적 형태를 의미한다(GC, 89).

몰트만에 따르면, 창조를 향한 하나님의 의지로서 성령은 "또한 모든 것 안에 현존하며 만물을 그 존재와 생명 안에서 보존한다. 루아흐를 생각한다면, 우리는 하나님이 만물 안에 계시고 만물이 하나님 안에 있다고 말해야 한다. 비록 이것이 하나님을 만물과 동일하게 만드는 것을 의미하지는 않지만 말이다"(SL, 42). 이는 우주적 성령 이해에 비추어 몰트만의 종말론적 만유재신론을 명백하게 보여준다. 여기서 주목할 것은 몰트만이 자기 입장을 범신론과 비삼위일체론적 과정신학의 만유재신론으로부터 분명히 구분하고 있다는 점이다.

> 하나님과 세계는 그들의 상호내주와 상호참여의 관계성을 통해 서로 관련되어 있다. 하나님은 신적 방식으로 세계 안에 거하며 세계는 세상적 방식으로 하나님 안에 거한다. 하나님과 세계 사이의 지속적 상호교통을 파악하는 다른 방식은 없다(GC, 150).

요약하면, 몰트만의 우주적 성령 이해의 핵심은 자발적이고 자기를 비우는 방식을 통한 자신의 창조 안에 계신 하나님의 내주다. 또한 그의 이런 삼위일체론적·종말론적 만유재신론에서 중요한 강조점 중 하나는 우주적 성령을 통한 하나님과 세계의 상호적 침투와 상호적 공동체에 있다. 이런 자발적이고 자기를 비우는 성령의 활동은 우리로 성령에 관해 좀 더 성서적으로 생각할 수 있도록 해준다.

II. 몰트만의 "우주적 성령" 이해에 대한 비판적 대화

몰트만의 우주적 성령 이해에서 자발적이며 케노시스적 사고는 그의 창조론과 성령론을 관통하고 있다. 하나님은 창조를 위한 공간을 만드시고 창조에 내주하시는데, 이는 성령을 통해 창조를 변화시키기 위함이다. 몰트만의 견해에 따르면 성령은 하나님과 창조 사이의 연결이기 때문에 우리는 하나님의 초월성과 내재성을 동시적으로 생각할 수 있다. 이것은 불가피하게 몰트만으로 하여금 하나님과 세계 사이의 상호침투 즉 우주적 페리코레시스를 주장하도록 인도한다.

그러나 몰트만의 이런 우주적 성령 이해에서는 여러 가지 질문이 제기된다. 몰트만의 성령에 대한 정의는 성서적 내러티브와 일치하는가? 성령의 케노시스는 하나님과 세계의 관계를 표현하는 데 적절한가? 하나님은 만물 안에서 그리고 만물은 하나님 안에서 어떻게, 어느 정도로 서로를 경험하는가? 성령 이해에서 케노시스주의와 유출설은 서로 조화될 수 있는가? 하나님의 페리코레시스 사고는 하나님과 세계 사이의 관계에 적합한가? 몰트만은 자신의 우주적 성령 이해에서 어떻게 하나님의 내재성과 초월성을 보전하고 있는가?

유대교와 기독교의 메시아적 전통의 영향을 받음으로써 몰트만의 성령에 대한 새로운 정의는 흥미롭고 매력적인 동시에 전통적 성령론의 수정으로 보인다. 그는 자신의 발전된 성령론에서 성령(*ruach*)과 지혜 또는 소피아(*sophia*; *hokma*)를 결합하고 있다. "성령과 지혜는 신적 현현의 부가적인 여성적 양태들이다"(WJC, 74). 또한 그는 쉐키나와 관련해 성령을 말한다. "쉐키나와 성령은 '신성의 여성적 원리'다"(TK, 57). 이런 방식으로 그는 여성성을 내재성으로, 남성성을 초월성으로 규정하지 않으면서도 여성적 용어들로 성령을 해석한다.[13] 몰트만은 쉐키나 사상을 힘입어 성령을 "신적 감정이입(empathy)"이라고 부른다(SL, 51). 이는 역사적으로 간

13_ C. Keller, "Pneumatic Nudges: The Theology of Moltmann, Feminism, and the Future," in *The Future of Theology*, 151.

과되었던 통찰력을 발견하는 데 있어 통전적 성령론을 수립하기 위한 건전한 기초가 되는 것이다.

그러나 몇몇 비판자들은 몰트만의 성령에 대한 정의가 혼동을 가져온다고 비난한다. 몰트만이 "영"(Spirit)이라고 부르는 것이 하나님의 영인지 아니면 성령 하나님인지에 대한 질문이 종종 제기된다. 이런 질문에 답하기 위해 몰트만은 삼위일체의 페리코레시스적 이해를 따라 성령 하나님(God the Spirit)을 말한다(HTG, 133). 여기서 몰트만은 성령의 인격성을 명백히 지적한다. 그에 의하면 성령은 하나님 자신의 효력을 나타내는 현존일 뿐 아니라 삼위일체 하나님의 세 인격 중 하나의 인격이다. 더욱이 성령은 하나님의 속성이나 그분의 창조에 대한 은사들 그 이상이다. 이렇게 몰트만에게 쉐키나 개념은 성령의 인격적 성격을 분명하게 해준다(SL, 51).

이외에도 맥킨타이어(J. McIntyre)는 몰트만이 창조자 영과 내주하는 영 또는 구속하는 영 사이를 구분하지 않는다고 비판한다.[14] 그러나 『생명의 영』에서 몰트만은 창조적 성령과 구속적 성령 및 생명을 주시는 성령의 통일성과, 창조하고 화해하며 구속하시는 하나님의 영의 현존 사이를 구분하여 이 양자를 올바르게 확증하고 있다(SL, 8-9). 또한 몰트만은 성령에 대한 정령론(animism)적이며 범신론적 주장을 피하고자 한다. 오히려 그는 우리가 우주적 성령을 자연, 식물, 동물, 지구의 생태계에서 발견해야 한다고 제안한다(SL, 10). 여기서 그의 성령론은 자신의 생태학적 창조론과 밀접히 연관되어 있으며, 그 결과 자연과 우주를 포함하는 창조 전체를 오늘날의 생태학적 위기 속에서 창조자에 대한 경외로 인도한다.

몰트만의 우주적 성령 이해에 대해, 현요한은 몰트만이 차용한 쉐키

14_J. McIntyre, "Review Essay: Moltmann's God in Creation," *Scottish Journal of Theology* 41 (1988), 267-273.

나 개념의 정당성에 의문을 제기한다. 즉 본래 유대교에서 쉐키나는 어디에나 누구에게나 무엇에나 있는 하나님의 보편적 임재가 아니라 특별한 장소나 시간, 특별한 백성에게 있는 하나님의 임재를 뜻한다. 따라서 몰트만이 본래 특수한 임재였던 쉐키나 개념을 자신의 성령론에 맞추어 보편적 임재로 확장하고 탈바꿈했다는 것이다.[15] 현요한에 따르면 몰트만의 성령 이해는 성령의 보편적 임재와 특수한 임재에 대한 균형을 상실할 우려를 자아낸다. 이는 몰트만의 우주적 성령 이해의 한계를 지적하는 매우 적절한 주장으로 보인다.

몰트만에 의하면, 자기제한과 자기겸비 및 자기포기를 통해 성령 하나님은 자신을 제한하는 창조와 고난당하는 창조의 역사에 참여하고 그 안에 거주한다(GC, 102).[16] "생명을 주는 성령은 만물에게로 '내려오심으로써' 그리고 그들 안에 '내주하심으로써' 창조를 영원한 생명으로 가득 채운다"(SL, 212). 이런 의미에서 성령은 "하나님의 감정이입" 또는 "성령 하나님의 감수성"(sensibility)만이 아니라 "성령의 케노시스"로도 이해될 수 있다.[17] 그러나 자기를 구별하고 자기를 내어주는 사랑 속에서 성령은 모든 피조물 안에 감정을 이입하며 그 안에 거하신다. 자발적으로 고난당하는 사랑을 통해 성령은 창조의 고난에 참여하며, 종말에 이르러 그것을 구원으로, 마침내는 하나님과의 연합으로 인도한다.

15_ 현요한, "몰트만의 성령론", 215.

16_ 여기서 우리는 몰트만의 성령에 대한 케노시스적 이해가 자발적 성격과 밀접히 연결되어 있음을 발견한다. "**루아흐는 하나님이 그렇게 되도록 원하실 때**만 그리고 원하시는 곳에서만 확실히 현존하신다. 그러나 창조를 향한 그의 의지를 지닌 채, 그것은 모든 것 안에 현존하며, 존재와 생명 안에서 만물을 보전하신다"(SL, 42). 다른 곳에서 몰트만은 "하나님은 자신의 무감동성을 포기하고 자신이 사랑하기를 원하시기 때문에 고난당할 수 있도록 되신다"(SL, 51)라고 진술한다. 볼드체는 내 강조다.

17_ 폴킹혼은 이런 견해에 동의하지 않는다. 심지어 그는 성령을 "이해하는 고난당하는 동료"(a fellow sufferer who understands)라고 말한다. J. Polkinghorne and M. Welker ed., *Faith in the Living God: A Dialogue* (Minneapolis: Fortress Press, 2001), 76.

여기서 결정적 질문이 제기된다. 성령의 케노시스에 대한 이런 주장은 성령의 편재 또는 전능의 사고와 부합하는가? 달리 표현하면, 성령에 대한 이런 케노시스적 활동 안에서 삼위일체의 다른 인격들은 어떠한가? 몰트만은 어떻게 삼위일체의 세 인격이 이런 케노시스에 관여하는지에 대해서는 언급하지 않는다. 이는 창조에서 하나님의 최초의 선행적 자기 제한과도 마찬가지다. 성자와 성령의 케노시스를 반영하는 하나님의 케노시스적 창조는 삼위일체 하나님의 다른 인격들에게 동등하게 영향을 미치는가? 디안-드루몽에 따르면, 이는 하나님의 삼위성에 대한 몰트만의 이해가 유대교의 하나님의 단일성에 대한 신학적 이해와 조화되지 않는 듯이 보이기 때문이다.[18]

몰트만의 종말론적 만유재신론에서 만물은 하나님의 영에 의해 포함되고 포괄된다. 도널드 블뢰쉬는 몰트만이 하나님과 창조의 불가분리성을 긍정함으로써 신적 초월성을 포기하는 것은 아닌지 질문한다.[19] 이는 몰트만이 성서적인 "무로부터의 창조"(*creatio ex nihilo*)와 관련시키고자 한 신플라톤주의의 유출 개념에 대해 열려 있기 때문이라는 것이다.[20] 블뢰쉬에 따르면, 몰트만에게 하나님은 세계를 위해 공간을 만드시고 그 다음에는 이 공간을 자기 영의 에너지로 가득 채우심으로써 창조한다. 더욱이 몰트만은 "만유의 일자로부터의 만물의 유출과 그것들의 만유의 일자로의 재유출"이라는 신플라톤주의의 언어를 받아들이고 있다(SL, 212). 블뢰쉬의 관점에 따르면 이것은 몰트만의 창조론과 성령론의 유출설적 경향을 명백히 보여준다.

18_ C. Deane-Drummond, *Ecology in Jürgen Moltmann's Theology*, 204; 235, n. 62을 참고하라.

19_ D. Bloesch, *The Holy Spirit: Works and Gifts* (Downers Grove, IL/InterVarsity Press, 2000), 233.

20_ 위의 책, 237.

그러나 이미 지적했듯이, 몰트만은 신플라톤주의와 관련해 유출설자로 분류되어서는 안 된다. 그는 유출설의 몇몇 언어와 표현을 선택할 것을 제안하고는 있지만, 자기 입장을 신비주의적 신학자들로부터 주의 깊게 구별시킨다. 그에 따르면 하나님의 영 안에서의 창조는 단순히 창조를 하나님에 맞서 대립시키는 것이 아니다. 오히려 "이는 창조를 신성화하지 않는 동시에 창조를 하나님 안으로 이끈다"(GC, 258). 몰트만은 창조에 대한 하나님의 경험과 하나님에 대한 창조의 경험 사이에 있는 존재론적 불가분리성을 주장하는 어떤 경향도 사려 깊게 거부한다. 몰트만은 비록 몇몇 통찰력 있는 언어와 개념을 선택하고 있지만, 기독교적 신플라톤주의자들의 유출설을 전적으로 받아들이는 것은 꺼리는 듯하다.

더글러스 패로우(Douglas Farrow)에 따르면, 몰트만의 핵심 내용 중 하나는 케노시스적이고 유출설적인 성령 이해다. 몰트만은 성령의 케노시스와 충만(*plerosis*)을 말하고 있다.[21] 우주적 성령 이해에서 케노시스주의와 유출설의 사고를 통해 그는 자신의 기본적 관심을 유한한 것과 무한한 것, 시간적인 것과 영원한 것, 절대적인 것과 상대적인 것을 중재하는 것으로 설명하고자 한다. 몰트만에 따르면, 이 두 개념은 우리로 하여금 하나님과 피조물 사이의 존재론적 연결을 언급하도록 해준다. 그의 종말론적 만유재신론에서는 성령으로 가득 찬 세계와 미래에 가능한 하나님에 대한 피조물의 장애 없는 참여에 관한 사고가 매우 강조되고 있다.[22]

그러나 마크 스텐의 견해에 따르면, 몰트만의 성령 이해는 일신론적

21_ D. Farrow, "Review Essay: In the End Is Beginning: A Review of Jürgen Moltmann's Systematic Contributions," *Modern Theology* vol. 14 no. 3 (July 1998), 438. 패로우는 "몰트만이 플라톤주의로부터 빠져나왔으나 곧 내재주의를 포함함으로써 그 안으로 들어간다"(432)라고 주장한다.

22_ 위의 논문, 439; CoG, 272-273, 306-307을 참고하라.

이론과 유출설의 범신론적 이론 사이의 중도에 서 있는 것처럼 보인다.[23] 삼위일체론적 이해를 토대로 몰트만은 성령을 하나님과 세계 사이의 중간적인 용어로 말한다. 그는 "내재적 초월성"이라는 핵심 개념을 창조적으로 발전시킨다. 성령은 삼위일체의 인격일 뿐 아니라 생명의 능력이나 에너지 또는 생동력이다. 성령을 통해 우리 안에 계신 하나님의 내재는 그분 안에 있는 우리의 초월의 근거다. 몰트만에게 "내재적 초월성"은 성령을 통한 자신의 창조에 대한 하나님의 경험을 의미한다. 그의 만유재신론적 비전에서 우리는 "만물 안에서 하나님을 경험하고", "하나님 안에서 만물을 경험하도록" 성령 안에서 초청받는다. 그러나 이것은 서로에 대한 존재론적 의존과 영향에 근거한 과정신학의 만유재신론적 주장과는 전혀 다르다.

몰트만에 의하면 "만일 하나님이 만물 안에 계시고 만물이 하나님 안에 있다면, 하나님 자신은 자기 방식으로 만물을 '경험하신다'"(SL, 34)라고 주장해도 좋다. 이런 점에서 몰트만은 자기 입장을 과정신학의 만유재신론적 입장과 분명히 구분하고 있다. 그의 관점에 따르면 과정신학은 "세계의 보존과 질서 부여에 관한 교리에만 관련되기" 때문에 "창조와 창조자 사이의 근본적 구별을 보전하는 데" 실패하고 있다(GC, 79). 무엇보다도 과정신학은 전통적인 무로부터의 창조의 주장을 부정하며, 그 결과 하나님을 질서를 부여하는 자(orderer)로만 이해한다. 이런 방식에서는 "하나님과 자연은 하나로 통합된 세계의 과정으로 융합된다"(GC, 78). 그러나 중요한 점은 하나님과 세계의 관계성에 대한 몰트만의 견해가 주로 십자가의 삼위일체론과 성령론에 근거하고 있다는 점이다. 몰트만에 따르면 하나님은 자신이 그 안에서 영향을 끼치고 그에 의해 영향을 받는 자신의 창조를 "경험하신다." 세계에 대한 그분의 경험에 의해 형성된 이런 "하나

23_ M. Steen, "Moltmann's Critical Reception of Barth's Theopaschtism," 305; TK, 52-60, 108-111; GC, 79-86, 89을 참고하라.

님의 되어감"(God's becoming)의 견해는 불가피하게 몰트만의 만유재신론과 과정신학의 만유재신론을 나란히 병행시키는 것처럼 보인다.[24]

그럼에도 우주적 성령 이해에서 몰트만은 "루아흐에 대해 생각할 때는, 비록 이것이 하나님을 만물과 동일하게 만드는 것을 의미하지는 않을지라도—우리는 하나님이 만물 안에 계시고 만물이 하나님 안에 있다고 말해야 한다"(SL, 42)라고 언급한다. 더 나아가 이런 하나님의 내재적 초월성에서 "우리는 그분이 창조하신 것을 자신의 방식—그분의 영원한 사랑의 방식—으로 '느끼고' '경험한다'는 것을 지각한다"(SL, 36). 달리 말해, 창조에 대한 하나님의 경험은 과정신학이 주장하는 어떤 자연적 과정이 아니라 창조에 대한 그분의 자발적 사랑에 의존한다는 것이다. 도널드 겔피(Donald Gelpi)에 따르면, 하나님과 피조물은 서로 안에 실존하며 따라서 그들은 서로를 경험한다. 여기서 주의해야 할 점은 이 경험이 어떤 종류인가 하는 것이다. 비록 피조물이 경험하는 것과 동일한 방식은 아닐지라도 하나님은 경험하신다. 이는 과정신학이나 몇몇 여성신학적 만유재신론자들과는 달리, 세계가 곧 하나님이라거나 그분의 몸(body of God)이라는 의미는 아니다. 하나님의 경험은 시공간적 경험을 초월한다. 따라서 하나님에 의해 경험된 피조물들은 그분 안에 존재하며 유한하고 불완전한 방식으로 그분의 경험을 복사하는 것이다.[25]

이런 맥락에서 부마-프레디거(Bouma-Prediger)는 신적 초월성에 대한 몰트만의 강조가 현금의 범신론뿐 아니라 다른 형태의 만유재신론적 경향에 대한 중요한 교정이라고 말한다.[26] 만유재신론적 비전에서 몰트만

24_J. McDade, "Trinity and Paschal Mystery," *Heythrop Journal* 29 (1988), 175-191.

25_D. Gelpi, *The Divine Mother: A Trinitarian Theology for the Holy Spirit* (Lanham, MD: University Press of America, 1984), 90.

26_S. Bouma-Prediger, "Creation as the Home of God: The Doctrine of Creation in the Theology of Jürgen Moltmann," *Calvin Theological Journal* 31 (1997), 78.

은 신적 초월성과 신적 내재성을 둘 다 강조한다. 그에 따르면, 하나님과 세계의 관계성은 성령 안에서의 "초월성과 내재성의 변증법적 구조"에 의해 가장 잘 특징지어진다(GC, 182). 이런 의미에서 그는 "내재적 초월성"과 "초월적 내재성"을 말하고 있다(GC, 318).

> "창조", "보전", "유지", "완성"은 확실히 매우 일면적 관계성이다. 그러나 "내주", "공감", "참여", "동반", "인내", "기뻐하기", "영화롭게 하기"는 성령 하나님과 그분의 모든 피조물 사이의 우주적 삶의 사귐을 묘사하는 상호적 관계성이다(GC, 14).

몰트만에 의하면, 하나님은 만물 가운데 자신의 현존을 통해 세계를 향해 행동하신다.[27] 이런 세계 안에 계신 하나님과 그분 안에 있는 세계의 상호내주는 오직 성령을 통해 일어난다. 몰트만은 신적 페리코레시스가 하나님과 세계 사이의 관계성을 이해하기 위한 "원형"(archetype)이라고 주장한다. 내재적 삼위일체적인 관계성이 "상호필요성과 상호침투"라는 방식에서 연합되듯이, 하나님과 세계의 관계는 동일한 방식으로 규정될 수 있으며 또 규정되어야 한다. 이는 "어떤 특권도 종속도 없는" 상호교제요 상호내주를 의미한다(TK, 157).

그런데 윌리엄 더니스(W. Dyrness)에 따르면, 신적 페리코레시스가 피조적 방식으로 세계 안에서 반영된다고 주장하는 것은 정당하다. 하나님과 세계의 관계성은 비대칭적이다.[28] 실제로 초기 사고에서 몰트만은 신

27_J. Moltmann, "Reflections on Chaos," 208.

28_W. Dyrness, *The Earth in God's: A Theology of American Culture*, Foreword by Robert J. Schreiter, C. PP. S (Maryknoll, N. Y.: Orbis Books, 1997), 168, n. 34; GC, 17을 참고하라.

적 페리코레시스를 인간 공동체 또는 하나님과 세계의 관계에 직접적으로 상응(correspond)시켜 적용한다. 그러나 그는 지속적으로 "하나님과 인간 사이의 관계성은 동등한 것들 사이의 상호적 관계성이 아니다"(TK, 3)라고 주장한다. 즉 하나님과 세계 사이의 구별은 "포기되어서는 안 되는 진리"인 것이다(GC, 14). 비록 하나님과 창조의 관계성이 상호적 성격을 가진다고 해도, 몰트만은 "세계의 하나님 안에서의 내주는 세상적 종류인데 반해", "하나님의 세계 안에서의 내주는 그 종류에서 신적이다"라고 믿는다(GC, 150; TK, 98-99; GC, 13-14, 15, 17, 89, 150; SL, 34-35, 61; CoG, 307; ET, 311).[29]

그럼에도 몰트만의 사고에서는 하나님과 세계의 관계성에 대해 여전히 몇 가지 명확성이 요구된다. 하나님이 신적 방식으로 경험하며 세계가 피조물의 방식으로 경험한다는 것은 무엇을 의미하는가? 또는 하나님과 세계 사이의 상호내주는 어떻게 신적 방식으로 또는 세상적 방식으로 일어날 수 있는가? 몰트만에게 이런 현실의 본질과 성격이 어떻게, 어느 정도로 구체적인지에 대해서는 충분히 설명되지 않은 채로 남아 있다. 그는 신적 페리코레시스와 우주적 페리코레시스 사이의 차이를 단순히 그 종류에 있어서만 언급하고 있는 것 같다. 물론 몰트만의 의도는 결코 하나님의 내적 관계성과 세계와의 상호내주의 동일성을 주장하려는 것이 아니다. 그럼에도 이런 종류의 개념적 느슨함은 해결될 필요가 있다.

그러나 몰트만이 하나님의 초월성을 희생하지 않으면서 그분의 내재성을 강조하려고 시도했다고 말하는 것은 정당하다.[30] 그는 무로부터의 창조와 관련해 세계로부터의 하나님의 자기구분을 규정함으로써 신적 초월성을 보전하고, 성령을 통한 세계 안에서의 신적 현존을 긍정함으로써

29_J. Moltmann, "God's Kenosis in the Creation and Consummation of the World," 144.
30_S. Bouma-Prediger, "Creation as the Home of God," 77-78.

신적 내재성을 보전하길 원한다. 이런 접근은 성서적 진리와 부합한다. 성서가 명백히 보여주듯이, 하나님은 자신의 창조에 내재적인 동시에 그것을 초월한다. 몰트만의 우주적 성령 이해에서 하나님과 세계 사이의 존재론적 구별은 적절하게 강조되고 있다. 그는 신적 내재성을 필연적으로 포기하지 않으면서 신적 초월성을 강조하는 길을 창의적으로 추구한다.

그렇다면 몰트만은 어떻게 신적 초월성과 내재성을 모두 긍정하는가? 고전적 유신론과 과정신학의 만유재신론 양자를 넘어서고 둘 사이의 중도를 택함으로써 그는 자발적·삼위일체론적·종말론적 만유재신론에 대한 자신의 지지를 보여준다. 로렌스 우드(Laurence Wood)에 따르면, 기독교적 일신론과 달리 몰트만의 만유재신론은 하나님과 그분의 창조 사이의 밀접한 관계성을 설명할 수 있다. 우드는 몰트만의 사고에 어떤 사소한 범신론의 흔적도 존재하지 않는다고 생각한다. 특히 사회적 삼위일체와 무로부터의 창조에 대한 몰트만의 주장은 그의 신학을 범신론 또는 인간주의(humanism)로 오해할 소지를 남겨두지 않는다는 것이다.[31] 디안-드루몽에 의하면, 몰트만에게 성령에 의한 하나님과 창조의 상호내주는 구별과 분리를 상실하지 않으면서 그분의 내재적 초월성을 허용한다.[32] 만유재신론적 비전에서 몰트만은 과정신학에서처럼 하나님의 본질적 필연성이 아닌, 그분의 자발적 자기비움의 사랑에 뿌리박은 하나님의 세계로의 참여를 긍정함으로써 신적 초월성과 내재성을 유지하려고 노력한다. 우주적 성령 이해를 통해 신적 초월성과 내재성에 대한 강조를 유지하고자 지속적으로 시도한 학자가 바로 몰트만인 것이다.

31_ L. Wood, "From Barth's Trinitarian Christology to Moltmann's Trinitarian Pneumatology: A Methodist Perspective," *The Asbury Theological Journal* vol. 48 no. 1 (Spring 1993), 66.

32_ C. Deane-Drummond, *Ecology in Jürgen Moltmann's Theology*, 119.

몰트만의 우주적 성령 이해는 자신의 사회적 삼위일체론을 토대로 생태학적 창조론에서부터 종말론에 이르기까지 총체적 성령론의 면모를 보여준다. 또한 이런 우주적 성령 이해는 그의 전체 사상의 특징인 만유재신론적 비전의 맥락에서 다양하고 심층적으로 전개되고 있음을 파악할 수 있다. 창조에 내주하시는 성령의 현존을 강조할 뿐 아니라, 자발적·케노시스적 방식으로 창조와 구속 및 종말에 이르기까지 우주적으로 내주하는 성령의 사역을 지속적으로 강조한다는 점에서 몰트만의 성령 이해의 포괄적·통전적 지평을 확인할 수 있다.

이런 몰트만의 성령 이해의 현저한 특징은 창조와 구속 및 새 창조에서 우주적 성령의 자발적 자기비움의 행동을 통해 하나님의 내재성과 초월성이 명확히 보전된다는 점이다. 신적 페리코레시스에 대한 사회적 삼위일체론적 이해를 토대로 몰트만은 하나님과 세계의 상호관계성의 원형을 제안한다. 즉 우주적 성령과 세계의 상호적 페리코레시스를 주장함으로써 그는 하나님의 초월성과 내재성을 보전하고자 노력한다. 결과적으로 그의 우주적 성령 이해는 만유재신론적 비전의 맥락 속에서 범신론과 초월주의(transcendentalism) 및 과정신학의 만유재신론으로부터 그를 구별시켜준다.

그러나 몰트만의 우주적 성령 이해의 여러 가지 문제점이 여전히 제기되고 있음에 유의해야 한다. 예를 들어 성령의 개념에서 쉐키나 차용의 적절성 여부, 창조와 구속 및 종말에서 영의 구별과 성령의 보편적 임재와 특수적 임재 사이의 구별, 성령의 케노시스 차원에 대한 좀 더 섬세한 언급의 필요성, 우주적 페리코레시스의 구체적 현실에 대한 표현의 정확성 등이 그런 문제다.

몰트만의 우주적 성령 이해의 장점은 성서를 토대로 성령의 구체적 경험을 중시하면서 사회적 삼위일체론의 관점을 통해 전개된다는 점이다. 특히 창조와 구속과 종말을 관통하는 우주적 성령 이해는 개인과 공동체, 인간과 자연, 하나님과 만물의 상호관계성을 유지하면서도 여전히 신적 초월성의 구별을 강조한다는 데서 그 의의를 찾을 수 있다. 만유재신론적 비전의 맥락에서 우주적 성령 이해를 총체적으로 다루는 몰트만의 시도는 현금의 신학 논의에 깊은 영감과 다양한 통찰력을 제공해준다.

Jürgen Moltmann

제8장

몰트만의 구원론

Jürgen Moltmann

구원 이해에 있어 한국 개신교회와 신학은 크게 보수적 진영과 진보적 진영으로 양분되어 있다. 전자는 영혼 구원에 초점을 맞춘 개인 구원을 강조함으로써 복음 전도에 주력하는 반면에, 후자는 정치적·경제적·사회적 구원을 주장하며 역사와 현실 세계에 적극적으로 참여하는 모습을 보여준다.[1] 이런 양 입장의 대립과 갈등은 성서해석과 복음 이해를 비롯한 교회와 선교 및 종말에 관한 견해의 차이에서뿐만 아니라 특히 구원론에서 분명하게 드러난다. 실제로 구원 이해는 신자 개인의 삶의 방식과 윤리, 교회의 본질과 사명 및 선교에 대한 신학적 입장을 결정짓는 기독교 신앙과 신학의 핵심과 관련되기 때문이다.

몰트만은 구원론에 관한 독자적인 저서를 출간하지는 않았지만 여러 저서에서(CG, GC, WJC, HTG, SL, SoL, JCTW, CoG) 자신의 구원 이해를 광범위하게 서술하고 있다.[2] 그의 구원론은 통전적(holistic) 구원론으로 규정할 수 있다.[3] 즉 개인 구원과 사회 구원 및 자연 구원을 포괄적이고 통합적이며 총체적으로 다루고 있기 때문이다. 또한 종교개혁의 구원론 및 개신교의 여러 교파들과의 대화와 더불어 현대 상황 속에서 형성된 구원 이해들과 비판적 성찰을 통해 좀 더 성서적이고 복음적이며 통전적인 구원론을 제시하고 있다. 제8장에서는 몰트만의 구원론의 토대와 성격을 분석·평

1_ 김균진, 『기독교신학 3: 하나님 나라의 메시아적 신학을 향해』 (새물결플러스, 2014) 549-554.

2_ Jürgen Moltmann, *In the End-the Beginning*, trans. Margaret Kohl (London: SCM Press, 2004; 이하 IEB).

3_ "통전적"(einganzheitlich, wholistic, holistic)이라 함은 "전체의"(ganz), "온전한"(volländigkeit), "통합적인" 등의 의미를 지닌다.

가하고 한국교회와 신학을 위한 그 실천적 의미를 탐구하고자 한다.

I. 몰트만 구원론의 토대

몰트만의 구원론은 그의 삼위일체론과 더불어 그리스도론, 인간론, 종말론의 맥락에서, 특히 성령론에서 상세하게 다루어진다. 구원은 하나님나라의 지평에서 삼위일체 하나님과 인간 및 모든 피조물의 관계성의 회복과 완성을 의미하는 것으로 역사적 과정과 함께 역동적 차원을 지닌다. 창조와 구원과 새 창조의 구원 역사의 중심은 삼위일체 하나님과 하나님의 형상으로서의 인간 및 피조물이다. 구원의 주체는 삼위일체 하나님이며, 인간은 구원의 대상인 동시에 하나님의 구원 활동의 동역자(파트너)로서 구원 과정에 참여한다. 이런 맥락에서 몰트만 구원론의 토대는 삼위일체 하나님의 형상으로서의 인간 이해다.

1. 삼위일체 하나님의 형상으로서의 인간

몰트만은 『창조 안에 계신 하나님』에서 하나님의 형상으로서의 인간을 다룬다. 특징적인 것은 그가 하나님의 형상을 관계의 유비(*analogia relationis*)의 방식으로 이해한다는 점이다(GC, 220, 234-243). 즉 전통적인 실체적·형이상학적·구조적 이해를 넘어서서 관계적·인격적·기능적 관점으로 접근한다. 무엇보다도 하나님의 형상을 관계성으로 이해함으로써 죄와 속죄 및 구원에 관한 통전적 접근의 토대를 마련하고 있다. 몰트만에게서 하나님의 형상은 관계적 존재다. 인간은 삼위일체 하나님의 사랑의 사귐의 관계성(페리코레시스)을 닮아 하나님 사랑과 자기사랑과 이웃 사랑의 관계성을 지닌 피조물이다(GC, 222-224; SL, 248-251). 따라서 하나님의 형상은 인격적 사귐의 관계성이다.

또한 하나님의 형상은 영혼과 육체를 포함한 전인적 존재(Whole person)다. 전통적 신학이 영혼과 이성과 의지 등을 하나님의 형상으로 규정하면서 육체를 배제한 것과는 달리, 몰트만은 성서적 인간관뿐만 아니라 현대의 심신통일체(psychosomatic unity)로서의 인간 이해에 근거하여 전인적 존재로서의 하나님의 형상 이해를 전개하고 있다(GC, 240, 255-262). 영혼과 육체는 서로 영향을 주고받으며 상호적 돌봄과 사귐의 관계를 갖는다. 이런 영혼과 육체의 사귐의 관계는 삼위일체 하나님의 사귐에 상응하며, 이런 의미에서 인간은 하나님의 형상이다.

또한 하나님의 형상으로서의 인간은 남녀의 성적 차이(gender difference)와 평등(gender equality)에 기초한 공동체적 존재다. 우월과 지배와 종속 및 차별(discrimination) 없이 평등하게 창조된 남녀 관계는 모든 사회적 관계의 기초다(GC, 240; HTG, 137-138). 따라서 예수 그리스도 안에서 회복된 남녀의 공동체성이 곧 하나님의 형상이다. 한 걸음 더 나아가 몰트만은 남녀만이 아니라 부모와 자녀의 가족 공동체 안에서 사회적 삼위일체 하나님의 형상을 발견한다(GC, 241). 이렇게 하나님의 형상은 사회적·공동체적 차원을 지닌다.

하나님의 형상인 인간은 하나님을 대표하며 대리자로서 우주만물의 통치에 동역하는 존재다. 인간은 땅 위에서 하나님의 영광을 반사하는 지위와 사명을 지니며, 하나님나라와 주권의 표지요 하나님의 영광과 통치의 통로로서의 역할을 감당한다(GC, 219-221). 그런데 인간은 자연의 지배자가 아니라 하나님을 대리하여 자연을 책임적으로 돌보며 섬기는 관리자다(GC, 224-225). 자연과의 공생 관계 속에서 사귐의 삶은 하나님의 형상에 상응하는 것이며 하나님나라의 선취(Vorwegnahme)다(SL, 219-221).

이렇게 몰트만은 근대의 인간 중심주의적 이해에서 벗어나 생태학적·우주적 인간 이해로 나아간다.

몰트만의 하나님 형상으로서의 인간 이해의 중요한 특성은 역동적 성격을 지닌다는 점이다. 하나님의 형상은 명사형이 아니라 동사형이며, 종말론적 미래다(GC, 229). 인간은 열린(개방된) 존재이고 역사적 존재이며 역동적인 구원 과정 가운데 있다. 구원은 손상된(perverted) 하나님의 형상의 회복과 함께 이루어지는 온전한 하나님 형상으로의 변화(transformation)와 변용(transfiguration)의 종말론적 과정이다(GC, 225-229). 따라서 인간은 온전한 하나님의 형상인 그리스도와의 연합과 사귐을 통해 그분의 형상을 회복하고 하나님나라에서 완성될 진정한 그분의 형상을 향해 나아가는 존재다.

이런 의미에서 구원은 삼위일체 하나님과 인격적 관계를 맺고 성령 안에서 연합되어 영원한 사랑의 사귐을 누리는 것을 의미한다. 그리하여 삼위일체 하나님과의 하나 됨, 그분의 성품에 일치하는 삶을 영위하는 것을 목표로 삼는다. 더 나아가 하나님의 백성이요 상속자로서 모든 피조물과 함께 하나님나라의 궁극적 실현을 지향하는 과정 속에 있다.

2. 삼위일체 하나님의 객관적 구속

몰트만은 성서에 근거하여 하나님의 형상인 동시에 죄인인 인간을 말한다. 그는 죄의 본질을 하나님을 향한 적대적인 관계성이라고 정의한다. 따라서 죄는 하나님과 자기자신과 이웃과 모든 피조물에 대한 관계성의 왜곡과 손상과 전도를 가져온다. 그러나 죄는 하나님의 형상을 파괴하지 못한다. 인간의 하나님에 대한 관계성은 왜곡되어 있지만, 하나님의 인간에 대한 관계성은 변함이 없기 때문이다. 범죄에도 불구하고 인간을 향한 하나님의 관계성은 훼손되지 않는다(GC, 233). 그러므로 하나님의 형상은 타락한 인간에게 지속적으로 주어져 있다.

몰트만은 죄의 다차원적 성격을 지적한다. 즉 하나님과 자기자신과 이웃 및 자연과의 관계성의 전도와 왜곡으로 말미암아 우상숭배와 자기사랑, 불신과 증오, 불안과 절망에 빠져들게 되는 개인적 차원의 죄가 있다(GC, 224-225). 그런데 전통적인 신학은 원죄의 연대성은 강조하면서도 정작 죄의 사회적·공동체적 성격에 대한 무관심을 낳았다고 몰트만은 비판한다. 개인적·영적 차원의 죄만 아니라 집단적 죄악의 실재를 강조하는 해방신학의 강조점에 대해 긍정적으로 해석하는 몰트만은 사회구조적 죄악의 차원을 진지하게 다룬다. 그에 따르면, 구조 악은 인간에 의해 만들어지기도 하지만 동시에 인간은 구조 악에 의해 결정적으로 영향을 받는다(SL, 138-142). 구조적인 죄는 제도화된 불의 또는 불의한 체제로서의 초인격적 죄의 세력이며 "악의 순환"과도 같다(SL, 139). 이는 정치적 억압과 경제적 불의와 사회적(인종적·성적·계급적) 차별과 문화적 소외 및 생태학적 폭력으로 나타난다(SL, 128).

몰트만에게 구원의 토대는 예수 그리스도의 삶과 십자가의 죽음 및 부활을 통한 구속 사역이다. "우리 외부에서"(*extra nobis*), "우리를 위하여"(*pro nobis*), "우리와 함께" 연대하는 분이자 대리자인 그리스도는 객관적인 화해와 구속의 실현자다. 몰트만에 의하면, 예수 그리스도는 희생자와 고난받는 자들과 연대하는 하나님이다(JCTW, 40). 또한 그리스도는 희생당하는 자들의 형제일 뿐 아니라 가해자들을 위해 속죄하는 분이다. 즉 "고난당하는 하나님의 종"(사 53장)이신 그리스도는 대리적 고난을 통해 화해하게 하는 하나님의 아들이다(고후 5:19; JCTW, 40-45).[4] 그리스도의

4_『십자가에 달리신 하나님』에서는 주로 희생당하는 자들의 형제로서 우리와 연대하는 그리스도를 강조하던 몰트만이 『생명의 영』을 비롯한 후기 저서들에서는 희생자만이 아니라 가

죽음은 단순한 연대 이상의 것이며, 모든 죄인을 위한 하나님의 대리적 속죄다(JCTW, 40-41; SL, 136-137).

몰트만은 구속을 그리스도의 사역만이 아니라 삼위일체 하나님의 사역으로 규정한다. 구속의 근거는 삼위일체 하나님의 사랑이다. 인간을 향한 하나님의 신실한 사랑에 근거한 그분의 은총의 선택이 객관적이고 보편적이듯이(GC, 227), 구속 사건 역시 모든 인간 및 피조물을 향한 객관적이고 보편적인 화해와 속죄의 성격을 지닌다. 그런데 몰트만은 속전, 속죄제사, 배상과 같은 희생 이론들의 고전적 이미지를 벗어날 것을 촉구하면서 속죄에 대한 인격적·관계적 이해를 추구한다(HTG, 52; SL, 136). 그에 의하면, 우리를 위한 그리스도의 대리적 속죄 행위는 삼위일체 하나님의 사건이요, 세상을 위해 속죄하는 하나님의 대리 행위다. 하나님의 대리 행위의 능력은 성부·성자·성령의 영원한 사랑의 능력이다(요 3:16; 요일 4:16; HTG, 52-53; SL, 137). 그런데 하나님과 원수 된 세상의 화해를 위한 속죄는 이 세상에 대한 하나님의 사랑의 고난의 방식을 통해 이루어진다. 즉 하나님의 능동적 고난은 자원하는 열정적인 사랑의 고난이다(JCTW, 44-45). 하나님의 고난 안에서 자신의 피조물에 대한 그분의 신실하심과, 반항하는 세상을 극복하는 그분의 무한한 불굴의 사랑이 계시된다는 것이다(HTG, 52). 결과적으로 불의와 폭력을 행하는 자들에게도 하나님의 속죄가 미치는데, 그분은 모든 죄인의 하나님이 되신다.

몰트만은 속죄를 삼위일체론적으로 서술한다. 속죄는 성부의 자비로부터, 성자의 대리적 고난을 통해, 성령의 해방하는 능력 안에서 나온다. 즉 성부의 고난으로부터 솟아나오고, 성자의 고난에서 계시되며, 생명의 영 안에서 경험되는 하나의 유일한 사랑의 운동이다(SL, 137; HTG, 52-53).

해자를 위해서도 속죄하는 그리스도를 말함으로써 균형을 보여준다.

이렇게 몰트만은 속죄를 자신의 피조물을 향한 하나님의 열정적인 사랑의 고난의 행동으로 묘사함으로써 복음의 본질에 더 가깝게 나아가도록 한다. 실제로 그는 중세 안셀무스(Anselm)의 배상설이나 만족설보다 아벨라르두스(Abelard)의 도덕감화설을 선호한다(HTG, 52). 또한 종교개혁자들의 대리형벌설, 형벌만족설에 만족하지 않고 속죄에 관한 법적·객관적 이해를 넘어서서 인간적·인격적 이해를 시도하고 있다(HTG, 52-53; SL, 135). 이는 현대인들에게 훨씬 더 설득력 있는 유용한 접근이 될 수 있다.

더 나아가 몰트만은 예수 그리스도의 삶과 십자가의 죽음 및 부활의 변증법을 속죄론에도 적용한다. 전통적인 신학이 속죄에서 주로 십자가의 죽음에 초점을 맞추었다면, 몰트만은 십자가와 부활 사건의 의미를 포괄적으로 다룬다. 즉 그리스도의 죽음은 죽음에 속한 모든 죄인을 위한 하나님의 대리적 죽음이다(SL, 135). 동시에 "죽은 자들로부터의 부활의 첫 열매"인 그리스도는 부활과 승천 사건에서 우리를 대리한다(SL, 137-138). 영원한 생명을 개시하는 부활은 새 창조의 시작이며 모든 피조물의 화해와 구원의 완성을 지향한다. 따라서 그리스도의 속죄는 단지 과거로부터의 구속만이 아니라 종말론적 미래의 차원을 갖는다. 또한 개인적 차원의 속죄만이 아니라 하나님나라에서 완성될 모든 피조물의 화해와 구원을 희망하는 우주적 차원을 지닌다.

II. 몰트만 구원론의 성격

1. 구원의 과정: 중생·칭의·성화·영화

삼위일체 하나님의 객관적 구속에 기초한 구원의 주관적 실현의 방식과 과정은 어떠한가? 몰트만은 구원의 순서와 과정을 개신교 정통주의자들처럼 체계적으로 다루지는 않는다. 그런데 중생이 칭의보다 선행한다고 보는 점에서 루터보다는 칼뱅을 따른다. 구원은 성령 안에서 그리스도와의 연합을 전제로 하며 중생과 칭의와 성화 및 영화의 논리적 순서를 갖는다. 몰트만에 따르면 "칭의는 영화의 현재적 시작이요 영화는 칭의의 미래적 완성이다"(GC, 227). 또한 칭의를 전제하는 성화는 영화의 시작이며 영화는 성화의 완성이요 희망이다(SL, 163).

몰트만은 종교개혁자들의 칭의론에 근거하면서도 이를 성령론적 관점에서 재해석하며 수정 및 보완을 시도한다. 우선적으로 "오직 은혜"(*sola gratia*)로 말미암아, "오직 그리스도 때문에"(*solus Christus*), "오직 믿음"(*sola fide*)을 통해 이루어지는 죄인들의 칭의를 주장하는 전통적인 칭의론을 따른다. 신자는 전가된 그리스도의 의로 말미암아 의롭게 되었지만, 항상 의인인 동시에 죄인(*simul justus et peccator*)으로서 거룩한 삶을 추구한다.[5] 그러나 그는 전통적 칭의론의 몇 가지 문제점을 적절하게 지적한다. 첫째로 바울신학에 근거한 칭의론을 전제하는 보편적 죄(원죄) 개념이다. 이런 접근은 죄에 대한 형이상학적 이해와 추상화를 통해 죄의 구체적인 현실을 무시하며 죄의 인격적·책임적 성격을 간과할 위험이 크다는 것이다. 또한 구조적 죄의 차원이 간과된 채 지나치게 개인적 차원의 죄의 용서만이 강조된다. 공관복음서는 죄의 구체적·사회적 실재를 다루고 있는데, 죄와 죄의 용서에 관해 바울의 해석과 공관복음서의 해석이 서로 대립될 필요가 없다고 몰트만은 역설한다(HTG, 46; SL, 126-128). 칭의의 보편적 해석과 구체적 해석, 형이상학적 해석과 정치적 해석은 대립되지 않으며, 오히려 서로를 교정하고 강화시킨다는 것이다(HTG, 46). 둘째로 몰트만은 종교개혁자들이 칭의를 가해자들과 그들의 실제적 죄의 용서에만 제한함

5_ 몰트만은 칭의와 성화의 관계성에서 루터보다 성화를 더 강조하는 칼뱅의 입장을 따른다.

으로써, 희생자들의 고난과 그들의 수동적 죄 및 구원자인 동시에 심판자인 하나님의 "가난한 자들을 위한 당파성"(option for the poor)을 보지 못했다고 지적한다(HTG, 46). 몰트만에 따르면, 오히려 진정한 종교개혁의 칭의론은 희생자들과 함께 불의한 자들을 해방하는 신학이다(HTG, 46; SL, 128). 그러므로 종교개혁의 칭의론과 해방신학의 칭의론은 서로 대립되지 않고 보완적이며 서로를 풍성하게 한다.[6] 셋째로 종교개혁의 칭의론은 법적·선언적 성격을 지니며 죄의 용서를 과거시제로 축소시켰다. 따라서 그리스도의 속죄로 말미암은 신분의 변화를 강조하지만, 하나님의 자녀로서 누리는 새로운 삶의 종말론적 미래의 차원이 간과되어 있다는 것이다.

이런 문제점들을 지적하면서 몰트만은 자신의 칭의론을 전개한다. 우선적으로 하나님은 권리를 상실한 자, 폭력의 희생자, 정의를 박탈당한 자들의 권리를 회복시킴으로써 그들을 의롭게 한다. 이는 하나님의 자비에 근거한 정의를 창조하는 창조적 의(*justitia justificans*)다(HTG, 46; SL, 129). 그뿐 아니라 하나님은 가해자, 폭력을 행하는 자, 불의한 자들의 불의를 드러냄으로써 그들을 회개하도록 하고 의롭게 전향시키는 의를 행하신다. 이는 결과적으로 가해자를 불의로부터 해방시킬 뿐만 아니라, 희생자와 가해자가 함께 속한 공동체 안에 해방과 평화(샬롬)와 정의를 창조하는 창조적 의다(HTG, 49; SL, 132). 이런 의미에서 몰트만의 칭의론은 개인적·영적 차원만이 아니라 공동체적·사회적 차원을 포괄적으로 다룬다.

또한 그리스도론적으로 근거되어 있는 종교개혁의 칭의론과는 달리 몰트만은 칭의에서 성령의 역할에 주목한다. 그에 의하면, 성령 없는 칭

6_ 해방신학의 칭의론은 죄를 개인적 죄만이 아니라 사회적·정치적 고난과 억압의 차원으로 이해하며, 구원을 사회적·정치적 해방으로 파악한다. 고난과 착취의 상황에 대항하여 투쟁하고 정의로운 사회를 세우는 사람은 그리스도의 뒤를 따르는 바른 실천(orthopraxis)을 통해 구원 운동에 참여한다는 것이다.

의는 없다. 그리스도와의 연합은 성령으로 말미암기 때문이다. 성령은 죄인을 위한, 죄인 안에 있는 그리스도의 속죄의 능력이다(SL, 143). 또한 이것은 정의를 창조하고 권리를 세우며 의롭게 하는 하나님의 의다. 의롭게 된 자들은 사랑의 영이신 성령 안에서 하나님과 이웃과 자연과의 지속적인 사랑의 사귐이 가능해진다. 성령 안에서 삶의 긍정과 존중이 이루어지며 사랑의 열매가 맺힌다(SL, 143). 이렇게 몰트만은 성령의 사역으로서의 칭의를 강조한다.

몰트만은 전통적인 칭의론이 그리스도의 십자가의 죽음에 근거한 죄의 용서에 지나치게 초점을 맞추고 있음을 비판한다. 그는 칭의에서 그리스도의 부활의 의미를 함께 강조해야 한다고 역설한다.[7] 의롭게 된 자는 영원한 생명 안에서 누리는 새로운 삶을 경험하며 성령으로 말미암아 살아 있는 희망으로 다시 태어난다. 칭의로 말미암아 하나님의 자녀 된 자들은 성령 안에서 그리스도의 죽음과 부활을 현재적으로 경험하면서 종말론적 새 창조를 희망한다. 이렇게 몰트만은 칭의의 미래적 차원을 부각시키며, 종말론적 희망의 시작으로서의 칭의를 강조한다. 즉 중생은 칭의를 보완한다는 것이다(SL, 147). 따라서 칭의는 기독론적으로만 아니라 성령론적으로 기술되고 종말론적으로 정향되어야 한다.

몰트만은 칭의와 중생의 관계를 다음과 같이 규정한다. 칭의는 선언적이지만 중생은 성령의 경험으로부터 온다(딛 3:5-7). 칭의는 하나님과의 관계의 변화이지만 중생은 새로운 삶의 시작(*Incipit vita nova*, 요 3:3-5)이요 갱신(*regeneratio*)이다. 중생은 칭의보다 앞서며, 성령으로 말미암아 하나님의 사랑이 부어짐으로써(롬 5:5) 새롭게 태어나는 것을 의미한다(SL, 148). 몰트만에 따르면, 성부로부터 성자를 통해 성령의 경험 안에서 그리스도

7_"예수는 우리가 범죄한 것 때문에 내줌이 되고 또한 우리를 의롭다 하시기 위하여 살아나셨느니라"(롬 4:25).

인은 은혜로 말미암아 의롭게 되며 희망 가운데서 영원한 생명의 상속자가 된다(SL, 146). 이렇게 몰트만은 중생의 사역을 삼위일체 하나님의 공동 사역으로 서술한다.

그런데 몰트만은 경건주의와 부흥 운동이 중생을 인간 안에 일어나는 내적 경험으로만 이해했지, 중생의 우주적 차원을 파악하지 못했다고 지적한다. 그에 의하면 중생의 영원한 근거는 성부의 자비이며, 역사적 근거는 죽은 자들로부터의 그리스도의 부활에 놓여 있다. 이런 의미에서 중생의 신학은 부활절 신학이라는 것이다(SL, 146). 중생의 수단은 풍성하게 부어지는 성령이다(SL, 152-153). 그리스도인들은 부활의 영을 통해 영원한 생명에 근거하는 희망으로 다시 태어난다. 그러므로 중생에서 성령의 경험은 부활하신 그리스도를 현재화하며 영원한 생명을 열어준다. 중생은 성령을 통한 그리스도의 죽음으로부터의 다시 태어남에서부터, 성령을 통한 사멸할 인간의 다시 태어남을 거쳐, 성령을 통한 우주의 보편적 다시 태어남을 향해 나아간다(SL, 153). 이렇게 몰트만은 중생의 개인적·영적 차원만이 아니라 우주적·종말론적 차원을 함께 강조한다.

몰트만에게 새로운 삶의 시작으로서의 중생의 경험은 무엇인가? 중생은 지정의(知情意)의 인격적인 변화로서 삶의 긍정과 사랑과 기쁨과 평안의 경험을 가져다준다. 또한 영혼과 육체의 전인적 구원과 행복과 평화의 체험을 포함한다(SL, 153-154). 몰트만은 성령 안에서의 삶이 곧 예수 그리스도 안에 있는 삶이므로 중생은 예수 그리스도를 뒤따르는 삶의 시작이라고 규정한다. 이는 불의한 현 세상과의 대립과 갈등을 낳으며 십자가의 고난으로 인도한다. 따라서 그리스도인들은 믿음 안에서 하나님의 평화를 얻고, 희망 안에서 평화로운 세계를 미리 내다보며, 폭력에 대한 저항 가운데서 하나님과의 평화를 누린다. 그러므로 성령 안에서 평화를 경험하는 자들은 세계의 불의에 대항하고 전쟁을 반대하며 자연에 대한 착취에 대립하면서 악한 세력에 맞서 투쟁하기 시작한다고 몰트만은 주장한다(SL, 154-155). 이렇게 몰트만에게 중생은 개인적·영적 차원만이 아니라 공동체적·사회적 차원을 갖고 있다.

또한 중생에서 신자는 성령의 "초월적 깊이"와 부활의 영의 "종말론적 넓이"를 경험함으로써 지속적으로 삶의 의미를 발견하고 희망을 갖게 된다(SL, 155). 그러므로 중생은 경건주의와 부흥 운동에서처럼 과거의 일회적 사건만이 아니라, 칼뱅의 주장처럼 날마다 새롭게 계속되어 영원한 삶 안에서 완성되는 것이다. 그런데 몰트만은 개혁교회의 전통을 따라, 교회 제도나 인간의 믿음의 확실성이 아닌 삼위일체 하나님의 신실한 사랑과 자비가 성도의 견인사상의 근거가 됨을 밝힌다. 즉 성령 안에서, 성령을 통한 믿음 안에서 하나님에 대한 신뢰의 확실성인 것이다(SL, 156-157).

몰트만에 의하면, 성화의 동기와 근거는 거룩하신 삼위일체 하나님의 인격과 성품에 놓여 있다. 하나님은 자신이 의롭게 한 자들을 거룩하게 하신다(롬 8:30). 죄인은 하나님에 의해, 그리스도 때문에, 성령 안에서, 그리고 은혜로 말미암아 거룩할 수 있고 거룩하게 된다. 성화의 목표는 손상된 하나님의 형상의 회복이다. 즉 "하나님의 형상대로 창조된 새 사람을 입는 것"이다(엡 4:24; 골 3:10; GC, 227). 또한 성화의 본질은 하나님에게 일치하는 삶이며, 이는 완료형이 아닌 계속적이고 점진적인 과정이다.

몰트만은 성화의 과정에서 "자신의 죽음"(*mortificatio sui*)과 매일의 참회에 초점을 맞추는 루터보다는 "성령 안에서 살아남"(*vivificatio in Spiritu*)과 매일의 부활을 균형 있게 강조하는 칼뱅의 입장을 선호한다. 또한 루터보다 인격적 성화를 더 강조하는 웨슬리(John Wesley)의 사회적 성화 및 구원의 치료적 기능의 긍정적 측면을 지적한다. 그러나 죽음 이전에 "죄 없는 완전"(sinless perfection)의 형태로 성취되는 완전성화에는 동의하지 않는다(SL, 162).

몰트만에 따르면, 성화는 지성과 감성과 의지의 인격적 변화와 성숙을 가져온다. 여기서 중요한 것은 성령 안에서 새롭게 된 인간의 주체성이다. 즉 성화는 하나님의 은총의 선물(Gabe)인 동시에 인간의 과제(Aufgabe)다. 성화의 과정은 성령에 의해 일깨워진 자유로 말미암은 인간의 책임적 응답을 포함한다. 그러므로 신자는 성화의 수동적 대상일 뿐 아니라 능동적 주체다. 성화의 방법은 성령 안에서 생동케 된 자유로 말미암은 하나님의 법에 대한 순종이며, 이는 예수의 뒤를 따르는 것이다(SL, 175). 신자는 성령의 주도적인 이끄심에 근거하여 하나님께 일치하는 삶을 영위함으로써 결과적으로 진정한 인간됨(humanity)을 실현하게 된다. 이렇게 하나님의 형상이요 자녀로서의 자기실현에 이르는 삶이 곧 행복이다. 그러므로 신자는 거룩하며 행복한 존재로 되어가는 과정 가운데 있다(SoL, 48).

몰트만은 거룩한 삶이 성령의 인도함을 받는(led by the Holy Spirit) 삶이라고 주장한다. 그리하여 신자 안에서 날마다 육체의 열매가 아닌 성령의 열매가 자라난다(갈 5:16-26; SL, 176; SoL, 52-53). 성화의 과정에서 생명의 원천이신 하나님과의 연합, 사랑의 영이신 성령과의 지속적인 인격적 사귐을 통해 신자는 단순한 도덕적 성품의 변화가 아니라 인격적 성숙과 진보에 이르게 된다. 그러므로 성화의 구체적인 모습은 믿음·소망·사랑의 강화와 증대 및 심화와 확장에서 드러난다(SL, 161-163). 무엇보다도 몰트만은 성령 안에서 하나님 사랑과 자기사랑과 이웃 사랑의 경험을 강조하는데(SL, 248-251), 이를 통해 삶의 긍정과 기쁨과 자유와 평안을 누리게 된다는 것이다. 그리고 성령 안에서 삶에 대한 열정적 사랑을 통해 영적·물리적 삶의 영역에서 끊임없이 생동케 되는 체험을 갖게 된다. 그뿐 아니라 피조물에 대한 열정으로 말미암은 생명에의 경외와 창조의 보존을 통해 모든 살아 있는 피조물과의 사귐과 연합을 이루어간다(SL, 178).

그런데 몰트만에 의하면 성화의 과정에서 빼놓을 수 없는 것이 신자의 고난이다. 성령 안에서의 삶은 그리스도의 뒤를 따름(Nachfolge Christi)이다. 따라서 비인간화된 세계의 현실 속에서 불의와 폭력에 대항하는 삶은 십자가를 지는 고난을 포함한다. 때로 하나님의 부재와 침묵의 경험 속에서도 신자는 "그리스도와 함께 당하는" 고난 한복판에서 부활하신 "우리 안에 계신 그리스도"의 영으로 말미암아 스스로 고난을 견디어낼 뿐만 아니라, 약자들의 고난을 위로하며 고난을 극복하는 창조적 힘을 얻게 된다(SL, 208-211).

몰트만의 성화 이해의 핵심적 특징은 사회적 성화에 있다. 그는 성령이 교회를 넘어서서 사회 및 각종 공동체 안에서 해방과 자유의 영으로 활동한다고 주장한다. 그러므로 신자는 성령 안에서 정치적·경제적·사회적·문화적 소외와 차별과 억압을 당하는 자들의 해방 및 자유와 평등을 위한 구원 사역에 참여해야 한다. 특히 몰트만은 여성해방 운동이 가부장제에 기인한 성차별주의를 극복하고 진정한 남성과 여성의 사귐의 공동체를 지향해야 한다고 역설한다(SL, 241). 또한 교회 공동체는 전 지구적인 경제적 불평등과 전 세계적인 군사적·사회적·생태학적 위기에 직면하여 자발적 운동 단체들과 자구 운동 단체들과 긴밀하게 협력하고 연대함으로써 하나님나라 실현을 위해 노력해야 한다(SL, 229-248).[8] 이런 하나님나라 운동에 참여하기 위해서는 지역교회를 넘어서는 에큐메니컬 운동의 필요성이 요청되며, 예배 공동체로서만이 아니라 삶의 공동체요 세상을 섬기는(디아코니아) 선교적 공동체로서 교회의 사명을 지속적으로 감당해야 한다. 이렇게 몰트만은 사회적 성화의 차원을 강조한

8_ 자발적 운동 단체들(Action Groups)은 평화 운동 단체, 환경 운동 단체, 제3세계 운동 단체들이며, 자구 운동 단체들(Self-Help Groups)은 장애자, 알콜중독자, 에이즈환자, 암환자, 이혼자 모임, 홀부모 양육 모임 등이다.

다(SL, 229-248).

몰트만의 성화 이해에서 주목할 점은 치유로서의 성화 이해다. 전인적 구원을 강조하는 몰트만은 육체와 영혼의 치유와 회복 및 건강과 행복을 성화의 핵심으로 본다.[9] 특히 영육이원론에 의해 간과되었던 신체성의 발견과 회복을 역설하는 몰트만은 예수 그리스도의 병자 치유가 하나님나라의 표징이요 전조(Vorzeichen)라고 주장한다(SoL, 64-66). 하나님나라는 질병으로부터의 치유이며 죽음으로부터의 부활과 영생을 의미한다(JCTW, 14). 따라서 성령 안에 있는 삶은 죽음에 대항하는 삶이다. 육체에 대항하는 삶이 아니라 육체의 해방과 변용을 위한 삶인 것이다(SL, 97-98). 신자는 믿음 안에서 치유를 경험하며, 이런 카리스마적 경험을 통해 하나님나라가 현재화된다. 그런데 몰트만에게 치유는 좀 더 포괄적인 차원을 갖는다. 치유는 파괴된 사귐의 회복이며 생명의 나눔이다. 즉 하나님과의 관계 회복을 통해 영혼과 육체의 사귐이 회복되고 병든 사회적 관계가 회복되며 생명력의 나눔이 이루어진다(SoL, 66). 이렇게 몰트만에게 치유로서의 성화는 언제나 건강과 행복과 복지와 관련되어 있으며 전인적·통전적 성격을 지닌다.

몰트만의 성화 이해의 가장 현저한 특성은 생태학적 성화의 차원이 강조된다는 점이다. 그에 의하면, 오늘의 성화는 "생명의 거룩함"과 "창조의 신적 비밀"을 회복하고, 생명의 인위적 조작과 자연의 세속화와 인간의 폭력을 통한 창조 세계의 파괴에 반하여 생명을 보호하는 것이다. 또한 생명에의 경외와 이웃 사랑 및 자연 사랑을 통한 생명의 보존과 생명

9_ 몰트만은 "건강한"(heil), "치유하다"(heilen), "거룩한"(heilig) 등이 동일한 어원을 지니고 있으며, 건강(Gesundheit)과 치유(Heilen)와 거룩(Heiligen)과 온전함(Volländigkeit, Ganzwerden)과 행복(Glückligkeit)이 유사한 의미를 지니고 있다고 본다(SL, 175; SoL, 51-52).

윤리의 실천을 의미하는데, 이는 개인적 삶의 방식의 변화와 사회적·정치적 운동 및 법적·제도적 변화를 위한 노력을 포함한다. 더 나아가 생태학적 성화는 생명에 대한 "폭력의 포기"를 뜻하는데, 비무장화와 자연에 대한 기술적 폭력의 최소화, 에너지 소비의 축소, 심신의 균형과 조화를 의미한다. 마지막으로 생명의 성화는 "생명과의 일치와 조화"를 추구하는 것이다(SL, 171-174). 요약하면, 오늘의 성화는 생명을 사랑함으로써 죽음의 세력에 저항하고 대립하며 생명의 치유와 창조 세계의 보전과 회복을 이루어가는 것이다.

몰트만에게 영화는 하나님의 영광의 닮음을 통한 그분의 형상의 최종적인 완성이 이루어지는 것이다. 이는 중생과 칭의와 성화의 목적이요 희망이다. 삼위일체 하나님을 얼굴과 얼굴로 맞대어 뵙는(고전 13:12) 신자의 영광은 그리스도의 형상을 좇아 성령 안에서 홀연히 영광스럽게 변화함으로써(빌 3:21; 요일 3:2) 주어진다(GC, 228-229; SL, 162). 이런 하나님과의 대면(*visio Dei*)은 지복의 직관(*visio beatifica*)으로서 삼위일체 하나님과의 영원한 사랑의 사귐을 열어주며, 마침내 영원한 생명에 참여하여 그분을 향유하는 영원한 복을 누리도록 한다(IEB, 155-164; CoG, 336-339). 성화의 과정에서 "성령의 전"으로서의 육체는 이제 육체의 부활을 거쳐 새롭게 "영화롭게 된 몸"(spiritualized body)으로 변용(Verwandlung)된다(GC, 275; JCTW, 85-87; CoG, 65-71). 그런데 현재의 육체와 미래의 영적인 몸 사이에 연속성과 불연속성이 함께 있듯이, 세계와 모든 피조물 역시 멸절되거나 폐기되는 것이 아니라 새롭게 변화되고 변용될 것이다(계 21:5; CoG, 267-275). 종말론적 새 창조의 영으로 말미암아 "새 하늘과 새 땅"의 하나님의 나라는 우주적 쉐키나와 영원한 안식일과 함께 도래할 것이며, 모든 피조물은 회복되고 구원의 완성을 통해 하나님의 영광과 영원한 기쁨의 축제에 참여하게 될 것이다. 이렇게 몰트만은 전인적 구원, 개인과 사회의 통전적 구원, 생태학적·우주적 구원을 포괄적이고 총체적으로 다루고 있다.

2. 몰트만 구원론의 특성

1) 구원의 역동적 성격: 하나님의 은혜와 인간의 신앙의 역동적 관계성

몰트만 구원론의 특성은 하나님의 은혜와 인간의 신앙적 응답의 역동적 관계성을 균형 있게 강조하고 있다는 점이다. 그에 따르면, 창조와 선택과 속죄 및 중생, 칭의, 성화, 영화 등 구원의 모든 과정은 성부·성자·성령의 공동 사역에 근거하고 있다. 무엇보다 구원의 가능성은 인간의 가능성이 아니라 하나님의 사랑과 긍휼에 근거한 선행적 은혜로 말미암는다. 하나님의 자기 낮추심(케노시스)의 방식으로 나타난 자유로운 사랑으로 말미암은 창조와, 삼위일체 하나님의 영원한 자기결정에 근거한 만인을 위한 무조건적 은혜의 선택은 하나님의 신실하심을 드러내 보여준다. 그뿐 아니라 구원에 참여하는 파트너인 인간의 죄와 타락에도 불구하고 일관된 하나님의 사랑은 구원의 완성에 이르기까지 변함없이 지속된다(GC, 233; SL, 156-157).

몰트만에 의하면 하나님의 형상은 직설법(Indikativ)인 동시에 명령법(Imperativ)이고, 과제인 동시에 희망이며, 명령법인 동시에 약속이다(GC, 227). 따라서 하나님 형상의 회복의 과정으로서 구원의 현실은 삼위일체 하나님과 인간의 공동 사역(파트너십)으로 이루어지는 역동적 성격을 갖는다. 중생은 전적으로 성령의 역사로 말미암아 신자에게 주어진다. 영화 역시 새 창조의 영이신 성령에 의한 전적이고 즉각적인 변화다. 그러나 칭의와 성화는 구원의 파트너인 인간의 응답과 행동을 포함한다. 신자는 하나님의 은혜로 말미암아 전가된 그리스도의 의를 힘입어 믿음의 수단을 통해 의롭게 된다. 여기서 믿음과 회개의 행동은 성령 안에서 새롭게 획득된 인격적 자유를 통해 이루어진다(SL, 116). 성화 역시 하나님 은혜의 선물인 동시에 책임이 뒤따르는 과제다. 따라서 보이지 않는 하나님의 형상인 그리스도와의 연합을 통해 성령 안에서 믿음과 소망과 사랑의 삶의 과정에서 온전한 하나님의 형상을 날마다 이루어가야 할 책임이 인간에게 주어져 있다.

이렇게 몰트만이 강조한 구원의 역동적 성격은 한국교회의 구원 이해에 적절한 지침과 방향을 제공한다. 특히 이것은 구원을 과거완료형으로서 이해하고 칭의에 강조점을 둠으로써 신자의 삶의 윤리적 차원을 소홀히 여기는 그릇된 태도를 교정할 수 있다. 물론 몰트만은 율법주의와 도덕주의를 지향하지 않는다. 오히려 성령 안에서의 인격의 변화와 성숙에 따른 자발적인 선행과 제자도의 실천을 추구한다. 이런 맥락에서 몰트만의 구원론은 칭의와 중생 및 성화의 관계성을 적절하게 서술함으로써, 한국교회에서 칭의와 성화를 분리하는 신앙과 삶에 대한 비판적 근거를 제공해준다.

2) 영혼과 육체의 전인적 구원

몰트만의 구원론은 전인적 성격을 지닌다. 영혼과 육체의 통일성을 강조하는 몰트만은 창조와 타락과 속죄와 구원의 모든 과정에서 전인적 차원을 강조한다. 영육이원론에 바탕을 둔 육체와 물질과 현실 세계에 대한 무시는 성서적 관점과 배치된다는 것이다. 오히려 육체적 현실성 안에 있는 삶에 대한 사랑이야말로 하나님의 형상을 회복해가는 인간의 구체적 특징이다. 몰트만에 따르면 전인적 구원은 육체적·물질적 차원을 포함한 진정한 인간됨의 실현이다. 또한 신체적 질병으로부터의 치유만을 의미하지 않으며, 심신의 치유와 건강과 행복을 포함한다(SL, 94-95; JCTW, 13). 여기서는 영혼과 육체의 상호적 사귐과 돌봄을 통한 균형 및 조화로운 삶과 더불어, 하나님과 자신과 이웃과의 관계의 치유와 화해와 회복이 함께 이루어진다. 이런 방식으로 몰트만은 개인과 사회의 건강과 치유 및 행복과 복지의 실현을 통해 이루어지는 전인적 구원을 역설한다.

김명용은 인간의 신체성을 긍정하는 몰트만의 전인적 구원 이해를 통전적이라고 규정한다.[10] 이는 매우 성서적인 사상으로서 한국교회의 바른 신앙과 신학 및 목회를 위한 방향을 제시해준다고 한다.[11] 실제로 한국교회는 영혼과 육체의 이분법에 근거하여 지나치게 개인의 영혼 구원에 초점을 맞추는 보수 진영과, 영혼 구원의 차원을 소홀히 다루는 진보 진영으로 양분되어 있다. 영육이원론에 기초한 건강하지 못한 신앙과 목회의 현실은 신자 개인의 삶만이 아니라 교회 공동체의 사역과 선교에도 지대한 영향을 미친다. 그러므로 전인적 구원의 메시지의 선포 및 교육과 함께 전인적 목회가 이루어져야 한다. 몰트만의 전인적 구원 이해는 한국교회의 신앙과 삶과 목회에 대한 자기성찰의 기준과 바람직한 방향성을 제시해준다고 할 수 있다.

3) 개인과 사회의 통전적 구원

몰트만 구원론의 특성 중 가장 핵심적인 것은 개인적·사회적 차원을 통합하는 통전적 구원이다. 여기서는 하나님과의 관계 회복에 초점을 맞추는 구원의 영적·수직적 차원만이 아니라 정치적·사회적·경제적·문화적 해방을 포괄하는 구원의 수평적 차원이 함께 다루어진다. 몰트만에 의하면, 복음화와 해방은 상호보완적이다(JCTW, 27-28). 즉 착취와 억압과 소

10_ 김명용, "통전적 신학이란 무엇인가?", 이종성·김명용·윤철호·현요한, 『통전적 신학』 (장로회신학대학교출판부, 2004), 73-74.

11_ 김명용, "바른 신학 바른 목회", 『이 시대의 바른 기독교 사상』 (장로회신학대학교출판부, 2001), 175-176.

외로부터의 인간의 정치적·경제적·문화적 해방은 죄의 용서와 미래의 삶에 대한 희망처럼 구원 사역에 속한다는 것이다(SL, 112).

죄와 속죄에 관한 포괄적 이해를 시도하는 몰트만은 개인적·영적 죄와 더불어 공동체적·사회구조적 죄의 차원을 강조한다. 또한 희생자와 가해자를 위한 삼위일체 하나님의 대리적 속죄 행위를 사랑과 자유와 해방의 사역으로 서술한다. 중생과 칭의와 성화의 과정은 인종적·성적·계급적·문화적 차별과 억압과 소외로부터의 해방과, 인간화와 사회정의 및 평화의 실현을 지향한다는 것이다. 따라서 신자는 성령 안에서 폭력과 죽음의 세력에 저항하고 불의한 세계 현실을 변혁하며, 정의와 평화와 사랑의 하나님나라를 앞당기는 운동에 적극적으로 참여해야 한다. 이는 곧 세상의 고난에 연대하는 그리스도의 뒤를 따르는 제자도의 실천이며 신자 개인만이 아닌 사회적 성화의 방식이라고 몰트만은 역설한다.

김균진은 개인 구원과 사회 구원이 상호배타적이지 않고 오히려 상호 보완적이라고 주장한다.[12] 그런데 현요한은 몰트만의 구원 이해가 개인 구원과 사회 구원 사이의 균형을 보여주지 못했다고 지적한다. 개인의 인격적 성숙과 변화보다 정치적·사회적 해방을 통한 구조적 변혁에 더 비중이 두어져 있다는 것이다. 몰트만이 강조한 사회적 성화의 차원에 대해서는 긍정적으로 평가함에도 불구하고,[13] 현요한은 개인의 성화와 사회적 성화가 함께 가는 것이지만, 전자가 후자보다 우선적이며 선행적이라고 주장한다.[14] 실제로 몰트만은 초기 신학에서는 사회적·정치적 차원의 구

12_ 김균진, 『기독교신학 3』, 550. 윤철호는 하나님나라의 복음이 개인적·사회적 차원을 포함하는 통전적 구원을 지향한다고 주장한다. 윤철호, 『21세기 한국 교회와 하나님 나라를 위한 실천신학』(장로회신학대학교출판부, 2006), 342-343.

13_ 현요한, 『성령, 그 다양한 얼굴: 하나의 통전적 패러다임을 향하여』(장로회신학대학교출판부, 1998), 378-380, 387-389.

14_ 현요한, "몰트만의 성령론", 207-209.

원을 주로 역설했는데, 이는 전통 신학의 편향된 개인 구원에 대한 강조를 교정하기 위해서라고 말한다. 그는 『생명의 영』과 『생명의 샘』 등에서 신자 개인의 구원 과정에 대해 비교적 상세하고 풍성한 내용을 전개하고 있다. 몰트만에게는 하나님나라 신학의 빛에서 신자와 교회 공동체를 통해 지속적으로 이루어지는 사회적 구원의 차원이 강조되는데, 최근에 이런 경향은 공적 신학(Public Theology)의 형태로 발전되고 있다.

이런 몰트만의 구원론은 특히 정치신학과 해방신학과 여성신학 등 상황신학의 구원론과의 대화에서 이루어졌을 뿐 아니라 세계교회협의회(WCC)의 통전적 구원론과 깊은 연관을 갖고 있다.[15] 오늘날 에큐메니컬 진영뿐 아니라 복음주의 진영은 개인 구원과 사회 구원을 분리할 수 없는 것으로 보며 영혼 구원과 사회 참여를 함께 강조하는 추세다. 반면에 한국교회와 신학계에서 양 진영은 여전히 개인 구원과 사회 구원에 관한 현저한 입장 차이를 보여준다.[16] 몰트만의 통전적 구원론은 양분되어 있는 한국교회의 구원 이해에 대한 비판적 통찰력과 함께 건전한 방향을 제시한다는 점에서 신학적 의의를 갖는다.

4) 생태적 구원

생태적 구원을 강조하는 몰트만은 오늘날 전 지구적인 생태학적 위기에 직면하여 죄와 구원을 새롭게 해석한다. 그는 인간이 자연을 향해 위협과 폭력을 행함으로써 환경오염과 생태계 파괴의 결과를 낳는 생태학적 차원의 죄를 역설한다. 그러므로 구원은 파괴된 생태계의 회복을 지향한

15_ 몰트만은 방콕 세계대회(1972/3)의 "구원과 사회정의" 선언에 참여했으며 WCC의 구원론의 형성에 지대한 영향을 미쳤다.

16_ 신옥수, "중심에 서는 신학, 오늘과 내일: 장신신학의 정체성 형성에 관한 소고", 「장신논단」 40 (2011), 50-55.

다. 몰트만에 의하면, 구원은 인류와 땅을 포함한다(SL, 112). 자연의 구원 없이 인간의 구원은 없다는 것이다. 이렇게 인간뿐 아니라 모든 피조물의 구원을 포함함으로써 구원의 우주적 지평을 확대하는 몰트만의 구원론은 근대의 인간 중심적 구원론을 극복하는 우주적·생태학적 구원론이다. 이는 WCC의 구원론과 맞닿아 있음을 확인할 수 있는데, 1973년 방콕 CWME 대회는 "우리는 우리의 사고에서 영혼과 육체, 개인과 사회, 인간과 피조물 사이의 이분법을 극복해야 한다"[17]라고 선언한다. 김명용은 영혼 중심적인 신학에서 하나님나라 중심적인 신학으로의 전향으로부터 출발하여 온전한 복음(Whole Gospel) 이해를 토대로 하는 몰트만의 통전적 구원 이해가 모든 피조물의 삶을 살리는 생명신학과 생명윤리를 제공한다는 점에서 바람직한 방향을 보여준다고 주장한다.[18]

생명과의 일치와 조화 속에서의 생태학적 성화를 강조하는 몰트만은 생명의 치유와 생태계의 회복을 통한 창조 세계의 보전을 지향하는 생태학적 책임과 윤리를 제시한다. 자연의 관리자로서 자연에 대한 책임적 돌봄과 섬김의 과제를 지닌 인간이 생명보호 운동과 함께 생태학적 정의를 실천하기 위한 사회적·정치적 평화 운동에 적극적으로 연대·참여해야 한다는 몰트만의 주장은 오늘날 한국교회가 주의 깊게 경청해야 할 필요가 있다.

5) 종말론적 선취로서의 구원

몰트만의 구원론의 특성은 무엇보다도 종말론적 선취의 성격이 두드러진

17_ Bangkok Assembly 1973, Minutes and Report of the Assembly of the Commission on World Mission and Evangelism of the World Council of Churches, December 31, 1972 and January 9-12, 1973 (Geneva: WCC, 1973), 89.

18_ 김명용, "자연에 대한 바른 기독교사상", 『이 시대의 바른 기독교사상』, 102-117.

다는 점이다. 그의 구원론의 핵심 개념은 종말론적 선취(예기)다. 이는 이미(already) 시작되었으나 아직 도래하지 않은(not yet) 구원의 도상에서 종말론적 긴장 가운데 있는 그리스도인의 삶에 대한 가장 적절한 표현이다. 몰트만에게서는 구원의 세 시제(과거·현재·미래)가 동시적으로 이해되며 균형 있게 강조되어 있다. 중생과 칭의와 성화의 모든 과정에서 구원은 과거완료형이 아니며 단순히 다가오는 미래의 차원만을 의미하지 않는다. 그리스도의 십자가와 부활의 변증법적 사건에 근거한 종말론적 미래는 성령 안에서 신자의 삶 안에 현재화된다. 여기서 오고 있는 것에 대한 예기요 미리 맛봄을 의미하는 선취는 성령론적 개념이다. 즉 성령은 종말론적 미래의 선수금으로서 신자들로 하여금 그리스도 안에서 이미 성취된 것을 향유하며 아직 도래하지 않은 완성된 상태를 지금 여기서 부분적으로 맛보며 영원한 삶에 참여하도록 한다. 이런 맥락에서 중생과 칭의와 성화의 모든 과정은 종말론적 선취의 경험을 낳는다. 신자 개인의 믿음과 사랑과 소망의 삶의 성장과 성숙 및 심화에서와 마찬가지로 역사적 종말과 우주적 종말 역시 종말론적 선취의 영역에 해당한다. 몰트만은 누구보다도 이런 종말론적 구원의 차원을 강조했는데, 이는 매우 성서적이고 복음적인 사상이다. 구원의 과거적 성격만을 강조하거나 미래적 성격에만 초점을 맞추며 현재적 차원을 소홀히 하는 일부 한국교회의 그릇된 구원 이해로 인한 부정적 현상들을 고려해볼 때, 몰트만의 종말론적 선취의 개념은 신선한 통찰력과 건강한 기준을 제공해준다고 할 수 있다.

6) 만유구원(*apokatastasis panton*)

몰트만의 구원론 가운데 가장 논쟁적인 주제는 그의 만유구원론이다. 그의 신학 초기에 부분적으로 언급되었던 모든 피조물의 회복 및 구원에 관한 사상은 『오시는 하나님』에서 확대·심화되어 나타난다. 몰트만은 초기 교회 오리게네스의 만유회복설을 지지하며 교회 역사 속에 등장했던 만유구원 사상의 긍정적 가치를 인정한다. 그에 따르면, 성서 안에는 최후 심판의 이중결과설(이중심판설, double outcome of judgement)과 보편구원(universal salvation)의 본문이 공존하고 있다. 그런데 몰트만은 인간의 결단을 앞세운 이중심판설이 하나님의 자유를 훼손하며, 하나님의 사랑보다 그분의 진노와 형벌에 더 초점을 맞춘다고 비판한다. 몰트만은 인간의 선택과 결정이 아니라 하나님의 은혜의 선택과 화해(고후 5:19; 골 1:20; 엡 2:14-16) 사건의 선행성과 우위성을 강조한다.[19] 더 나아가 예수 그리스도의 십자가는 만유화해의 근거이며(SL, 251), 파괴된 지옥의 상징이라고 주장한다. 몰트만에 의하면, 그리스도는 십자가에서 온 인류를 대리하여 하나님의 버림받음과 죽음을 경험한 후 지옥에 내려가심을 통해 죽음의 세력을 폐기하셨다(CoG, 250-255; JCTW, 143-144: IEB, 145-148). 그리하여 모든 사람과 만물의 구원 가능성이 활짝 열렸으며 마침내 모든 피조물이 회복되어 하나님께로 돌아올 것이라고 한다. 그러므로 최후 심판은 결코 최종적인 것이 아니며 잠정적인 것으로, 하나님나라 건설을 위한 만유회복의 시작이라는 것이다(CoG, 250-251). 그런데 여기서 주목할 점은 몰트만이 지옥 자체를 부정하지는 않는다는 것이다. 그는 지옥의 영원성이 아닌 시간성을 말하는데, 이는 절대적 영원(*olam*)이 아닌 상대적 영원(*aionosis*)으로 파악하기 때문이다(CoG, 250-521).

이런 몰트만의 주장은 세계신학계뿐만 아니라 한국교회와 신학계에서 커다란 논쟁을 야기했다. 이중심판설에 대해 긍정적 입장에 서 있는 미로슬라브 볼프는 몰트만의 만유회복설의 문제점을 적절하게 지적한다. 몰트만이 주장한 세계의 종말론적 전이(transition)가 아닌 최후의 심판

19_ 몰트만은 바르트의 만인선택론(Allerwählung)과 만유화해론(Allversöhnung)의 맥락에서 있지만 그것을 넘어서고자 한다.

을 통한 진정한 변혁(transformation)이 성서적이고 복음적인 구원론이라는 것이다. 즉 죄와 악과 사탄의 세력은 심판받고 구속(redemption)된 후 하나님의 은혜에 의해 변화되고 회복될 것이다.[20] 몰트만의 만유구원론에 대해 한국교회 안에서는 찬반양론이 대두되었는데, 종래에 만인구원론을 지지하는 입장에서는 대환영인 반면에, 보수적인 입장에서는 다양한 비판이 제기됨으로써 구원의 보편주의 논쟁이 확대되었다. 김명용은 몰트만의 만유구원론이 갖는 장점으로, 오직 예수 그리스도의 십자가와 부활의 구속에 기초하고 있으며, 하나님의 은혜를 통한 구원 가능성을 역설함으로써 그분의 사랑을 통해 만유를 위로하는 기쁨의 복음이 된다는 점을 들 수 있다고 한다. 그러나 단점으로, 기독교 선교를 위태롭게 할 수 있으며, 충분할 정도의 성서적 타당성을 지니고 있는지에 대해서는 논쟁적이라고 지적한다.[21] 반면에 이찬석에 따르면, 몰트만의 만유구원론은 구원의 주체를 인간으로 만들고 있는 심판의 이중결과설을 비판하면서 하나님을 선교의 주체로 세웠다는 점에서 "하나님의 선교"(*missio Dei*)와 공통분모를 지니고 있다.[22] 또한 천국과 지옥의 이분법적 구조를 종말론적으로 해체함으로써 통전성을 확보했다는 점에서 강점을 지닌다고 한다. 이찬석은 통전적 선교가 하나님의 심판보다는 하나님의 사랑에 근거하여 수행되어야 하며 열린 기독교의 정체성을 추구해야 한다고 함으로써 몰트만의 입장에 대해 우호적이다.

필자의 견해로는 몰트만의 만유구원론은 하나의 교리나 신학적 결론

20_ Miroslav Volf, "Enter into Joy! Sin, Death, and the Life of the World to Come," in *The End of the World and the Ends of the God: Science and Theology on Eschatology*, ed. J. Polkinghorne and M. Welker (Harrisburg, PA: Trinity Press international, 2000), 277.

21_ 김명용, "몰트만의 만유구원론과 구원론의 새로운 지평", 『이 시대의 바른 기독교사상』, 311-315.

22_ 이찬석, "몰트만의 만유구원론과 선교", 「한국조직신학논총」 41 (2015), 347-354, 369.

으로서가 아니라 희망과 기도의 대상으로 삼을 수 있어야 한다. 만인구원론과 만유구원론은 하나님의 사랑의 일관성을 강조하는 몰트만의 주장에 부합되는 결론이기도 하지만, 그럼에도 불구하고 성서가 말하는 하나님의 사랑과 공의, 긍휼과 거룩의 상관성과 하나님의 은혜와 인간의 책임적 응답의 역동적 차원에 대한 불균형을 드러낸다고 할 수 있다. 볼프가 올바르게 지적했듯이, 하나님의 은혜로 말미암은 구속과 최후의 심판을 통한 만물의 변화와 변혁이 좀 더 성서적 복음 이해에 가까운 것이라는 판단이다. 몰트만의 만유구원론은 전통적 입장에서 볼 때 비판의 소지를 지니고 있으며, 여전히 논쟁적인 주제라고 할 수 있다.

앞에서 살펴본 몰트만의 통전적 구원 이해는 그의 삼위일체론의 구조 안에서 통전적 그리스도론, 통전적 인간론, 통전적 성령론, 통전적 종말론과 긴밀하게 연결되어 있다. 또한 통전적 선교를 지향하는 통전적 교회론을 제시하고 있다. 이런 의미에서 이 구원 이해는 몰트만의 통전적 신학의 근거이자 핵심이라 할 수 있다. 특히 한국교회에 만연해 있는 구원에 대한 다양한 오해와 왜곡의 현실을 바라보며 성서적이고 복음적이며 통전적인 구원 이해가 절실한 시점에, 몰트만의 통전적 구원론은 건강하고 유용한 통찰력과 바람직한 방향성을 제시해준다. 하나님나라 백성이요 하나님의 자녀로서 신자 개인의 삶만이 아니라 하나님나라 건설의 전위대인 교회 공동체의 사역과 선교 및 윤리의 과제를 풍성하게 제공해주는 몰트만의 구원론의 실천적 적용이 어느 때보다도 요청된다.

Jürgen Moltmann

제9장

몰트만의 교회론

Jürgen Moltmann

오늘날 한국교회는 어느 때보다도 심각한 위기를 겪으며 교회 안팎에서 비판과 질타의 대상이 되고 있다. 그 이유는 무엇인가? 여러 원인을 열거할 수 있겠지만 무엇보다도 교회가 복음의 본질을 잃어버리고 자기 정체성을 상실했기 때문이다. 과연 오늘날 한국교회는 복음에 기초하여 복음을 선포하며 복음을 실현하는 공동체로서 자리매김하고 있는가? 격동하는 21세기 한국사회에서 소금과 빛이라는 교회의 사명을 감당하며 지속적으로 선한 영향력을 끼칠 수 있을 것인가? 한국교회의 정체성 위기와, 교회와 세상의 관계성에 대한 책임의식은 우리로 하여금 교회의 본질과 사역에 관한 근본적 질문 앞에 마주 서게 한다.

몰트만은 교회의 본질과 사역, 교회와 하나님나라의 관계성, 하나님나라의 가치를 실현하는 교회의 사회적 책임에 대한 신학적 응답을 지속적으로 추구해왔다. 이런 몰트만의 교회 이해는 한국교회의 과거와 현재의 현실을 반성하고 미래의 방향과 사명을 전망하는 일에 상당한 영감과 통찰력을 제공해준다. 제9장은 몰트만의 교회론을 통전적 입장에서 개관하고자 한다. 이를 위해 몰트만의 교회론에 관한 주요 저서를 중심으로 교회의 본질과 목적 및 기능과 표지, 교회와 하나님나라의 관계성 등을 탐구할 것이다. 주로 그의 삼위일체론적 교회론, 메시아적 교회론, 성령론적 교회론, 종말론적 교회론의 성격을 체계적으로 살펴본 후에, 교회와 하나님나라의 관계성에 근거한 교회의 현실참여를 위한 신학적 원리를 규명하여 그 실천적 과제를 모색하고자 한다. 마지막으로 이런 분석을 토대로 몰트만의 교회론 평가 및 신학적 의의를 제시함으로써 마무리하려 한다.

I. 몰트만 교회론의 신학적 배경

몰트만의 신학 사상은 여러 단계의 변화 및 전이 과정과 함께 시대적·사상적 배경을 포함하고 있다. 『희망의 신학』『십자가에 달리신 하나님』『성령의 능력 안에 있는 교회』로 구성된 몰트만의 초기 저서 3부작은 부활과 십자가와 오순절 성령 강림이라는 복음의 핵심 주제를 하나의 초점에 맞추어 다루고 있다. 교회에 대한 그의 사고는 1966년 교회론 강의 이후 줄곧 발전해서 『성령의 능력 안에 있는 교회』를 통해 집대성되었으며, 이후 "신학에 대한 조직적 기여들" 시리즈로 출간된 『삼위일체와 하나님의 나라』『창조 안에 계시는 하나님』『예수 그리스도의 길』『생명의 영』『오시는 하나님』『신학의 방법과 형식』 등에서 각각의 조직신학 주제를 통해 부분적으로 심화되어 전개되고 있다.

특히 교회와 하나님나라에 관한 몰트만의 사상은 "근대사회 속의 그리스도의 교회와 하나님나라를 위한 신학"(1998)[1] 등의 소논문과 함께 『새로운 삶을 위해』(1978),[2] 『열린 교회』(1983),[3] 『세속사회를 위한 하나님』(1999)[4] 등의 저서에 잘 나타난다. 무엇보다 『성령의 능력 안에 있는 교회』는 한스 큉의 『교회』(1967)에 비견될 정도로 교회론에 관한 주목할 만한 에큐메니컬 저서 중 하나로 인정받고 있다.

실제로 몰트만은 독일 개혁교회 목사로서 세계교회협의회를 중심으

1_J. Moltmann, "Theology for Christ's Church and the Kingdom of God in Modern Society," in *A Passion for God's Reign*, ed. Miroslav Volf (Grand Rapids, MI: Wm. B. Eerdmans, 1998).

2_J. Moltmann, *A Passion for Life*, trans. and with an Introduction by M. D. Meeks (Philadelphia: Fortress Press, 1978).

3_J. Moltmann, *The Open Church: Invitation to a Messianic Life-Style* (London: SCM, 1983).

4_J. Moltmann, *God for a Secular Society: The Public Relevance of Theology*.

로 에큐메니컬 운동에 적극적으로 참여하여 다양한 세계교회 및 종교들과의 대화와 협력을 실천해왔다. 교회 현실에 대한 구체적 경험을 바탕으로, 그는 교회론에 관한 전통적 교의를 기술하는 방식을 채택하지 않는다. 이와는 달리 교회의 실천적 특성과 친교 공동체로서의 의미를 강조할 뿐 아니라, 교회의 구조적 갱신과 교인들의 삶의 변화의 필요성을 역설함으로써 독특하고 창의적인 교회 이해를 보여준다. 특히 몰트만은 독일 국가교회에 대한 비판적 관점을 가지고 교회 안팎에서 고조되는 교회의 정체성에 대한 위기의식을 공유한다. 그래서 그는 교회의 제도화와 영성의 사사화(privatization) 및 교인들의 공적 신앙(public faith)의 상실에 대해 날카롭게 비판하며 그 대안으로 친교를 통해 이루어지는 기초 공동체로의 개혁을 제시한다.

실천지향적이며 교회 갱신을 위한 다양한 실제적 제안으로 구성된 몰트만 교회론의 전개는 유럽 신학자들보다는 대체로 북미와 남미를 비롯한 제3세계 신학자들로부터 환영받으며 긍정적 평가를 받고 있다. 실제로 몰트만의 교회 이해는 탁상공론으로서의 교회론이 아닌 다양한 경험과 실제적 자료에 근거하고 있다. 즉 몰트만은 전 세계적으로 성장하고 있는 은사주의와 오순절 운동 및 제3세계교회의 부흥과 발전에 적극적 관심을 나타냈다. 소위 "자발적 신앙"이라 불리는 미국 내 개신교 자유교회 및 회중교회, 남미의 "바닥 공동체"(base communities)를 접하면서 보다 더 혁신적인 방향을 모색하며 새롭게 화두를 던지고 있는 것이다. 이런 특성으로 인해 카르카넨(Veli-Matti Kärkkäinen)은 몰트만의 교회론을 "상황적 교회론"(contextual ecclesiology)이라고 명명한다.[5]

몰트만 교회론의 신학적 배경은 매우 다양하고 복합적이다. 그는 자

5_ Veli-Matti Kärkkäinen, *An Introduction to Ecclesiology: Ecumenical, Historical & Global Perspectives* (Downers Grove, IL: InterVarsity Press, 2002), 126.

신의 신학적 특성을 이렇게 기술한다. "내 신학의 얼개를 몇몇 핵심 구절로 요약한다면, 적어도 다음과 같은 특징을 가진 신학을 추구한다고 할 수 있다. 성서적 토대, 종말론적 방향성, 정치적 책임성이 바로 그런 특성이다"(HTG, 182; GC, 183). 이런 특성은 교회론 전체의 틀을 제공하며 교회론의 모든 주제를 관통한다. 그의 교회론의 토대는 성서적 내러티브에 근거한 "예수 그리스도의 복음 안에 있는 교회"에 있고, 미래는 "그리스도의 왕국의 교회"라고 하는 종말론적 방향성을 지니며, 그 임무는 성령의 현존과 능력 안에 있는 교회의 과제와 구조를 가리키는 것이다.

무엇보다도 몰트만 신학의 결정적 특징은 철저히 삼위일체론적이라는 점이다. 특히 1980년대 이후 그는 자신의 모든 신학을 삼위일체론적 구조로 구성하고 있다. 그의 교회론 역시 삼위일체론적 구조와 성격을 드러낸다. 이는 『성령의 능력 안에 있는 교회』의 제3장 "예수 그리스도의 교회", 제4장 "하나님나라의 교회", 제5장 "성령의 현존 안에 있는 교회"에서도 분명히 나타난다. 즉 교회는 삼위일체 하나님의 구원 역사에 기초하고 그 역사적 현실에 참여하는 교회로서, 삼위일체 하나님의 형상을 반영하고 그 영광을 드러내는 사명에 충실해야 한다. 몰트만은 이런 소명에 신실하게 응답하는 교회가 되기 위해서 삶과 증언의 구체적 현실 속에서 예수 그리스도의 교회, 선교적 교회, 에큐메니컬 교회, 정치적 교회 등으로 새롭게 교회의 성격이 규정되어야 한다고 주장한다(CPS, 4-18).

그뿐 아니라 몰트만의 교회론은 처음부터 끝까지 종말론적 방향성을 지닌다. 그는 이미 『희망의 신학』을 통해 십자가에 달리고 부활하신 예수 그리스도의 종말론적 의미를 역설했다. 이런 종말론적 비전은 하나님나라의 약속과 성취라는 도식 속에서 세계 현실 변혁의 동인이 된다. 여기서 하나님은 세계의 역사 안에서 활동하시는 희망의 하나님이며, 따라서 교회의 역할은 그리스도의 메시아적 사명과 성령의 창조적 사명에 참여하여 하나님나라를 실현하는 것이다. 이것이 곧 몰트만의 교회론을 메시아적·종말론적으로 특징짓는 요인이다.

몰트만은 전 생애에 걸친 신학 여정에서 정치적 해방에 지속적 관심을 보여왔다. 그는 신학의 사명이 단순히 성서와 세계를 해석하는 것만이 아니라 세계를 변혁하는 데 있다고 본다. 교회는 세계 안에서의 정치적·경제적 해방과 진정한 인간화를 위해 사회적·정치적 운동에 동참해야 한다는 것이다. 이런 맥락에서 『성령의 능력 안에 있는 교회』는 "세계 여러 지역의 박해받는 그리스도인들"을 위해 헌정된다(CPS, xv). 몰트만은 세계 곳곳에서 일어나는 고난과 박해와 탄압에 처한 그리스도인들의 해방을 위한 투쟁을 적극적으로 이해하는 동시에 해방신학에 관한 깊은 성찰도 보여준다. 특히 최근에 공적 신학의 입장에서 수립된 교회 이해를 통해 정치·경제·사회·문화·환경 등 삶의 전 영역에 대한 교회의 책임적 응답과 실천적 과제를 역설한다. 다시 말해, 교회는 교회 자체를 위해서만 존재하는 것이 아니라 하나님나라의 지평 속에서 하나님나라 건설을 위한 책무를 감당해야 한다는 것이다.

이런 몰트만의 교회 이해에는 이미 출간된 대표적 저서 『희망의 신학』과 『십자가에 달리신 하나님』을 구성하는 주요 모티브가 적절히 혼합되어 서로 안에 녹아들어 있다. 이는 현 세계와 역사로 침투해 들어오는 종말론적 희망, 하나님나라의 비전, 십자가 고난의 모티브를 함축한다. 여기서 십자가와 부활의 변증법이 그의 신학 전체를 구성하고 있을 뿐 아니라, "하나님의 영"과 교회라는 결정적 추동력이 그의 교회론을 형성하는 핵심 요소가 된다. 부활의 희망의 약속과 십자가 사건에 나타난 예수 그리스도의 열정적인 자기희생, 하나님의 영의 메시아적 능력이 삼위일체 하나님의 구원의 역사를 형성하며, 이는 성금요일과 부활절, 오순절 성령강림의 3대 절기가 기독교의 삶을 순환적으로 구성하는 것과 일맥상통한다(CPS, xvi-xvii; HTG, 176). 바로 이것이 몰트만 교회론의 방법론적 토대요 핵심이 된다. 즉 그의 교회론은 언제나 기독론, 성령론, 종말론과의 관계 속에서 전개된다.

몰트만의 교회론은 "하나님의 선교"(*missio Dei*)라는 현대 선교신학 및 선교 운동과도 연결되어 있다. 그의 교회론은 소위 "하나님의 선교 교회론"으로 분류될 수 있다. 교회는 자신만을 위해 실존하지 않으며 세계를 위해 존재한다. 따라서 교회는 선교를 위해 그리고 선교로부터 실존한다. 몰트만에게 선교의 주체는 교회가 아니라 하나님이다. 즉 교회가 선교를 사명으로 "가지고" 있는 것이 아니라 하나님의 선교가 교회를 만든다는 것이다(CPS, 7-11).[6] 이런 몰트만의 사상은 그의 선교적 교회론의 구조와 성격을 관통하고 있다.

이는 신학에 대한 몰트만의 이해와 깊이 연결된다. 그에 의하면, 신학은 세계 안에 있는 하나님나라와 하나님나라 안에 있는 세계를 위한 상상력이다. 하나님나라 신학은 필연적으로 선교신학이 된다. 이는 교회를 사회와 결합시키고 하나님의 백성을 땅 위의 모든 백성과 결합시킨다. 또한 하나님나라 신학은 공적 신학으로서, 동시대인들을 대신해서 기억으로 안내하고 희망을 형성하면서 "이 시대의 고난들"에 참여하고 있다. 하나님나라 신학은 비판적이고 예언자적 방식으로 공적인 일들에 관여한다(ET, xx). 신학은 하나님나라를 위한 열정에서 비롯되며 이 열정은 그리스도와의 친교 공동체 안에서 생성된다. 하나님나라 신학은 하나님의 미래와 삶을 지향한다(ET, xx). 이런 의미에서 몰트만 신학은 바르트에게서 보이듯이 "교회교의학"이 아니라 "하나님나라 교의학" 또는 "종말론적·선교

6_ 하나님의 선교 개념에서 그 구조는 하나님 → 교회 → 세계가 아니라 하나님 → 세계 → 교회라고 할 수 있다.

적 교의학"이다.[7] 따라서 몰트만 교회론의 신학적 배경은 그의 하나님나라 신학이라고 할 수 있다.

II. 몰트만 교회론의 구조와 특성

몰트만은 교회론이 조직신학 내에서 독자적 위치를 차지하고 있음에도 불구하고 그 자체로서 독립적이지는 않다고 주장한다. 교회론은 철저하게 관계성 속에서 이해되기 때문에 삼위일체 하나님의 역사와의 관련성 속에서 전개될 수밖에 없다. 즉 교회론은 교회의 초석이요 기원인 예수 그리스도에 근거하는 기독론적 토대와 하나님나라의 종말론적 방향성 및 성령의 활동과 능력 안에서 사명을 감당하는 성격을 가진다는 것이다.[8] 다시 말해 삼위일체론적 구조를 토대로 메시아적 교회론, 성령론적 교회론, 종말론적 교회론의 특성을 지닌다.

몰트만은 자신의 교회론을 "메시아적 교회론" 또는 "관계적 교회론"(relational ecclesiology)으로 규정한다(CPS, 20). 여기서 "메시아적"이라 함은 기본적으로 "기독론적"임을 의미한다. 기독론적 토대는 언제나 종말을 지향하는데, 이런 몰트만의 사고는 "기독론에 기초하고 종말론적으로 정향된 교회론"(CPS, 13)이라 할 수 있다. 또한 몰트만의 "관계적 교회론"은 그의 교회론의 확대된 지평을 드러낸다. 그것의 신학적 토대는 하나님을 포함하여 모든 것이 오직 관계 안에서 실존한다는 사실이다. 즉 교회는 자신만을 위해서가 아니라 항상 하나님과 세계와의 관계 안에서 존재한다. 그러므로 교회는 세상을 섬기는 교회요 선교적 교회다. "교회는 자

7_ J. Moltmann, "The Adventure of Theological Ideas," 103.

8_ Geiko Müller-Fahrenholz, *The Kingdom and the Power*, 84-100.

체로서 스스로 이해될 수 없다. 교회는 자신의 사명과 의미, 역할과 기능을 오직 타자와의 관계 안에서만 이해할 수 있다"(CPS, 19). 즉 타자와의 관계 안에 있는 교회요 타자를 위한 교회로서의 성격을 지닌다. 여기서 타자는 이스라엘 백성, 타종교들, 세속 세계 및 창조 세계를 포함한다. 따라서 교회는 세계와 관계하는 하나님의 삼위일체적 역사 안에 참여해야 한다. 메시아적 교회론과 관계적 교회론은 서로 대립적이지 않고 상호연관되어 몰트만의 교회론을 떠받치는 두 개의 기둥이라고 할 수 있다.

1. 삼위일체론적 교회론: 삼위일체 하나님의 역사에 참여하는 교회

몰트만에 의하면, 교회는 언제나 삼위일체 하나님의 역사와 관련된다. 교회의 사명과 의미, 실존과 기능은 하나님의 삼위일체적 역사의 지평에서 찾을 수 있다. 교회는 종말론적 비전 속에서 성부·성자·성령 삼위일체 하나님의 세계 참여 역사에 동참한다. 즉 교회는 삼위일체 하나님의 종말론적 하나님나라를 향한 운동 또는 "하나님의 선교"에 참여한다. 이런 점에서 몰트만은 교회를 삼위일체 하나님의 선교의 대리자(agent)로 이해한다.

몰트만에 따르면, 교회는 삼위일체 하나님의 영광을 위한 사명을 지닌다. "그리스도와 성령의 메시아적 사명의 종말론적 의미는 하나님의 영광과 세계의 해방에 있다"(CPS, 64). 교회의 존재 이유와 목적은 수직적 차원에서의 하나님의 영광과 수평적 차원에서의 세계의 해방을 포함하며, 양자는 배타적이지 않고 서로를 포괄한다.

> 교회는 피조물의 해방에서 "하나님에 대한 찬양"에 참여한다. 성령의 활동을 통해 이런 일이 일어날 때마다 거기에는 교회가 있다. 참된 교회는 해방된 자

들의 찬양이다. 교회는 "인간 상호간의 연합", 사회와 자연의 연합, 피조물과 하나님의 연합에 참여한다(CPS, 65).

몰트만의 삼위일체론은 "개방된 삼위일체"(open Trinity)다. 창조 안에서 하나님은 자신을 세계 안으로 개방하시며, 역사 안에서 일어나는 모든 일들에 의해 자신이 영향 받도록 하신다. 마찬가지로 교회도 자신을 세계와 하나님의 미래로 개방해야 한다. 이런 맥락에서 교회는 "하나님과 사람에게 열려 있으며, 또한 하나님과 사람들의 미래에 열려 있어야 한다. 교회는 스스로 이런 개방성의 어느 하나를 포기하고 하나님과 사람들 또는 미래에 대항하여 자신을 폐쇄할 때 쇠퇴한다"(CPS, 2). 따라서 교회는 "열린 교회"가 되어야 한다.

몰트만에게서는 삼위일체론이 직접적으로 교회론과 연결된다. 즉 성부·성자·성령 상호간의 페리코레시스에서는 우열이나 억압, 종속이나 차별이 없는 사랑과 자유와 평등의 사귐이 존재한다. 따라서 삼위일체의 인격들 사이의 동등한 관계를 반영하는 교회는 평등한 자들의 연합이다. 이런 사고는 몰트만의 사회적 삼위일체론에서 비롯되었으며, 그의 후기 저서들에 일관되게 나타난다. 그는 정치적 일신론과 교권적 일신론을 비판한다. 즉 위계질서적·권위주의적·성직체계적 교회는 근본적으로 권력자나 통치자로 묘사되는 하나님의 군주적 상(image) 즉 일신론에 근거하고 있다는 것이다. 그러나 몰트만에 의하면 삼위일체론은 교회를 "지배로부터 자유로운 사귐"으로서 형성한다(TK, 191-192). 교회는 평등한 자들의 자유로운 사회이며 친구들의 열린 교제다. 여기서 그는 위계질서 대신에 교회의 장로 제도와 노회 제도 및 형제자매 공동체를 선호한다.

몰트만에게 삼위일체적 교회의 본질은 예수 그리스도의 교회, 선교하는 교회, 에큐메니컬 교회, 정치적 교회로 설명될 수 있다. 이런 맥락에서 몰트만은 "하나의, 거룩한, 보편적, 사도적 교회"라는 교회의 고전적 표지를 자신의 독특한 관점으로 새롭게 재해석한다(CPS, 337-361). 즉 "자유 속에서의 일치", "보편성을 위한 당파성", "가난 속의 거룩함", "고난 속에 있는 사도직"이 바로 그것이다. 이를 교회의 세계 참여와 관련시켜 표현하면 "자유 안에서 교회의 하나 됨", "억압받는 자들 편에 서기", "가난에 동참하는 거룩성", "고난 가운데 있는 사도직"으로 해석할 수 있다. 여기서는 특히 복음을 위한 고난이 참된 사도성의 표지가 된다. 몰트만은 "교회가 자신의 십자가를 짊어질 때 그 교회는 사도적 교회가 된다"(CPS, 361)라고 주장함으로써 사도적 교회를 십자가 아래 있는 교회로 규정한다. 즉 교회가 그리스도와 성령의 사역에 참여하는 바로 그때, 교회는 그리스도의 고난과 성령의 탄식에 동참하게 된다는 것이다.

결과적으로 몰트만에게 교회의 본질과 존재의 목적은 예수 그리스도의 직무에 근거한 삼위일체 하나님의 역사에 동참하는 것이다. 여기서 교회는 삼위일체 하나님의 선교 운동, 즉 교회를 넘어서서 세계와 자연까지 포함하는 종말론적 하나님나라에 이르는 도상에 있는 성자와 성령의 사역 안에 실존하며 참여한다. 종국적으로 교회는 삼위일체 하나님의 영광과 해방 사역을 통해 모든 피조물이 삼위일체 하나님과의 연합에 이르는 새 창조를 지향한다.

2. 메시아적 교회론: 예수 그리스도의 교회

몰트만은 교회의 기초와 원인 및 근거를 예수 그리스도로 본다. 즉 그의 교회론은 철저히 그리스도 중심적이다.

그리스도가 없으면 교회도 없다. 교회론은…하나님의 그리스도인 예수와 불가분리적으로 연결되어 있다. 예수 그리스도의 이름을 따서 자기 이름을 지은 교회는 그리스도를 교회의 주체로 보며, 그분께 교회의 삶을 조율할 것을 요청한다. 교회론은 오직 기독론으로부터만 발전될 수 있다. 교회론은 기독론의 결과요 기독론과 상응한다(CPS, 66).[9]

교회는 곧 예수 그리스도의 교회이며 오직 그리스도가 주님이시다. 따라서 교회는 자기 사명의 근거를 예수 그리스도의 인격과 사역으로부터 얻는다.

예수의 메시아적 사명은 오직 그의 죽음에서 완수되었고 그의 부활을 통해 완전한 효력을 얻는다. 예수의 역사를 통해 메시아적 사명은 세상을 위한 교회의 복음이 된다. 교회는 예수의 죽음과 부활을 통해 예수의 사명에 참여하게 되고, 인간 해방과 다가오는 하나님나라를 위한 메시아적 교회가 된다(CPS, 83).

다시 말해, 예수 그리스도의 교회로서 교회는 주님의 역사 및 운명과 결속되어 있다. 따라서 십자가와 부활이 교회의 삶을 규정한다. 교회는 하나님나라의 기쁨과 평화가 도래하기까지 그리스도의 고난과 성령의 탄식에 참여한다. 하나님은 세계의 고난에 대해 자신을 열어 기꺼이 함께 고난당하신다. 교회도 마찬가지로 그렇게 해야 한다. 이렇게 고난과 기쁨의 변증법이 교회의 이중적 본질 속에 명백히 드러난다. 교회는 그리스도의 고난에 참여함으로써 그와 함께 영광의 길로 들어갈 수 있다.[10] 따라

9_ 다른 곳에서 몰트만은 이렇게 표현한다. "교회에 대한 모든 진술은 기독론적 진술이다. 그리스도에 관한 모든 진술은 동시에 교회에 대한 진술을 내포한다"(CPS, 6).

10_ J. Moltmann, *The Open Church*, 91-93.

서 교회는 "십자가 아래 있는 교회"인 동시에 "자유와 기쁨의 축제의 교회"인 것이다.

몰트만은 전통적 종교개혁의 교리를 좇아 예수 그리스도의 "삼중직"(*triplex munus*)인 예언자·제사장·왕으로서의 직무와의 상관관계 안에서 교회를 규정하고 있다(CPS, 75-98). 삼중직을 수행하신 그리스도의 인격과 사역에 근거해서 교회는 그리스도의 메시아적 사명에 참여한다. 몰트만은 예언자직과 관련해 "예수의 메시아적 선교와 출애굽의 공동체"를 말하는데, 이는 예수의 복음 선포와 해방의 사역에 참여하는 교회, 전 세계적 해방에 참여하는 교회를 가리킨다. 또한 제사장직과 관련된 "예수의 고난과 십자가의 공동체"는 약자들과의 연대를 통해 고난에 참여하는 십자가 아래의 교회를 의미한다. 그리고 왕직과 관련해서는 "예수의 주권과 하나님나라의 형제애"를 주장함으로써 교회는 성령 안에서 자유와 평등의 친교에 참여하는 교회가 되어야 한다.

더 나아가 몰트만은 개혁교회의 전통적인 "삼중직" 외에 "예수의 영광과 끝이 없는 축제" 및 "그리스도의 우정"을 덧붙임으로써 축제 공동체로서의 교회와 친교 공동체로서의 교회를 강조하는데, 이 두 직무도 예수 그리스도의 메시아 되심과 메시아 사역에서 나왔다(CPS, 109-121). 즉 가난한 자들의 고통을 해방하는 축제에 참여하는 교회요, 억압받는 자들의 친구로서 개방된 우정과 초대하는 친교로 자신을 개방함으로써 이 세계에 참여하는 교회가 되어야 한다는 것이다. 이런 맥락에서 몰트만의 메시아적 교회론은 "출애굽의 공동체", "십자가의 공동체", "해방의 공동체", "축제의 공동체"로서의 교회로 구성된다. 따라서 몰트만의 메시아적·종말론적 기독론에 근거한 교회론은 다음과 같이 요약된다.

교회는 역사 안에서 살아간다. 역사는 곧 십자가에 못 박힌 그리스도의 부활에 기초하며 그 미래는 포괄적인 자유의 나라다. 그리스도에 대한 살아 있는 "회상"이 교회의 "희망"을 이 나라로 향하게 하고, 이 나라에 대한 살아 있는 희망은 그리스도에 대한 지칠 줄 모르는 회상으로 소급된다(CPS, 197).

이렇게 몰트만의 교회론은 종말론적 기독론에 뿌리를 두고 있다. 교회는 예수의 과거 역사와 그 역사가 완성에 이르게 될 종말론적 미래 사이에서 살고 있으며 거기로부터 사명을 부여받는다.

3. 성령론적 교회론: 성령의 현존과 능력 안에 있는 교회

몰트만 교회론의 특성은 전적으로 성령론적이라는 점이다. 성령은 예수의 역사와 하나님나라의 도래 사이에서 종말론적 미래를 중재한다. 즉 성령은 종말론적 의미에서 궁극적인 하나님의 주권과 영광을 지향하는 새 창조의 영이다. 따라서 교회는 메시아적 왕국의 예기로서 성령의 사명에 의해 창조되고 성령의 사역 안에 참여한다. 이런 성령의 사역은 성령의 공동체로서의 교회의 본성과 사역을 결정짓는다. 또한 교회는 성화시키는 성령의 능력 속에서 현존한다. 몰트만에 따르면 "교회는 의롭다고 인정받은 죄인들의 공동체로서 그리스도에 의해 해방된 자, 구원을 경험한 자, 감사 속에서 살고 있는 모든 자들의 공동체로서 그리스도의 역사의 의미를 성취하는 도중에 있다"(CPS, 33). 이런 성령의 현존 안에 있는 교회의 삶의 방식은 주로 복음 선포와 예배, 세례 및 주의 만찬으로 이루어진다.

몰트만에 의하면 성령의 피조물로서의 교회는 은사 공동체다. 교회는 헌신된 제자들의 친교 공동체로서 평등한 자들의 자유로운 사회다. 성령은 공동체의 모든 구성원에게 자신의 은사를 나누어주며, 이런 의미에서 교회의 모든 구성원은 "직무 담당자"다. 여기서 구성원들 간의 차이는 기능의 차이일 뿐 신분의 차이를 의미하지 않는다. 따라서 교역자와 회중 사이에 분리는 없다(CPS, 298). "교회론은 모든 신자가 직무 담당자이든 아니든 간에, 메시아적 하나님의 백성의 구성원이라는 사실로부터 출발하지 않는다면 계층질서적이 될 것이다"(CPS, 289-290). 결국 은사 공동체는 위계질서가 아닌 "자유와 다양성과 형제자매 됨"을 특징으로 가진다. 몰트만은 이런 공동체의 원리를 "각자에게 고유한 권한을 주고 모든 사람이 서로를 위하도록 하며 세상에 대해 함께 그리스도의 구원의 삶을 증언하는 것"(CPS, 298; SL, 193-194)이라고 규정한다. 그러므로 몰트만에 따르면 성령의 넘치는 능력과 은사들이 현존하는 곳에 교회가 있다. 따라서 교회의 사역은 본질적으로 카리스마적이며 은사의 다양성과 통일성 가운데 수행된다.

따라서 몰트만에게서 성령 안에 있는 교회는 "문화적" 국가교회라기보다는 헌신된 그리스도인들의 자발적 공동체다. 그에 따르면 국가교회는 "사람들을 위한 목양적 교회"로서 사회에 대한 비판적 태도를 지니지 못하며 현상 유지를 수호하는 사회의 시민종교요 공적 기관이다. 즉 오직 종교적 필요에만 편협하게 부응할 뿐인 성직 제도라는 것이다. 그러므로 국가교회는 공동체의 역동성과 진정한 헌신이 결여되어 있다. 여기서 유럽의 국가교회나 제도권 교회의 개혁을 촉구하는 몰트만의 의도가 명백히 드러난다. 그의 관심은 사람들을 돌보는 목양적 교회가 아니라 자발적 공동체에 있다. 그는 하나님나라를 위한 섬김을 향해 헌신된 제자도와 자유와 평등, 상호용납과 배려 안에서의 친교, 가난한 자와 억압받는 자들과의 연대로 이루어진 "성숙하고 책임적인 회중"의 공동체를 대안으로 제시한다. 여기서 몰트만은 "자유교회" 모델을 선호하며 유아세례를 행하는 국가교회에 대해 비판적이다.

몰트만은 교회의 임무가 그리스도의 영과 오고 있는 하나님나라의 능력으로부터 교회의 내적 갱신을 지속적으로 추구하는 것이라고 일관되게 주장한다. 즉 교회가 "성숙하고 책임적인 회중"의 발전을 통해 "메시아적 친교 공동체"로서의 자기 정체성을 발견하고, 동시에 세상을 향한 선교적 봉사와 사회적·정치적 비판 및 참여를 통해 자신의 메시아적 소명을 완수해가야 한다는 것이다. 이를 위해 몰트만은 메시아적 삶의 예로 "기도와 땅에 대한 충실", "명상과 정치적 투쟁", "초월적 경건과 연대적 경건"의 창조적 긴장 속에서 이루어지는 삶을 든다(CPS, 282-288).

그뿐 아니라 몰트만은 예수의 열린 우정을 모델로 삼아 교회 안에서 이루어지는 신자 상호간의 인격적 사귐인 열린 우정의 관계성을 주창한다. "밖으로 나와 타자를 대면하는 열린 우정은 그 안에서 하나님이 사람에게 찾아오고 사람이 사람을 찾아가는 하나님나라의 영이다.…열린 우정은 보다 친근한 세상을 위한 토대를 준비한다"(CPS, 121). 그런데 마치 개방된 삼위일체의 관계성이 타자를 향한 사랑의 용납과 존중이듯이, 교회 공동체의 타자에 대한 개방은 성령 안에서 확장된다. 여기서 타자는 특히 사회적 약자와 소외된 자들을 가리킨다.

이런 의미에서 성령의 사역은 교회에 국한되지 않으며 교회의 활동에 종속되지 않는다. 성령은 단지 신자 개인의 영혼의 구원 사역에 제한되지 않으며 오히려 세상 안에서 죽음에 대항하는 생명, 억압에 맞선 해방, 불의에 대항하는 정의의 형태로 활동하신다. "성령의 매개와 능력은 교회로 하여금 스스로를 넘어서도록, 그래서 세계의 고난과 하나님의 미래로 나아가도록 인도한다"(CPS, 198). 후기에 이르러 몰트만은 성령이 세상을 향한 봉사를 위해 교회 공동체에게 성령의 은사를 주신다고 주장한다. 특히 해방과 생태 운동에서의 예언자적 선포 같은 것이 여기에 해당한다(SL, 186). 몰트만은 이런 자신의 교회론을 종종 "카리스마적 교회론"이라고 부른다.

4. 종말론적 교회론: 교회와 하나님나라

몰트만의 관점에서, 전통적인 종교개혁신학의 교회 이해는 교회의 본질과 기능을 지나치게 교회 안으로 축소시키는 편협한 경향이 있다. 이와 달리 몰트만은 교회보다 하나님나라에 더 주목한다. 그에 따르면, 교회는 종말론적 지평을 갖고 삼위일체 하나님의 세계 참여의 역사에 동참해야 한다. 예수 그리스도의 교회는 성령의 역사로 말미암아 삼위일체 하나님의 종말론적인 완성을 위한 구원의 역사에 참여할 수 있으며, 또한 참여해야 한다. "실제 핵심은 교회 자체가 아니라 하나님나라를 확장하는 것이다. 교회 자체의 영광이 아니라 성령 안에서 성자를 통한 성부의 영광이 교회의 목적이다"(CPS, 11).

교회에 관한 진술은 교회를 넘어서서 메시아인 그리스도의 미래의 통치인 하나님나라를 가리킨다. 따라서 그리스도의 교회는 "메시아적 친교"가 되어야 한다. 그리스도의 교회로서 교회는 "그리스도의 역사에 대한 회상과 그의 나라에 대한 희망"(CPS, 75) 사이에서 실존한다. 즉 교회는 하나님나라가 아니라 하나님나라의 예기 또는 선취이며 종말론적 하나님나라와 긴장관계 속에 놓여 있다. 또한 교회는 완성될 종말론적인 하나님나라의 기대요 대표로서 도래하는 왕국 전체의 단편적이고 예비적인 부분이다. 따라서 교회는 "하나님나라의 교회"다. 이는 곧 하나님나라에 대한 메시아적 섬김의 공동체로서의 교회요, 하나님나라를 지향하는 공동체로서의 교회의 성격을 규정하는 것이다.

몰트만에 따르면 "이스라엘 백성과 세계종교들 그리고 세계의 경제적·정치적·문화적 과정"은 "교회가 아니며 결코 교회가 될 수 없는"(CPS,

134) 역사 안에서의 파트너다. 그런데 이들은 삼위일체 하나님의 세계참여 속에 있으며, 종국적으로 새 창조의 세계를 지향한다. 이런 맥락에서 몰트만은 "모든 삶의 영역을 다가오는 하나님나라로 정위시키고 나아가서 이 모든 영역을 하나님나라에 상응하도록 변혁시킬 것"[11]을 주장한다. 그에 의하면, 교회가 참여해야 할 해방의 과제인 삶의 악순환으로부터의 다차원적 해방에는 다섯 가지 영역이 존재한다. 첫째는 경제정의 및 사회정의의 실현이며, 둘째는 정치적 정의로서 인간의 존엄성 회복이요, 셋째는 문화적 소외로부터의 해방인 개방적 정체성이며, 넷째는 자연과의 평화이고, 다섯째는 종교적 영역에서 삶의 무의미성에 대항하는 존재의 용기와 희망이다(SL, 128). 그리하여 정의와 평화, 창조 세계의 보전과 같은 하나님나라 운동에 교회가 적극적으로 동참할 것을 역설한다. 그에 따르면 교회는 하나님나라를 섬기는데 "하나님나라로 상징되는 하나님의 미래는 이 세상의 미래를 포함하는 바 나라들의 미래, 인류의 미래, 모든 생명체의 미래, 땅의 미래를 포함한다"(GSS, 46-70). 그러므로 하나님나라의 전위대로서 교회는 모든 피조물이 해방되고 하나님이 궁극적 영광에 이르는 하나님나라를 소망하며 삼위일체 하나님의 선교에 참여해야 한다(CPS, 196).

요약하면, 몰트만 교회론의 현저한 특성은 교회를 만물이 새롭게 될 종말론적 하나님나라의 비전에서 하나님나라를 대표하고 기다리는 메시아적 공동체로 보는 데 있다. 따라서 모든 신자는 세상 안에서 하나님나라를 섬기는 하나님의 선교를 위해 헌신된 제자로 살도록 부름 받았으며 교회의 메시아적 소명에 능동적으로 참여해야 한다.

11_J. Moltmann, "Theology for Christ's Church and the Kingdom of God in Modern Society," 51-52.

III. 몰트만 교회론에 대한 평가 및 전망

몰트만은 그의 신학적 삶을 통해 하나님과 인간 및 세계에 대한 진지하고 열정적인 질문과 책임적 응답을 추구해왔던 신학자다. 특히 교회와 하나님나라는 그의 신학 작업에서 일관되게 탐구된 핵심 주제였다. 교회에 관한 그의 독특하고 창의적인 사상과 통찰력은 현대신학과 세계교회에 현저한 영향을 미치고 있다. 이런 맥락에서 몰트만의 교회론에 대한 분석과 평가는 매우 다양하다.

우선 긍정적 평가는 다음과 같다. 첫째, 몰트만의 교회론은 교회 사역의 실천적 참여의 성격을 강조하고 있다.[12] 즉 그의 교회론은 삼위일체 하나님의 구원의 역사에 참여하는 공동체로서의 교회가 세상 속에서 현실 변혁의 과제를 수행할 책임을 가진다는 사실에 초점이 맞추어져 있다. 전통적 교회론이 교회의 본성과 사역에 대한 서술로 이루어지는 데 반해, 몰트만의 교회론은 교회의 사명과 표지를 새롭게 재해석하고 교회 삶의 영역들의 실제적 변화를 모색하는 데서 훨씬 더 실천지향적·개혁적 특성을 지닌다.

둘째, 몰트만의 교회론은 "아래로부터의" 교회 갱신을 지향한다. 즉 제도로서의 교회나 국가교회로서의 경직된 구조와 성직 중심의 목회에 대해 형제자매 공동체로서의 열린 우정을 강조하는 친교 공동체를 대안으로 제시한다는 것이다. 즉 교회의 민주화를 지향하며 소그룹 형태의 자발적 회중의 참여가 교회의 구체적 현실이 되어야 한다고 본다. 이는 다양한 성령의 은사 공동체로서 평신도 사역의 중요성을 강조하는 교회 이해다.

12_ 이상직, "몰트만의 교회론: 하나님의 영광과 세계의 해방을 위한 교회론", 『몰트만과 그의 신학: 희망과 희망 사이』, 240.

셋째, 몰트만의 교회론은 메시아적 삶의 양식을 강조한다. 여기서 메시아적 삶의 양식이란 예수 그리스도의 고난과 부활에 날마다 참여하는 삶이다. 즉 약자들과의 연대 및 자발적 고난의 참여와 더불어 자유와 축제로서의 예배를 삶의 양식으로 삼는 것이다. 넷째, 몰트만의 교회론은 성령론적 차원을 부각하고 회복할 것을 시도한다. 이를 위해 복음 선포와 성례, 예배, 친교, 공동체의 임무 등을 다양하게 살펴봄으로써 성령의 현존과 능력의 구체적 현실을 설명하고 있다. 더 나아가 세상 속에서 활동하는 그리스도인 삶의 전 영역을 살리고, 피조 세계를 새롭게 하며 살리는 영으로서의 성령 이해로 확대된 것은 교회론과 성령론의 통전적 차원을 보여준다.[13]

다섯째, 교회와 하나님나라의 관련성에 대한 몰트만의 강조는 세상을 위한 교회의 사명을 강조하기에 적합하다. 즉 교회의 에큐메니컬 차원과 선교적 측면 및 디아코니아적 사명을 역설하고 있기 때문이다. 교회가 교회 안에만 머무르지 않고, 하나님나라의 지평에서 정치·경제·사회·문화·생태의 영역에 이르기까지 능동적으로 참여할 책임과 과제를 가지는 공적 신앙 공동체임을 분명히 밝히고 있다. 즉 교회는 가난한 자와 소외된 자들에 대한 배려 및 장애인과 노약자를 비롯한 사회적 약자에 대한 친구로서의 역할을 감당함으로써 세상 속에서 선한 영향력을 끼쳐야 한다는 것이다. 즉 열린 교회가 되어야 한다는 것인데, 이런 내용은 오늘날 위기에 처한 한국교회의 방향 설정에 도움을 준다.

몰트만의 교회론이 가지는 한계 및 약점은 다음과 같이 지적할 수 있다. 첫째, 전통적 교회의 고유한 사역에 대한 통찰이 부족하다. 따라서 교

13_ 몰트만은 『성령의 능력 안에 있는 교회』 2판 후기에서 성령론적 차원의 두 가지 새로운 과제를 추가하고 있다. 즉 우주적 그리스도와 우주적 성령을 강조함으로써 교회의 생태학적 관심과 참여의 필요성 및 남녀 친교 공동체로서의 교회 이해의 필요성이 그것이다.

회의 복음 선포와 증언의 의미가 약화될 수 있을 뿐 아니라, 역사 현실의 실천적 참여를 강조하다 보면 목회적 돌봄(pastoral care)과 교육 및 훈련 등이 자칫 소홀해질 수밖에 없다.[14] 둘째, 회중의 교제에 근거한 친교 공동체로서의 교회를 강조하다 보면, 기존의 성직 중심의 제도적 교회의 의미가 축소될 수 있다.[15] 그러나 양자는 대립적이지 않으며 오히려 상호보완적 관계를 가져야 한다. 미래교회의 건강한 모습을 지향하기 위해서는 권위주의적 성직 제도의 개혁이 요청될 뿐 아니라, 다양한 평신도의 참여를 촉진하는 은사 공동체로서의 평신도 사역의 활성화가 필요하다. 셋째, 몰트만의 교회론은 그가 속한 유럽 국가교회에 대한 비판 및 갱신의 필요성과 방향 설정에 초점이 맞추어져 있다. 따라서 아시아나 아프리카, 남미 등 신흥교회의 현실을 충분히 반영하지 못하는 한계를 가진다는 사실에 유의해야 한다.

몰트만의 교회론은 정체성과 현실관련성의 위기에 처한 현금 한국교회의 현실을 고려해볼 때 시사하는 바가 크다. 오늘날 한국교회는 교회의 윤리적·공적 기능의 상실과 함께 그리스도인의 신앙과 영성의 사사화로 인해 세상으로부터 많은 비판을 받고 있으며 이로 인해 반기독교적 분위기도 고조되고 있다. 이런 상황에서 한국교회의 올바른 정체성과 사명에 대한 신학적 논의와 이에 기초한 올바른 실천이 절실하게 요청된다고 할 수 있다. 제9장의 연구에서는 몰트만의 교회론이 한국교회가 이런 비판과 도전을 극복하고 적극적으로 현실을 변혁하는 교회로 새롭게 거듭나며, 그리스도인들이 세상 안에서 세상을 섬기는 하나님나라의 주역으로

14_ 이런 비판은 공통적으로 지적되고 있다. Geiko Müller-Fahrenholz, *The Kingdom and Power*, 100-106. 김동건, "몰트만 교회론의 특징", 「신학과 목회」 20 (2003), 193-194. 이후에 몰트만은 『생명의 영』에서 성화의 영으로서의 성령의 사역에 초점을 맞추어 신자와 신앙 공동체의 삶에 관해 상세히 기술하고 있다.

15_ 이상직, "몰트만의 교회론: 하나님의 영광과 세계의 해방을 위한 교회론", 242.

살아갈 수 있을지에 대한 적절한 응답을 제시하고 있음을 밝혔다.

몰트만은 교회론에서 여러 중요한 통찰과 안목을 제공하고 있다. 즉 교회란 무엇인가라는 정체성에 대한 고뇌와, 종말론적 하나님나라 및 교회의 관련성에 대한 물음이다. 몰트만의 교회론에는 시대와 장소를 뛰어넘는 종말론적 교회의 긴장감이 스며들어 있다. 또한 몰트만은 위기의 시대에 수많은 도전을 받고 있는 교회의 새로운 방향 설정에 관한 물음에 직면하여 진지하게 응답하며 더 나아가 대안을 모색한다. 이는 오늘의 한국교회를 위해 요청되는 가장 필요한 태도라고 할 수 있다. 몰트만의 작업은 교회의 자기성찰과 개혁을 위한 중요한 자료와 전거가 될 수 있을 것이다. 이를 토대로 위기에 처한 한국교회가 새롭게 거듭나고 사역의 방향을 재정위(re-orientation)하며 자기정체성을 회복할 수 있는 계기가 되기를 소망한다.

제10장

몰트만의 우주적 종말론

Jürgen Moltmann

몰트만의 신학은 처음부터 끝까지 종말론적 특성을 가지고 있다. 『희망의 신학』이 출간된 이후 종말론의 주제는 그의 여러 저서에서 핵심 내용으로 일관되게 다루어지고 있다(TH, TK, GC, WJC, HTG, JCTW). 특히 "신학에 대한 조직적 기여들"의 다섯 번째 저서인 『오시는 하나님』에서 몰트만은 종말론의 전통적 주제들을 재구성해서 자신의 고유한 종말론적 비전을 체계적으로 제시한다(CoG). 이 저서는 출간된 이래 최근까지도 뜨거운 신학적 논쟁의 중심에 남아 있다. 특히 한국신학계와 교회에서 몰트만의 만유구원에 관한 주장은 큰 논란을 야기했으며 여러 학자가 찬반 논의에 참여하고 있다.[1] 그런데 몰트만의 만유회복설에 비해 그의 우주적 종말론의 여타 주제는 상세히 다루어지지 않았으며 균형 있는 평가도 이루어지지 않았다.[2] 제10장은 몰트만의 우주적 종말론의 내용을 분석하고 비판적 대화를 통해 그 신학적 의의를 평가할 것이다. 또한 몰트만의 종말론에 대한 바른 이해를 제공할 뿐 아니라 비판적 극복을 시도함으로써 한국교회와 신학계에 기여하고자 한다.

1_ 김명용, "몰트만의 만유구원론과 구원론의 새로운 지평", 「장신논단」 16 (2000); "몰트만 신학의 공헌과 논쟁점", 「장신논단」 20 (2003); 김영한, "몰트만의 보편화해론에 대한 비판적 고찰", 「조직신학연구」 I (2002); 김도훈, "만유구원론에 대한 비판적 고찰 (I)", 「장신논단」 30 (2007); "만유구원론에 대한 비판적 고찰: 몰트만의 '만물의 회복'에 대한 이론을 중심으로", 「조직신학논총」 22 (2008); 최태영, "몰트만의 만유구원론에 대한 통전적 이해", 「조직신학논총」 22 (2008); 이찬석, "몰트만의 만유구원론에 대한 고찰", 「한국조직신학논총」 39 (2014).

2_ 김정형, "종말의 시제로서의 도래: 위르겐 몰트만의 종말론적 미래 개념 연구", 「한국조직신학논총」 34 (2012); 김옥주, "몰트만의 종말론", 한국조직신학회 편, 『종말론』 (대한기독교서회, 2012).

I. 몰트만의 우주적 종말론의 구조와 성격

몰트만의 우주적 종말론의 구조와 성격은 무엇인가? 몰트만은 전통적 종말론이 주로 다루고 있는 개인적 종말론과 역사적 종말론을 포함하면서도 한 걸음 더 나아가 우주적 차원의 종말론을 전개하고 있다. 그는 삼위일체 하나님나라와 인간과 자연 및 우주를 위한 하나님의 구원 역사에 기초한 우주적 종말론을 구상한다.

1. 우주적 종말론의 토대

1) 희망의 하나님과 오시는 하나님

몰트만에 의하면 하나님은 역사적 존재다. 또한 성서의 하나님은 "희망의 하나님"이다(TH, 57). 『희망의 신학』에서는 약속과 성취의 개념이 하나님의 미래성을 이해하는 중요한 해석학적 열쇠다. 그는 성서에 있는 하나님의 약속과 성취를 강조한다. 그리스도의 십자가와 부활 사건은 자신의 약속에 대한 하나님의 신실하심을 계시한다. 그런데 이는 약속의 성취가 아닌 보장(guarantee)일 뿐이다. 이 세계 안에서 그리스도의 주 되심은 종말론적으로 잠정적 성격을 지닌다. 따라서 그리스도 사건은 종말에 십자가와 부활의 변증법을 해결하는 희망의 하나님의 능력을 계시한다.

몰트만은 단순히 미래(*futurum*)가 아니라, 그리스도의 죽음과 부활 안에 있는 하나님의 강림(*adventus*)의 예기로부터 출발한다.

> 기독교는 종말론이고, 앞을 바라보고 앞을 향해 움직이며, 현재를 변혁하고 변화하는 희망이다. 종말론적인 것은 기독교의 하나의 요소가 아니라 기독교 신앙 자체의 매개이며, 그 안에서 모든 것이 출발하는 열쇠이자 기대되는 새

날의 여명 아래 여기서 모든 것을 가득 채우는 빛이다. 왜냐하면 기독교 신앙은 십자가에 달리신 그리스도의 부활로부터 살며 그리스도의 우주적 미래의 약속들을 위해 노력하기 때문이다(TH, 16).

하나님의 미래성에 관해 몰트만은 하나님의 존재와 오고 있는 하나님나라를 밀접하게 연결시킨다. "하나님은 우리 위에 계시거나 우리 안에 있지 않고, 오히려 자신의 약속들 안에서 열려진 미래의 지평에서 우리 앞에 계신다.…[하나님의] 신성은 하나님이 현재 속으로 역사하는 미래의 능력으로서…오직 하나님나라의 오심과 함께 계시될 것이다."[3] 이런 맥락에서 몰트만은 예수 그리스도의 십자가와 부활을 종말론적 사건으로 본다. 그리스도는 미래에 다가올 약속이다. 이 약속된 미래는 "영원한 현재의 현현(epiphany)"이 아니라 희망의 대상이다(TH, 57).

몰트만에 따르면, 오직 기독론적 종말론만이 현재적 종말론과 미래적 종말론의 무익한 변증법을 극복할 수 있다. 십자가에 달리신 그리스도의 부활은 세계의 우주적 종말론의 미래를 가진다. "부활과 영원한 생명은 죄와 죽음의 능력 아래 놓인 인간들에게 십자가에 달리신 예수를 통해서 매개된다.…그러나 십자가에 달리신 예수를 통해 인간들에게 중개된 것은 그 안에서 하나님이 그들과 함께 거하고 그들이 하나님과 함께 있는 미래다"(FC, 22). 이런 방식으로 십자가에 달리신 그리스도의 부활 속에 계시는 희망의 하나님에 대한 주장은 몰트만의 우주적 종말론의 중심적 토대가 된다.

『오시는 하나님』에서는 하나님이 "오시는 하나님"으로 이해된다. "하나님의 존재는 그분의 되어감(becoming, Werden) 속에 있지 않고 그의 오

3_J. Moltmann, "Theology as Eschatology," 10-12.

심(coming, Kommen) 가운데 있다.…하나님의 존재는 종말론적으로 생각될 수밖에 없다"(CoG, 23, 330-332). 하나님의 미래성은 하나님의 오심이요 강림이며 도래(arrival)라고 몰트만은 믿는다. 그래서 그는 야웨 하나님의 이름을 번역할 때(출 3:14) "나는 스스로 있는 자다"(I am who I am)보다는 "나는 미래적으로 되어가는 존재다"(I will be the one who I will be)를 선호한다. 후자가 하나님의 미래성을 강조하는 데 반해, 전자는 자신에게 참되게 남아 있는 하나님의 신실성을 강조하기 때문이다(CoG, 23).

> 희망의 하나님은 오시는 하나님이다(사 35:4; 40:5).…그분의 영원성은 무시간적인 것이 아니다. 그것은 모든 역사적 시간에 대한 그분의 미래의 능력이다.…오시는 하나님에 대한 희망 덕분에 기대되는 미래는 시간의 경험 속에 있는 현재와 과거에 맞서는 다함없는 "추가된 가치"를 획득한다(CoG, 24).

칼 바르트와 루돌프 불트만(R. Bultmann)의 내재적 종말론과는 달리, 몰트만은 역사의 초월적 미래를 강조한다. 새로움(*novum*)이라는 성서적 범주를 택함으로써 그는 미래의 종말론적 초월성을 주장한다(CoG, 6). 이런 종말론적 초월성은 비유비적인(non-analogous) 것이며 질적으로 새로운 것으로 해석된다(CoG, 25; WJC, 158-159). 따라서 십자가에서 죽고 부활하신 그리스도는 궁극적 새로움(*novum ultimum*)이다. 동시에 몰트만은 종말론적 새로움을 역사의 미래에 대해 유비적인 것으로 이해한다. 이 새로움은 연속성을 지닌 채 옛 세계를 무화하지 않고 오히려 변화시킨다. 더 나아가 이것은 옛것을 새롭게 한다(CoG, 27-29). 따라서 새 창조(*creatio nova*)는 이렇게 사멸하고 죽을 수밖에 없는 옛 창조의 새로운 창조다. 그것은 손상되었으나 변모될 피조물의 영원한 생명을 포함한다. 몰트만은 종종 "보라, 내가 만물을 새롭게 하노라"(Behold, I make all things new; 계

21:5)라는 구절을 언급한다(CoG, 28, 265; JCTW, 133, 142). "오시는 하나님의 종말론은 새로운 인간의 되어감의 역사를 야기하는데, 이는 멸망 없는 되어감이며 하나님의 현존의 오심 가운데 있는 지속적 존재로의 되어감이다"(CoG, 24).

2) 우주적 그리스도와 우주적 성령

자신의 우주적 종말론에서 몰트만은 기독론을 종말론과 밀접하게 관련시킨다. "기독론은 종말론의 시작 이외에 아무것도 아니다. 그리고 기독교 신앙이 이해하듯이 종말론은 언제나 기독론의 완성이다"(WJC, xvi). 기독론과 종말론의 상호관계성에 근거한 기본 원리는 특히 『희망의 신학』과 『예수 그리스도의 길』과 『오시는 하나님』에서 입증되고 있다. 몰트만에 의하면, 기독교 종말론은 예수 그리스도와 그의 미래를 말해야 하며 그리스도의 인격과 사역에 근거하고 있다.

더 나아가 몰트만은 우주적 종말론을 제안한다. "기독교 종말론은 우주적 종말론으로 확대되어야 한다"(CoG, 259). 몰트만에 따르면 우주적 종말론을 배제하고 나면 "인간의 종말론적 실존에 관한 어떤 주장도 존재할 수 없다"(TH, 69). 『예수 그리스도의 길』에서 몰트만은 종말론의 우주적 차원을 폭넓게 기술하고 있다. 그에게서 우주적 기독론을 위한 존재론적 토대는 그리스도의 십자가 죽음에 놓여 있는 데 반해, 인식론적 근거는 그리스도의 부활에 놓여 있다(WJC, 281-286). 종말을 창조의 완성으로 파악하는 몰트만은 "만일 하나님나라가 창조의 새로운 행동과 함께 시작된다면, 화해자는 궁극적으로 창조자이고 따라서 화해의 종말론적 전망은 창조 전체의 화해를 의미해야 하며 만물의 종말론을 발전시켜야 한다"(TH, 223)라고 주장한다.

몰트만은 우주적 그리스도를 다음과 같이 세 가지 범주로 이해한다.

만물 창조의 근거로서의 그리스도(태초의 창조), 창조의 진화 속에 있는 신적 능력으로서의 그리스도(계속적 창조), 창조 전체 과정의 구원자로서의 그리스도(새 창조)가 바로 그 범주들이다(JCTW, 94). 그에 따르면 우주적 그리스도는 인간 존재만이 아니라 자연세계 안에서 구원의 행위자로 사역한다. "실존적·역사적 기독론을 완전하게 하고 완성하는 것은 오직 우주적 종말론이다"(WJC, 256).

자신의 우주적 종말론에서 몰트만은 고린도전서 1:15-20, 골로새서 1:19-23, 에베소서 2:16을 성서적 근거로 제시한다. 골로새서에는 우주적 그리스도의 공간적 그림이 주로 나타나는 반면에, 고린도전서에는 종말론적 그리스도의 시간적 표상이 나타난다. "우주적 그리스도는 신적 평화의 '메시아적 집중'을 지닌 창조의 모든 공간을 채우는 주님이 되실 것이다. 또한 그분은 구원의 메시아적인 완전한 확장을 지닌 창조의 모든 시간을 채우는 주님이 되실 것이다"(JCTW, 105).

이런 방식으로 몰트만은 우주적 종말론을 메시아적 기독론과 결합시킨다. 그는 메시아로서의 예수를 묵시문학적인 사람의 아들 예수와 관련시킨다. 묵시문학적 지평에서 그리스도의 왕권은 이 세계의 변화를 가져오며 마침내 영원한 하나님나라를 이루게 될 것이다. "[예수]는 죽음의 세계의 끝과 새 창조의 시작을 가져오는 하나님의 종말론적 역사 속에 있는 그리스도다"(WJC, 40). 그러므로 예수의 파루시아는 하나님의 우주적 영광이며 "구원 역사의 성취 및 불행과 재난의 역사의 종식을 가져온다"(WJC, 321). 즉 모든 피조물의 구원과 새 창조는 영광 속에서 그리스도의 오심으로부터만 기대될 수 있다. 이런 맥락에서 몰트만은 "그리스도를 부활시키고 하늘로 높이 올리신 하나님의 운동이 우주 전체를 오시는 영광의 나라를 향해 움직이게 한다"(GC, 172)라고 주장한다.

몰트만의 종말론적 비전에서 핵심은 화해된 그리스도가 우주에 편

만하시다는 것이다. "자연의 구원 없는 개인의 구원은 존재하지 않는다"(WJC, 283). 이렇게 우주적 화해의 사고를 토대로 그는 생태학적 기독론 또는 종말론적 생태학을 제안한다. 우주적 성령의 내주하시는 현존이 생태학적 관심을 불러일으키듯이,[4] 몰트만은 우주적 그리스도를 통해 생태학적 종말론을 제시한다. 그의 생태학적·성령론적 종말론은 죽은 자의 부활을 통한 "만물"의 화해로 말미암은 그리스도의 우주적 화해에 근거하고 있다. "십자가에서의 자신의 피를 통한 '만물'의 화해는 목적이 아니라 오히려 '머리'이신 그리스도 아래 '만물'을 모으는 것의 시작이다. 그러므로 죽음 자체의 무화를 통한 만물의 새 창조의 시작인 것이다"(WJC, 284). 이렇게 우주적 그리스도를 통한 만물의 우주적 화해의 사고는 몰트만의 종말론에서 핵심이다.

몰트만의 우주적 종말론의 구조가 지닌 특징은 성령이 종말론과 밀접하게 관련되어 있다는 점이다. 종말론적 완성과 영화 속에서 중요한 행위자는 바로 성령이다(TK, 94). 우주적 성령을 통해 "세계는 하나님의 집을 뜻하는 그분의 세계로 변형되고 변화될 것이다"(TK, 104). 이는 새 창조 안에 내주하는 하나님의 종말론적 비전이다. 우주적이며 화해하고 구원하는 활동과 내주하는 현존을 통해 성령은 창조 전체를 하나님과 함께 그리고 그분 안에서 연합시킨다. 성령의 역사는 "하나님이 모든 것 안에 있고 모든 것은 하나님 안에 있다"(TK, 105; GC, 13-14; CoG, 335)라는 종말론적 완성을 지향한다.

4_ 몰트만의 종말론에서 우주적 그리스도와 우주적 성령은 어떤 관계성을 가지는가? 『예수 그리스도의 길』에서는 우주적 그리스도에 관해 주로 논의되었다면, 『생명의 영』에서는 창조자 영과 창조의 성령의 통일성이 논의되었다. 몰트만에게 우주적 그리스도는 하나님의 영광의 나라로 모든 피조물을 모으는 화해자요 구원자다. 몰트만은 우주적 그리스도의 역할 및 활동이 우주적 성령의 역할 및 활동과 구분되는 동시에 분리될 수 없다고 믿는다.

2. 우주적 종말론의 성격

1) 세계의 변혁

자신의 우주적 종말론에서 몰트만은 세계의 미래 상태에 관심을 갖는다. 그는 다음과 같이 질문한다. 종말의 상태는 세계의 멸절인가? 아니면 세계의 변혁인가? 『창조의 미래』(1979)에 나타난 초기 사고에서 몰트만은 세계의 멸절을 긍정하는 것처럼 보인다. "그것은 만물의 최후에 모든 존재에게 미치는 멸절(*annihilatio*)을 뜻한다. 그것은 세계 안에서의 일시성이 아니라 세계 자체의 멸망이다. 무시간적 존재의 불변성일 뿐 아니라 그것의 궁극적 지속 불가능성이다"(FC, 163). 태초의 창조와 마찬가지로 종말은 무로부터의 창조 즉 전적으로 새로운 것이다. 창조와 우리의 세계 경험은 멸절된다.

그러나 『창조 안에 계신 하나님』에서 몰트만은 "창조자 하나님에 대한 신앙은 세계의 전적 멸절(*annihilatio mundi*)에 대한 묵시문학적 기대와 화해될 수 없다. 이 신앙과 일치하는 것은 세계의 변혁(*transformatio mundi*)에 대한 기대와 능동적인 예기다"(GC, 93)라고 역설한다. 『오시는 하나님』에서는 세계의 완성(*consummatio mundi*)에 관한 사고를 설명하기 위해 세 가지 신학적 견해를 소개한다. 루터 정통주의의 세계의 전적 멸절, 교부신학과 칼뱅주의 전통인 세계의 전적 변혁, 동방정교회 신학의 세계의 영광스러운 신성화(deification)가 바로 그것이다(CoG, 267-268). 그런데 몰트만은 루터교회의 세계의 멸절 교리가 일방적인 십자가 신학에 기초하고 있으며, 동방정교회의 신성화 교리 역시 일방적인 부활 신학에 상응하는 반면에, 칼뱅주의의 변혁 이론은 "이 세계"의 종국과 하나님과 조화될 뿐 아니라 신성화될 "새로운 세계"의 기원을 향한 전망 사이를 매개할 수 있다고 주장한다(CoG, 274). 그럼에도 몰트만은 칼뱅주의의 세계 변혁 교리를 비판하는데, 이 교리가 역사 속에서 "루터교회의 십자가 신학의 깊이" 또는 "동방정교회의 신성화 신학의 높이"에 이를 수 없었기 때문이라는 것이다.

몰트만에 의하면 하나님은 자신의 창조에 신실하기 때문에 세계를 멸망시키지 않고 오히려 갱신하신다. "십자가에 달리신 자의 죽음으로부터의 부활과 함께 만물의 새 창조의 미래는 이미 이런 일시적이고 사멸해가는 세계의 한가운데서 시작되었다"(CoG, 136). 따라서 죽음으로부터의 부활과 만물의 새 창조는 옛 세계를 대치하지 않고 오히려 그것을 변혁한다. 그리스도의 부활이 단순히 죽을 수밖에 없는 생명의 회복만이 아니라 일시성과 죽음을 넘어서는 영원한 생명으로의 진입이기 때문에, 새 창조는 이 세계의 본래적이고 완전한 상태로의 회복만이 아니라 오히려 "세계 자체의 초월적 상태들 안에 있는 변혁"이어야 한다(CoG, 272). 결과적으로 종말에 이르러 역사적 시간은 영원한 시간 속으로 변화되며 공간적 창조는 하나님의 영원한 현존 안에 내주하게 될 것이다.

몰트만에게 창조의 완성은 시간적 창조에 대항하는 새로운 무엇이 아니다. 새 창조는 옛 창조를 전제하기 때문에 이는 만물의 "새로운" 창조다(CoG, 265). 무로부터의 창조(*creatio ex nihilo*)는 종말론적인 옛것으로부터의 창조(*creatio ex vetere*)에서 완성된다. 좀 더 정확히 표현하면, 종말론적 창조는 시작으로의 회귀(*restitutio in integrum*)가 아니라 만물의 새롭게 됨(*renovatio omnium*)이다(CoG, 265). 이는 옛 창조의 변혁이다. 그러므로 몰트만은 참된 기독교 종말론으로서의 우주적 종말론이 세계로부터의 구원이 아니라 세계의 구원, 몸으로부터 영혼의 구원이 아니라 몸의 구원을 가르쳐야 한다고 믿는다.

종말적이라는 것은 몸과 자연 전체의 부활이다. 이는 시간 안에 있는 만물이

> 시간이 끝날 때 동시적으로 경험하게 될 새 창조의 영원성이다. 간략히 말해, 하나님은 자신이 창조하신 어느 것도 잊지 않으신다. 그분은 어느 것도 잃지 않으신다. 그분은 모든 것을 회복하실 것이다(WJC, 303).

요약하면, 몰트만은 자신의 우주적 종말론에서 세계의 멸절 개념 대신에 세계의 변혁 사상을 지지한다. 또한 그는 하나님나라 역사 속에 있는 종말론적 전이(transition)를 주장한다. "개인적 종말론에서 시간적 창조의 완성은 시간성으로부터 영원한 생명으로의 전이이고, 역사적 종말론에서 그것은 역사로부터 영원한 나라로의 전이이며, 우주적 종말론에서 그것은 시간적 창조로부터 '신성화된' 영원한 세계의 새 창조로의 전이다"(CoG, 265).

2) 만유회복(*apokatastasis*)

십자가와 부활 사건의 우주적 의미에 대한 이해를 바탕으로 몰트만은 만유구원론을 주장한다. 몰트만은 선택과 유기의 하나님의 예정에 근거한 심판의 이중결과라는 전통적 교리를 거부한다. 그는 바르트의 보편적 선택과 화해의 주장을 지지하면서도(CoG, 246-249) 최후의 심판에 관해서는 바르트를 넘어선다. "최후의 심판은 만물의 새 창조의 시작 외에 다른 것이 아니며 잠정적 성격으로 이해되어야 한다. 그것은 마지막이 아니라 새로운 시작이다"(WJC, 338; CoG, 251). 몰트만에게 최후 심판은 궁극적인 것이 아니라 궁극 이전의 것이다.

> 산 자와 죽은 자에 대한 그리스도의 심판의 결과가 무엇이든지 간에—모든 사람이 구원을 받게 될지 또는 소수만이 구원을 받을지—이것은 예수의 심판이며, 그리스도인들은 오직 그들이 이해하고 믿는 예수 그리스도의 복음에

비추어 그것을 기다릴 수 있다. 그러나 예수는 심판하기 위해 오지 않는다. 그분은 일으키기 위해 오신다. 이는 그리스도의 심판의 기대에 대한 메시아적 해석이다(WJC, 338; CoG, 250).

몰트만은 구원이 아무것도 잃어버려지지 않음을 의미한다고 말한다. "십자가에 못 박히신 그리스도 안에서 우리는 최종적 심판자를 인식하는데 그분은 고소당한 자들을 위해, 그들 대신에, 그들의 유익을 위해 자신이 저주받은 자가 되셨다. 그래서 최후 심판에서 우리는 다른 심판자가 아니라 세계의 화해를 위해 십자가에 못 박히셨던 그분이 심판석에 앉아 계시는 것을 기대한다"(CoG, 250). 몰트만의 견해로는 최후 심판의 교리가 우리를 향한 공포가 아닌 기쁨의 소식이 되어야 한다. 그것은 모든 사람을 새로운 시작으로 인도하는 복음이다(JCTW, 142). 더 나아가 그는 "하나님은 사랑이라"(요일 4:16)라는 주장을 만인구원론을 위한 성서적 토대로 규정한다. 십자가에서 계시된 하나님의 사랑이 만인구원론을 위한 핵심적 근거다.

몰트만은 만유회복의 개념을 위한 증명으로서 만유 화해의 주장을 제시한다. 그에 따르면 골고다에서의 그리스도의 죽음은 제한 없는 만물의 화해를 뜻하며 그 결과 "만유회복" 즉 만인구원을 위한 희망의 근거가 된다. 최후의 심판에서 최종적 심판자로서 그리스도는 이렇게 부서지고 파괴된 세계를 회복하고 모든 것을 다시 제대로 올바르게 만들 것이다(CoG, 250). 몰트만에게 최후 심판은 예수 그리스도의 보편적 계시이며 그분의 구원 사역의 완성이다.

만물의 회복에 대한 기독교 교리는 멸망이나 지옥을 부인하는 것이 아니다. 오히려 반대로 이것은 다음의 사실로부터 출발한다. 그리스도는 그의 고난과 죽음 속에서 세계의 화해를 위해 하나님으로부터 버림받은 상태의 참되고 총체적인 지옥을 맛보았으며 우리를 위해 죄의 참되고 총체적인 저주를 경험했다는 것이다. 바로 여기에 만유화해를 위한 신적 근거가 있다(CoG, 251).

만인구원론의 주제에 대해 몰트만은, 만일 이 경우 하나님이 인간의 결정이나 책임성에 의존하게 되는 것이라면, 구원에서 인간의 신앙에 지나친 우선권을 두는 어떤 특수주의도 거절한다. 특수주의에 반대해서 그는 다음과 같이 기술하고 있다.

하나님과 화해된 자들은 선택된 소수가 아니라 전체 우주다(고후 5:19). 하나님이 사랑하셨던 자는 단지 신자만이 아니라 세계다(요 3:16). 재난으로부터 구원으로의 위대한 전환은 골고다에서 일어났다.…신앙은 이 전환을 인격적으로 경험하고 받아들이는 것을 의미하지, 신앙이 곧 전환 자체는 아니다(CoG, 245).

몰트만에 따르면 구원에서 인간의 신앙을 강조하는 것은 우리로 하여금 불가피하게 하나님과 인간을 동일한 수준으로 바라보도록 만든다. 즉 하나님을 인간화하고 인간을 신성화하는 것이다(CoG, 245). 그리하여 몰트만은 구원에서 하나님의 결정과 인간의 결정을 동등하게 존중하고자 하지만 결국 하나님의 결정에 궁극적 우위성을 둔다.

몰트만에게는 최후의 심판이 영원한 나라의 한 측면이다. 달리 말해 이것은 영원한 상태에서가 아니라 시간적·에온적 상태에서 일어난다. 여기서 몰트만은 자신의 만인구원론 해석을 위한 성서적 자료를 제시한다.

바울과 요한은 "잃어버린 자"에 관해, 미래가 아니라 오직 현재의 상태 안에

> 서만 말한다. 그래서 불신자들은 종말의 시간을 위해 일시적으로 "상실"의 상태로 버려진 것이지, 영원히 버려진 것은 아니다. 이렇게 함으로써 우리는 심판과 멸망 및 "영원한 죽음"에 관해 말했던 것이 에온적인 것이며 종말의 시간에 속한다는 발터 미카엘리스(Walter Michaelis)의 주장으로 결론을 맺을 수 있다. 이것은 "영원한" 것을 의미하지 않는다. 이것은 종말론적으로 최종적인 것의 지평 안에 있기 때문에 궁극 이전의 것이다. 궁극적 최후는 다음과 같다. "보라, 내가 만물을 새롭게 하노라"(계 21:5; CoG, 242).

몰트만은 "지옥의 논리"(Logic of Hell)라는 논문에서 "그리스도가 지옥에 내려가심"의 복음을 말한다. 지옥의 논리는 비인간적일 뿐 아니라 무신론적이다. 오히려 그는 그리스도가 지옥의 문을 열기 위해 지옥의 고통을 겪으셨다고 믿는다. 그 결과 지옥의 문이 활짝 열렸다. "자신의 고난을 통해 그리스도는 지옥을 파괴하셨다. 십자가의 지옥 같은 죽음으로부터의 부활로 인해 더 이상 '영원토록 멸망받은 존재' 같은 것은 존재하지 않는다"(CoG, 254).[5] 몰트만은 의식적으로 오리게네스의 만유회복으로서의 구원 해석의 전통으로 되돌아간다.

> 하나님의 심판 속에서 모든 죄인, 사악한 자와 폭력적인 자, 살인자와 사단의 자녀, 마귀와 타락한 천사들은 그들의 진정으로 피조된 존재로의 변화를 통해 죽음의 파멸로부터 해방되고 구원받게 될 것이다. 왜냐하면 하나님은 자신에게 참되게 남아 계시며, 자신이 한때 창조하고 긍정하셨던 것을 포기하거나 상실되도록 허용하지 않기 때문이다(CoG, 255; WJC, 303; JCTW, 103-104).

5_ J. Moltmann, "The Logic of Hell," in *God Will Be All In All: The Eschatology of Jürgen Moltmann*, ed. Richard Bauckham (Edinburgh: T&T Clark, 1999), 46.

몰트만에 따르면, 최후의 심판에서 고난당하는 세계의 모든 죄와 폭력 및 불의는 저주받고 무화될 것이다. 그러나 이는 부정을 행하는 자들이 아니라 부정성(negativity)이 저주받고 무화될 것이라는 뜻이다.

요약하면, 몰트만에게 최후의 심판에서 하나님의 심판은 그분의 마지막 말씀이 아니다. 오히려 이것은 잠정적이다. 하나님의 마지막 말씀은 "보라, 내가 만물을 새롭게 하노라"(계 21:50)다(CoG, 47; JCTW, 142). 따라서 하나님의 최후 심판의 메시지는 좋은 소식이며 우리에게 희망을 안겨준다. 이는 자신의 창조에 대한 하나님의 사랑과 인간들에게 선을 행하고자 하는 그분의 의도에 대한 몰트만의 강조에 기인한다. 몰트만의 만인구원론은 자신의 창조에 대한 하나님의 사랑과 신실하심을 결정적으로 드러내는 그리스도의 십자가와 부활에 의존하고 있다.

3) 종말론적 하나님나라: 하나님의 우주적 쉐키나와 안식 및 영광

몰트만은 "하나님나라", "영원한 생명", "영광"이라는 세 개념을 통해 종말론적 비전을 기술하고 있다(CoG, 257-339). 이 개념들은 종말론적 완성의 세 측면이며 하나님의 창조 활동의 궁극적 목적이다. 또한 몰트만은 안식일과 쉐키나 및 침춤이라는 유대교 사상의 여러 개념을 차용해서 혁신적으로 재구성한다. 이것들은 시간적·공간적 범주로서 종말론적 하나님나라를 설명하는 방식이다.

몰트만에게 안식일과 쉐키나는 구별되지만 서로 밀접하게 관련되어 있다. 안식일이 시간 안에서의 하나님의 현존이라면, 쉐키나는 자신의 피조물의 공간 안에 있는 하나님의 현존이다. 그에 따르면 시편 132:13이하는 안식일과 쉐키나의 연결을 분명하게 보여준다. "이것은 영원히 나의 거처가 될 것이다. 여기에 내가 거하리라"(CoG, 266). 몰트만은 약속과 성취, 시작과 완성의 범주 안에서 안식일과 쉐키나 사이의 관계를 묘사한다.

> 창조자가 자신의 창조를 축복하는 안식일의 쉼은 하나님의 종말론적 쉐키나 안에서의 완성의 약속이며, 창조 자체의 선수금으로 세워진 약속이다.…창조의 향연으로서 하나님의 안식일의 쉼은 창조의 완성의 시작이다. 하나님의 최종적 쉐키나는 아타나시우스가 말하는 "끝없는 향연" 속에 있는 이런 시작의 완성이다. 안식일은 시간 안에서의 하나님의 쉐키나다. 쉐키나는 공간 안에 있는 하나님의 안식일이다(CoG, 283).

몰트만에게 안식일과 쉐키나의 내적 통일성은 자신의 창조 안에 내주하고자 하는 하나님의 열망에 놓여 있으며 그분의 영원한 행복과 영광 및 평화, 즉 신적 영광을 지향한다.

몰트만의 우주적 종말론에서 "하나님의 영광의 오심과 함께, 미래의 시간이 끝나고 영원한 시간이 시작된다"(CoG, 6). 그는 미래를 지닌 역사적 시간과 시간의 미래인 "영원한 시간" 사이의 구별 및 관계를 설명한다.[6] 만물의 회복에서 모든 시간은 변화되고 변형되며 새로운 창조의 에온 속으로 취해진다. "영원한 창조 안에서, 하나님의 창조적 결단 속에서 펼쳐졌던 모든 시간은 또한 함께 모일 것이다"(CoG, 294). 몰트만에 따르면 "마지막 날"은 영원의 시작 즉 끝없는 시작이다. 그는 이것을 영원한 시간 즉 "성취된 시간"(fulfilled time), "영원으로 채워진 시간"(time filled with eternity)이라고 부른다(CoG, 295). "하나님의 내주는 신적·우주적 속성을 지닌 일종의 우주적 페리코레시스를 낳는다. 또한 이 새로운 에온 속에서

6_ 몰트만은 "역사적 시간"(historical time) 또는 "일시적 시간"과, "에온적 시간"(eonic time) 또는 "영원한 시간"(eternal time) 사이를 구별한다. 그에 따르면, 에온적 시간은 역전될 수 있고 대칭적·순환적 운동을 가지고 있다. 또한 이 시간은 하나님의 절대적 영원성(absolute eternity)이 아니라 신적 영원성(divine eternity)을 반영하며 그것에 참여하는 피조물의 상대적 영원성(relative eternity)이다. 안식일은 시간 속에 있는 영원의 역동적 현존이며 종말에 안식일은 성취된 시간 또는 영원한 시간 속으로 들어간다. CoG, 295-296; WJC, 330-331.

영원과 시간 사이의 상호적 페리코레시스가 생겨난다. 결과적으로 우리는 한편으로는 '영원한 시간'(eternal time)을, 다른 한편으로는 '시간으로 채워진 영원'(eternity filled with time)을 말할 수 있다"(CoG, 295). 몰트만의 종말론에서 세계의 종국은 일시성으로부터 영원으로의 변화다(CoG, 271).

『오시는 하나님』에서 몰트만은 종말론 논의에 관한 여러 지평을 한데 묶어 하나님의 우주적 쉐키나로 규정한다. 그는 하나님이 우주적으로 자신의 피조물 안에 현존하게 되며 세계가 하나님의 현존에 참여하게 될 종말론적 쉐키나를 말하고 있다. "'새 하늘과 새 땅'에서의 하나님의 종말론적 내주는 자신의 피조물의 공간 안에서의 하나님의 현존이다"(CoG, 266). 이런 의미에서 "새 예루살렘"은 하나님의 쉐키나의 집이 될 것이다(사 65:37; 계 21장).

몰트만은 쉐키나 신학을 기독교의 성령 개념과 연관시킨다. 오직 우주적 성령 안에서만 우주적 페리코레시스는 생각될 수 있다. 몰트만은 우주적 페리코레시스를 성령을 통한 하나님과 세계의 상호내주와 상호침투로 규정한다. 그에게 이런 우주적 페리코레시스는 신적 페리코레시스를 반영한다. "피조적 차원에서 상호내주의 페리코레시스적 공간 개념은 신적 인격들의 영원한 내적 삼위일체적 내주 개념과 상응한다"(CoG, 266). 이런 상호침투로서의 페리코레시스적 공간 개념은 그 종류에서 다양한 것 즉 하나님과 인간, 인간과 자연, 영적인 것과 감각적인 것의 통일성과 차이를 주장할 수 있게 해준다는 것이다(CoG, 278).

몰트만은 우주적 쉐키나를 자신의 창조 안에 계신 하나님이 역사적으로 내주하는 공간으로 이해하고 있다. 창조는 내재하는 성령의 그릇이며 창조 전체는 하나님을 위한 내주하는 공간이다. 종말에 이르러 하나님의 현존 안에 있는 공간의 충만이 일어난다. "하나님이 '모든 것 안에 모든 것'이 될 때(고전 15:28), 그때는 모든 피조물이 그분의 개방된 영원한 생명 안에서 '더 이상 훼방이 없는 드넓은 장소'(욥 36:16)를 발견하게 될 것이다"(ET, 323). 몰트만은 이를 좀 더 상세하게 다음과 같이 설명한다. "이로 인해 전체 창조는 하나님의 집이요, 하나님이 거할 수 있는 성전이며, 그분이 안식할 수 있는 본향(home country)이 된다"(CoG, 307).

결과적으로 우주적 쉐키나에서 성령을 통한 하나님 안의 세계와 세계 안의 하나님의 상호내주는 완성될 것이다. 모든 피조물은 하나님의 내주하시는 영광과 그분의 신적 생명과 영원한 기쁨 속에 방해받지 않고 어떤 매개도 없이 참여하게 될 것이다. 그러나 이런 종말론적 상태에서는 "범신론이 말하듯이 세계가 하나님 안으로 용해되는 것도 불필요하며, 무신론이 주장하듯이 하나님이 세계 속으로 용해되는 것도 불필요하다. 하나님은 여전히 하나님으로 머물러 계시며 세계는 피조물로 남아 있다. 상호내주를 통해 하나님과 세계는 혼합되거나 분리되지 않은 채 남아 있다. 왜냐하면 하나님은 하나님의 방식으로(in a God-like way) 세계 안에 살고 있으며, 세계는 세계의 방식으로(in a worldly-like way) 하나님 안에 살고 있기 때문이다"(CoG, 307). 이는 태초의 창조로부터 종말론적 창조에 이르기까지 하나님과 세계 사이에 존재론적 구별을 보전하고자 하는 몰트만의 의도를 분명히 보여준다.

마지막으로 몰트만은 새 창조를 공간적 차원에서 우주적 쉐키나와 밀접하게 관련시킨다. 그에게 새 창조는 우주적 성전, 즉 천상적 예루살렘이 된다(CoG, 317). 새 예루살렘과 하나님의 새 백성 안에서 그분의 새로운 현존이 일어난다. 하나님의 탈자기제약(deself-limitation)을 통해, 우주적 성전에 거하는 하나님의 새로운 현존은 그분의 직접적이고 매개 없는 영광으로 가득 찬 내주하시는 현존이다. 천상의 에온은 새 하늘과 새 땅으로 전환된다. 이런 방식으로 하나님은 자기 백성 가운데 거하고 그분의 직접적 현존은 모든 것을 침투하게 될 것이다. 여기서 핵심은 "거룩"과

"영광"으로 특징지어지는 만물 안에서의 하나님의 영원한 내주가 바로 창조의 종말론적 목적이라는 것이다. "하나님의 영원한 내주의 거룩과 영광은 전체 창조와 모든 개별적 피조물의 영원한 종말론적 목적이다. 이것은 우주적 종말론에 신학적 차원과 미학적 차원을 제공한다"(CoG, 318).

결과적으로 몰트만의 종말론적 비전은 우주적 쉐키나와 함께 완성된다. 자신의 창조 안에 계신 하나님의 우주적 내주는 종말론적 목적이다. 우주적 페리코레시스를 통해 피조물은 종말에 이르러 영원과 편재를 포함하는 하나님의 속성을 공유함으로써 변화될 것이다. 그러나 이런 종말론적 상태에서 하나님과 세계는 상호내주하지만 여전히 구별될 것이다. 종말론적 하나님나라에서 하나님의 생명의 현존은 영원 안에서의 피조적 생명의 무한하고 다함없는 자원이 될 것이다. 새 예루살렘에서 하나님의 우주적 쉐키나는 마침내 안식에 이르게 될 것이다. 영원한 안식일에서 모든 피조물은 하나님의 충만과 영원한 기쁨 안으로 모여들게 될 것이다(CoG, 319). 여기서 몰트만은 하나님의 최종적 영광을 묘사하기 위해 미학적 개념을 사용한다. 요약하면, 새 창조는 우주적 쉐키나와 영원한 안식일로 이루어진 영광의 나라에서 하나님과 그분의 피조물의 축제와 영원한 기쁨으로 구성된, 하나님과 세계의 영광스러운 페리코레시스다.

II. 몰트만의 우주적 종말론에 대한 비판적 대화

몰트만의 우주적 종말론에서는 보편적 측면이 매우 강조된다. 그에게는 그리스도의 십자가와 부활이 만물의 화해 이해를 위한 기초가 된다. 하나님의 종말론적 역사에서는 우주적 그리스도가 자신을 통해 만물의 화해를 가져옴으로써 구원의 보편적 의미를 가지는 반면에, 우주적 성령은 모든 피조물을 하나님의 삶으로 참여시킴으로써 세계의 변화를 가져온다. 결과적으로 만유회복이라는 몰트만의 종말론은 보편적 구원을 주장하고 있다.

몰트만의 우주적 종말론에서 안식일, 즉 하나님의 창조 안에서의 안식에 대한 몰트만의 사고는 창조론과 종말론에 관한 현금의 논의에 흥미로운 통찰력을 제공해준다. 그에게는 안식일이 창조의 왕관인 동시에 종말에 있게 될 만물의 궁극적 조화의 예기로 이해된다. 태초의 창조에서 하나님은 자신이 거하실 수 있는 공간을 세계에게 주셨지만, 종말에는 세계가 하나님의 집이 될 것이다. 종말론적 쉐키나는 세계의 공간 안에 있는 영원한 안식일이다(CoG, 266).

모든 인간이 하나님의 우주적 현존 가운데 있게 되리라는 몰트만의 주장에 대해서는 "그의 견해는…종말론적이며 우주적인 인간의 신성화로 인도하는 듯이 여겨지지 않는가?"[7]라는 반론이 제기된다. 더 나아가 미로슬라브 볼프의 견해에 따르면, 종말에서 시간에 대한 몰트만의 주장에는 해결되지 않은 긴장이 남아 있다. 볼프는 몰트만의 종말론적 전이에 관한 주장에 대해 비판적이다. 볼프에 의하면, 시간성의 영원성으로의 변화는 종말론적 성취의 최종성을 포함해야 한다. 즉 과거와 미래가 동시적이며 역전될 수 있으며 대칭적·순환적 운동을 지닌 "에온적 시간"에 대한 몰트만의 사고는 완성의 최종성과 새 창조에서 있게 될 피조물의 "영원한 삶의 생동성"을 제공하지 못한다.[8]

볼프에 따르면, 세계의 종말론적 전이는 죄와 죽음으로부터의 구속(redemption)의 차원을 포함해야 한다. 세계의 멸절 대신에 세계의 변혁

7_ Klaas Runia, *The Present-Day Christological Debates*, Issues in Contemporary Series, I, ed. Howard Marshall (Downers Grove, IL: InterVarsity Press, 1984), 45.

8_ M. Volf, "Enter Into Joy! Sin, Death, and the Life of the World to Come," 272, n. 68.

이라는 몰트만의 주장을 긍정하면서도 볼프는 "역사의 완성" 대신에 "역사들의 구속"을 강조한다.[9] 종말론적 구속은 죄인들의 용서와 죽음의 세력의 파괴 및 하나님의 변화시키는 심판 아래 놓인 정의의 회복을 포함한다. 그런데 볼프에 의하면, 몰트만은 때로 종말론적 완성이 죄와 죽음과 멸망으로부터의 구속을 포함한다고 표현함으로써 구속의 종말론적 차원을 긍정하는 것처럼 보인다(CoG, 265). 그러나 몰트만의 이런 표현에도 불구하고, 피조물의 죄와 불의와 적대 관계로 인해 "하나님의 영원성에 대한 피조물의 참여는…오로지 과격한 변화의 조건에서만 가능하다"[10]라는 판넨베르크의 주장에 우리는 귀 기울여야 한다.

비록 몰트만이 신적 페리코레시스와 우주적 페리코레시스의 동일성을 주장하는 것은 아니지만, 인간 공동체와 신적 공동체 사이에 상응적 유비를 사용하는 데는 세심한 주의가 필요하다. 볼프에 따르면, 신적 인격과는 달리 인간 인격은 상호내주한다고 말하는 것과 동일한 방식으로 서로 안에 내주할 수 없기 때문이다.[11] 필자의 관점으로는 비록 몰트만이 신적 페리코레시스와 우주적 페리코레시스 사이의 구별을 규정하고 있지만, 양자 사이를 구별하는 구체적 실재를 명료화하지 못한 것이 사실이다.

그뿐 아니라 만인구원에 대한 몰트만의 해석은 성서적 진리 및 교회 전통과 조화를 이루고 있는가? 만유회복에 관한 몰트만의 주장에 대해서는 여러 질문이 제기된다. 볼프는 종말론적 전이의 단계에서 심판과 화해 및 하나님에 의한 변혁의 필수성을 강조한다. "종말론적 전이는 인간

9_ M. Volf, "After Moltmann: Reflections on the Future of Eschatology," in *God Will Be All In All: The Eschatology of Jürgen Moltmann*, 245-257.

10_ W. Pannenberg, *Systematic Theology*, vol. III. trans. Geoffrey W. Bromiley (Grand Rapids, MI: Wm. B. Eerdmans, 1998), 607.

11_ M. Volf, *After Our Likeness*, 210-211.

역사의 악이 최종적·결정적으로 폭로되고 심판받으며, 악을 행한 자들이 스스로 하나님의 은총에 의해 변화되므로 그들이 모든 악으로부터 해방되고 상호간에 화해되며, 따라서 새로운 순수성의 상태에 이르게 되는 것을 포함한다."[12]

몰트만의 만인구원에 대한 해석에서 핵심은 하나님의 사랑의 우위성이다. 십자가 사건에서 계시된 사랑의 은총은 언제나 하나님의 진노와 형벌을 초월하는 것처럼 보인다. "하나님의 심판은 복수나 보복과는 아무 관계가 없다.…심판의 목적은 저주가 아니다"(JCTW, 142). 그러나 몰트만처럼 하나님의 사랑을 일방적으로 강조하는 것에 대해서는 세심한 주의를 기울여야 한다. 성서에 나타난 하나님의 진노와 심판의 차원을 배제하는 것은 비성서적 접근이다. 비록 하나님의 신실성을 주장한다 하더라도, 몰트만은 구원론적 차원에서 하나님의 사랑과 공의의 균형을 맞추는 데 성공적이지 않다고 말할 수 있다.[13] 또한 하나님의 결정과 인간의 결정에서도 몰트만은 전자에 궁극적 우위성을 둠으로써[14] 충분한 균형과 조화를 보여주지 못하고 있다(CoG, 279).[15]

자신의 만인구원론적 비전에서 몰트만은 "그리스도가 지옥에 내려가심"의 복음을 제시한다. "그리스도가 지옥에 내려가심은 누구도 잃어버려지지 않으며, 오히려 모든 것이 회복되어 하나님의 영원한 나라로 모인다는 확신을 위한 근거다."[16] 그러나 캐서린 켈러(Catherine Keller)의 견해

12_ M. Volf, "Enter Into Joy," 277.

13_ 김도훈, "만유구원론에 대한 비판적 고찰: 몰트만의 '만물의 회복'에 대한 이론을 중심으로", 73-76, 98.

14_ 김명용, "몰트만 신학의 공헌과 논쟁점", 133-134

15_ 김영한, "몰트만의 보편화해론에 대한 비판적 고찰",「조직신학연구」I (2002), 126-127.

16_ 최태영은 몰트만의 지옥 폐기 주장이 성서적 근거가 미약하다는 점을 지적하며, 김도훈은 성서에 지옥의 실재성과 영원성이 담보되어 있다고 주장한다. 최태영, "몰트만의 만유구원론에 대한 통전적 이해", 127-128; 김도훈, "만유구원론에 대한 비판적 고찰: 몰트만의 '만

에 따르면, 만일 하나님이 모든 것 안에 모든 것이 되신다면 지옥을 위한 공간은 존재하지 않는다. 그녀는 "우선 몰트만의 만인구원은 종말에 대해 제기되었던 정의에 대한 매우 간절한 갈망과 충돌을 일으키지 않는가?"[17] 라고 질문한다. 실제로 몰트만은 하나님의 종말론적 승리에 관해 단지 긍정적 결론을 보여주는 것처럼 보인다.

몰트만은 『오늘의 세계를 위한 예수 그리스도』에서 자신이 만인구원론자라는 사실을 명시적으로 부정한다. 즉 자신이 아니라 오히려 하나님이 만인구원론자일 수 있다는 것이다. "만인구원론은 기독교 선포의 실체가 아니라 그것의 전제이며 목적이다.…모든 사람이 초청되고 어느 누구도 내쫓기지 않는다. 심지어 이 사실을 거절하는 사람들에게도 초청은 유효한데, 왜냐하면 이것은 하나님의 초청이기 때문이다"(JCTW, 143).

그럼에도 만인구원의 주제에 대해 몰트만은 성서와 기독교 전통을 넘어서고 있다. 필자는 비록 하나님의 영원한 결정으로 말미암은 선택과 유기의 이중예정설에는 전적으로 동의할 수 없다고 하더라도, 이중심판설을 거부할 필요는 없다고 생각한다. 바르트의 견해를 좇아 만인의 선택과 만물의 화해 사상을 긍정할 수 있지만, 우리는 몰트만에게 나타나는 "교리적"(dogmatic) 만인구원론의 덫에 빠져서는 안 된다.[18] 이 영역은 어떤 의미에서 우리의 신학적 결론을 넘어선다. 우리는 이것을 하나님께 맡겨 드려야 하며 신학적 유보 사항으로 남겨놓아야 한다. 또는 바르트처럼 우

물의 회복'에 대한 이론을 중심으로", 83-84.

17_ C. Keller, "The Last Laugh: A Counter-Apocalyptic Meditation on Moltmann's Coming of God," *Theology Today* vol. 54 no. 3 (October 1997), 384.

18_ 피데스는 "교리적"(dogmatic) 만인구원론과 "희망적" 만인구원론으로 분류한다. 전자는 만유회복에 이르는 만인구원론의 절대적 성격을 주장하는 데 반해, 후자는 만인구원론의 가능성을 "희망적인" 것으로 긍정한다. 피데스에 따르면 "희망적" 만인구원론을 주장하는 학자로는 바르트와 라너 등이 있다. P. Fiddes, *The Promised Land: Eschatology in Theology and Literature* (Malden, MA: Blackwell Publishers, 2000), 194-196.

리는 "희망적"(hopeful) 만인구원론을 지지할 수 있을 것이다.[19] 만일 만인구원이 몰트만의 우주적 종말론의 필연적 귀결이라면, 이것은 기독교 신학과 실천을 위해 크게 유용하지 않다.[20] 여기에 대해 몰트만이 만족할 만한 신학적 틀을 제시하고 있는지에 대해서는 필자는 확신할 수 없다. 몰트만의 우주적 종말론은 창의적 통찰력을 지니고 있음에도 불구하고 좀 더 발전하고 명료화되어야 할 필요가 있는 여러 개념적 한계와 내적 긴장을 지니고 있다.

몰트만의 우주적 종말론의 핵심 개념은 "오시는 하나님"이며, 약속과 성취의 도식을 지닌 구원의 역사 안에 계신 희망의 하나님이다. 예수 그리스도의 십자가와 부활은 만물의 화해 안에서 수립되는 우주적 종말론의 기초다. 인간과 자연 및 우주를 포함하는 만물의 화해자로서의 그리스도는 몰트만의 종말론의 토대다. 삼위일체 하나님의 종말론적 역사에서 우주적 그리스도는 자신을 통해 만유 화해를 가져오는 구원의 보편적 의미를 지닌 분이다. 우주적 종말론에서 그리스도가 전적 새로움이라면, 성령은 모든 피조물을 하나님의 생명 안에 참여시킴으로써 세계의 변화를 가져온다. 그에 따르면, 어느 것도 상실되지 않으며 모든 것은 다시 회복되어 영원한 하나님의 나라에 이르게 될 것이다. 결과적으로 그의 만유회복에 대한 견해는 만인구원론을 주장하고 있다.

하나님의 영원한 나라는 안식일과 쉐키나와 그분의 영광으로 이루어져 있다. 하나님의 안식과 거주에 관한 사고들은 시간과 공간에 대한 몰트만의 페리코레시스적 개념들과 조화를 이룬다. 그의 우주적 종말론에

19_ 최태영, "몰트만의 만유구원론에 대한 통전적 이해", 131.

20_ 그러나 이찬석은 김명용의 주장처럼 몰트만의 만유구원론이 "위로하는 기쁨의 복음"이 될 수 있을 뿐 아니라, 더 나아가 복음의 정체성과 타종교에 대한 수용성을 유지할 수 있는 종말론적 종교신학으로 발전 가능하다고 주장함으로써 비교적 긍정적인 입장을 보여준다. 이찬석, "몰트만의 만유구원론에 대한 고찰", 290-302.

서 세계는 자신의 피조물을 향한 하나님의 무한한 활동과 참여를 통해 그분의 현존에 의해 변화되고 변형될 것이다. 몰트만의 우주적 종말론의 핵심 사상은 우주적 쉐키나, 즉 하나님과 세계의 상호내주다. "하나님은 세계 안에 있고 세계는 하나님 안에 있다." 최종적으로 자신의 영광 속에서 하나님의 충만과 영원한 기쁨의 축제는 새 하늘과 새 땅에서 완성될 것이다. 그의 만유회복설에 대한 찬반 논란이 지속되고 있음에도 불구하고 몰트만의 우주적 종말론은 신선하고 풍성한 신학적 착상과 통찰력을 세계 신학계와 한국교회에 제공하고 있다.

Jürgen Moltmann

제11장

몰트만 신학에 나타난 만유재신론적 비전

Jürgen Moltmann

I. 기독교적 만유재신론의 대두

현금의 신학에서 하나님 이해에 관해 가장 유행하는 주제 중 하나가 바로 만유재신론이다. 근대 이후로 하나님의 존재와 그분의 세계 사이의 관계성을 위한 하나의 모델로서 만유재신론 개념은 신학자들 사이에서 현저하게 발전해왔다. 도널드 블뢰쉬에 따르면, 무신론과 불가지론이 오늘날에도 여전히 많은 사람에게 유효한 선택이 되고 있는 반면에, 현대의 분위기는 범신론적이거나 만유재신론적인 것으로 특징지어진다.[1]

근대에 이르러 하나님의 존재와 행동 이해에 관한 "혁명적 사고"는 과정신학에서 비롯되었으며 과정철학에 깊이 뿌리박고 있다. 하나님의 절대적 초월성, 무감동성, 불변성과 영원성을 지나치게 강조하는 전통적 유신론을 비판하면서 과정신학은 소위 "신-고전적 유신론"(neo-classical theism)[2] 또는 "과정 지향적 하나님 모델"(process-oriented model of God)을 제공하고 있다. 이는 하나님에 관한 전통적 이해에 대한 도전일 뿐만 아니라, 끊임없이 변화하는 존재로서의 하나님 개념을 통해 과격한 변화를 제시한다. 과정신학의 사고에서 하나님과 세계는 필연적으로 상호의존적이다. 그리하여 어떤 과정신학자들은 자신의 신학을 범신론 및 고전

1_ D. G. Bloesch, *God the Almighty: Power, Wisdom, Holiness, Love* (Downers Grove, IL: InterVarsity Press, 1995), 14, 21.

2_ C. Hartshorne, "Pantheism and Panentheism," *The Encyclopedia of Religion*, vol. 11, ed. M. Eliade (New York and London: Macmillan and Collier Macmillan, 1987), 165-171.

적 유신론과 구별해서 "만유재신론"이라고 부른다.[3]

만유재신론의 정확한 의미는 무엇인가? 여기에 대해서는 다양한 정의가 존재한다. 심콕스(C. E. Simcox)에 따르면, 범신론은 "모든 것이 하나님이다"(Everything is God)라고 주장하는 데 반해, 단순한 만유재신론은 "모든 것이 하나님 안에 있다"(Everything is in God)라고 주장한다.[4] 『옥스퍼드 기독교회 사전』(*The Oxford Dictionary of the Christian Church*)은 만유재신론을 "하나님의 존재가 전체 우주를 포함하고 침투함으로써 우주의 모든 부분이 하나님 안에 있으나, 범신론과는 달리 이 존재(하나님)가 우주보다 크며, 우주에 의해 소진되지 않는다는 신념"[5]이라고 정의한다. 달리 표현하면, 만유재신론은 "비록 하나님이 세계보다 크다 할지라도 세계는 (어떤 의미에서) 하나님 안에 있다"[6]라고 본다. 따라서 하나님과 세계의 관계는 상호적이다. 그러나 엘리자베스 존슨(E. Johnson)에 의하면, 만유재신론은 하나님과 세계 사이의 "상호적이면서도 비대칭적인 관계성을 주장하는 반면에" 이 둘 사이의 구별을 보전하고자 한다.[7] 결과적으로 명백한 것은 만유재신론의 정의에 관해서는 아직도 논쟁이 계속된다는 점이다.[8]

3_J. B. Cobb Jr., "Panentheism," in *A New Dictionary of Christian Theology*, ed. E. Richardson and Bowden (London: SCM Press, 1983), 423.

4_C. E. Simcox, "Christian Panentheism," *The Christian Challenge* 32 (April/May 1993), 21.

5_F. L. Cross and E. A. Livingstone, eds., *The Oxford Dictionary of the Christian Church* (London: Oxford University Press, 1974), 1027.

6_P. Clayton, "The Panentheistic Turn in Christian Theology," *Dialogue* vol. 38 no. 4 (Fall 1999), 289.

7_E. A. Johnson, *She Who Is*, 231.

8_John W. Cooper, *Panentheism: The Other God of the Philosophers* (Grand Rapids, Michigan: Baker Academic, 2006); Philip Clayton and Arthur Peacocke, ed., *In Whom We Live and Move and Have Our Being: Panentheistic Reflections on God's Presence in a Scientific World* (Grand Rapids, Michigan/Cambridge, U. K.: Wm. B. Eerdmans Publishing Co., 2004).

찰스 핫숀(C. Hartshorne)은 만유재신론에 대해 다음과 같은 고전적 정의를 내리고 있다. "하나님은 단지 모든 '다른' 것들이 아니다. 그러나 여전히 모든 다른 것들은 문자 그대로 하나님 안에 있다.…자기 자신이 되기 위해 하나님은 이 우주를 필요로 하시지만, 단지 하나의 우주를 필요로 하시며, 오로지 우연적으로 그분은 심지어 이 특수한 실제적 우주를 포함한다."[9] 즉 하나님은 존재론적으로 모든 세계로부터 독립적이지 않다. 이런 경향은 과정신학의 만유재신론의 다른 구절들에서 분명하게 드러난다.

> 하나님은 세계가 아니며 세계는 하나님이 아니다. 그러나 하나님은 세계를 포함하고 세계는 하나님을 포함한다. 하나님은 세계를 완성하시며 세계는 하나님을 완성한다. 하나님 바깥의 세계는 존재하지 않고, 세계 바깥의 어떤 하나님도 존재하지 않는다. 물론 몇 가지 차이가 존재한다. 어떤 세계도 하나님 없이는 존재할 수 없는 데 반해, 하나님은 이(this) 세계 없이는 존재할 수 없다. 우리의 지구만이 아니라 전체 우주는 사라질 것이며 무엇인가에 의해 대치되겠지만, 하나님은 계속 존재할 것이다. 그러나 하나님이 모든 살아 있는 것들과 마찬가지로, 오로지 완전하게 내적 관계들의 원리를 형성하기 때문에, 하나님의 삶은 그것이 포함될 어떤 세계가 존재한다는 것에 의존한다.[10]

이런 하나님과 세계의 관계성 이해를 토대로 과정신학의 만유재신론은 다음과 같이 규정될 수 있다. 하나님과 세계는 필연적으로 상호적이며

9_ C. Hartshorne and W. L. Reese, eds., *Philosophers Speak of God* (Chicago: University of Chicago Press, 1953), 22.

10_ C. Birch and J. B. Cobb, Jr., *The Liberation of Life: From the Cell to the Community* (Cambridge: Cambridge University Press, 1981), 196-197.

서로 의존하고 있다. 엄밀한 의미에서 하나님은 세계와 동일하지 않지만 세계로부터 분리될 수는 없다. 더 나아가 세계는 하나님을 자신의 실존을 위해 필요로 하며, 하나님 역시 참으로 하나님이 되기 위해 세계를 필요로 한다.[11] 과정신학의 만유재신론에서 하나님은 "모든 실존들의 총합보다 더 큰 세계를 더 높은 가능성들을 향해 움직이는 창조적 힘이다."[12] 그러므로 세계는 하나님 안에 있고 하나님은 세계 안에 있다. 이런 의미에서 하나님과 세계는 존재론적으로 관계적이다. 또한 과정신학의 만유재신론적 유비에서 세계는 하나님의 몸이며 하나님은 세계의 영혼이라고 일컬어진다.[13] 블뢰쉬의 견해에 따르면, 이런 과정신학의 사고는 세계의 과정이 실제적으로는 하나님의 행동과 동일시되는 범신론에 가깝다.[14]

하나님의 본질과 활동에 관한 과정신학의 사고에 동의하든 동의하지 않든 간에, 현대신학자들 사이에서는 매우 다양한 논의가 이루어졌다. 과정신학의 만유재신론은 고전적 유신론에 대한 심각한 도전일 뿐 아니라 혁신적 대안으로 간주되었다. 따라서 과정신학의 만유재신론은 강하게 거부되거나 긍정적으로 수용되기도 하고, 새롭게 수정되거나 다양한 형태로 해석되기도 했다.

그러나 우리는 과정신학이 성서의 몇 가지 중요한 주장을 긍정하지 않는다는 점에 유의해야 한다. 즉 과정신학은 "무로부터의 창조"의 주장과 하나님과 세계의 종말론적 전망을 부정한다. 이런 상황에서 과정신학에 만족하지 않는 일부 현대신학자들은 고전적 유신론을 수정하는 다른

11_ 이런 의미에서 과정신학의 만유재신론은 "존재론적" 만유재신론으로 규정될 수 있는데, 이는 이 이론이 하나님과 세계의 관계성을 하나님의 내적 필연성에서 비롯된 존재론적 상호의존성으로 묘사하기 때문이다.

12_ D. G. Bloesch, *God the Almighty*, 19.

13_ C. Hartshorne, *Omnipotence and Other Theological Mistakes* (Albany, N. Y.: State University of New York Press, 1984), 122-123.

14_ D. G. Bloesch, *God the Almighty*, 19.

길을 찾아 나서고 있다.

현대신학자 중 위르겐 몰트만, 볼프하르트 판넨베르크, 테드 페터스(T. Peters) 같은 이들은 과정신학의 만유재신론과 고전적 유신론, 이 양자를 넘어서서 하나님에 대한 전통적 개념을 고쳐 쓰고자 시도한다. 클락 피녹, 데이비드 배싱어(D. Basinger)를 비롯한 여러 학자들도 고전적 유신론을 개정하는 이런 운동에 참여하고 있다. 그들의 입장은 "하나님에 관한 개방적 견해"(open view of God)[15] 또는 "자유의지 신론"(free will theism)이라고 불린다.[16] 또한 샐리 맥페이그(S. McFague)와 엘리자베스 존슨, 로즈매리 류터(R. Ruether)는 소위 비과정신학적인 여성신학적 만유재신론자로 간주된다. 또한 과학과 신학 간의 대화를 진지하게 시도해온 현대의 과학 신학자 중에는 아서 피콕, 존 폴킹혼, 필립 클레이톤(P. Clayton) 등이 이런 경향에 포함된다.

앞에서 언급한 만유재신론 옹호자 중 대다수는 엄밀한 의미에서 자신을 과정신학의 만유재신론 범주 안에 포함시키지 않는다. 그들은 하나님과 세계가 동일하지 않으며 어떤 특정한 동일성 안에서 다양한 정도와 상이한 방식으로 구별된다고 주장한다. 이들 외에도 일군의 과정신학자들은 화이트헤드의 과정철학적 만유재신론의 수정된 해석들을 제시한다.[17] 요약하면, 오늘날의 신학적 기후에서는 만유재신론의 여러 형태가 존재한다는 것이 일반적 견해다.

15_ C. Pinnock, R. Rice, J. Sanders, et al., *The Openness of God: A Biblical Challenge to the Traditional Understanding of God* (Downers Grove, IL: Intervarsity Press/ Carlisle, U. K.: The Paternoster Press, 1994).

16_ D. Basinger, *The Case for Free will Theism: A Philosophical Assessment* (Downers Grove, IL: InterVarsity Press, 1996).

17_ J. A. Bracken, S. J., *The Triune Symbol: Persons, Process and Community* (Lanham, MD: University Press of America, 1985); Lewis Ford, "Process Trinitarianism," *Journal of the American Academy of Religion* vol. 43 no. 2 (1975), 199-213.

II. 만유재신론적 비전에 대한 몰트만의 여정

하나님의 존재와 활동에 대한 만유재신론적 비전은 몰트만 신학을 압축적으로 요약하고 있다. 비록 몰트만은 이 주제를 체계적 방식으로는 다루지 않았지만, 그의 신학 작업은 이것의 핵심 본질을 점차로 의식하는 중에 형성되었다. 사실상 몰트만은 "만유재신론"이라는 용어를 드물게 사용한다. 그러나 몰트만의 만유재신론에로의 전환은 그의 후기 저서에서 현저히 나타난다(CG, 277; TK, 19f, 106-108, 129-132; GC, 89-103; HTG, 133; SL, 31-38, 42f, 211-213; CoG, 281-282, 297, 335; ET, 50, 310).

클래이톤은 몰트만의 신학적 입장을 기독교적 만유재신론이라고 분명히 규정하고 있다. 클래이톤에 따르면, 몰트만의 초기 저서인 『희망의 신학』(1964), 『희망의 실험』(1975), 『하나님 경험들』(1980)은 현재 만개하고 있는 만유재신론의 몇 가지 예기적 모습을 담고 있다. 몰트만의 만유재신론을 향한 진정한 발전의 두 번째 단계는 『십자가에 달리신 하나님』(1973)에서 발견된다. 세 번째 단계는 "신학에 대한 조직적 기여들" 시리즈, 즉 『삼위일체와 하나님의 나라』(1981)로부터 『오시는 하나님』(1995)에 이르기까지 후기 저서들에서 발전적으로 전개된다.[18]

최근에 이르러 몰트만 신학이 만유재신론적이라고 주장하는 학자들이 점차 늘어가고 있다. 어떤 학자들은 몰트만의 만유재신론이 과정신학의 만유재신론과 명확히 구별되지 않은 채 불분명하고 모호하다고 비난한다. 이런 입장의 학자로는 존 톰슨(J. Thomson), 콜린 건튼(C. E. Gunton), 알랜 토랜스, 폴 몰나(P. Molnar), 존 맥킨타이어, 더글러스 패로우, 워런

18_ P. Clayton, "Moltmann and the Question of Christian Panentheism," paper presented at the Pacific Coast Theological Seminary Fall Meeting, Somona, CA., October 31, 1997, 6-11.

맥윌리엄스(W. McWilliams), 조지 메이슨 등을 들 수 있다. 또한 하나님과 세계의 관계성에 관한 몰트만의 모델을 몰트만 자신의 만유재신론적 해석 또는 과정신학적 만유재신론의 수정된 형태로 해석하는 학자들도 있다. 이런 학자로는 스탠리 그렌츠(S. J. Grenz), 로저 올슨(R. Olson), 도널드 블뢰쉬, 리처드 보컴, 조셉 브라켄(J. A. Bracken), 존 오도넬(J. J. O'Donnell), 데이비드 아담스(D. Adams), 마크 스텐, 와이넌디(T. Weinandy), 브라이언 왈쉬(B. Walsh), 부마-프레디거, 로렌스 우드, 케서린 켈러, 디안-드루몽, 필립 클래이톤, 존 폴킹혼 등을 들 수 있다.

몰트만의 기독교적 만유재신론의 본질과 형태에 관해 앞에서 언급한 신학자들 사이에서는 확실한 동의가 이루어지지 않고 있다. 이는 기본적으로 몰트만의 사고에 대한 오해와 만유재신론 개념에 대한 혼동에 기인한다. 실제로 어떤 신학자들은 몰트만의 만유재신론적 비전을 과정신학의 만유재신론과 혼동하고 있다. 그러나 분명한 것은 몰트만 스스로 자기 견해를 "기독교적 만유재신론"(TK, 19, 106) 또는 "삼위일체론적 만유재신론"(GC, 86, 98-103; cf. CoG, 281-282, 297)[19]으로 규정하고 있다는 점이다.

현대 개혁신학자로서 몰트만은 고전적 유신론에 충분히 만족할 수 없었기에 전통적인 하나님 개념을 수정하고자 했다. 그는 고전적 유신론의 몇 가지 주장을 그것들이 성서적 내러티브와 부합하는 한에서 보존하고자 했다. 동시에 몰트만은 하나님과 세계의 관계성을 이해하는 데 있어 과정신학의 가치를 인정한다(EH, 84). 그러나 그는 종종 과정신학의 사고에 대한 불만을 명시적으로 표현했으며(HTG, xviii, 18; cf. GC, 78-79; CoG,

19_ 몰트만에게 비삼위일체적 만유재신론은 세계 안에 있는 하나님의 내재성을 세계와 관계된 하나님의 초월성과 결합하는 데는 충분하지 않다. 오히려 그는 삼위일체적 만유재신론을 제안한다. "창조의 삼위일체적 개념은 하나님의 초월성과 내재성을 함께 결합한다" (GC, 98).

331-333), 심지어 그 사고가 하나님과 세계 사이를 구별하는 능력을 약화시키는 "종합으로의 거리낌 없는 의지"라고 강력히 비난한다(GC, 78-79).

몰트만에게 과정신학은 삼위일체론적 전망을 결여하기 때문에 기독교 신학으로서 부적합하다. 그는 과정신학의 양극적 하나님의 본성이 결과적으로는 이위일체론(binitarianism)에 이르게 되지는 않는지, 또는 전통적인 양태론적 삼위일체론과 일맥상통하지는 않는지 의문을 제기한다(CG, 255-256). 또한 몰트만은 "화이트헤드의 견해에 따르면 실재의 과정이 어떤 시작을 가지지 않기 때문에, 이것은 또한 종말을 가져야 할 필요도 없다"(CoG, 332)라고 지적한다. 이렇게 몰트만은 과정신학의 만유재신론으로부터 자신을 명확하게 구별하고 있다.

과정신학의 만유재신론과 달리 몰트만의 만유재신론적 비전이 주로 삼위일체의 사회적 모델에 근거한다는 사실은 널리 인정받고 있다. 내재적 삼위일체와 경세적 삼위일체의 동일성을 주장하는 칼 라너의 원리를 긍정하면서도, 몰트만은 하나님과 세계의 관계가 비대칭적 성격을 지닌 상호성이라고 주장한다. "삼위일체론적" 만유재신론에서 몰트만은 "모든 것이 '하나님 안에' 있고 '하나님이 모든 것의 모든 것'이 되실 때 경세적 삼위일체는 내재적 삼위일체로 나아가며 그 안에서 초월된다"(TK, 161)라고 말한다.

그밖에도 몰트만은 성부·성자·성령의 삼위일체 역사 안에서 하나님이 자신의 고유한 공동체의 역동적 관계성 안에 참여하는 구별되는 세 인격으로 계시된다는 사실을 인식한다. 동시에 삼위일체의 상호순환적 관계성 안에서 하나님은 자신의 피조물들에 의해 영향을 받으시며 또한 그들에게 영향을 끼치신다. 더욱이 몰트만의 만유재신론적 제안에서 삼위일체의 페리코레시스는 하나님과 세계의 관계 양식이다. 그에 따르면, 새창조에서는 성령의 내주를 통해 "하나님이 세계 안에 있고 세계가 하나님 안에 있다"(TK, 105). 그리하여 세계는 "하나님의 집이 될 것이며" 따라서 "삼위일체의 집"이 될 것이다(TK, 104-105). 요약하면, 몰트만의 만유재신론적 비전은 명백히 "삼위일체적"이며 "종말론적"이다.

과정신학의 만유재신론과 비교해서 몰트만의 수정된 만유재신론은 "자원하는"(voluntary) 만유재신론이다. 그에게 창조는 하나님의 필수적 본질이나 내적 필연성이 아닌 그분의 의지의 자발적 결정에 의해 시작된다. 하나님은 영원한 본질인 사랑으로부터 자유롭게 세계를 창조하셨다. 더 나아가 "하나님 안에서는 필연성과 자유가 일치한다"(TK, 107). 즉 하나님의 자유와 필연성(necessity)은 그분의 사랑에 의해 초월된다. 몰트만의 관점에 따르면 자유는 하나님의 사랑의 필연성이며, 필연성은 하나님의 사랑의 자유다. 더욱이 그는 하나님의 의지에 의해 시작된 세계 안에 계신 하나님의 존재의 종말론적 비전이, 단지 그분의 본질이나 의지가 아니라 하나님의 판타지에 의해 완성되리라고 한다(CoG, 338). 몰트만의 자발적 만유재신론에서는 하나님의 의지와 본질이 종말에 이르러 하나가 될 것이다. 이렇게 창조에서 하나님의 자기결정에 관한 몰트만의 견해는 과정신학의 만유재신론과 고전적 유신론 이 양자로부터 명확히 구별된다는 사실을 보여준다.

무엇보다도 몰트만의 만유재신론적 진술에서 창조는 하나님의 자기제한 즉 케노시스로 간주된다. 자신의 창조적 결단으로 말미암아 하나님은 창조 이전에 세계를 위한 공간을 만들기 위해 자신을 제약하신다. 하나님은 자발적으로 세계를 위해, 심지어 이 세계의 고난을 위해, 사랑 가운데 자신을 개방하신다. 이런 자기제한 속에서 하나님은 자신 밖으로 나오시며 세계 안으로 들어오신다. 동시적으로 세계는 하나님 안에 있게 된다. 이런 종류의 자기비움의 신적 행동 즉 창조, 성육신, 성령에 의한 구속을 통해 종말에 하나님은 모든 것 안에 거하시며 모든 것은 하나님 안에 거하게 된다.

몰트만의 만유재신론적 비전은 전적으로 "종말론적"이다. 그의 반복되는 표현에서 하나님의 존재는 "모든 것 안에 있는 모든 것"이다(고전 15:28; EH, 40, 66, 83-84, 120; TH, 88, 224; CG, 264-265, 277-278; FC, 123-125; TK, 91-93; HTG, 84, 87; CoG, 110, 196; ET, 100, 316). 즉 "세계 안에 계신 하나님과 하나님 안에 있는 세계"다(TK, 105; cf. TK, 110, 122, 161; GC, 17; SL, 34-35, 42, 195, 212, 282; CoG, 335; ET, 50, 310). 몰트만에게 세계는 하나님 안에 거할 뿐 아니라 하나님도 그분의 세계 안에 거하신다. 그는 한 논문에서 "위대한 종말론적 질문은 바로 이것이다. 무엇이 종국적 목표인가? 세계가 하나님 안에 있는 것인가? 아니면 하나님이 세계 안에 있는 것인가?"라는 질문을 던진다.[20] 한스 우르스 폰 발타자르에게 핵심적인 것이 하나님 안에 있는 세계라면, 몰트만에게 최종적인 것은 세계 안에 계신 하나님이다. 더 나아가 몰트만은 "모든 것이 하나님 안에 있지는 않겠지만, 하나님은 모든 것 안에 있게 될 것이다"[21]라고 주장한다. 그의 종말론적 만유재신론에서는 "하나님의 우주적 쉐키나" 즉 하나님과 세계 사이의 상호내주와 상호침투가 두드러지게 강조되고 있다.

앞에서 언급했듯이 몰트만의 만유재신론적 비전은 "자발적"이고 "삼위일체론적"이며 "종말론적"이다. 이 세 가지 독특한 용어는 그의 만유재신론에서 밀접히 상호연결되어 있으며 불가분리적이다. 고전적 유신론을 수정하고 과정신학의 만유재신론을 교정하려는 몰트만의 시도는 그의 신학의 성격을 삼위일체론적 구조(trinitarian structure), 자발적 형태(voluntary mode), 종말론적 형식(eschatological form)으로 요약할 수 있게 한다. 이런 방식으로 만유재신론적 제안은 몰트만 신학을 이해하는 가장

20_ J. Moltmann, "The World in God or God in the World," in *God Will Be All in All*, 37.
21_ 위의 책, 40.

중요한 해석학적 열쇠를 제공한다.

『희망의 신학』이 출간된 이후 몰트만 신학에 대해 다양한 관점으로 접근하는 수많은 연구가 이루어졌다. 그러나 몰트만의 만유재신론에 대한 종합적 연구가 매우 적다는 사실은 유의할 만하다. 그의 만유재신론적 모델은 상당한 주목을 받았음에도, 고려할 가치가 있는 관련 저서나 논문은 소수다.

부마-프레디거는 『신학의 녹색화』(1995)에서 류터 및 조셉 시틀러(Joseph Sittler)와 몰트만을 비교 연구함으로써, 몰트만 신학을 만유재신론적 시각에서 탐구하고 있다. 그는 생태학적 창조론, 성령론, 사회적 삼위일체론에 초점을 맞추어 광범위한 연구를 하면서, 몰트만의 신학을 "만유재신론의 한 형태"로 규정한다.[22] 비판적 평가에서 부마-프레디거는 몰트만의 만유재신론적 비전이 하나님의 내재성을 강조하는 데 반해 하나님의 초월성을 유지하는 데는 성공적이지 못하다고 주장한다. 비록 상당한 정도로 종합적이기는 하지만, 부마-프레디거의 연구는 종말론에 관한 몰트만의 충분히 발전된 저서인 『오시는 하나님』을 포함하지 않는다는 점에서 한계가 있다고 할 수 있다.

몰트만의 만유재신론에 대한 또 다른 주목할 만한 연구는 디안-드루몽의 『몰트만 신학에 있어서의 생태학』(1995)이다. 이 책에서 디안-드루몽의 초점은 주로 몰트만의 생태학적 창조론에 맞추어져 있으므로, 여기서 그녀는 몰트만의 『창조 안에 계신 하나님』(1985)에 대해 상세한 분석과 비판을 수행한다고 할 수 있다. 그녀는 몰트만의 사회적 삼위일체론과 성령론, 그의 초기 종말론에 대해 광범위하게 다루고 있으며, 몰트만의 수

22_ S. Bouma-Prediger, *The Greening of Theology: The Ecological Models of Rosemary Radford Ruether, Joseph Sittler, and Jürgen Moltmann* (Atlanta: The American Academy of Religion, 1995), 114-118, 253-254. 286.

정된 만유재신론을 "삼위일체론적 만유재신론"으로 규정한다.[23] 그러나 그녀는 "자발적"이거나 "종말론적" 비전인 몰트만의 만유재신론 전체의 본질과 형식에 대해서는 충분한 탐구를 보여주지 못하고 있다.

몰트만 신학에 대한 가장 의미 있는 조직적 주석가 중 한 사람인 리처드 보컴은 『몰트만: 형성되고 있는 메시아적 신학』(1987)과 『위르겐 몰트만의 신학』(1995)에서 통찰력 있는 해석을 보여준다. 여기서 보컴은 몰트만의 신학이 만유재신론적 경향을 선명하게 지니고 있다고 분석한다. 보컴의 관점에 따르면 몰트만의 후기 저서에서 눈에 띄게 발전된 원리로서의 만유재신론적 해석은 전체 신학 프로젝트의 근본적 경향이 되고 있다. 보컴은 『십자가에 달리신 하나님』에 나타난 몰트만의 종말론적 만유재신론의 경향이 『성령의 능력 안에 있는 교회』와 『삼위일체와 하나님의 나라』 같은 후기 저서에 나타난 삼위일체론에서 온전하게 드러난다고 본다.[24]

더 나아가 로저 올슨과 스탠리 그렌츠는 『20세기 신학』에서 몰트만의 신학을 "종말론적·삼위일체론적" 만유재신론이라고 부른다.[25] 그들은 몰트만의 초기 신학이 "미래의 초월성"에 강조점을 둔 신학으로 분류되는 데 반해, 몰트만의 후기 만유재신론적 접근은 하나님의 내재성으로 상당히 기울어져 있다고 비판한다. 그럼에도 이들은 몰트만의 삼위일체론적·종말론적 만유재신론이 전통적 유신론과 과정신학의 만유재신론, 이 양자와는 분명히 구별됨을 인정한다.

몰트만의 만유재신론에 대한 연구 대부분은, 비록 연구 중 일부가 이를 내포하고 있다 할지라도, 그의 만유재신론을 "자발적" 만유재신론으로 명시하지 않는다. 제11장에서는 몰트만의 만유재신론적 비전을 과정신학

23_ C. Deane-Drummond, *Ecology in Jürgen Moltmann's Theology*, 100-106.
24_ R. Bauckham, *Moltmann*, 113; *The Theology of Jürgen Moltmann*, 185-186.
25_ S. Grenz and R. Olson, *20th Century Theology*, 179.

의 "존재론적"(ontological) 만유재신론과 비교해서 "자발적"(voluntary) 만유재신론이라고 명명한다. 따라서 여기서는 "삼위일체론적"이고 "종말론적인" 만유재신론과 밀접히 관련된 "자발적" 만유재신론의 형식을 주로 탐구하는 것에 근거하고 있다.

이렇게 기독교적 만유재신론은 몰트만에게 하나님과 세계의 관계성을 위한 하나의 제안으로서 기여하고 있다. 여기서는 불가피하게 여러 중요한 질문들이 제기된다. 몰트만이 이 용어를 사용할 때 만유재신론의 정확한 정의는 무엇인가? 그는 어떤 방식으로 자신을 과정신학의 만유재신론과 구별하고 있는가? 몰트만의 만유재신론적 비전에서 하나님의 초월성과 내재성은 어떻게 결합되는가? 그의 만유재신론에서는 무엇이 신학적 통일성의 원리로 봉사하고 있는가? 그의 만유재신론적 비전은 삼위일체론적 기획과 어떻게 관련되는가? 창조와 성령에 대한 몰트만의 이해는 사회적 삼위일체론과 어떤 방식으로 관계되는가? 몰트만의 "자발적"이고 "삼위일체론적"이며 "종말론적"인 만유재신론의 구체적 모습은 무엇인가? 그의 만유재신론적 해석은 성서에 계시된 하나님의 본질과 그분의 세계와의 관계성을 신실하게 해명하고 있는가? 몰트만의 만유재신론적 비전은 오늘날 유효하고 타당한가? 마찬가지로 기독교적 만유재신론은 우리의 기독교 신앙만이 아니라 현재 진행되고 있는 신학과 과학의 간학문적 대화를 위해 가능하고도 적절한 것인가? 이 모든 예비적 질문들에 대답하면서 제11장은 몰트만의 만유재신론적 비전을 다루고자 한다.

III. 몰트만의 만유재신론적 비전

몰트만 신학에서 중요한 주제 중 하나는 "'자발적"이고 "삼위일체론적"이며 "종말론적"인 만유재신론적 비전이다. 몰트만은 과정신학과 다른 형태의 만유재신론들로부터 거리를 두는 수정된 만유재신론을 제시한다. 또한 그는 신론과 삼위일체론, 창조론과 성령론 및 종말론에 대한 전통적 이해를 수정하고자 시도한다. 이런 방식으로 몰트만의 신학은 분명하게 자신의 만유재신론으로의 단계적 전환을 보여주고 있다.

몰트만의 만유재신론적 비전이 가지는 중요한 성격은 다음과 같이 요약될 수 있다. 삼위일체론적 구조, 자발적 양태, 종말론적인 형식이 바로 그것이다. 즉 몰트만의 비전은 삼위일체론적으로 근거하고 있고, 자발적 형식을 지니며, 종말론적으로 방향 지어져 있다. 그의 만유재신론의 이런 세 가지 해석학적 원리는 구별되지만 그 전체의 본질에서는 서로 얽혀 있다. 그의 여러 만유재신론적 언어와 사고들은 좀 더 상세하고 정교한 형식으로 줄곧 발전의 과정을 거쳐왔다. 몰트만은 새로운 문화 경험과 지식에 비추어 기독교 교리의 재구성과 재개념화를 통해 하나님과 세계를 일관되게 이해하고자 노력을 지속하고 있다.[26] 이는 필연적으로 몰트만의 만유재신론을 새롭고 확대된 형식으로 인도한다.

몰트만의 견해에 따르면 고전적 유신론은 그리스도 사건에 깊이 근거하고 있는 진정한 기독교적 주장, 즉 "하나님은 사랑이라"(요일 4:8)를 진술하는 데 실패했다. 하나님의 사랑의 우위성은 몰트만의 "삼위일체론적이고" "자발적"이며 "종말론적인" 만유재신론적 비전을 이해하는 데 가장 중요한 열쇠다. 넘쳐흐르는 선(goodness)의 자발적 사랑 속에서 삼위일체 하나님은 세계를 창조하고 자기를 낮추는 방식으로 그 안에 들어오신다. 자신의 창조를 위해 자기를 비우며 자기를 내어주는 사랑을 통해 하나님은 자유롭게 세계의 고난에 참여하신다. 그리스도의 십자가는 삼위일체 하

26_ D. Schweitzer, "The Consistency of Jürgen Moltmann's Theology," 205-207.

나님의 사랑과 고난의 심장을 계시하며, 부활은 고난을 기쁨으로 변화시키는 하나님의 주권적 사랑의 승리를 드러내준다. 더 나아가 창조와 구원에서 내주하시는 성령은 종말에 이르기까지 인간과 자연을 포함해서 피조물들을 자발적이고 자기를 낮추는 방식으로 소생시키고 힘을 부여하며 변화시킨다.

이런 맥락에서 자신의 창조를 향한 삼위일체 하나님의 활동의 지속적 동기 중 하나는 그분의 이타적이고 자기희생적인 사랑이다. 이는 자기 자신과 자신의 창조에 대한 하나님의 신실하심의 개념 외에 다른 무엇이 아니다(딤후 2:13). 자신의 자발적 만유재신론에서 하나님의 자유를 그분의 사랑으로 기술함으로써 몰트만은 또한 하나님의 자유를 그분의 신실하심과 일치시키고 있다. 이런 방식으로 그는 지속적으로 자기 저서들을 통해 진정한 성서적 진리인 하나님의 사랑을 주장하기를 원한다.

그러나 몰트만은 종말에 있게 될 하나님의 보편적 구원 활동을 말하는 데 그리 성공적이지 못한 것 같다. 즉 자신의 피조물을 향한 하나님의 사랑의 우위성에 대해 지나치게 강조함으로써 불가피하게 만인구원론으로 나아가는 것이다. 그러므로 그의 종말론적 만유재신론의 비전은 비록 그가 직접적으로 그것을 부인한다 할지라도, 만인구원론의 덫에 빠져들고 있는 것처럼 보인다. 이는 성서가 하나님의 사랑과 자유, 그분의 사랑과 공의, 그분의 은총과 인간의 신앙 또는 책임성을 균형 있게 강조하는 것에 미치지 못하는 그의 실패에 주로 기인한다. 바로 이런 점에서 몰트만은 성서적 유신론과 교회 전통들을 넘어서고 있다.

하나님의 본질과 그분의 세계 사이의 관계성에 관한 몰트만의 만유재신론적 비전은 비록 이것이 양자의 중요한 요소를 보전하려고 시도함에도 불구하고, 고전적 유신론과 과정신학의 유신론과는 다르다. 그는 양자 사이의 중도를 걷는 것처럼 보인다. 그러나 이 중도는 어느 정도까지 견고한 것인가? 고전적 유신론을 계승해서 몰트만의 만유재신론적 비전은 확실히 세계에 대한 그분의 본질적 구별을 보존하고 있다. 과정신학의 만유재신론과는 달리 그는 무로부터의 창조와 창조의 우연성 및 종말론적 완성의 주장을 긍정함으로써 하나님과 세계의 존재론적 구별을 분명하게 말하고 있다. 동시에 몰트만의 사회적 삼위일체론에서는 하나님의 무감동성, 내재적 삼위일체와 경세적 삼위일체 사이의 엄격한 구분, 고대와 근대의 형이상학에 힘입은 일신론적이거나 양태론적 삼위일체라는 고전적 주장들이 제거된다고 말하는 것은 옳다. 오히려 그는 하나님의 고난가능성, 구원 역사에서의 삼위일체적 과정, 삼위일체적 페리코레시스 사고들을 제안하고 있다.

몰트만의 삼위일체론적 만유재신론적 제안에서 하나님은 무감동적이지 않고 오히려 고난당하실 수 있다. 그분은 자신의 열정적 사랑에 의해 세계를 경험하고 그것과 함께 고난을 겪으신다. 십자가 사건에서 몰트만은 사랑이신 하나님의 고난가능성을 발견했다(요일 4:7). 이는 하나님의 삼위일체적 고난을 규정한다. 하나님의 고난가능성에 근거해서 몰트만은 불변성과 전능성과 완전성 같은 하나님의 전통적 속성들을 고쳐 쓰고자 시도한다. 그러나 주목할 것은 그가 이런 주장들의 상대적 가치를 긍정함으로써 그것들을 전적으로 철회하는 것이 아니라 수정하기를 원한다는 사실이다. 그러므로 몰트만은 하나님의 불변성 대신에 그분의 신실하심 개념을 사용하자고 제안한다. 또한 그는 하나님의 전능성을 자발적이고 자기를 낮추는 방식으로서 하나님의 고난당하는 사랑 또는 희생적인 사랑으로 해석한다. 이런 의미에서 하나님의 전능한 능력은 그분의 전능한 고난당하는 사랑이다. 더욱이 몰트만은 하나님의 완전성을, 피조물에 의해 증대되고 영화롭게 됨을 통해 피조물과의 교제와 연합에 대해 개방된 넘쳐흐르는 하나님의 사랑으로 파악한다.

하나님의 존재에 대한 몰트만의 만유재신론적 접근은 삼위일체 인격들의 상호교대적 관계성 안에 뿌리를 두고 있다. 실제로 그는 역사 안에서 이루어지는 삼위일체 인격들의 상호교대적 관계성을 말하는 데 있어 성서적 내러티브에 참되게 남아 있기를 원한다. 즉 하나님의 존재는 역사적이다. 그러므로 자신의 세계와의 역사 속에서 하나님 안에 있는 역사적 되어감(becoming)을 말하는 것이 가능하다. 이런 개방적·역사적 삼위일체는 종말론적 만유재신론을 지향한다. 무엇보다도 몰트만의 만유재신론적 비전에서 핵심은 내재적 삼위일체와 경세적 삼위일체의 관계성이다. 몰트만은 신중하게 양자의 통일성과 구분을 동시에 강조한다. 그는 송영적 삼위일체와 관련해 종말론적 차원에서 내재적 삼위일체와 경세적 삼위일체 사이의 통일성을 말한다. 따라서 하나님과 세계의 관계성은 비록 비대칭적이지만 상호적인 것이다.

몰트만의 삼위일체론적 만유재신론에서 하나님의 존재는 인격적·관계적·사회적·공동체적이다. 그의 사회적 삼위일체론은 영원한 자기충족적 사랑(self-sufficient love)의 공동체라는 사고에 근거하고 있다. 더 나아가 그는 세계를 위한 하나님의 자발적 사랑, 즉 그분의 창조적이며 고난당하는 사랑을 강조한다. 그는 하나님의 사랑의 우위성을 강조하기 위해 하나님 안에 있는 고난과 사랑을 함께 재정의한다. 몰트만의 삼위일체론적 만유재신론에서는 페리코레시스 개념이 세 신적 인격 사이의 교제의 통일성을 설명하는 데 중심적이다. 상호순환적 사랑을 통해 하나님의 세 인격은 서로와 함께, 서로를 위해, 서로 안에서 친밀하게 실존하므로 그들은 그들 자신의 고유하고 통합적인 통일성 안에서 스스로를 형성한다.

그러나 하나님의 통일성은 형이상학적 실체나 절대적 주체의 단일적 통일성이 아니라 삼위일체 하나님의 공동체다. 이것은 인격들의 우위성 또는 열등성이 아닌 동등성과 상호성으로서의 신적 삶에 대한 새로운 그림으로 인도한다. 요약하면, 페리코레시스 개념에서 사회적 삼위일체의 관계성에 대한 몰트만의 이해는 우리로 하여금 하나님의 삶에 대한 역동적 관계성과 공동체적 상호성을 파악하도록 해준다.

자신의 사회적 삼위일체론 구조에 바탕을 둔 몰트만의 만유재신론에서 삼위일체의 상호순환적 통일성은 하나님과 세계의 관계성의 양식을 형성한다. 하나님의 상호순환적 사랑, 즉 구별성을 가지는 상호내주와 상호침투는 창조론을 위한 만유재신론적 토대다. 몰트만의 만유재신론적 비전에서 하나님과 세계의 관계성은 존재론적으로 비대칭적 성격을 가진 상호성으로 이해되어야 한다. 하나님은 존재론적으로 세계에 의존하지 않지만 세계는 필수적으로 하나님께 의존한다. 몰트만에게 하나님은 세계에 관여하지만 그럼에도 세계보다 크신 분이다.

하나님과 세계의 관계성에 대한 몰트만의 견해는 십자가 신학과 성령론에 주로 바탕을 두고 있다. 몰트만에 의하면, 하나님은 세계에 영향을 끼치는 동시에 하나님에 의해 영향 받는 세계와 함께 역사를 "경험하신다." 십자가에 달리신 하나님이 고난당하는 세계에 대해 가지시는 연대는 역사와 피조물을 삼위일체 하나님의 삶 속으로 취한다. 성령 안에서 그리고 성령을 통해, 세계는 하나님을 경험하고 하나님은 세계를 경험한다. 이런 방식으로 세계에 대한 하나님의 관계는 삼위일체 하나님의 삶에 대해 내적이다. 삼위일체 하나님은 각각의 인격이 상호적 영향에 의해 형성되는 정도만큼 매우 친밀하게 세계에 관여한다.

그러나 이런 관여는 하나님의 본질적 필연성이 아닌 그분의 자발적 사랑에 뿌리박고 있다. 과정신학의 만유재신론에 반대해 몰트만은 하나님과 세계의 과정을 동일시하는 어떤 사고도 거부한다. 그는 하나님의 세계 경험과 세계의 하나님 경험을 사려 깊게 구별한다. 하나님과 세계 사이의 상호적 증대와 상호영향을 긍정함에도 불구하고, 몰트만은 이 둘 사이의 상이한 방식과 방법을 강조하고 있다. 따라서 그는 범신론적 경향의 덫에 빠져드는 것을 피하고자 노력한다.

몰트만의 만유재신론적 비전에는 고전적 유신론과 과정신학의 만유재신론과 관련해 어떤 연속성과 비연속성의 요소가 들어 있는가? 그의 만유재신론적 비전에서 세계에 대한 하나님의 열정적 관여는 그분의 넘쳐흐르는 사랑의 표현이다. 여기서 고려할 점은, 몰트만에게 하나님 안에 있는 "필연성"과 "자유"는 모순되지 않으며 오히려 하나님 자신의 본질 즉 그분의 사랑에 의해 초월된다는 점이다. 결과적으로 창조는 하나님의 자유로운 행동이지만 어떤 의미에서는 하나님께 필연적 사건이라는 점이 중요하다. 몰트만은 종말에 있게 될 하나님의 의지와 본질의 통일성을 주장한다. 더 나아가 세계 안에 있는 하나님의 존재에 대한 종말론적 비전은 그분의 의지나 본질만이 아니라 그분의 판타지에 의해 완성될 것이다. 여기서 몰트만은 하나님의 판타지 개념을 제시함으로써 그분의 본질과 의지 사이의 전통적 딜레마를 초월하고 있다.

몰트만의 자발적 만유재신론에서 삼위일체 하나님은 창조 이전에 자유와 사랑으로 말미암아 세계를 창조하기로 결단하셨다. 바로 이것이 하나님의 자기제한의 행동이다. 자발적이고 자기를 낮추는 행동을 통해 하나님은 세계에게 시간과 공간 및 자유를 주신다. 그 결과 세계는 하나님 안에 있고 하나님은 세계 안에 거하신다. 몰트만은 성서적 내러티브에서 하나님의 내주하시는 집으로서의 생태학적 창조 개념을 창의적으로 탐구하며, 유대교의 안식일과 쉐키나의 주장을 연구한다. 이는 불가피하게 몰트만으로 하여금 카발라신학의 침춤의 사고로 인해 그의 자원하는 만유재신론으로 나아가도록 한다. 몰트만에 따르면, 하나님은 자기제약과 자기제한 속에서 세계가 실존하도록 자신 안에 자유롭게 공간을 만드신다. 구원에서는 하나님의 성령에 의해 그 공간이 다시 점유됨으로써 창조는 마침내 영원한 안식일 속에서 변형되고 그분 안에 참여하게 될 것이다.

몰트만의 자원하는 만유재신론에서 중요한 점은, 신론을 수정하고자 하는 그의 시도가 필연적으로 시간성과 공간성에 대한 전통적 이해를 재정의하도록 그를 인도했다는 것이다. 몰트만은 고전적 유신론이 주장하는 하나님의 불변성과 영원성에 대한 견해를 거부한다. 그는 역사와 시간성을 하나님 안으로 가져오려고 노력한다. 즉 하나님의 존재는 역사적이며 시간적이다. 또한 고전적 유신론과는 달리 몰트만은 하나님의 공간성을 말한다. 자발적이며 자기를 낮추는 행동을 통해 하나님은 자신의 공간을 제한하신다. 그러므로 하나님의 편재의 "양도된 공간" 속에서 세계가 실존한다. 그러나 몰트만의 관점으로는 하나님의 공간성은 범신론이 아닌 만유재신론적 방식으로 주장되어야 한다.

몰트만의 자원하는 만유재신론적 비전에서 하나님의 자신을 낮추는 선행적 자기제한은 자신의 창조를 위해 공간을 만드는 그분의 행동과, 성육신과 십자가와 부활에서의 그리스도의 자기겸비의 행동, 그리고 구원과 새 창조에서 성령의 자신을 낮추는 내주하심을 포함하는 일련의 신적 자기제한으로 인도한다. 하나님의 자발적인 자기 낮추심이라는 사고의 틀 속에서 몰트만은 신중하게 창조에서의 우주적 성령과 구원에서의 내주하는 성령을 강조함으로써 세계에 대한 하나님의 관계성에 관한 자신의 비전을 진술하고 있다. 더 나아가 우주적 성령과 세계의 상호적 페리코레시스의 사고가 반복된다는 사실이 흥미롭다. 몰트만의 생태학적·성령론적 창조론에서 하나님과 세계의 구분과 성령 안에서 그들의 상호적 페리코레시스는 그분의 내재성과 초월성을 함께 강조한다.

몰트만의 만유재신론에서는 종말론의 우주적 측면이 매우 강조된다. 이는 주로 그리스도의 십자가와 부활이 종말론적 사건이라는 몰트만의 주장에 근거한다. 부활하신 그리스도는 몰트만의 우주적 종말론의 인식론적 기초다. 인간과 자연 및 우주를 포함하는 만물의 화해자로서의 그리스도는 그의 종말론적 만유재신론을 위한 토대다. 하나님의 종말론적 역사에서 우주적 그리스도는 자신을 통해 만물의 화해를 가져오심으로써 구원의 우주적 의미를 지닌다. 더 나아가 우주적 종말론에서 그리스도는 전적 새로움인 데 반해, 성령은 하나님의 생명 안으로 모든 피조물의 직접적 참여를 통해 세계의 변화를 가져오신다. 여기서 몰트만에 따르면 누구도 잃어버려지지 않고 다시 회복될 것이며 하나님의 영원한 나라로 모일 것이다. 이는 만물의 회복을 의미하며 결과적으로 만인구원론이 주장된다.

몰트만의 종말론적 비전에서 하나님과 세계 또는 하나님의 초월성과 내재성의 관계는 무엇인가? 이는 역사 또는 시간성과 영원성의 관계와 유사하다. 이 모든 주제는 하나님의 본질과 세계 안에서의 그분의 활동에 관해서다. 몰트만에게 하나님은 시간 안으로 들어오시며 그것에 속하게 된다. 그러나 하나님은 죄수처럼 시간 안에 갇히지 않으신다. 오히려 그분은 시간 안에 내재하지만 시간을 초월한다. 몰트만은 영원이란 무시간성이 아니며 오히려 "영원한 시간"이라고 주장한다. 하나님의 영원성은 그분의 시간성을 배제하지 않기 때문에 몰트만은 하나님의 시간적 영원성을 말하고 있다.

몰트만의 종말론적 만유재신론은 영광의 나라에서의 만물의 종말론적 사건의 완성을 강조한다는 점에서 자기 입장을 과정신학의 만유재신론과 분명하게 구별한다. 게다가 자신의 창조 안에서의 하나님의 쉼이라는 몰트만의 안식일 개념은 창조에 대한 현금의 논의에 흥미로운 통찰력을 제공해준다. 몰트만에게 안식일은 창조의 왕관인 동시에 종말에 있게 될 만물의 궁극적 조화의 예기로서 이해되어야 한다. 종말론적 창조의 안식일에서 하나님의 창조와 그분의 계시는 참으로 하나가 될 것이다. 동시적으로 하나님은 전체 세계 안에 거하실 것이며 전체 세계는 "그분의 영광의 계시이며 거울"이 될 것이다(GC, 288).

몰트만의 삼위일체론적·종말론적 만유재신론에 따르면, 새 창조에서 세계의 변화는 세계가 하나님의 "집"이 되리라는 것을 의미한다. 성령을 통해 "세계가 하나님 자신의 집을 의미하는 그분의 세계 속으로 변형되고 변화될 것이다"(TK, 104). 이는 새로운 세계 안에서의 하나님의 내주에 대한 종말론적 비전이다. 그러므로 새 창조에서는 하나님으로부터 창조의 분리가 없을 것이며 오히려 만물의 변화가 있을 것이다. 몰트만의 종말론적 만유재신론에서 새 창조는 하나님이 "모든 것 가운데 모든 것"이 되는 것이다(고전 15:28). 세계는 하나님의 현존에 의해 그분의 창조적 활동에 대한 피조물의 참여를 통해 변화되고 변형될 것이다. 몰트만의 만유재신론적 비전의 핵심 개념은 "하나님의 우주적 쉐키나" 즉 하나님과 세계 사이의 상호내주다. "하나님은 세계 안에 계시며 세계가 하나님 안에 있다"(GC, 17; SL, 34, 195, 282). 마침내 하나님과 하나님의 창조에 의한 영화와 그분의 충만 및 영원한 기쁨의 축제는 새 하늘과 새 땅에서 완성될 것이다.

IV. 미래의 성찰을 위한 자료로서 몰트만의 만유재신론적 비전

기독교적 만유재신론에 관한 현금의 논의에 대한 몰트만의 공헌은 현저하며 그 영향력이 지대하다. 실제로 몰트만은 고전적 유신론과 과정신학의 만유재신론 사이의 중도를 택하고 있다. 과정신학의 존재론적 만유재신론과 비교해서 그의 만유재신론적 비전은 "삼위일체론적"이고 "자발적"이며 "종말론적"이라고 특징지을 수 있다.

성서와 기독교 전통에 비추어 고전적 유신론을 수정하고 과정신학의 만유재신론을 교정하려는 몰트만의 시도는 강점과 약점을 함께 가지고 있다. 몰트만의 만유재신론적 비전의 강점은 세계에 대한 하나님의 초월성을 긍정하면서도 하나님과 세계의 친밀한 상호작용에 관해 이해한다는 점이다. 『희망의 신학』에서 하나님의 미래적 오심과 역사 안에서의 초월성이 강조되었다면, 몰트만은 점차로 종말론적 범주들 안에서 하나님의 내재적 현존의 사고로 움직여갔다.

테드 페터스에 따르면, 현대의 신학자들은 성서의 하나님에 대해 좀 더 신실한 진술 방식으로 돌아갈 필요가 있다는 사실에 광범위하게 동의하고 있다.[27] 실제로 신적 초월성을 지나치게 강조하는 고전적 유신론을 포함해서 하나님에 관한 모든 기독교적 진술은 그분이 세계 안에 들어오시며 그 안에 거하신다는 사실을 긍정한다. 『20세기 신학』의 서문에서 그렌츠와 올슨은 "기껏해야 기독교 신학은 언제나 하나님의 초월성과 내재성이라는 쌍둥이 성경적 진리들 사이에서 균형을 추구해왔다"[28]라고 정확히 지적한다. 이런 분위기에서 다음과 같은 기독교적 만유재신론의 중요한 질문이 제기된다. "하나님과 세계는 얼마나 가깝게 그리고 어떤 방식으로 함께 결합될 수 있는가?" 즉 핵심 주제는 하나님의 초월성과 내재성에 관해 좀 더 타당한 방식으로 균형을 잡는 것이다.

몰트만에게 하나님과 세계 사이에는 존재론적 차이가 있다. 그는 하나님과 세계의 질적 차이 또는 본질적 구별을 보전해야 할 필요성을 반복해서 주장하고 있다. 그의 만유재신론적 제안에서는 세계가 신성화되지 않으며 세계에 대한 신적 초월성이 여전히 유지된다. 결과적으로 하나님은

27_ T. Peters, *God-The World's Future: Systematic Theology for a New Era*, 2nd ed. (Minneapolis: Fortress Press, 2000), 201.

28_ S. Grenz and R. Olson, *20th Century Theology*, 11.

세계 안에 내재하지만 세계로부터 구별된다. 요약하면, 몰트만의 특별한 관심은 신적 초월성과 내재성을 함께 결합하는 것이다.

그럼에도 몰트만의 만유재신론적 언어와 사고에는 여전히 명료성과 엄격성이 요청되고 있다. 비록 그의 만유재신론적 개념 중 일부가 좀 더 상세하고 정교한 형태로 변화되고 발전해왔음을 인정한다 할지라도, 몇몇 사고는 여전히 모호하게 정의되거나 구체적으로 설명되지 않는다고 보는 것이 공정한 평가다. 즉 몰트만의 만유재신론적 비전에는 해결되지 않은 긴장이 남아 있다. 어떤 측면에서 그의 입장은 모호하기까지 하다. 이는 몰트만의 신학 방법 또는 스타일의 대화적이며 잠정적인 성격과 "개념적 느슨함"과 "논리적 엄격성"의 결여에 기인하는 것 같다.

이런 단점에도 불구하고 몰트만의 만유재신론의 제안은 기독교적 만유재신론에 대한 미래의 성찰을 위해 몇 가지 가치 있는 자료를 제공하고 있다.

첫째, 몰트만의 만유재신론적 제안은 이신론(Deism)과 범신론 및 무신론의 부적절성을 보여준다. 하나님의 자발적 고난, 삼위일체 하나님의 인격적·관계적 존재, 하나님과 세계의 관계성이 가지는 비대칭적 상호성과 같은 몰트만의 주장은 그의 삼위일체론적 만유재신론을 특징짓고 있다. 과정신학 같은 비삼위일체적 만유재신론에 반대해, 몰트만의 만유재신론의 본질 속에서는 하나님의 초월성이 부인되지 않는다. 몰트만의 삼위일체론적 만유재신론은 하나님을 세계로부터 분리하지 않으면서도, 하나님과 세계 사이의 구분을 말하는 데 중요한 통찰력과 틀을 제공하며 범신론적으로 용해되지 않는 세계 안에서의 성령의 내주를 허용한다.[29] 이런 맥락에서 클레이톤에 의하면, 삼위일체 하나님의 개념은 하나님과 세계의

29_ C. Deane-Drummond, *Ecology in Jürgen Moltmann's Theology*, 124.

관계를 이해하는 필수적 자원을 지니므로 기독교적 만유재신론을 위해 적합하며 필수불가결하다.

최근에 이르러 세계 안에서의 하나님의 행동이라는 주제를 특별히 강조하는, 과학과 신학의 상호작용에 대한 여러 접근이 이루어졌다. 심지어 어떤 과학자들은 하나님이 인격적이며 세계에 대해 관계적이라는 사실을 인식하고 있다. 여러 과학 신학자들에 의해 방어된, 세계 안에서의 하나님의 행동에 대한 만유재신론적 이론은 이신론과 무신론 및 범신론의 부적절성을 명백하게 보여준다. 이런 맥락에서 클레이톤은 하나님과 세계의 관계성에 대한 만유재신론적 진술이 신적 행위(agency)에 대한 이론을 위해 최상의 틀을 제공한다고 주장한다.[30] 클레이톤에 의하면, 만유재신론은 오늘날 어떤 "유행하는 선택들"보다도 하나님의 존재와 세계와의 관계성을 이해하는 데 있어 현대의 철학적 문제를 더 잘 해결할 수 있다.

둘째, 몰트만의 만유재신론적 비전은 고전적 유신론의 비일관성(inconsistency)을 보여준다. 대부분의 기독교적 만유재신론자들의 견해에 따르면 전능성이나 영원성, 불변성이나 고난불가능성 같은 하나님에 대한 전통적 견해는 그리스 철학의 영향을 강력히 받았다. 아우구스티누스, 아퀴나스(T. Aquinas), 안셀무스로부터 종교개혁자들과 그 후계자들에 이르기까지, 교회 전통과 연계되어 있는 고전적 유신론은 하나님의 초월성을 지나치게 강조했다. 따라서 대부분의 비과정신학적 페미니스트 만유재신론자들은 하나님의 전통적 속성들을 강력하게 반대해왔다.

몰트만의 만유재신론적 비전은 하나님의 고난불가능성과 무시간성 및 내재성과 초월성의 관계와 같은 그리스철학의 전제들에 대해 질문한다. 그러나 주목할 점은 그의 시도가 그 전제들을 전적으로 거부하는 것

30_ P. Clayton, *God and Contemporary Science* (Grand Rapids, MI: Wm. B. Eerdmans, 1997), 259.

이 아니라 재정의하는 것이라는 사실이다. 하나님의 고난가능성과 관련해서 몰트만은 고전적 유신론의 하나님의 본질과 활동을 재구성한다. 하나님의 사랑의 우위성, 즉 그분의 창조적 사랑과 고난당하는 사랑은 몰트만의 만유재신론에서 강하게 긍정된다. 과학 신학자인 폴킹혼은 십자가에 나타난 하나님의 고난에 대한 몰트만의 사고에 깊이 영향 받았다. 또한 피콕은 하나님의 본질로서의 고난당하는 사랑을 언급하고 있다. 따라서 고전적 유신론에 대한 최근의 비판은 광범위하고도 대중적인 것이 되었다.

그러나 폴킹혼은, 만유재신론자든지 아니든지 수많은 현대신학자가 하나님의 초월성과 고난불가능성에 관한 고전적 유신론의 불균형한 강조를 교정할 필요에 대한 인식을 공유하고 있다고 말한다. 현대신학자들은 세계에 대한 하나님의 내재성과 창조에 대한 그분의 고난가능성을 다시 주장하는 일에 참여하고 있다. 그러나 폴킹혼은 하나님과 세계를 동일시하는 범신론적 경향을 포함하지 않도록 우리에게 경고한다.[31]

셋째, 몰트만은 사회적 삼위일체론의 구조 안에서 십자가에서 결정적으로 계시된 고난과 사랑의 주제를 위해 기여했다. 더욱이 그는 자기를 비우는 창조(kenotic creation)의 신학의 위대한 주창자다. 그의 관점에 따르면 하나님은 피조 세계에게 실존과 발전의 자유를 허락하심으로써 자신을 제약한다. 몰트만의 자발적 만유재신론에서, 이런 자기 낮추심의 사고는 고전적 유신론과 과정신학의 만유재신론과는 달리 여러 이점을 보존하고 있다. 그의 자발적 만유재신론은 유대교의 카발라신학의 침춤 개념과 관련해 하나님과 세계 사이의 차이를 보전한다. 하나님은 자신 안으로 물러서며 그 결과 세계를 위해 공간과 시간을 허락하신다. 동시적으로

31_J. Polkinghorne, *Faith, Science and Understanding*, 91.

세계는 하나님 안에 있고 하나님은 성령을 통해 세계 안에 거하신다.

케노시스에 관한 논의는 20세기 후반 이후 신학 사상에서 가장 중요한 진보 중 하나다. 여러 현대신학자와 과학자들이 이런 간학문적 논의에 참여하고 있다. 그들 중에서도 몰트만은 창조와 성령의 케노시스적 견해를 주로 발전시키고 있다. 그는 창조를 하나님의 자발적 자기제한의 사랑하는 행동으로 본다. 그에 따르면 케노시스 개념은 유한한 피조물을 위한 공간을 만들기 위해 하나님이 자신의 신적 무한성을 자발적으로 제한하심을 뜻한다. 자발적 자기비움의 신적 행동으로서의 이런 하나님의 창조사역에 대한 주장은 고전적 유신론에서 전능성이나 주권성 같은 하나님의 속성에 관한 견해에 도전한다. 또한 이 주장은 세계 안에서의 악과 고난의 당혹스런 질문에 대해 좀 더 만족스러운 응답을 제공한다.

넷째, 몰트만의 만유재신론은 하나님의 내재적 현존을 상당히 강조하고 있다. 고전적 유신론과 달리, 몰트만은 시간성과 공간성을 하나님 안으로 가져온다. 이런 방식으로 그는 현대신학적 논의들을 위해 하나님의 시간성과 공간성의 주장을 제안한다. 과정신학의 만유재신론과는 달리 몰트만은 무로부터의 창조를 긍정하면서도, 고전적 유신론에 반대해 계속적 창조를 강조하고 있다. 그는 창조를 과학적 지식과 밀접하게 관련시켜 개방적 체계로 말하고 있다. 물질과 생명의 카오스 이론, 복잡화 이론, 진화 이론과 우주의 비결정적 의사소통 체계가 바로 그런 예다. 더 나아가 몰트만은 하나님의 시간성과 영원성을 동시적인 것으로 파악한다. 따라서 그는 하나님의 시간적 영원성과 관련해 세계 안에서의 하나님의 내재적 초월성을 기술하고 있다. 하나님의 공간성 주제에 대해 몰트만은 유대교의 침춤과 쉐키나의 개념 및 기독교적 페리코레시스 개념을 차용해서 하나님의 상호순환적 공간 개념을 제안한다. 비록 한계를 지님에도 불구하고 몰트만은 공간적 범주들 속에서 세계 안에 계신 하나님의 내재적 현존을 진술하는 일에 참여하고 있다. 이는 몰트만을 현대의 과학 신학자들과의 대화로 인도한다.

마지막으로 몰트만의 만유재신론은 하나님과 세계의 보다 밀접한 관계에 초점을 맞추고 있다. 몰트만의 만유재신론적 제안의 가장 중요한 공헌 중 하나는 그가 하나님의 내재성과 초월성을 둘 다 보전하고자 지속적으로 노력해왔다는 데 있다. 그의 종말론적 만유재신론적 비전에서 핵심적인 해석학적 열쇠는 십자가와 부활, 역사와 미래, 삼위일체와 하나님나라 등이다. 그는 자신의 만유재신론을 설명하기 위해 유대교의 침춤과 안식일 및 쉐키나 개념들을 발전시킴으로써 특별히 중요한 언어와 통찰력 있는 사고를 사용하고 있다.

몰트만에게 하나님은 세계를 초월하면서도 세계 안에 내재하신다. 그의 만유재신론의 핵심은 하나님의 상호순환적 사랑에 근거한 하나님과 세계의 관계성이 가진 친밀하고도 상호적인 성격에 대한 강조다. 그러나 그의 종말론적 비전에서 하나님과 세계 사이의 존재론적 구별은 용해되지 않는다. 피조물이 종말에 하나님의 영광과 창조적 생명에 직접적으로 참여하게 된다고 할지라도, 하나님은 자신의 피조물에 의해 여전히 예배받으시고, 그분의 피조물은 하나님의 영원한 현존에 참여하게 되리라는 사실은 확증되어야 한다. 이런 방식으로 몰트만은 자신의 종말론적 만유재신론을 제안한다.

요약하면, 하나님의 내재성과 초월성 사이의 딜레마를 극복하고자 지속적으로 노력해온 학자가 바로 몰트만이다. 또한 그는 현금의 신학적 분위기 속에서 하나님에 대한 진술을 위한 적절한 모델을 제공하고자 시도한다. 고전적 유신론과 과정신학의 만유재신론을 넘어섬으로써 몰트만의 "자발적"이고 "삼위일체론적"이며 "종말론적"인 만유재신론은 하나님의 존재와 그분의 세계와의 관계성에 관한 종합적 이해에 적잖은 통찰력을 던져준다. 비록 그의 만유재신론적 비전 안에 있는 여러 불분명한 점과 내적 긴장은 좀 더 개선되어야 할 필요가 있지만, 그의 신학적 접근은 기독교적 만유재신론에 대한 현금의 논의에 유익한 공헌을 하고 있음이 틀림없다.

제12장

한국에서 몰트만의 수용과 이해

Jürgen Moltmann

몰트만은 60여 년에 걸친 자신의 신학 작업을 통해 조국 독일뿐 아니라 유럽 및 영미권, 더 나아가 아시아와 아프리카 등 제3세계 교회와 신학에 귀중한 통찰력을 제공했으며 신학의 방향을 선도적으로 제시해오고 있다. 또한 전 지구적 상황을 반영하는 신학 작업을 통해 시대를 꿰뚫어보고 그 대안을 진지하게 모색함으로써 한국교회와 신학계에 10년 내지 15년 앞선 혜안을 열어주는 선구적 역할을 감당하고 있다.

제12장에서는 몰트만이 한국에서 어떻게 수용되고 이해되어왔는지를 분석하고 평가할 것이다. 먼저 한국에서 이루어진 몰트만에 관한 소개와 연구를 역사적으로 고찰하고, 몰트만과 한국교회 및 신학과의 교류와 대화의 내용과 방식을 분석한 후, 최근까지 몰트만 신학 사상이 한국신학자들과 한국신학 형성에 어떻게 수용되고 이해되었는지를 구체적으로 살펴볼 것이다. 결론에서는 몰트만이 한국교회와 한국신학에 미친 영향을 평가하고 미래 방향성을 전망하고자 한다.

I. 몰트만과 한국교회 및 한국신학

몰트만은 『희망의 신학』(1964)이 출간된 이래 세계신학계의 주목을 받기 시작했으며 한국에서도 곧바로 그의 사상이 활발하게 소개되기 시작했다. 몰트만은 1960-1970년대에 한국신학대학교(현 한신대학교, 기독교장로회)와 민중신학자들에 의해 소개되었으며, 그의 신학은 1980년대 이후

연세대학교와 장로회신학대학교(대한예수교장로회 통합), 감리교신학대학교(기독교대한감리회), 서울신학대학교(기독교대한성결교회) 등 주요 교단 신학교에서 비중 있게 다루어지고 있다. 최근에 와서 몰트만의 신학은 초교파적으로 광범위하게 소개되고 있으며, 그의 신학에 대한 연구도 점차 심화·확대되고 있다.

1. 몰트만에 대한 소개 및 몰트만 저서 번역 작업

몰트만의 저서는 총 31권이 한국어로 번역되었다.[1] 때로는 여러 외국어로 옮겨진 번역서들 중 한국어 책이 최초의 책이 되기도 하고, 영역본과 동시에 출간되거나 영역본보다 1년 정도 늦게 출간된 경우도 있었다.[2] 또한 독일어 원본에서 직접 번역된 저서들은 영역본에 비해 용어와 논리가 좀 더 명확히 이해되고 표현된 장점을 가지는 경우도 있다. 몰트만 신학

1_ 최근에 출간된 번역서는 다음과 같다. 위르겐 몰트만, 『하나님의 이름은 정의이다』, 곽혜원 역 (21세기 교회와 신학포럼, 2011); 위르겐 몰트만, 『희망의 윤리』, 곽혜원 역 (대한기독교서회, 2012).

2_ J. Moltmann, *Trinität und Reich Gottes: Zur Gottelehre* (München: Chr. Kaiser Verlag, 1980); *The Trinity and the Kingdom*, trans. Margaret Kohl (London: SCM Press, 1981); 『삼위일체와 하나님의 나라』, 김균진 역 (대한기독교서회, 1982); *Der Weg Jesus Christ* (München: Chr. Kaiser Verlag, 1989): *The Way of Jesus Christ*, trans. Margaret Kohl (London: SCM Press, 1990); 『예수 그리스도의 길』, 김균진·김명용 역 (대한기독교서회, 1990); *Der Geist des Lebens: Eine ganzheitliche Pneumatologie* (München: Chr. Kaiser Verlag, 1991); *The Spirit of Life*, trans. Margaret Kohl (London: SCM Press, 1992); 『생명의 영: 총체적 성령론』, 김균진 역 (대한기독교서회, 1992); *Das Kommen Gottes: Christliche Eschatologie* (München: Chr. Kaiser Verlag, 1995); *The Coming of God: Christian Eschatology*, trans. Margaret Kohl (London: SCM Press, 1996); 『오시는 하나님』, 김균진 역 (대한기독교서회, 1997); *Erfahrung theologischen Denkens: Wege und Formen christlier Theologie* (München: Chr. Kaiser Verlag, 1999); *Experiences in Theology: Ways and Forms of Christian Theology*, trans. Margaret Kohl (Minneapolis: Fortress Press, 2000); 『신학의 방법과 형식』, 김균진 역 (대한기독교서회, 2001).

이 한국에서 수용되고 이해되는 과정에서 가장 결정적 요인은 무엇보다도 이런 신속하고 정확한 번역 작업이다. 대표적 번역가로는 전경연(7권), 김균진(10권), 이신건(5권), 곽혜원(4권) 등이 있는데, 특히 몰트만 제자들의 완성도 높은 번역은 그의 신학을 대중화하는 데 크게 공헌했다. 따라서 현금의 어느 세계신학자보다도 몰트만은 한국의 목회자와 신학자들이 가장 접하기 쉬운 조건과 환경에 놓여 있다고 할 수 있다.

한국의 주요 신학 잡지인 「기독교사상」과 「신학 사상」은 초창기부터 몰트만의 논문들을 번역해 실어왔으며, 몰트만에 관한 다수의 연구 논문 및 몰트만과의 대담을 실음으로써 그의 신학을 한국교회와 신학계에 소개하는 데 크게 기여했다.[3] 한국에서 가장 먼저 몰트만 신학에 주목하고 몰트만을 소개한 학자로는 기독교장로회 소속인 박봉랑, 전경연, 김균진 등이 있다. 이들은 주로 칼 바르트를 중심으로 하는 신정통주의 신학을 선호해서 이를 한국에 소개하고 발전시킨 학자로서, 한국신학이 세계신학의 흐름에 참여하는 발판을 마련했다고 평가받는다.[4] 1973년 전경연과 박봉랑에 의해 몰트만의 『희망의 신학』이 번역·출간됨으로써 몰트만 신학에 대한 본격적 소개와 대중화가 가능하게 되었다.

이후 한국에서 몰트만을 소개하고 그의 신학을 수용하는 움직임은 주

3_ 1973년 이래 「기독교사상」에 40편, 「신학 사상」에 8편이 수록되어 있다.

4_ 전경연과 박봉랑은 1964년부터 1990년까지 복음주의 총서 33권을 발간함으로써 세계신학을 한국교회와 신학계에 전문적으로 소개하는 중요한 역할을 담당했는데, 여기서 다음과 같은 몰트만의 저서를 번역했다. 위르겐 몰트만, 『본훼퍼의 사회윤리』 복음주의 총서 제6권, 전경연 편역 (향린사, 1969); 『신학의 미래』(I, II) 복음주의 총서 제7·8권, 전경연·김균진 역 (향린사, 1970, 1971); 『인간: 현대의 갈등 속에 있는 기독교 인간학』 복음주의 총서 제10권, 전경연·김고광 역 (종로서적, 1973); 『정치신학』 복음주의 총서 제12권, 전경연 편역 (종로서적, 1974); 『희망의 실험과 정치』 복음주의 총서 제13권, 전경연 역 (종로서적, 1974); 『하나님 체험』 복음주의 총서 제26권, 전경연 역 (대한기독교서회, 1982); 『약한 자의 능력』, 전경연 역 (종로서적, 1986); 『성령의 능력 안에 있는 교회: 메시아적 교회론』, 박봉랑 외 4인 역 (한국신학연구소, 1982).

로 몰트만의 제자들에 의해 이루어졌다. 몰트만에게 박사학위 논문을 지도받은 한국인 학자는 9명으로, 현재 이들은 한국의 유수한 신학대학교와 교회에서 중추적 역할을 하고 있다.[5] 이들은 몰트만의 저서들을 번역함으로써 한국교회와 신학계에 그의 신학을 소개하는 일에 앞장섰다. 무엇보다 이들의 신학 사상 속에는 몰트만의 영향이 현저하게 자리 잡고 있음을 확인할 수 있다.

2000년대 이후로는 한국의 거의 모든 신학대학교에서 몰트만 신학이 다양한 방식으로 다루어지고 있다. 물론 몰트만 신학에 대한 긍정적 입장과 부정적 평가가 함께 공존하며 몰트만에 대한 적잖은 오해와 왜곡도 있음을 부인할 수 없다. 그러나 몰트만 사상이 활발하게 신학적 논의의 대상이 되고 있다는 점에는 이론의 여지가 없다. 한국에서 몰트만은 20세기 후반 세계신학의 흐름을 주도한 대표적 현대신학자로 빈번히 소개되며,[6] 현재 장로회신학대학교와 서울신학대학교, 한신대학교에는 "몰트만 신학", "몰트만 세미나", "몰트만 신학 연구", "몰트만 신학 세미나" 같은 강좌가 개설되어 그의 사상이 집중적으로 연구되고 있다.

2. 몰트만에 관한 연구 논문 및 저서

몰트만에 관한 박사학위 논문은 전 세계적으로 200여 편이 넘는데 그중 한국인 학자가 쓴 논문은 8편으로 그리 많은 편은 아니다. 그러나 몰트만

5_ 이성희(독일 거주) 외에 신학대학교 교수로는 김균진(연세대학교 연합신학대학원 명예교수), 김명용(장로회신학대학교), 배경식(한일장신대학교 명예교수), 이신건(서울신학대학교), 유석성(서울신학대학교), 김도훈(장로회신학대학교), 곽혜원("21세기 교회와 신학포럼" 대표)과 교계에서는 박종화(경동교회)가 활동하고 있는데, 이들 중 김명용과 유석성은 현재 총장으로 재직 중이다.

6_ 편집부 편, 『현대신학을 이해하기 위해 꼭 알아야 할 신학자 28인』(대한기독교서회, 2001), 246-258.

신학은 한국에서 광범위하게 연구되고 있으며 이는 석박사학위 논문에서 확인할 수 있다. 몰트만 신학을 주제로 한 논문은 1969년부터 2012년까지 약 332편에 달하며,[7] 성공회대학교와 가톨릭대학교를 포함해서 초교파적으로 거의 대부분의 신학대학교에서 연구되었다. 주로 장로회신학대학교(101편), 연세대학교(66편), 한신대학교(38편), 감신대학교(19편), 목원대학교(18편), 서울신학대학교(15편) 등에서 발간되었으며, 보수 진영인 총신대학교(6편), 고신대학교(3편), 웨스트민스터신학대학교(1편) 등에서도 다루어짐으로써 신학적으로 보수와 진보를 가리지 않고 몰트만 신학이 매우 포괄적으로 연구 대상이 되어왔음을 확인할 수 있다. 또한 1970년대는 8편, 1980년대는 30편, 1990년대는 112편, 2000년대 이후 182편이 발표됨으로써 몰트만 신학에 대한 연구가 점차 확장되고 있으며, 연구 주제 또한 다양하고 전문화되는 특성을 띠고 있다. 주제별로 보면 몰트만의 교회론(57편), 종말론(48편), 성령론(43편), 삼위일체론(38편), 생태신학(21편), 희망의 신학(12편), 십자가신학(12편) 등의 순서로 다루어지고 있다.

최근 논문들을 살펴보면, 몰트만 신학을 단순히 이론적으로 분석하고 평가하는 데 머물지 않고 이를 한국사회와 교회에 어떻게 실천적으로 적용할 수 있는지를 모색하는 내용이 많이 포함되어 있다.[8] 이는 매우 고무적인 현상이 아닐 수 없다. 몰트만 신학을 무비판적으로 수용하고 앵무새처럼 반복하는 것이 아니라, 오늘날 한국교회와 사회를 위해 책임적 응답을 제공하는 신학으로 한 걸음 더 나아가는 단계가 되기 때문이다.

몰트만에 관한 저서로는 역사신학자로서 장로회신학대학교 명예교

7_ 2013-2014년, 몰트만 연구를 다룬 석박사학위 논문은 10편에 이른다.

8_ 이봉흠, "몰트만의 사회적 삼위일체론 연구" (장로회신학대학교 석사학위논문, 2007); 김영환, "몰트만의 '십자가신학' 연구" (장로회신학대학교 석사학위논문, 2007).

수인 이형기 교수가 몰트만 신학을 발췌·요약한 『알기 쉽게 간추린 몰트만 신학』(2001)과 『모더니즘과 포스트모더니즘에 비추어 본 몰트만 신학』(2006), 그리고 몰트만 신학을 기독교교육에 실천적으로 적용한 『몰트만 신학과 기독교교육』(2007), 한국조직신학회가 몰트만 특집으로 출간한 『몰트만과 그의 신학: 희망과 희망 사이』(2005)와 최근에 출간된 『몰트만 사상과 신학의 과제』(2011) 등이 있다.[9] 몰트만에 관한 신학자들의 연구 논문은 60여 편에 이르며 몰트만의 정치신학, 교회론, 희망의 신학, 종말론, 십자가신학, 삼위일체론 중심으로 다양한 주제가 다루어지고 있다.

3. 몰트만과 한국교회 및 한국신학 간의 교류와 대화

몰트만은 자신의 글에서 한국교회와 신학에 대한 남다른 애정을 종종 표현했으며[10] 무려 열 차례나 한국을 방문함으로써 한국교회와 매우 친밀한 관계를 형성해오고 있다.[11] 튀빙겐 대학교에서 그는 "코리아 팬"으로 불릴 만큼 한국을 사랑하고 한국의 전통 예술품을 애호하는 것으로 유명했다고 한다. 몰트만은 한국교회와 신학과의 교류에서 특정 교단에 국한되지 않고 다수 교단을 아우르는 포괄성과 개방성을 보여준다. 그는 한국을 방문할 때 다양한 교회 및 교단 신학자들과 접촉하고 보수와 진보 진영을

9_ 이형기, 『알기 쉽게 간추린 몰트만 신학』 (대한기독교서회, 2001); 이형기, 『모더니즘과 포스트모더니즘에 비추어 본 몰트만 신학』 (한들, 2006); 임창복·이형기 편, 『몰트만 신학과 기독교 교육』 (사)한국기독교교육교역연구원, 2007); 한국조직신학회 편, 『몰트만과 그의 신학: 희망과 희망 사이』; 아신신학연구소, 『몰트만 사상과 신학의 과제』 (아신출판사, 2011).

10_ 위르겐 몰트만, "한국의 크리스천들에게", 「기독교사상」 제19권 제6호 (1975), 73-76; 위르겐 몰트만, 『신학의 방법과 형식』, 270-273; 위르겐 몰트만, 『몰트만 자서전』, 이신건·이석규·박영식 역 (대한기독교서회, 2011), 256-264.

11_ 몰트만의 한국 방문은 1975, 1979, 1984, 1995, 2000, 2004, 2005, 2009, 2012, 2013년에 이루어졌다.

가리지 않고 강연과 대담의 기회를 가지곤 했다. 몰트만은 한국 방문 시 자신의 주된 신학적 관심을 시의적절하게 표명했는데, 이는 한국신학의 방향 설정에 상당한 영향을 끼쳤다.[12]

몰트만과 한국신학의 상호교류 및 대화를 통한 상호이해와 협력 관계는 매우 주목할 만하다. 이는 크게 세 가지 흐름으로 나타나는데 초기에는 민중신학과의 교류, 1990년대 중반 이후로는 여의도순복음교회 조용기 목사와의 신학적 교류, 2000년대 이후로는 예장통합 측을 중심으로 초교파적인 신학적 교류가 두드러진다.[13]

몰트만과 한국교회의 첫 만남은 1975년 한국신학대학교에서 박봉랑 교수의 초청으로 이루어졌다. 이 만남은 향후 몰트만의 한국 이해와 한국인 사랑의 결정적 동인이 되었다. 당시 민중신학자들과 만남을 가진 몰트만은 민중신학에 주목하게 되었으며 이후 독일어로 『민중신학』(1984)을 편집하여 출간하는 데 조력했다.[14] 몰트만이 한국의 민중신학을 세계신학계에 알리는 데 중요한 역할을 담당한 것이다. 실제로 몰트만의 희망의 신학과 정치신학은 한국에서 민중신학의 태동에 영향을 미쳤고, 한국의 민주화 운동에 깊이 관여한 적잖은 사람들이 몰트만의 사상적 영향을 받았으며, 그중 상당수 인사들이 몰트만과 오랫동안 교제와 연대의 관계를 맺어왔다.[15]

12_ 한국교회와 신학에 현저하고 시의적절한 영향을 끼친 강연 주제는 다음과 같다. "민중의 투쟁 속의 희망"(1975), "성령과 생명의 신학"(2000), "희망의 신학과 생명이 충만한 복음"(2004), "그 이름은 정의: 악의 희생자와 가해자를 향한 하나님의 정의"(2009), "사랑, 정의, 평화"(2012), "희망의 하나님과 우리의 미래"(2013)가 그것이다.

13_ 낙운해, "몰트만 신학과 한국신학" (장로회신학대학교 박사학위논문, 2011).

14_ *Minjung Theologie des Volkes Gottes in Südkorea* (Neukirchen, 1984). 위르겐 몰트만, 『몰트만 자서전』, 263에서 재인용.

15_ 2009년 한국 방문 때의 몰트만의 강연은 민중신학자 심원 안병무 기념사업회와 죽재 서남동 기념사업회, 한국민중신학회가 공동으로 주최했다.

몰트만은 유럽 신학자임에도 불구하고, 한국의 민중신학에 관심을 가진 탓에 이를 자신의 글에 자주 언급했으며, 특히 자신의 신학 방법론을 다룬 『신학의 방법과 형식』(2001)에서 민중신학에 관한 내용을 싣기도 했다.[16] 여기서 우리가 눈여겨볼 지점은 몰트만이 민중신학의 실천적 성격을 높이 평가하고 호의를 표명한다고 해서, 민중신학을 무비판적으로 받아들인 것은 아니라는 점이다. 몰트만은 "만약 민중이 이 세상을 구원한다면 누가 민중을 구원할 것인가?"라는 질문을 제기함으로써 민중신학의 한계를 분명히 지적하고 있기 때문이다. 한국의 민중신학자들이 어느 정도 몰트만 신학으로부터 직접 영향을 받았는가 하는 것은 명확하지 않다. 그럼에도 몰트만과 민중신학은 신학적으로 상호영향을 주고받았으며, 실천적 차원에서 연대 관계 혹은 동지 관계였다고 할 수 있다.[17]

1995년 몰트만은 여의도순복음교회 담임목사인 조용기 목사와 만남을 가지게 되는데 이후에 계속된 사상적 교류는 서로에게 상당한 영향을 미쳤다. 에큐메니컬신학자인 몰트만과 한국에서 보수 진영을 대표하는 초대형교회 목사인 조용기의 만남은 매우 이례적인 일이었다. 하지만 이 첫 만남은 둘 사이에 깊은 유대감과 신학적 대화와 교류를 낳게 된 결정적 계기가 되었다. 특히 "2004년 영산국제신학 심포지엄"에서는 "조용기 목사의 희망신학"을 주제로, 몰트만의 희망의 신학과 조용기 목사의 "희망"의 메시지가 신학과 목회의 영역에서 어떻게 적용되고 표현되었는지를 고찰하는 학술 강좌가 개최되었다. 여기서 몰트만은 조용기 목사의 신학 안에서 "희망의 신학과 생명이 충만한 복음"을 발견했다고 밝히

16_ 위르겐 몰트만, 『신학의 방법과 형식』, 270-289. 여기서 몰트만은 이렇게 고백한다. "기독교 신학의 정치적 차원의 발전은 내게 제3세계 신학자들과 동역 관계를 맺도록 해주었다. 그들이 '희망의 신학'에 영감 받았듯이, 나 역시 남미의 '해방신학'과 한국의 '민중신학'으로부터 여러 제안을 얻게 되었다." R. Bauckham, *The Theology of Jürgen Moltmann*, ix.

17_ 낙운해, "몰트만 신학과 한국신학", 84; 위르겐 몰트만, 『하나님의 이름은 정의이다』, 5.

고 있다. 그는 조용기 신학에서 전개된 3중축복과 5중복음 등에 관한 이해를 긍정적으로 평가하면서도, 비판적으로 보완되고 극복되어야 할 사항을 다음과 같이 제안했다. 갈보리 십자가의 복음과 함께 부활하신 그리스도의 의미의 중요성, 몸의 부활을 포함한 전인적 구원의 차원과 피조세계를 포함하는 우주적 구원의 차원의 중요성, 성령의 은사를 방언, 예언, 신유와 같은 초자연적 선물로서가 아니라 세상의 모든 영역에 작용하는 미래적 세계의 힘으로 이해할 필요성, 세대주의적 종말론이 아닌 강림(Advent) 종말론의 방향으로 향할 필요성 등이 그런 제안들이다.[18]

2005년 조용기 목사는 자신의 신학적 변화를 몰트만에게 고백했다고 한다. 조목사 자신의 신학이 "인간을 지향하는 방향"에서 "이 세상을 포용하는 방향"으로 전환되어야 할 필요성을 느꼈으며 이를 구체적으로 실천하겠다는 다짐이었다. 이런 조목사의 변화는 여의도순복음교회의 사역의 방향 전환으로 직결되었다. 이후로 이 교회는 영혼 구원과 사회 구원의 실현을 추구하며 환경 보존 운동 및 복지 활동과 문화 사역에 힘을 쏟게 된 것이다. 실제로 여의도순복음교회는 2008년 "사랑과행복나눔재단"을 설립하여 현재까지 운영하고 있다.[19] 이렇게 몰트만은 한국교회의 최대 교인수를 자랑하는 여의도순복음교회의 최근 신학 방향과 선교에 지대한 영향을 끼쳤다고 할 수 있다. 물론 몰트만도 조용기 목사와의 만남을 통해 자기 삶과 신앙에서 새로운 체험을 했으며, 오순절교회의 신학을 보다 깊이 이해하게 됨으로써 자신의 신학적 지평이 넓어지는 계기가 되었다고 고백한다.[20]

18_ J. Moltmann, "희망의 축복: 희망의 신학과 생명 충만한 복음", 2004 영산국제신학 심포지엄 (영산신학연구소, 2004 6. 3), 35-46.

19_ 사랑과행복나눔재단은 2008년 설립되었으며, 매년 평균 60여 억원의 예산이 책정되어 생계비 및 주택 개보수, 긴급 의료비 지원, 심장병 시술 등을 통해 소외 계층을 돕고 있다.

20_ 위르겐 몰트만, 『몰트만 자서전』, 495-497.

장로회신학대학교 개교 99주년 초청 강연차 한국에 온 2000년 이후로, 몰트만은 여러 교단과 신학대학교의 초청으로 한국을 방문했다. 여의도순복음교회에서의 설교와 영산국제신학 심포지엄 참가, 개신교와 천주교의 교회일치 운동의 일환인 그리스도인 일치 포럼, 한국기독교교회협의회(NCCK) 선교 훈련원이 주최한 목회자들과의 대화, 생명신학협의회, 신촌성결교회의 포럼 등 신학대학교와 교회 현장 목회자들과의 만남은 몰트만이 가진 폭넓은 개방성을 보여준다.[21] 그의 에큐메니컬 입장은 한국인과의 교류에서 보수 신앙이든 진보 신앙이든, 전통 신학이든 민중신학이든, 한국의 모든 신학 노선과 그리스도인에게 그리스도의 오심 및 정의와 평화의 나라의 오심에 대한 희망과 함께 영감을 불어넣고자 하는 그의 소망에서 비롯된다.[22] 또한 몰트만 자신이 한국신학자들과의 대화와 교류에서 지속적 영감을 얻고 도전받고 있음을 고백하는 것을 볼 때, 몰트만과 한국교회의 교류는 매우 긍정적이고 생산적이며 서로에게 유용한 의미를 가지는 것 같다. 반세기에 이르는 동안 몰트만은 한국의 정치적 고난의 상황에 동참하기도 했으며, 한국교회의 부흥과 발전을 지켜보면서 한국신학 발전을 위한 자양분을 공급하는 조력자요, 한국 그리스도인의 삶에 관심을 가지는 사랑하는 친구의 역할을 기꺼이 담당해왔다.[23] 몰트만과 한국신학은 21세기 세계신학의 발전을 위해 대화와 협력을 통한 동역 관계를 유지하고 있다고 할 수 있다.

21_ 2004년에 한국조직신학회가 주최하고 감리교신학대학교에서 열린 몰트만 세미나는 이런 에큐메니컬 대화의 모습을 보여준다. 즉 이 세미나는 한국의 주요 신학대학교의 교수들이 몰트만 신학을 진지하게 토의하는 자리였다.

22_ 위르겐 몰트만, 『하나님의 이름은 정의이다』, 4-5.

23_ 위르겐 몰트만, 『희망의 윤리』, 5.

II. 한국에서 몰트만 신학의 수용과 이해

1. 몰트만 신학의 주요 주제에 대한 한국신학의 수용과 이해

몰트만 신학에 대한 한국신학자들의 수용과 이해는 몰트만의 저서를 중심으로 그가 제시한 신학적 의제들과 더불어 업그레이드되었다. 몰트만의 신학적 관점과 방향 설정에 한국신학자들은 줄곧 관심을 보이며 긍정과 수용, 비판과 반론을 포함한 토론 과정 속에서 신학적 입장을 표명해 오고 있다. 물론 몰트만 신학의 스펙트럼이 워낙 넓고 다양한 주제를 다루기 때문에, 그의 신학에 대한 적잖은 오해와 지엽적 부분에 대한 비판을 위한 비판도 있었던 것이 사실이다.

몰트만 신학은 그의 초기 신학에 비해 점차 한국교회와 신학에 광범위하게 수용되었다. 초기인 1970-1980년대에는 주로 기독교장로회와 진보 진영에서 희망의 신학, 정치신학, 십자가신학 등이 활발하게 수용되고 논의되었다. 1980년대 이후 몰트만은 "신학에 대한 조직적인 기여들" 시리즈를 기획하여 현대 세계가 직면한 다양한 문제를 직시하면서 기독교 전체 교리를 재정립하려고 노력해왔는데, 이 새로운 저서들이 출간될 때마다 한국에서는 여기에 대한 심도 있는 논의가 이루어졌다. 특히 21세기 세계신학 패러다임 형성에 결정적 영향을 끼친 몰트만의 사회적 삼위일체론, 생태신학, 종말론, 하나님나라를 지향하는 공적 신학 등은 한국에서 커다란 반향을 불러일으켰다.

예장통합의 대표적 조직신학자이며 바르트 전문가로서, 몰트만 신학을 한국교회와 신학에 심도 있게 소개하고 계승하고자 노력해온 김명용은 자신의 논문에서[24] 몰트만 신학의 공헌과 논쟁점을 다음과 같이 적절

24_ 김명용, "몰트만(J. Moltmann) 신학의 공헌과 논쟁점", 「장신논단」 20 (2003. 6), 115.

히 요약하고 있다. 역사 책임적인 신학으로서 정치신학과 평화신학, 삶과 생명을 위한 메시아적 신학, 생태학적 우주적 신학, 이해할 수 있는 삼위일체론과 삼위일체 신학의 실천성, 종말론의 새로운 지평과 만유구원론이 바로 그 내용이다. 필자는 이런 관점에 동의하면서 "하나님나라를 지향하는 공적 신학"을 추가해서 함께 논의하고자 한다. 다음 단락에서는 몰트만 신학 사상이 어떻게 한국신학에 의해 수용되고 이해되었는지를 그가 던진 핵심적인 신학적 의제 중심으로 살펴볼 것이다.

1) 역사 책임적 신학으로서 정치신학과 평화신학

일찍이 박봉랑은 『희망의 신학』 출간 이후 오늘의 신학이 몰트만 신학을 중심으로 전개되고 있으며, 몰트만이 선도적 역할을 담당하고 있음을 인정하면서 그의 신학을 매우 높이 평가했다. 따라서 그는 희망의 신학을 신학 방법론과 구조의 혁신이며 신학적 출발점, 신학적 사고와 전망의 새로움이라고 긍정적으로 평가하고 수용하는 태도를 취하고 있다.[25] 그뿐 아니라 박봉랑은 『십자가에 달리신 하나님』(1972)에 나타난 고난당하는 하나님에 관한 표상이, 교회가 정치적·사회적 불의로부터의 해방의 메시지를 선포해야 함을 가르친다고 역설한다. 실제로 이런 몰트만의 신학은 한국의 민주화 운동에 상당한 영향을 미쳤다.[26]

김명용은 몰트만의 『희망의 신학』 출간이 영혼 중심적 신학으로부터

25_ 박봉랑, "위르겐 몰트만 스케치", 「기독교사상」 202 (1975. 3), 70-76; "오늘의 신학 사조", 「기독교사상」 274 (1981. 4), 61-76. 그러나 몰트만에게 희망의 개념이 지나치게 존재론적 우위에 있으며, 하나님의 미래가 어떻게 시간 속에서 초월적인 동시에 내재적인지에 대한 설명이 부족하다는 비판도 제기되고 있다. 또한 몰트만의 희망의 신학과 에른스트 블로흐의 희망의 철학이 동일한 맥락에 놓여 있다는 오해도 제기되었다. 곽혜원, "역자 후기", 『하나님의 이름은 정의이다』, 333-334.

26_ 몰트만의 『희망의 신학』은 군사독재 시절 감옥에서 읽혀졌으며, 그 내용 중 일부는 법정 최후 진술에서 낭독되기도 했다고 한다.

하나님나라 중심적 신학으로 신학적 패러다임 전환을 일으켰다고 그 역사적 의의를 평가한다. 또한 그는 몰트만의 정치신학이 1980년대에 들어서는 평화신학으로 전개되었는데, 이는 유럽에서 동서냉전의 벽을 부수고 독일의 통일을 가능케 했으며 유럽의 평화를 조성하는 데 기여했다고 주장한다. 무엇보다 이런 몰트만의 정치신학과 평화신학은 역사 책임적 신학으로서 세계신학계와 전 세계적 인권 운동, 민주화 운동, 평화 운동뿐만 아니라, 특히 한국에서 민중신학의 태동에 커다란 영향을 미쳤다고 지적한다.[27] 또한 몰트만 신학을 한국신학계에 적극적으로 소개하고 강의와 세미나 및 연구를 통해 그의 사상을 확장시키는 데 기여한 이신건 역시, 몰트만의 희망의 신학이 종말론적 희망을 제시함으로써 종말론적 정의의 실현, 인간화, 피조물의 평화를 지향하는 획기적인 것이었다고 평가한다.

몰트만의 사상은 한국에서 주로 민중신학자와 해방신학자, 여성신학자들로부터 환영받았다. 특히 그의 사상은 한국의 여성신학자들에게 비교적 호의적으로 받아들여졌다. 1970년대 후반 한국의 여성신학은 몰트만의 희망의 신학과 십자가신학의 영향을 받았으며, 그의 정치신학과 해방신학의 영향하에서 신학을 전개해왔다. 또한 몰트만의 『성령의 능력 안에 있는 교회』(1975)는 교회 갱신을 위한 다양하고 실천지향적인 제안으로 구성되어 제3세계 및 한국에서 큰 호평을 받았다.[28] 몰트만은 세계 곳곳에서 일어나고 있는 고난과 박해와 탄압에 처한 그리스도인들의 해방

27_ 김명용, "몰트만(J. Moltmann) 신학의 공헌과 논쟁점", 117-119.

28_ 이신건, "신학자 몰트만-삶에서 우러나오는 신학", 「기독교사상」 606 (2009. 6), 12-13. 반면에 몰트만의 교회론이 지닌 약점, 즉 전통적 교회의 고유한 사역에 대한 통찰이 부족하다는 점이 지적되기도 한다. 몰트만의 사상에서는 교회의 복음 선포와 증언의 의미가 약화될 수 있을 뿐 아니라, 역사 현실에의 실천적 참여를 강조하다 보면 목회적 돌봄과 교육 및 훈련 등이 자칫 소홀해질 수밖에 없다는 것이다. 김동건, "몰트만 교회론의 특징", 「신학과 목회」 20 (2003), 193-194.

을 위한 투쟁을 이해하며, 교회가 정치적·경제적 해방과 진정한 인간화를 위한 사회적·정치적 운동에 동참해야 한다고 주장한다. 이는 한국의 진보 진영의 교회 이해에 영향을 끼치는 동시에 교회와 세상의 이분법에 젖어 있는 보수적인 한국교회를 각성시키고 그들의 정치적 참여를 촉구하기도 했다.[29] 몰트만의 "하나님나라와 교회" 사상에 깊은 영향을 받은 이형기는 이런 몰트만의 교회론에 주목하며, 이를 자신의 교회 이해의 중요한 토대로 삼는다.[30]

이렇게 몰트만의 초기 3부작인 『희망의 신학』『십자가에 달리신 하나님』『성령의 능력 안에 있는 교회』는 몰트만 자신의 표현대로 일방성을 지닌 저술로서 한국에서도 논쟁을 불러일으키고 상당한 비판을 받았다. 특히 몰트만의 희망의 신학과 정치신학과 십자가신학은 한국의 보수 기독교 진영으로부터 매우 급진적인 신학, 해방신학과 민중신학의 아류라고 판단받았다.[31] 몰트만은 진보 진영으로부터 받은 환호만큼이나 보수 진영으로부터 의혹의 눈초리를 받았으며 상당히 오랫동안 편견과 오해도 받아야 했다. 이는 몰트만이 한국교회에서 처음부터 진보 진영에 의해 편향적으로 소개된 탓이다. 실제로 몰트만은 에큐메니컬신학을 지향하는 자신의 신학이 그동안 한국신학계에서 편협하게 이해되어온 것에 대해 우려를 표명하기도 했다. 그는 남미의 해방신학과 한국의 민중신학 형성에 영향을 주었지만, 자신은 결코 해방신학자나 민중신학자가 아니라고 역설한다.

29_ 신옥수, "위르겐 몰트만의 교회론", 『교회론』, 한국조직신학회 편 (대한기독교서회, 2009), 321-324.

30_ 이형기, 『하나님나라와 교회』 (한들출판사, 2005).

31_ 곽혜원, "역자 후기", 『하나님의 이름은 정의이다』, 334-335.

2) 이해할 수 있는 삼위일체론과 삼위일체 신학의 실천성

현대신학에서 "삼위일체론의 르네상스"를 주도한 몰트만은 삼위일체론이 형이상학적 사변의 결과물이 아니라, 살아계신 하나님에 대한 구원의 경험을 통해 형성된 신앙고백이요 그리스도인의 삶에 근본적 변화를 가져올 수 있는 실천적 교리라는 것을 한국교회에 각인시켰다.[32] 김명용에 의하면, 몰트만의 삼위일체론은 무엇보다도 신자들이 쉽게 이해할 수 있는 삼위일체론이며 삼위일체론의 실천성을 강조한다는 장점을 지닌다. 몰트만은 일신론적·군주신론적 서방교회 삼위일체론을 크게 수정했을 뿐 아니라, 이를 가정·교회·사회·정치의 영역에 이르기까지 세상을 변혁하는 실천적 교리로 정착시키는 공헌을 했다고 평가된다.[33] 양태론적 경향을 지닌 서방교회의 심리학적 유비(psychological analogy)에 경도된 한국교회의 삼위일체 이해에 상당한 충격을 가져온 몰트만의 삼위일체론은 때로는 삼신론이라는 비난도 받았지만, 점차로 그 긍정적 가치를 인정받고 있다. 김명용은 한국교회와 신학교에서 이런 몰트만의 삼위일체론을 수용하고 널리 소개함으로써 그것을 대중화한 대표적 신학자다.

조직신학의 특정 주제들에 대해 몰트만 신학을 적극적으로 수용하고 충실히 적용하고 있는 김균진은 몰트만의 삼위일체론이 예수 그리스도의 십자가 사건을 삼위일체적 사건으로 설명하는 것, 교회의 삶을 삼위일체되신 하나님의 역사 안에서 파악하고 그 선교적 과제를 해명하는 장점을 가진다고 주장한다.[34] 이신건은 몰트만이 서구신학의 독재론적·양태론적

32_ 위의 책, 327-328.

33_ 김명용, "몰트만(J. Moltmann) 신학의 공헌과 논쟁점", 115, 123-129; 김명용, "몰트만(J. Moltmann)의 삼위일체론", 「장신논단」 17 (2001. 1).

34_ 김균진, "몰트만의 생애와 사상", 「기독교사상」 274 (1981. 4), 17, 27-29. 김균진은 방대한 조직신학 개론서를 저술했는데, 그의 사상 속에는 바르트와 함께 몰트만의 사고가 곳곳에 녹아들어 있다. 필자의 관점으로는 김균진이 몰트만의 사상을 충실하게 체화(embodiment)한 신학자라고 여겨진다. 김균진, 『기독교조직신학(I-V)』 (연세대학교출판부, 1984,

일신론을 배척하고 삼위일체의 통일성, 상호교통과 내주, 하나님과 관계 맺는 인간의 자유를 강조한다는 긍정적 평가를 내린다.[35] 장로회신학대학교 조직신학 교수인 신옥수도 몰트만의 사회적 삼위일체론이 전통적 삼위일체론에 대한 비판적 성찰을 가능케 하고 여러 획기적 통찰력을 제공하며 성서적으로 근접하는 노력을 보여줌으로써, 현금의 삼위일체론 논의에서 중요한 의미를 가진다고 지적하며 이를 적극 수용한다.[36] 또한 한국 여성신학은 차별과 억압을 지양하는 남녀평등 사회구조와 교직 제도 등의 근거를 제공해주는 몰트만의 사회적 삼위일체론의 실천적 적용을 강조한다.[37]

3) 삶과 생명을 위한 메시아적 신학

김명용에 의하면, 몰트만의 신학은 메시아이신 예수 그리스도의 인격과 사역에 초점을 맞춘 신학으로 영혼과 육체를 포함한 전인적 구원 사역이요, 질병을 치유하고 죽음의 세력을 축출하는 해방의 사역에 근거한다. 몰트만의 『예수 그리스도의 길』(1989)과 『생명의 영』(1991)은 바로 이런 삶과 생명을 위한 메시아적 신학을 드러내고 있다.[38] 김명용은 몰트만 신학에 근거해서 바른 신학과 바른 목회를 위한 구체적 방안으로 인간을 영혼과 육체로 나누지 않는 전인적 신학과 전인적 목회, 사회와 역사에 대

1987, 1990, 1993, 1999); 『기독교 신학 1, 2, 3』 (새물결플러스, 2014-)을 참고하라.

35_ 이신건, "삶에서 우러나오는 신학", 13. 그러나 김재진은 몰트만의 삼위일체론이 존재론적 면에서는 "삼체론"으로, 구원사적 면에서는 "순환적 양태론"으로 전이될 위험을 내포한다고 지적하면서 비판적 태도를 취한다. 김재진, "몰트만의 삼위일체론의 비판적 이해", 『몰트만과 그의 신학: 희망과 희망 사이』, 91-116.

36_ 신옥수, "몰트만의 사회적 삼위일체론-비판적 대화를 중심으로", 「장신논단」 30 (2007), 233.

37_ 임정혁, "위르겐 몰트만의 사회적 삼위일체론과 양성 평등", 「한국 여성신학」 75 (2012).

38_ 김명용, "몰트만(J. Moltmann) 신학의 공헌과 논쟁점", 119-120.

한 책임성, 성령의 능력과 기도하는 교회를 제시한다.[39] 그는 세상의 삶과 생명을 위한 몰트만의 성령론과 영성신학이야말로 과거 영성신학의 왜곡된 탈세상성과 탈역사성의 문제점을 바로잡고, 21세기를 위한 바른 영성신학의 길을 열었다는 점에서 큰 가치를 가진다고 평가하며 이를 긍정적으로 수용한다.[40]

몰트만의 성령론에 대해 한국신학계는 초교파적으로 비교적 긍정적 입장을 보여준다. 몰트만의 입장이 오순절교회의 영성과 사회적·정치적 해방의 영성을 포함하는 통전적 에큐메니컬 성령론을 지향하기 때문이다. 장로회신학대학교 조직신학 교수인 현요한은 몰트만의 성령론을 통전적 성령론으로 규정한다. 몰트만이 성령의 사역을 교회 안에서의 다양한 사역과 더불어, 사회적·정치적 영역뿐 아니라 오늘날 생태계의 위기를 바라보면서 우주적 영역으로까지 확대한 것은 성서적으로나 상황적으로 타당하며 훌륭한 시도라고 본다.[41] 신옥수는 몰트만이 성령론의 패러다임 전환을 가져오고자 했음을 지적하면서 이를 매우 긍정적으로 받아들이고 있다. 성령에 대한 실제적·경험적 차원을 강조하는 몰트만의 성령론이 신자의 삶의 전 영역과 교회 공동체 및 사회와 우주 안에서 활동하는 복합적이고 역동적인 성령의 현존과 사역을 이해하는 데 유용한 근거를 제공하기 때문이다.[42]

4) 생태학적·우주적 신학

김명용은 몰트만의 『희망의 신학』과 『십자가에 달리신 하나님』이 하나님

39_ 김명용, "바른 신학과 바른 목회", 「장신논단」 14 (1998), 162-191.

40_ 김명용, "몰트만(J. Moltmann)의 영성신학", 「장신논단」 18 (2002), 249-275.

41_ 현요한, "몰트만의 성령론", 197-218. 그럼에도 현요한은 몰트만이 성령의 보편적 임재와 특수한 임재의 구별이 모호하다는 약점을 가진다고 지적한다.

42_ 신옥수, "위르겐 몰트만의 성령론", 245-246.

의 구원 사역에 대한 이해를 사회와 역사로 확장시키는 데 결정적 공헌을 했으며, 『창조 안에 계신 하나님』과 『오시는 하나님』은 몰트만 신학의 우주적·생태학적 특성을 분명하게 보여준다고 평가한다.[43] 즉 하나님의 구원 사역을 전체 피조 세계로 확대함으로써 사회역사적인 책임적 신학에서 우주적 차원의 신학으로 발전시키고 있기 때문이다. 실제로 몰트만은 자신의 신학을 점차 우주적 차원으로 발전시켜왔다. 우주적 그리스도와 우주적 성령 이해를 역설할 뿐 아니라 우주적 종말론에서 만유구원론의 지평을 강조한다. 이런 몰트만의 신학은 하나님의 내재적 초월성과 초월적 내재성을 강조하는 기독교적 만유재신론의 특성을 드러낸다.[44]

우선 몰트만은 생태학적·우주적 창조론을 제시함으로써 기독교 역사 속에서 전통 신학에 의해 소외되어온 생태계 문제를 신학의 중심 주제로 부각시키며, 새로운 신학적 대안을 제공하는 패러다임 전환을 가져왔다. 몰트만의 제자인 곽혜원은 몰트만이 "자연에 대한 인간 중심적 세계관을 극복하고 하나님 중심적 세계관을 지향하는 가운데 인간과 자연의 올바른 관계를 모색하고, 신학과 자연과학의 대화를 지속적으로 발전시킴으로써 생태계 위기를 극복할 수 있는 신학적 기틀을 마련했다"[45]라고 평가

43_ 김명용, "몰트만(J. Moltmann) 신학의 공헌과 논쟁점", 121-122.

44_ 신옥수, "몰트만 신학에 있어서의 만유재신론적인 비전"; "몰트만 신학에 있어서 '하나님의 고난가능성'", 「한국개혁신학」 16 (2004); "몰트만의 창조 이해에 나타난 하나님의 케노시스", 「한국조직신학논총」 27 (2010); "몰트만의 '우주적 성령' 이해", 「장신논단」 26 (2006). 필자의 몰트만 연구 논문은 몰트만 신학 전체를 만유재신론적 비전이라는 관점으로 재해석함으로써 몰트만 신학의 삼위일체론적·종말론적 구조와 특성을 이해하기 쉽게 명료화했다는 의의를 갖는다. 몰트만 신학은 초기부터 신론, 삼위일체론, 창조론, 그리스도론, 성령론, 종말론에 이르기까지 기독교적 만유재신론으로 정향되어 있으며, 바로 이것이 몰트만 신학의 핵심적 구조와 성격을 규정한다는 것이다. 이 연구는 최근에 이르러 몰트만 신학을 기독교적 만유재신론으로 이해하는 학계의 흐름이 한국에서 일반화되는 데 기여했다고 간주된다.

45_ 곽혜원, "역자 후기", 『하나님의 이름은 정의이다』, 329.

한다. 인간과 자연의 올바른 관계 모색과 생태계 문제 해결이 시급한 한국의 상황에서 몰트만의 생태신학은 시대적으로 절실히 요청되는 신학적 패러다임이라는 것이다.

김명용은 몰트만 신학이 오늘날의 생태학적 신학 발전에 대단히 중요한 신학적 착상과 구조를 제공한다고 높이 평가한다. 실제로 몰트만의 생태신학은 한국교회와 신학에 적극 수용되고 이해됨으로써 지대한 영향을 끼쳤다. 김균진은 1990년 이후 생태계의 위기에 직면하여 한국교회를 위한 생명신학을 바르게 세우기 위해 노력해오고 있다.[46] 그의 저서 대부분에는 생태계 위기를 역설하며 경각심을 불러일으키는 강력한 메시지가 담겨 있다. 장로회신학대학교 조직신학 교수인 김도훈은『생태신학과 생태영성』(2009)을 출간하는 등, 생태신학에 대한 관심과 생태 교육, 생태실천 운동을 확대하는 일에 힘쓰고 있다.[47] 또한 예장통합 측은 총회 차원에서 이런 생명 운동에 적극 참여해왔다.[48] 1991년부터 생명목회실천협의회가 창립되어 활동 중이며, 2011년 범교단적으로 구성된 생명신학협의회와 생명신학연구소가 한국교회의 생명 운동을 주도하고 있다.[49] 특히 한국 여성신학은 몰트만의 생태신학에 관심을 두고 생태여성신학, 생태영성, 환경 운동에 능동적으로 헌신해왔다.

46_ 김균진,『생태계의 위기와 신학』(대한기독교서회, 1991);『생명의 신학』(연세대학교출판부, 2012).

47_ 김도훈,『생태신학과 생태영성』(장로회신학대학교출판부, 2009).

48_ 예장통합 총회 생명살리기 운동 10년 위원회는 2001년 이래 10년간 생명살리기 운동에 전력했으며, 향후 10년 동안 "치유와 화해의 생명공동체 운동"을 전개해나갈 전망이다.

49_ 김명용, 이신건, 김도훈 등 몰트만의 제자들이 주도적으로 참여해서 이론적 작업을 활발히 펼치며 한국교회의 생명 운동을 주도하고 있다. 생명을 중심으로 질병과 전쟁, 생태계 위기, 가난과 죽음 등을 연구하기 위해 창립된 생명신학협의회는 생명신학연구소를 산하에 두고 "생명신학과 생명목회"를 추구하는 단체다. 생명신학연구소장 김명용 교수는 21세기 신학에서 가장 중요한 주제가 생명이며, 한국교회는 삶과 생명을 위한 신학적 가르침을 교육과 실천을 통해 구현해나가야 한다고 역설한다(http://cafe.daum.net/lifetheology).

5) 종말론의 새로운 지평과 만유구원론

김균진은 몰트만의 종말론이 우주적 대파멸의 종말이 아니라 이 땅 위에 세워질 새 하늘과 새 땅, 즉 하나님나라에 대한 희망을 선포함으로써 한국교계에 만연한 세대주의 종말론의 한계를 극복하고 있다고 말한다.[50] 몰트만이 개인적 종말론만이 아니라 우주적 종말론으로 확대해 통전적 종말론을 다룬 점은 대체로 긍정적 평가를 받고 있다. 그런데 한국교회와 신학계에서 몰트만의 종말론 중 가장 커다란 파장을 불러일으킨 주제는 바로 만유구원론이다. 『오시는 하나님』(1995) 출간 이후, 한편으로는 초대교회 오리게네스 사상의 부활이며 이단 사상이라고 격렬한 비판을 받았으며, 다른 한편으로는 몰트만의 의도가 와전되었다는 옹호도 뒤따랐다. 김명용은 만유구원론의 긍정적·부정적 측면을 함께 다루는 반면,[51] 김도훈과 최태영은 몰트만의 만유구원론에 대해 부정적 입장을 취한다.[52] 곽혜원은 몰트만을 강력히 변론하면서, 예수 그리스도의 복음에 대한 믿음 없이 죽은 자들도 구원을 얻을 수 있다는 희망을 준다는 점에서 몰트만을 만유구원론자라고 폄하하는 여러 비판자들에 대해 이것이 속단이라고 주장한다. 왜냐하면 몰트만은 종교다원주의자들과는 달리, 예수 그리스도

50_ 김균진, "역자 후기", 『오시는 하나님』, 572-574.

51_ 김명용, "몰트만의 만유구원론과 구원론의 새로운 지평", 「장신논단」 16 (2000); "몰트만의 종말론", 247-277. 김명용은 ① 성서적 타당성을 획득할 수 있는가? ② 죽은 자들에게 전파되는 복음의 가능성과 죽은 자들을 위한 기도는 기독교 전통과 심각하게 충돌한다. ③ 전도를 위태롭게 할 가능성이 있다고 함으로써 몰트만의 만유구원론에 제기될 수 있는 신학적 비판의 가능성을 적절히 지적하고 있다. 동시에 몰트만의 만유구원론이 가지는 신학적 공헌으로 ① 만유를 위로하는 기쁨의 복음이라는 점, ② 믿음 없이 죽은 자들의 구원 가능성을 예수 그리스도에 대한 믿음 안에서 찾는 점, ③ 그리스도의 십자가 죽음의 의미를 바르게 전달하는 점, ④ 바르트의 만인구원 가능성을 넘어 구원의 영역을 만유로 확대하고 있는 점 등을 든다.

52_ 김도훈, "만유구원론에 대한 비판적 고찰 (I)"; "만유구원론에 대한 비판적 고찰: 몰트만의 '만물의 회복'에 대한 이론을 중심으로"; 최태영, "몰트만의 만유구원론에 대한 통전적 이해."

의 십자가 죽음의 의미를 성서적으로 올바르게 전달하고 있으며, 그리스도에 대한 철저한 믿음 안에서 죽은 자들의 구원 문제를 생각하기 때문이라는 것이다. 즉 몰트만 신학이 "오직 예수 그리스도", "오직 믿음으로"라는 종교개혁 신학의 대전제 아래 믿음 없이 죽은 자들의 구원 가능성을 타진한다고 역설한다.[53]

실제로 몰트만은 수차례 자신이 종교다원주의자가 아니며 예수 그리스도를 통한 구원을 강조한다고 밝히고 있다. 우리가 유념해야 할 점은 몰트만이 종교간 대화를 강조함에도 불구하고, 자신의 종교적 정체성을 견지하면서 타종교에 대한 이해와 존중의 자세를 지녀야 한다는 원칙을 고수한다는 사실이다.[54] 이런 점에서 한국 보수 진영에서 제기되는 의심, 즉 몰트만이 종교다원주의자라는 판단은 적절치 않다고 할 수 있다.

6) 하나님나라를 지향하는 공적 신학

몰트만 신학은 처음부터 일관되게 하나님나라 사상에 근거한 공적 신학(Public Theology)이다. 몰트만은 후기로 갈수록 하나님나라 신학에 더욱 충실하고자 했다. 최근에 몰트만이 이를 더욱 강조하는 것은, 신자유주의에 편승한 전 세계 규모의 경제적·사회적 위기와 전 지구적 생태 위기에 직면하여 하나의 신학적 응답을 제시하려는 몸짓이라고 할 수 있다. 『세계 속에 있는 하나님: 하나님나라를 위한 공적 신학의 정립을 지향하며』(1997),[55] 『하나님의 이름은 정의이다』(2008), 기독교윤리학 저서인 『희망의 윤리』(2010)는 그의 최근 관심을 집약적으로 표명하고 있다. 이는 정

53_ 김명용, "몰트만의 종말론," 270-277; 곽혜원, "역자 후기", 『하나님의 이름은 정의이다』, 335-336.

54_ 위르겐 몰트만, 『신학의 방법과 형식』, 35-39.

55_ 위르겐 몰트만, 『세계 속에 있는 하나님: 하나님나라를 위한 공적인 신학의 정립을 지향하며』 (동연, 2009).

의·평화·생명의 회복이 절실히 요청되는 21세기 세계 및 한국사회의 변혁과 치유를 위한 지침서라고 할 수 있다.

신옥수는 몰트만의 하나님나라 신학이 21세기 한국교회가 나아가야 할 바람직한 방향을 제시한다고 본다. 그리하여 최근에 공적 신학의 입장에서 수립된 교회 이해를 통해 정치·경제·사회·문화·환경 등 삶의 전 영역에 대한 교회의 책임적 응답과 실천적 과제를 역설한다. 교회는 교회 자체만을 위해 존재하지 않으며, 하나님나라의 지평 속에서 하나님나라 건설을 위한 책무를 감당해야 한다는 것이다.[56]

이형기는 누구보다도 몰트만의 공적 신학을 선호하고 적극 수용하여, 이를 자신의 공적 신학 정립을 위한 토대로 삼는다. 그는 몰트만의 여러 저서를 중심으로 하나님나라의 빛에서 본 "교회와 세상"의 관계를 분석한 후, 미래지향적 하나님나라를 공적 신학의 지평으로 삼는다.[57] 하나님나라의 가치들을 인류를 위한 사회정의, 땅을 위한 생태학적 정의, 평화로 이해하는 이형기는 한국교회가 하나님나라에 상응해서 변혁되어야 할 공적 영역에 관심을 가져야 하며 정의·평화·창조 세계의 보전을 위해 하나님의 선교 운동에 참여해야 한다고 역설한다.[58] 이를 위한 구체적 노력으로 2009년 "공적신학과교회연구소"가 설립되어 활발한 연구와 저술 활동이 이루어지는 것은 매우 고무적이다.[59]

56_ 신옥수, "위르겐 몰트만의 교회론", 322.

57_ 이형기, 『하나님나라와 공적 신학』 (한국학술정보[주], 2009).

58_ 이형기, "벤과 몰트만의 공적 신학 비교 연구", 『공적 신학과 공적 교회』, 이형기 외 (킹덤북스, 2010), 317-378.

59_ "공적신학과교회 연구소"는 정기적으로 세미나를 개최하고 있으며 그 열매로 『공적 신학과 공적 교회』 『하나님의 경제 1』 등의 저서를 출간했다.

2. 몰트만 신학이 한국교회와 한국신학에 끼친 영향과 의의

먼저 몰트만이 한국교회에 미친 영향을 살펴보자. 첫째, 몰트만 신학은 한국교회의 에큐메니컬 운동에 폭넓게 수용되고 반영되었다. 몰트만은 WCC의 신앙과 직제 위원으로 참여하면서 세계신학의 물줄기를 바꾸는 데 주도적 역할을 함으로써 결과적으로 한국교회 에큐메니컬 운동에 크게 기여했다. 실제로 몰트만은 한국의 민중신학자들과 신학적 교류를 계속하면서 유럽과 세계신학계에 한국의 정치적 상황과 이에 대응한 한국 에큐메니컬 운동과 신학자들의 노력을 알렸다. 그는 한국의 진보 신앙은 물론 보수 신앙도 포용하며, 민중신학은 물론 여의도순복음교회의 선교신학과도 포괄적으로 친밀한 관계를 맺고 있음을 고백한다.[60] 몰트만 신학은 스펙트럼이 매우 넓기 때문에 이제 한국에서는 초교파적으로 받아들여지는 것이 사실이다. 몰트만은 21세기 교회가 교리와 교파를 초월하여 에큐메니컬 연합을 이루어야 한다고 주장한다. 신학이 어떻게 복음적인 동시에 에큐메니컬 할 수 있는지에 대해 몰트만의 신학은 시사하는 바가 크다고 할 수 있다. 신학과 이념으로 인해 교단이 분열되고 신학이 대립적이며 배타적인 한국교회 현실에서, 몰트만 신학은 한국의 보수적 복음주의와 진보 진영이 함께 논의하고 서로 대화할 수 있는 분위기를 마련한다고 할 수 있다.

둘째, 몰트만 신학은 한국교회의 실천 즉 역사 참여와 현실 변혁을 위한 운동에 영향을 미쳤다. 제3세계의 정치적·경제적 억압의 현실에 대해 몰트만은 지속적인 관심을 나타냈는데, 특히 한국사회의 정치 민주화, 인권 운동 등에 영향을 미쳤다. 이신건은 다음과 같이 역설한다.

60_ 위르겐 몰트만, 『하나님의 이름은 정의이다』, 5.

몰트만은 암울한 군사독재 시기부터 지금까지 우리에게 지치지 않는 희망과 세상에 대한 책임적 삶의 근거를 제시했으며, 고난받는 한국의 민중을 향해 깊은 정신적 연대감을 표시해왔다. 세상과 역사에 참여적이고 피조물의 고통에 민감한 그의 신학은 기복주의, 내세주의, 개인주의, 성장주의, 자본주의 등에 치우친 한국교회를 각성하는 예언자적 충격을 주었으며, 한국교회로 하여금 종말론적 희망 속에서 역사에 대해 책임을 지고 고난 속에서 제자의 길을 실천하며 자신을 갱신하도록 끊임없이 독려해왔다.[61]

셋째, 몰트만 신학은 생태신학과 생태영성 및 환경 운동에 통찰력을 제공한다. 최근에 그의 영향력하에서 구성되어 출범한 범교단적 단체인 생명신학협의회, 생명신학연구소의 활동이 주목받고 있다. 넷째, 몰트만은 정의와 평화의 실현, 남북한 화해와 통일 운동에 기여하고 있다. 몰트만은 자신의 경험을 토대로 분단국가인 한국사회를 이해하는 동시에 통일에 대한 전망을 제시하며 고무해왔다. 그는 한국에서 통일 운동에 참여한 인사들과 교분을 쌓았으며 그들에게 영향을 끼쳤다.[62]

이런 몰트만의 영향력은 결국 그가 지향했던 하나님나라 신학의 실천으로 귀결된다. 최근 한국사회에서 심화되고 있는 사회적·경제적 양극화와 부정의 및 정치적 갈등과 환경문제, 남북화해와 통일을 해결하기 위해 생명과 정의와 평화 운동이 구체적으로 실천되도록 몰트만의 신학 사상은 21세기 한국교회가 나아가야 할 중요한 방향과 신학적 토대를 제시하고 있다.

한국신학계에 끼친 몰트만 신학의 자취를 찾아보자. 첫째, 몰트만 신

61_ 이신건, "신학자 몰트만-삶에서 우러나오는 신학", 15-16.

62_ 위르겐 몰트만, 『세계 속에 있는 하나님: 하나님나라를 위한 공적인 신학의 정립을 지향하며』, 453-463.

학은 처음부터 한국에서 바르트를 선호하는 학자들에 의해 소개되었으며, 오늘날에도 주로 바르트 신학을 전공하거나 바르트에 정통한 학자들에게 더 적극적으로 수용되는 특성을 지닌다. 이는 몰트만 신학이 바르트 사상을 창조적으로 계승하거나 비판적으로 극복해서 전개되기 때문이라고 사료된다. 즉 자신의 신학 작업에서 늘 바르트를 대화의 파트너로 삼았으며 특정 주제를 다룰 때마다 바르트와 신학적 대화를 이어온 몰트만의 입장이 반영되어 있는 것이다. 이런 맥락에서 볼 때 몰트만은 최근에는 한국에서 비교적 온건하고 중도적인 학자들에 의해 선호된다고 할 수 있다.

둘째, 몰트만 신학은 이형기와 김명용 등에 의해 장로회신학대학교의 통전적 신학 형성에 기여하고 있다.[63] 통합 측 신학을 형성하는 데 핵심적 역할을 담당해온 김명용은 소위 통전적 신학(Holistic Theology)의 구축에서 몰트만의 긍정적 공헌에 주목한다.[64] 김명용은 통전적 신학의 6가지 특성을 다음과 같이 제시한다. 삼위일체 신학, 온전한 복음(Whole Gospel), 전인성의 신학, 교회와 세상을 위한 신학, 우주적 신학, 하나님나라를 위한 신학이 바로 그것이다. 이는 곧 몰트만 신학의 핵심적 특성과 일치한다. 또한 "하나님나라와 교회" 사상과 종말론을 몰트만 신학의 상수(常數)라고 이해하는 이형기는 1985에 발표된 장로회신학대학교 신학성명과 1986년 예장통합 신앙고백서 및 2001년 장로회신학대학교 신학교육성명

63_ 이형기는 자신의 신학적 패러다임 변화를 회고하면서 몰트만의 영향을 언급한다. 이형기, 『나의 신학수업의 패러다임 이동』 (한들, 2005), 35-39, 398-448. 또한 그는 『모더니즘과 포스트모더니즘에 비추어 본 몰트만 신학』에서 몰트만 신학이 포스트모더니즘에 대응할 수 있는 적합한 신학이라고 평가한다.

64_ 김명용, "통전적 신학이란 무엇인가?", 63, 53-81. 김명용은 몰트만을 오늘날 세계 도처의 신학과 신학 교육에 영향을 미쳐, 하나님나라를 향하는 신학과 신학 교육으로 정향되는 길을 만든, 통전적 신학을 추구하는 대표적 신학자로 규정한다. 최윤배, "대한예수교장로회총회 100년: 조직신학의 어제와 오늘", 「장신논단」 44-2 (2012), 59-60.

을 위한 기초 문서 작성에 참여하면서, 그 핵심 내용에 몰트만 사상을 반영하고 있다. 이런 맥락에서 몰트만 사상은 특히 예장통합 측 교회와 신학에 깊은 흔적을 남기고 있음을 확인할 수 있다.

마지막으로 몰트만 신학은 한국의 조직신학 영역뿐 아니라 기독교윤리, 기독교교육, 선교학에 크게 영향을 미침으로써 그 실천적 응용에 공헌해오고 있다. 실제로 몰트만은 한국신학생들에게 어느 신학자보다 쉽게 소개되고 있을 뿐 아니라, 그의 저서들은 신학생과 목회자들에게 꾸준히 가장 많이 읽히고 있다. 어느 때보다도 조직신학의 위치가 불안정한 이 시대에, 몰트만은 독일신학자임에도 불구하고 평이한 글쓰기를 통해 신학을 대중화한 공로를 인정받아야 할 것이다. 또한 접근이 비교적 용이하고 논리 전개가 쉬운 몰트만 신학의 특성으로 인해, 다수의 한국 조직신학자들이 그의 저서를 읽고 신학적 논의 과정에 참여하고 있으며 이것을 자신의 신학에 적용하고 있다.

현금의 세계신학계에서 가장 영향력 있는 학자인 몰트만은 한국교회 및 신학계와 매우 긴밀한 관계를 맺어오고 있다. 꾸준하고 열정적인 신학적 관심과 다양하고 광범위한 신학적 주제들의 탐구, 신학자들과의 활발한 상호적 대화, 에큐메니컬 운동에의 적극적 참여를 통해 몰트만의 다양하고 독창적이며 건설적인 신학은 현대신학 논의에 상당한 공헌을 하고 있을 뿐 아니라 한국교회와 신학에도 지대한 영향을 미치고 있으며, 무엇보다 21세기 신학 형성을 위해 유익한 통찰력과 방향을 제시해준다.

지금까지 한국교회는 어느 신학자보다도 몰트만을 가깝게 여기며 그의 신학을 수용하고 이해하는 일에 적극적이었다. 몰트만 역시 한국교회를 사랑하며 한국신학과 한국신학자들에게 남다른 관심과 애정을 보여주고 있다. 몰트만은 한국교회를 “저항하는 교회”, “민중의 교회”, “기도하는 교회", "선교하는 교회"로 이해한다.[65] 그는 오랫동안 한국인의 정치적 고난과 민중의 고통을 이해하고 이와 연대해왔다. 또한 한국교회의 열정과 선교, 활기찬 영성에 감동하면서 이를 자신의 신학 안에 수용하기도 했다. 몰트만의 신학은 한국의 민중신학, 여성신학, 오순절신학, 통전적 신학 등에 큰 영향을 끼쳤다. 몰트만과 한국교회 및 한국신학은 깊고 지속적인 교제와 연대를 통해 함께 성장해왔으며, 21세기 세계교회와 신학을 위해서도 함께 기여할 수 있으리라고 기대해본다.

65_ 위르겐 몰트만, 『희망의 신학』 2판, 이신건 역 (대한기독교서회, 2002), 11-13.

참고 문헌

1. 몰트만의 저서와 논문

몰트만의 저서

A Broad Place: An Autobiography. Translated by Margaret Kohl. Minneapolis: Fortress Press, 2008.

The Church in the Power of the Spirit: A Contribution to Messianic Ecclesiology. Translated by Margaret Kohl. New York: Harper & Row, 1977.

The Coming of God: Christian Eschatology. Translated by Margaret Kohl. Minneapolis: Fortress Press, 1996.

The Crucified God: The Cross of Christ as the Foundation and Criticism of Christian Theology. Translated by R. A. Wilson and J. Bowden. New York: Harper & Row, 1974.

Experiences in Theology: Ways and Forms of Christian Theology. Translated by Margaret Kohl. Minneapolis: Fortress Press, 2000.

Experiences of God. Translated by Margaret Kohl. Philadelphia: Fortress Press, 1980.

The Experiment Hope. Edited and translated with a Foreword by M. Douglas Meeks. Philadelphia: Fortress Press, 1975.

The Future of Creation: Collected Essays. Translated by Margaret Kohl. London: SCM Press, 1979.

God for a Secular Society: The Public Relevance of Theology. Translated by Margaret Kohl. Minneapolis: Fortress Press, 1999.

God in Creation: A New Theology of Creation and the Spirit of God. Translated by Margaret Kohl. London: SCM Press, 1985.

History and the Triune God: Contributions to Trinitarian Theology. Translated by John Bowden. New York: Crossroad, 1992.

How I Have Changed: Reflections on Thirty Years of Theology. Edited by Jürgen Moltmann and translated by John Bowden. Harrisburg, PA: Trinity Press International, 1997.

In the End-the Beginning. Translated by Magaret Kohl. London: SCM Press, 2004.

Jesus Christ for Today's World. Translated by Margaret Kohl. Minneapolis: Fortress Press, 1994.

The Open Church: Invitation to a Messianic Life-Style. London: SCM, 1983.

The Passion for Life: A Messianic Lifestyle. Translation and with an Introduction by M. Douglas Meeks. Philadelphia, Fortress Press, 1978.

Science and Wisdom. Translated by Margaret Kohl. London: SCM Press, 2003.

The Source of Life: The Holy Spirit and the Theology of Life. Translated by Margaret Kohl. Minneapolis: Fortress Press, 1997.

The Spirit of Life: A Universal Affirmation. Translated by Margaret Kohl. Minneapolis: Fortress Press, 1992.

Theology of Hope: On the Ground and the Implications of a Christian Eschatology. Translated by J. W. Leitch. London: SCM Press, 1967.

The Trinity and the Kingdom: The Doctrine of God. Translated by Margaret Kohl. San Francisco: Harper Collins, 1981.

The Way of Jesus Christ: Christology in Messianic Dimensions. Translated by Margaret Kohl. New York: Harper Collins, 1990.

Moltmann, Jürgen, and Johann-Baptist Metz. *Faith and the Future: Essays on Theology, Solidarity, and Modernity*. With an introduction by Francis

Schüssler Fiorenza. Maryknoll, New York: Orbis Books, 1995.

Moltmann, Jürgen, and Elisabeth Moltmann-Wendel. *Humanity in God*. New York: Pilgrim Press, 1983.

Moltmann, Jürgen, and Pichas Lapide. *Jewish Monotheism and Christian Trinitarian Doctrine*. Translated by Leonard Swindler. Philadelphia: Fortress Press, 1981.

Moltmann, Jürgen, Nicholas Wolterstorff, and Ellen T. Charry. *A Passion for God's Reign*. Edited by Miroslav Volf. Grand Rapids, MI/Cambridge, U. K.: Wm. B. Eerdmans, 1998.

몰트만의 논문

"The Adventure of Theological Ideas." *Religious Studies Review* vol. 22 no. 2 (April 1996).

"All Things New: Invited to God's Future." *The Asbury Theological Journal* vol. 48 no. 1 (Spring 1993).

"Antwort auf die Kritik an 'Der gekreuzigte Gott'." In Discussion über Jürgen Moltmanns Buch 'Der gekreuzigte Gott.' Ed. Michael Welker. München: Chr. Kaiser, 1979.

"Creation and Redemption." In *Creation, Christ and Culture: Studies in Honor of T. F. Torrance*. Ed. Richard W. A. McKinney. Edinburgh: T&T Clark, 1976.

"The 'Crucified God': God and the Trinity Today." Translated by David Smith. In *Faith and Future: Essays on Theology, Solidarity, and Modernity*. Johann-Baptist Metz, and Jürgen Moltmann, with an introduction by Francis Schüssler Fiorenza. Maryknoll, NY: Orbis Books, 1995.

"The 'Crucified God'." *Theology Today* 31 (1974).

"The Ecumenical Church Under the Cross." *Theological Digest* 24 (1976).

"Geschichte der Kreuzestheologie heute." *Evangelische Theologie* 33 (1973).

"God's Kenosis in the Creation and Consummation of the World." In *The Work of Love: Creation as Kenosis*. Ed. John Polkinghorne. Grand Rapids, Michigan /Cambridge, U. K.: Wm. B. Eerdmans, 2001.

"Hope and Reality: Contradiction and Correspondence." In *God Will Be All In All: The Eschatology of Jürgen Moltmann*. Ed. Richard Bauckham. Edinburgh: T&T Clark, 1999.

"The Inviting Unity of the Triune God." In *Faith and Future: Essays on Theology, Solidarity, and Modernity*. Johann-Baptist Metz, and Jürgen Motlmann, with an introduction by Francis Schüssler Fiorenza. Maryknoll, NY: Orbis Books, 1995.

"Is the World Coming to an End or Has Its Future already Begun?: Christian Eschatology, Modern Utopianism and Exterminism." In *The Future as God's Gift: Explorations in Christian Eschatology*. Introduction by David Fergusson and ed. David Fergusson and Marcel Sarot. Edinburgh: T&T Clark, 2000.

"The Logic of Hell." In *God Will Be All In All: The Eschatology of Jürgen Moltmann*. Ed. Richard Bauckham. Edinburgh: T&T Clark, 1999.

"Reflections on Chaos and God's Interaction with the World from a Trinitarian Perspective," In *Chaos and Complexity: Scientific Perspectives on Divine Action*. Ed. Robert J. Russell, Nancey Murphy and Arthur R. Peacocke, 205-10. 2nd Edition. Vatican City State/Berkeley: Vatican Observatory Publications: The Center for Theology and the Natural Sciences, 2000.

"Theology as Eschatology." In *The Future of Hope*. Ed. Frederick Herzog. New York: Herder and Herder, 1970.

"Theology for Christ's Church and the Kingdom of God in Modern Society." In *A Passion for God's Reign*. Ed. Miroslav Volf. Grand Rapids, MI: Wm. B. Eerdmans, 1998.

"The Unity of the Triune God: Comprehensibility of the Trinity and Its Foundation in the History of Salvation." *St. Vladimir's Theological Quarterly* 28 (1984).

"The World in God or God in the World?" In *God Will Be All In All: The Eschatology of Jürgen Moltmann*. Ed. Richard Bauckham. Edinburgh: T&T Clark, 1999.

2. 2차 자료

Barth, Karl. *Church Dogmatics*. Vol. I/1-IV/3. Translated by G. W. Bromiley and T. F. Torrance. Edinburgh: T&T Clark, 1963-1975.

Barbour, Ian G. *Religion in an Age of Science*. San Francisco: Harper & Row, 1990.

_______. *Religion and Science: Historical and Contemporary Issues*. A Revised and expanded Edition of Religion in the Age of Science. San Francisco: Harper Collins Publishers, 1997.

_______. *When Science Meets Religion*. New York: Harper Collins Publishers, 2000.

Basinger, David. *The Case for Freewill Theism: A Philosophical Assessment*. Downers Grove, IL: InterVarsity Press, 1996.

Bauckham, Richard. *God Will Be All in All: The Eschatology of Jürgen Moltmann*. Edinburgh: T&T Clark, 1999.

_______. *Moltmann: Messianic Theology in the Making*. Basingstoke: Marshall Pickering, 1987.

_______. *The Theology of Jürgen Moltmann*. Edinburgh: T&T Clark, 1995.

Bloesch, Donald G. *God the Almighty: Power, Wisdom, Holiness, Love*. Downers Grove, IL: InterVarsity Press, 1995.

_______. *The Holy Spirit: Works and Gifts*. Downers Grove, IL: InterVarsity Press, 2000.

_______. *Jesus Christ: Savior & Lord*. Downers Grove, IL: InterVarsity Press, 1997.

Boff, Leonardo. *Trinity and Society*. Translated by Paul Burns. Maryknoll: Orbis Books, 1988.

Bonhoeffer D. *Letters and Papers from Prison*. Enlarged Edition. London: SCM Press, 1967.

Bouma-Prediger, S. *The Greening of Theology: The Ecological Models of Rosemary Radford Ruether, Joseph Sittler, and Jürgen Moltmann*. Atlanta: The American Academy of Religion, 1995.

Bracken, Joseph A. *The Triune Symbol: Persons, Process and Community*. Lanham, MD: University Press of America, 1985.

Calvin, John. *Institutes of the Christian Religion*. 2 vols. Library of Christian Classics, Vols. 20-21. Edited by John T. McNeill. Translated and indexed by Ford Lewis Battles. Philadelphia: The Westminster Press, 1960.

Case-Winters, Anna. *God's Power: Traditional Understandings and Contemporary Challenges*. Louisville, KY: Westminster/John Knox Press, 1990.

Clayton, Philip. *God and Contemporary Science*. Grand Rapids, MI: Wm. B. Eerdmans, 1997.

_______. *The Problem of God in Modern Thought*. Grand Rapids, MI/Cambridge, U. K.: Eerdmans Publishing Co., 2000.

Clayton, Philip and Arthur Peacocke, ed. In *Whom We Live and Move and Have Our Being: Panentheistic Reflections on God's Presence in a Scientific World*. Grand Rapids, Michigan/Cambridge, U. K.: Wm. B. Eerdmans Publishing Co., 2004.

Cobb, John B., Jr., and David Ray Griffin. *Process Theology: An Introductory Exposition*. Philadelphia: The Westminster Press, 1976. 『캅과 그리핀의 과정 신학』(이문출판사 역간).

Congar, Yves. *I Believe in the Holy Spirit*. 3 vols. Translated by David Smith. New York: Seabury, 1983.

Conyers, A. J. *God, Hope, and History: Jürgen Moltmann and the Christian Concept of History*. Macon, GA: Mercer University Press, 1988.

Cooper, John W. *Panentheism: The Other God of the Philosophers*. Grand Rapids, Michigan: Baker Academic, 2006. 『철학자들의 신과 성서의 하나님』(새물결플러스 역간).

Deane-Drummond, Celia E. *Creation Through Wisdom: Theology and the New Biology*. Edinburgh: T&T Clark, 2000.

_______. *Ecology in Jürgen Moltmann's Theology*. Texts and Studies in Religion, Volume 75. Lewiston/Queenston/Lampeter: The Edwin Mellen Press, 1997.

Deuser, Hermann, Gerhard Martin, Konrad Stock, and Michael Welker, eds. *Gottes Zukunft - Zukunft der Welt: Festschrift für Jürgen Moltmann zum 60 Geburstag*. München: Chr. Kaiser Verlag, 1986.

Dyrness, William A. *The Earth is God's: A Theology of American Culture*. Foreword by Robert J. Schreiter, C. PP. S. Maryknoll. NY: Orbis Books, 1997.

Fergusson, David, and Marcel Sarot, eds. *The Future as God's Gift: Explorations in Christian Eschatology*. Edinburgh: T&T Clark, 2000.

Fiddes, Paul S. *The Creative Suffering of God*. Oxford: Clarendon Press, 1988.

_______. *Participating in God: A Pastoral Doctrine of the Trinity*. Louisville, KY: Westminster John Knox Press, 2000.

_______. *The Promised Land: Eschatology in Theology and Literature*. Malden, MA: Blackwell Publishers, 2000.

Ford, David, ed. *The Modern Theologians: An Introduction to Christian Theology in the Twentieth Century*. Vol. I. New York: Basil Blackwell, 1989.

Fortmann, Edmund L. *The Triune God: A Historical Study of the Doctrine of the Trinity*. Philadelphia: The Westminster Press, 1972.

Gelpi, Donald. *The Divine Mother: A Trinitarian Theology of the Holy Spirit*. Lanham, MD: University Press of America, 1984.

Gilkey, Langdon. *Reaping the Whirlwind: A Christian Interpretation of History*. New York: Seabury, 1976.

Grenz, Stanley J. *Rediscovering The Triune God: The Trinity in Contemporary Theology*. Minneapolis: Augsburg Press, 2004.

Grenz, Stanley J., and Roger E. Olson. *20th Century Theology God and the World in a Transitional Age*. Downers Grove, IL: InterVarsity Press, 1992.

Gunton, Colin E. *Christ and Creation*. Carlisle, U. K.: The Paternoster Press/ Grand Rapids, MI: Wm. B. Eerdmans, 1992.

_______. ed. *The Doctrine of Creation: Essays in Dogmatics, History and Philosophy*. Edinburgh: T&T Clark, 1997.

_______. *The One, the Three, and the Many: God, Creation, and the Culture of Modernity*. Cambridge/NY: Cambridge University Press, 1993.

______. *The Promise of Trinitarian Theology*. Edinburgh: T&T Clark, 1991.

______. *The Triune Creator: a Historical and Systematic Study*. Grand Rapids, MI: Wm. B. Eerdmans, 1998.

Hartshorne, C. *Omnipotence and Other Theological Mistakes*. Albany, NY: State University of New York Press, 1984. 『하나님은 어떤 분이신가?』(한들 역간).

Hartshorne, Charles, and William L. Reese. *Philosophers Speak of God*. Chicago: University of Chicago Press, 1963.

Heschel, A. *The Prophets*. New York: Harper & Row, 1962.

Hill, Williams J. *The Three-Personed God: The Trinity as a Mystery of Salvation*. Washington, D. C.: Catholic University Press of America, 1982.

Jantzen, Grace M. *God's World, God's Body*. Philadelphia: Westminster, 1984.

Johnson, Elisabeth A. *She Who Is: The Mystery of God in Feminist Theological Discourse*. New York: Crossroad, 1992. 『하느님의 백한 번째 이름』(바오로딸 역간).

Jüngel, Eberhard. *God as the Mystery of the World: On the Foundation of the Theology of the Crucified One in the Dispute between Theism and Atheism*. Translated by Darrell L. Guder. Edinburgh: T&T Clark, 1983.

Kärkkäinen, Veli-Matti. *An Introduction to Ecclesiology: Ecumenical, Historical & Global Perspectives*. Downers Grove, IL: InterVarsity Press, 2002.

______. *Pneumatology: The Holy Spirit in Ecumencial, International, and Contextual Perspective*. Grand Rapids, Michigan: Baker Academic, 2002.

______. *The Trinity: Global Perspectives*. Louisville/London: Westminster John Knox Press, 2007.

Kasper, Walter. *The God of Jesus Christ*. Translated by M. J. O'Connell. London: SCM Press, 1984.

Keller, Catherine. *Apocalypse Now and Then: A Feminist Guide to the End of the World*. Boston: Beacon Press, 1996.

Kitamori K. *The Pain of God*. London: SCM Press, 1966.

König, Adrio. *Here Am I!: A Believer's Reflection on God*. Grand Rapids, MI: Wm. B. Eerdmans/London: Marshall Morgan & Scott, 1982.

Küng, Hans. *Does God Exist? An Answer for Today*. Translated by Edmund

Quinn. Garden City: Doubleday, 1980.

LaCugna, Catherine M. *God For Us: The Trinity and Christian Life*. San Francisco: Harper Collins Press, 1991.

Lossky, Vladimir. *In the Image and Likeness of God*. Crestwood: St. Vladimir Seminary Press, 1985.

McFague, Sallie. *The Body of God: An Ecological Theology*. Minneapolis: Fortress Press, 1993.

_______. *Models of God: Theology for an Ecological, Nuclear Age*. Philadelphia: Fortress Press, 1982.

Meeks, Douglas M. *Origins of the Theology of Hope*. Philadelphia: Fortress Press, 1974.

Meessen, Frank. *Unveränderlichkeit und Menschwerdung Gottes: Eine theologiegeschichtlich-systematische Untersuchung*. Freiburg/Basel/Wien: Herder, 1989.

Migliore, Daniel. *Faith Seeking Understanding: An Introduction to Christian Theology*. Grand Rapids, MI: Wm. B. Eerdmans, 1991. 『기독교 조직신학 개론』 (새물결플러스 역간).

Molnar, Paul. *Divine Freedom and the Doctrine of the Immanent Trinity: In Dialogue with Karl Barth and Contemporary Theology*. Edinburgh: T&T Clark, 2002.

Morse, Christopher. *The Logic of Promise in Moltmann's Theology*. Philadelphia: Fortress Press, 1979.

Müller-Fahrenholz, Geiko. *The Kingdom and the Power: The Theology of Jürgen Moltmann*. Minneapolis: Fortress Press, 2001.

O'Donnell, John J. *The Mystery of the Triune God*. New York: Paulist Press, 1989.

_______. *Trinity and Temporality: The Christian Doctrine of God in the Light of Process Theology and the Theology of Hope*. Oxford/NY: Oxford University Press, 1983.

Pannenberg, Wolfhart. *Systematic Theology*. 3 vols. Translated by Geoffrey W. Bromiley. Grand Rapids, MI: Wm. B. Eerdmans, 1991, 1994, 1998.

Peacocke, Arthur. *Creation and the World of Science*. Oxford: Clarendon, 1979.

_______. *Theology for a Scientific Age: Being Natural, and Becoming-Divine, and Human*. Enlarged Edition. Minneapolis: Fortress Press, 1993.

Peters, Ted. *God as Trinity: Relationality and Temporality in Divine Life*. Louisville, KY: Westminster/John Knox Press, 1993.

_______. *God-The World's Future: Systematic Theology for a New Era*. 2nd Edition. Minneapolis: Fortress Press, 1992, 2000.

_______. ed. *Science and Theology: The New Consonance*. Cumnor Hill, Oxford: Westview Press, 1998.

Pinnock, Clark H., et. al. *The Openness of God: A Biblical Challenge to the Traditional Understanding of God*. Downers Grove, IL: InterVarsity Press, 1994.

_______. *The Most Moved Mover: A Theology of God's Openness*. Grand Rapids, MI: Baker Academic/Carlisle, U. K.: Paternoster Press, 2001.

Placher, William C. *Narratives of a Vulnerable God: Christ, Theology, and Scripture*. Louisville, KY: Westminster John Knox Press, 1994.

Polkinghorne, John. *Faith, Science & Understanding*. New Haven and London: Yale University Press, 2000.

_______. and Michael Welker, ed. *The End of the World and the Ends of God: Science and Theology on Eschatology*. Harrisburg, PA: Trinity Press International, 2000.

_______. and Michael Welker, ed. *Faith in the Living God: A Dialogue*. Minneapolis: Fortress Press, 2001.

_______. *The Faith of a Physicist: Reflections of a Bottom-Up Thinker*. Minneapolis: Fortress Press, 1996.

_______. *Science and Providence: God's Interaction with the World*. London: SPCK, 1989.

_______. *Science and Theology: An Introduction*. London: SPCK/Fortress Press, 1998.

_______. *Scientists as Theologians: A Comparison of the Writings of Ian

Barbour, Arthur Peacocke and John Polkinghorne. London: SPCK, 1996.

_______. ed. *The Work of Love: Creation as Kenosis*. Grand Rapids, MI/ Cambridge, U. K.: Wm. B. Eerdmans, 2001. 『사랑의 사역』(새물결플러스 근간).

Rahner, Karl. *The Trinity*. Translated by J. Donceel. New York: Herder & Herder, 1970.

Ruether, Rosemary R. *Gaia and God: An Ecofeminist Theology of Earth Healing*. San Francisco: Harper & Row, 1992.

_______. *Sexism and God-talk: Toward a Feminist Theology*. 10th Anniversary Edition. Boston: Beacon Press, 1993.

Runia, Klaas. *The Present-Day Christological Debates*. Issues in Contemporary Series, I. Edited by Howard Marshall. Downers Grove, IL: InterVarsity Press, 1984.

Russell, Robert J., Nancey Murphy and Arthur R. Peacocke, eds. *Chaos and Complexity: Scientific Perspectives on Divine Action*. 2nd Edition. Vatican City State: Vatican Observatory Publications/Berkeley: The Center for Theology and the Natural Sciences, 2000.

Sarot, M. *God, Passibility and Corporeality*. Kampen: Pharos, 1992.

Staniloae, D. *Orthodoxe Dogmatik*. Vol. I. Gütersloh, 1985.

Torrance, Alan J. *Persons in Communion: Trinitarian Description and Human Participation*. With special reference to Volume One of Karl Barth's *Church Dogmatics*. Edinburgh: T&T Clark, 1996.

Volf, Miroslav. *After Our Likeness: The Church as the Image of the Trinity*. Grand Rapids, MI/Cambridge, U. K.: Wm. B. Eerdmans, 1998. 『삼위일체와 교회』(새물결플러스 역간).

_______. *Exclusion and Embrace: A Theological Exploration of Identity, Otherness, and Reconciliation*. Nashville: Abingdon Press, 1996.

_______. Carmen Krieg, and Thomas Kucharz, eds. *The Future of Theology: Essays in Honor of Jürgen Moltmann*. Grand Rapids, MI/Cambridge, U. K.: Wm. B. Eerdmans, 1996.

Welker, Michael. *Creation and Reality*. Minneapolis: Fortress Press, 1999.

_______. *God the Spirit*. Translated by John F. Hoffmeyer. Minneapolis: Fortress Press, 1994.

Whitehead, Alfred N. *Process and Reality: An Essay in Cosmology*. Corrected Edition. Edited by David Ray Griffin and Donald W. Shelburne. New York: Free Press, 1978. 『과정과 실재』(민음사 역간).

Williams, D. *The Spirit and Forms of Love*. New York: Harper and Row, 1968.

Zizioulas, D. J. *Being as Communion: Studies in Personhood and the Church*. Crestwood/NY: St. Vladimir Seminary Press, 1985.

논문

Barbour, Ian. "God's Power: A Process View." In *The Work of Love: Creation as Kenosis*. Ed. John Polkinghorne. Grand Rapids, MI/Cambridge, U. K.: Wm. B. Eerdmans, 2001.

Bauckham, Richard. "Eschatology in The Coming of God." In *God Will Be All In All: The Eschatology of Jürgen Moltmann*. Ed. Richard Bauckham. Edinburgh: T& T Clark, 1999.

_______. "Time and Eternity." In *God Will Be All In All: The Eschatology of Jürgen Moltmann*. Ed. Richard Bauckham. Edinburgh: T&T Clark, 1999.

Bouma-Prediger, S. "Creation as the Home of God: The Doctrine of Creation in the Theology of Jürgen Moltmann." *Calvin Theological Journal* 31 (1997).

Braaten, Carl E. "A Trinitarian Theology of the Cross." *Journal of Religion* 56 (January 1976).

Bracken, Joseph A., S. J. "The Issue of Panentheism in the Dialogue with the Non-Believer." *Studies in Religion* vol. 21 no. 2 (1992).

_______. "Panentheism from a Trinitarian Perspective." *Horizons* vol. 22 no. 1 (Spring 1995).

Clayton, Philip. "The Case for Christian Panentheism." *Dialog* vol. 7 no. 3 (Summer 1998).

_______. "Moltmann and the Question of Christian Panentheism." Paper presented at the Pacific Coast Theological Seminary Fall Meeting. Sonoma,

CA, 31 October 1997.

_______. "The Panentheistic Turn in Christian Theology." *Dialogue* vol. 38 no. 4 (Fall 1999).

Cornelison, Robert T. "The Reality of Hope: Moltmann's Vision for Theology." *The Asbury Theological Journal* vol. 48 no. 1 (Spring 1993).

Dabney, D. Lyle. "The Advent of the Spirit: The Turn to Pneumatology in the Theology of Jürgen Moltmann." *The Asbury theological Journal* vol. 48 no. 1 (Spring 1993).

Farrow, Douglas B. "Review Essay: In the End is the Beginning: A Review of Jürgen Moltmann's Systematic Contributions." *Modern Theology* vol. 14 no. 3 (July 1998).

Fiddes, Paul S. "Creation Out of Love." In *The Work of Love: Creation as Kenosis*. Ed. John Polkinghorne. Grand Rapids, MI/Cambridge, U. K.: Wm. B. Eerdmans, 2001.

Ford, Lewis. "Process Trinitarianism." *Journal of the American Academy of Religion* vol. 43 no. 2 (1975).

Goetz, Ronald. "The Suffering God: The Rise of a New Orthodoxy." *The Christian Century* vol. 103 no. 13 (April 1986).

Gresham, John L., Jr. "The Social Model of the Trinity and Its Critics." *Scottish Journal Of Theology* 46 (1993).

Gunton, Colin. "The End of Causality? The Reformers and their Predecessors." In *The Doctrine of Creation: Essays in Dogmatics, History and Philosophy*. Ed. Colin E. Gunton. Edinburgh: T&T Clark, 1997.

Hartshorne, C. "Pantheism and Panentheism." *The Encyclopedia of Religion*, Vol. 11. Ed. M. Eliade. New York and London: Macmillan and Collier Macmillan, 1987.

Hill, Williams J. "Does Divine Love Entail Suffering in God?" In *God and Temporality*. Ed. Bowman L. Clark and Eugene T. Long. New York: Paragon House, 1984.

Keller, Catherine. "The Last Laugh: A Counter-Apocalyptic Meditation on

Moltmann's Coming of God." *Theology Today* vol. 54 no. 3 (October 1997).

_______. "Pneumatic Nudges: The Theology of Moltmann, Feminism, and the Future." In *The Future of Theology: Essays in Honor of Jürgen Moltmann*. Ed. Miroslav Volf, Camen Krieg, and Thomas Kucharz. Grand Rapids, MI/ Cambridge, U. K.: Wm. B. Eerdmans, 1996.

Kitagawa, Shin. "Unchangeableness and Changeableness of God." In *Gottes Zukunft - Zukunft der Welt: Festschrift für Jürgen Moltmann zum 60 Geburstag*. Herausgeben von H. Deuser, G. Martin, K. Stock und M. Welker. München: Chr. Kaiser Verlag, 1986.

LaCugna, Catherine M. "God in Communion with Us." In *Freeing Theology: The Essentials of Theology in Feminist Perspective*. Ed. Catherine LaCugna. New York: Harper Collins, 1993.

McDade, J. "Trinity and Paschal Mystery." *Heythrop Journal* 29 (1988).

McIntyre, John. "Review Essay: Moltmann's God in Creation." *Scottish Journal of Theology* 41 (1988)

McWilliams, Warren. "Divine Suffering in Contemporary Theology." *Scottish Journal of Theology* 33 (1980).

_______. "Trinitarian Doxology: Jürgen Moltmann on the Relation of the Economic and Immanent Trinity." Perspectives in *Religious Studies* vol. 23 no. 1 (Spring 1996).

Mason, George A., Jr. "God's Freedom as Faithfulness: A Critique of Jürgen Moltmann's Social Trinitarianism." Ph. D. Dissertation. Southwestern Baptist Theological Seminary, 1987.

Meeks, M. Douglas. "J. Moltmann's Systematic Contributions to Theology." *Religious Studies Review* vol. 22 no. 2 (April 1996).

_______. "Trinitarian Theology: A Review Essay." *Theology Today* vol. 38 no. 2 (1982).

Molnar, Paul D. "The Function of the Immanent Trinity in the Theology of Karl Barth: Implications for Today." *Scottish Journal of Theology* 42 (1989).

_______. "The Function of the Trinity in Moltmann's Ecological Doctrine of

Creation." *Theological Studies* 51 (1990).

_______. "Toward a Contemporary Doctrine of the Immanent Trinity: Karl Barth and the Present Discussion." *Scottish Journal of Theology* 49 (1996).

Müller, R. "Incarnation, Immutability, and the Case for Classical Theism." *Westminster Theological Journal* 45 (1983).

Neuhaus, Richard J. "Moltmann vs. Monotheism." *Dialog* 20 (Summer 1981).

O'Donnell, John. "The Doctrine of the Trinity in Recent German Theology." *Heythrop Journal* 23 (1982).

_______. "The Trinity as Divine Community: A Critical Reflection upon Recent Theological Developments." *Gregorianum* vol. 69 no. 1 (1988).

Olson, Roger E. "Trinity and Eschatology: The Historical Being of God in Jürgen Moltmann and Wolfhart Pannenberg." *Scottish Journal of Theology* vol. 36 no. 2 (1983).

Otto, Randall E. "The Eschatological Nature of Moltmann's Theology." *Westminster Theological Journal* 54 (1992).

Pannenberg, W. "The Appropriation of the Philosophical Concept of God as a Dogmatic Problem of Early Christian Theology." In *Basic Questions in Theology*. Vol. II. Translated by George H. Kehm. London: SCM Press, 1971.

_______. "Theology and Science." *Princeton Seminary Bulletin*. vol. 13 no. 3 (1992).

Peacocke, Arthur. "The Cost of New Life." In *The Work of Love: Creation as Kenosis*. Ed. John Polkinghorne. Grand Rapids, MI/Cambridge, U. K.: Wm. B. Eerdmans, 2001.

_______. "God's Action in the Real World." *Zygon* vol. 26 no. 4 (December 1991).

_______. "Science and God the Creator." *Zygon* vol 28. no. 4 (December 1993).

Peters, Ted. "The God of Evolution: A Trinitarian Theology." *Dialogue* vol. 39 no. 1 (Spring 2000).

_______. "Moltmann and the Way of the Trinity." *Dialog* 31 (1992).

Pinnock, Clark H. "God's Sovereignty in Today's World." *Theology Today* vol. 53 no. 1 (April 1996).

Polkinghorn, John. "Kenotic Creation and Divine Action." In *The Work of Love: Creation as Kenosis*. Ed. John Polkinghorne. Grand Rapids, MI/Cambridge, U. K.: Wm. B. Eerdmans, 2001.

_______. "Science and Theology in the Twenty-first Century." *Zygon* vol. 35 no. 4 (December 2000).

Scholem, G. "Schöpfung aus Nichts und Selstverschränkung Gottes." *Eranos Jahrbuch* 25 (1956).

Scott, David A. "Ethics on a Trinitarian Basis: Moltmann's The Crucified God." *Anglican Theological Review* vol. 60 no. 2 (April 1978).

Schweitzer, D. "The Consistency of Jürgen Moltmann's Theology." *Studies in Religion* 22 (1993).

Shin, Oksu. "Critical Study of Hans Frei's Narrative Approach to Theology-Focused on Its Postliberal Intratextuality." *Korea Journal of Systematic Theology* vol. 5 (2005).

Steen, Marc. "Moltmann's Critical Reception of Barth's Theopaschitism." *Ephemerides Theologiae Lovanienses* 67 (1991).

Stoeger, William. "God and Time: The Action and Life of the Triune God in the World." *Theology Today* vol. 55 no. 3 (October 1998).

Torrance, Alan J. "Creation ex Nihilo and the Spatio-Temporal Dimensions, with special reference to Jürgen Moltmann and D. C. Williams." In *The Doctrine of Creation: Essays in Dogmatics, History and Philosophy*. Ed. Colin E. Gunton. Edinburgh: T & T Clark, 1997.

_______. "Does God Suffer? Incarnation and Impassibility." In *Christ in Our Place: The Humanity of God in Christ for the Reconciliation of the World*. Essays presented to Professor James Torrance, ed. Trevor A. Hart and Daniel P. Thimell. Exeter, Great Britain: The Paternoster Press/Allison Park, PA: Pickwick Publications, 1989.

Volf, Mirosalv. "After Moltmann: Reflections on the Future of Eschatology." In *God Will Be All In All: The Eschatology of Jürgen Moltmann*. Ed. Richard Bauckham. Edinburgh: T&T Clark, 1999.

_______. "Enter into Joy! Sin, Death, and the Life of the World to Come." In *The End of the World and the Ends of God: Science and Theology on Eschatology*. Ed. John Polkinghorne and Michael Welker. Harrisburg, PA: Trinity Press International, 2000.

_______. "Eschaton, Creation, and Ethics." *Calvin Theological Journal* 30 (1995).

_______. "The Final Reconciliation: Reflections on a Social Dimension of the Eschatological Transition." *Modern Theology* vol. 16 no. 1 (January 2000).

_______. "'Trinity Is Our Social Program': The Doctrine of the Trinity and the Shape of Social Engagement." *Modern Theology* 14 (1998).

Welker, Michael. "Christian Theology: What Direction at the End of the Second Millennium?" In *The Future of Theology: Essays in Honor of Jürgen Moltmann*. Ed. Miroslav Volf, Carmen Krieg, and Thomas Kucharz. Grand Rapids, MI/Cambridge, U. K.: Wm. B. Eerdmans, 1996.

_______. "God's Eternity, God's Temporality, and Trinitarian Theology." *Theology Today* vol. 55 no. 3 (October 1998).

_______. "Romantic Love, Covenant Love, Kenotic Love." In *The Work of Love: Creation as Kenosis*. Ed. John Polkinghorne. Grand Rapids, MI/Cambridge, U. K.: Wm. B. Eerdmans, 2001.

_______. "Christian Theology at the End of the Second Millenium." In *The Future of Theology: Essays in Honor of Jürgen Moltmann*. Eds. M. Volf, C. Krieg and T. Kucharz. Grand Rapids, MI/ Cambridge, U. K.: Wm. B. Eerdmans, 1996.

Williams, D. "The Vulnerable and Invulnerable God." *Christianity and Crisis* 22 (March 1962).

Wolterstorff, N. P. "Suffering Love." In *Philosophy and the Christian Faith*. Ed. Thomas V. Morris. Notre Dame, IN: University of Notre Dame Press, 1988.

Wood, Laurence W. "From Barth's Trinitarian Christology to Moltmann's Trinitarian Pneumatology: A Methodist Perspective." *The Asbury Theological Journal* vol. 48 no. 1 (Spring 1993).

Zimany, Roland D. "Moltmann's Crucified God." *Dialog* 16 (Winter 1977).

3. 국내 몰트만의 역서 및 몰트만 연구 저서와 논문

몰트만, 위르겐. 『십자가에 달리신 하나님』. 김균진 역. 한국신학연구소, 1979.

몰트만, 위르겐. 『성령의 능력 안에 있는 교회: 메시아적 교회론』. 박봉랑 외 4인 역. 한국신학연구소, 1982.

몰트만, 위르겐. 『삼위일체와 하나님의 나라』. 김균진 역. 대한기독교서회, 1982.

몰트만, 위르겐. 『창조 안에 계신 하나님』. 김균진 역. 한국신학연구소, 1987.

몰트만, 위르겐. 『예수 그리스도의 길』. 김균진·김명용 역. 대한기독교서회, 1990.

몰트만, 위르겐. 『생명의 영: 총체적 성령론』. 김균진 역. 대한기독교서회, 1992.

몰트만, 위르겐. 『오늘 우리에게 그리스도는 누구인가?』. 이신건 역. 대한기독교서회, 1997.

몰트만, 위르겐. 『오시는 하나님』. 김균진 역. 대한기독교서회, 1997.

몰트만, 위르겐. 『삼위일체와 하나님의 역사』. 이신건 역. 대한기독교서회, 1998.

몰트만, 위르겐. 『생명의 샘』. 이신건 역. 대한기독교서회, 2000.

몰트만, 위르겐. 『신학의 방법과 형식』. 김균진 역. 대한기독교서회, 2001.

몰트만, 위르겐. 『과학과 지혜』. 김균진 역. 대한기독교서회, 2003.

몰트만, 위르겐. 『절망의 끝에 숨어 있는 새로운 시작』. 곽미숙 역. 대한기독교서회, 2006.

몰트만, 위르겐. 『희망의 윤리』. 곽혜원 역. 대한기독교서회, 2010.

몰트만, 위르겐. 『몰트만 자서전』. 이신건·이석규·박영식 역. 대한기독교서회, 2011.

몰트만, 위르겐. 『새로운 삶을 위하여』. 김균진 역. 현대사상사, 1981.

몰트만, 위르겐. 『하나님의 이름은 정의이다』. 곽혜원 역. 21세기 교회와 신학포럼, 2011.

몰트만, 위르겐. 『세계 속에 있는 하나님: 하나님나라를 위한 공적인 신학의 정립을 지향하며』. 곽미숙 역. 동연, 2009.

몰트만, 위르겐. 『희망의 신학』 2판. 이신건 역. 대한기독교서회, 2010.

몰트만, 위르겐. 『본훼퍼의 사회윤리』. 복음주의 총서 제6권. 전경연 편역. 향린사, 1969.

몰트만, 위르겐. 『신학의 미래』(I, II). 복음주의 총서 제7·8권. 전경연·김균진 역. 향린사, 1970, 197.

몰트만, 위르겐. 『인간: 현대의 갈등 속에 있는 기독교 인간학』. 복음주의 총서 제10권. 전경연·김고광 역. 종로서적, 1973.

몰트만, 위르겐. 『정치신학』. 복음주의 총서 제12권. 전경연 편역. 종로서적, 1974.
몰트만, 위르겐. 『희망의 실험과 정치』. 복음주의 총서 제13권. 전경연 역. 종로서적, 1974.
몰트만, 위르겐. 『하나님 체험』. 복음주의 총서 제26권. 전경연 역. 대한기독교서회, 1982.
몰트만, 위르겐. 『약한 자의 능력』. 전경연 역. 종로서적, 1986.

그렌츠, 스탠리 · 로저 올슨. 『20세기 신학』. 신재구 역. 한국기독학생회출판부, 1997.
김균진. 『기독교신학 3: 하나님 나라의 메시아적 신학을 향해』. 새물결플러스, 2014.
김도훈. 『생태신학과 생태영성』. 장로회신학대학교출판부, 2009.
보컴, 리처드. 『몰트만의 신학: 하나님나라를 향한 공동의 신학 여정』. 김도훈 · 김정형 역. 크리스천 헤럴드, 2008.
아신신학연구소. 『몰트만 사상과 신학의 과제』. 아신출판사, 2011.
윤철호. 『21세기 한국 교회와 하나님 나라를 위한 실천신학』. 장로회신학대학교출판부, 2006.
이형기. 『알기 쉽게 간추린 몰트만 신학』. 대한기독교서회, 2001.
______. 『하나님나라와 교회: 20세기 주요 신학의 종말론적 교회론』. 한들출판사, 2005.
______. 『모더니즘과 포스트모더니즘에 비추어 본 몰트만 신학』. 한들출판사, 2006.
______. 『하나님나라와 공적신학』. 한국학술정보(주), 2009.
이종성 · 김명용 · 윤철호 · 현요한. 『통전적 신학』. 장로회신학대학교출판부, 2004.
임창복 · 이형기 편. 『몰트만 신학과 기독교 교육』. 사)한국기독교교육교역연구원, 2007.
한국조직신학회 편. 『몰트만과 그의 신학: 희망과 희망 사이』. 「조직신학논총」 제12집. 한들출판사, 2005.
현요한. 『성령, 그 다양한 얼굴: 하나의 통전적 패러다임을 향하여』. 장로회신학대학교출판부, 1998.

김균진. "몰트만의 생애와 사상." 「기독교사상」 274 (1981. 4).
김도훈. "만유구원론에 대한 비판적 고찰(I)." 『장신논단』 30 (2007).
______. "만유구원론에 대한 비판적 고찰: 몰트만의 '만물의 회복'에 대한 이론을 중심으로." 「조직신학논총」 22 (2008).

김동건. “몰트만 교회론의 특징들.” 「신학과 목회」 20 (2003).
김명용. “몰트만(J. Moltmann) 신학의 공헌과 논쟁점.” 「장신논단」 20 (2003).
______. “몰트만의 만유구원론과 구원론의 새로운 지평.” 「장신논단」 6 (2000).
______. “몰트만의 종말론.” 한국조직신학회 편. 『몰트만과 그의 신학: 희망과 희망 사이』. 「조직신학논총」 제12집. 한들출판사, 2005.
______. “바른 신학 바른 목회.” 『이 시대의 바른 기독교 사상』. 장로회신학대학교출판부, 2001.
______. “몰트만(J. Moltmann)의 영성신학.” 「장신논단」 18 (2002).
______. “자연에 대한 바른 기독교사상.” 『이 시대의 바른 기독교사상』. 장로회신학대학교출판부, 2001.
김영한. “몰트만의 보편화해론에 대한 비판적 고찰.” 『조직신학연구』 I (2002).
김옥주. “몰트만의 종말론.” 한국조직신학회 편. 『종말론』. 대한기독교서회, 2012.
김재진. “몰트만의 삼위일체론의 비판적 이해.” 한국조직신학회 편. 『몰트만과 그의 신학: 희망과 희망 사이』. 「조직신학논총」 제12집. 한들출판사, 2005.
김정형. “종말의 시제로서의 도래: 위르겐 몰트만의 종말론적 미래 개념 연구.” 「한국조직신학논총」 34 (2012. 12).
낙운해. “몰트만 신학과 한국신학.” 미간행 박사학위논문. 장로회신학대학교, 2011.
박봉랑. “위르겐 몰트만 스케치.” 「기독교사상」 202 (1975. 3).
신옥수. “몰트만의 사회적 삼위일체론-비판적 대화를 중심으로.” 「장신논단」 30 (2007).
______. “몰트만의 신학 방법론의 구조와 특성.” 「장신논단」 43 (2012).
______. “몰트만 신학에 있어서의 만유재신론적인 비전.” 「조직신학논총」 8 (2003).
______. “몰트만 신학에 있어서 ‘하나님의 고난가능성’.” 「한국개혁신학」 16 (2004).
______. “몰트만의 ‘우주적 성령’ 이해.” 「장신논단」 26 (2006).
______. “몰트만의 창조 이해에 나타난 ‘하나님의 케노시스’.” 「한국조직신학논총」 27 (2010).
______. “몰트만의 우주적 종말론.” 「교회와 신학」 79 (2015).
______. “몰트만의 통전적 구원론.” 「한국기독교신학논총」 95 (2015).
______. “위르겐 몰트만의 교회론.” 『교회론』. 한국조직신학회 편. 대한기독교서회, 2009.
______. “몰트만의 성령 이해.” 『성령과 기독교신학』. 황승룡박사은퇴기념집 편찬위원회 편. 대한기독교서회, 2010.

______. "위르겐 몰트만의 신론." 『신론』. 한국조직신학회 편. 대한기독교서회, 2012.
______. "한국에서 몰트만(J. Moltmann)의 수용과 이해." 「한국조직신학논총」 35 (2013).
______. "몰트만의 삼위일체론." 역사신학연구회, 『삼위일체론의 역사』. 대한기독교서회, 2009.
______. "중심에 서는 신학, 오늘과 내일: 장신신학의 정체성 형성에 관한 소고." 「장신논단」 40 (2011).
이상직. "몰트만의 교회론: 하나님의 영광과 세계의 해방을 위한 교회론." 한국조직신학회 편. 『몰트만과 그의 신학: 희망과 희망 사이』. 「조직신학논총」 제12집. 한들출판사, 2005.
이신건. "신학자 몰트만-삶에서 우러나오는 신학." 「기독교사상」 606 (2009. 6).
이찬석. "몰트만의 만유구원론에 대한 고찰." 「한국조직신학논총」 39 (2014).
______. "몰트만의 만유구원론과 선교." 「한국조직신학논총」 41 (2015).
이형기. "벤과 몰트만의 공적신학 비교 연구." 『공적신학과 공적 교회』. 이형기 외. 킹덤북스, 2010.
임정혁. "위르겐 몰트만의 사회적 삼위일체론과 양성평등." 「한국여성신학」 75 (2012).
최윤배. "대한예수교장로회총회 100년: 조직신학의 어제와 오늘." 「장신논단」 44-2 (2012).
최태영. "몰트만의 만유구원론에 대한 통전적 이해." 「조직신학논총」 22 (2008).
현요한. "몰트만의 성령론." 한국조직신학회 편. 『몰트만과 그의 신학: 희망과 희망 사이』. 「조직신학논총」 제12집. 한들출판사, 2005.
황돈형. "몰트만의 인간 이해." 한국조직신학회 편. 『몰트만과 그의 신학: 희망과 희망 사이』. 「조직신학논총」 제12집. 한들출판사, 2005.

몰트만 신학 새롭게 읽기

1쇄발행_ 2015년 9월 4일

지은이_ 신옥수
펴낸이_ 김요한
펴낸곳_ 새물결플러스
편 집_ 왕희광·정인철·최율리·박규준·노재현·최정호·최경환·한바울·유진·권지성
디자인_ 이혜린·서린나·송미현
마케팅_ 이승용
총 무_ 김명화·최혜영
영 상_ 최정호

홈페이지 www.hwpbooks.com
이메일 hwpbooks@hwpbooks.com
출판등록 2008년 8월 21일 제2008-24호
주소 (우) 158-718 서울특별시 양천구 목동동로 233-1(목동) 현대드림타워 1401호
전화 02) 2652-3161
팩스 02) 2652-3191

ISBN 979-11-86409-25-1 93230

책값은 뒤표지에 있습니다.

이 도서의 국립중앙도서관 출판시도서목록(CIP)은 서지정보유통지원시스템 홈페이지(http://seoji.nl.go.kr)와 국가자료공동목록시스템(http://www.nl.go.kr/kolisnet)에서 이용하실 수 있습니다(CIP제어번호: CIP2015023326).